Kaiser Wilhelm-Institut für
AUSLÄNDISCHES und INTERNATIONALES PRIVATRECHT
Direktor: Hans Dölle

BEITRÄGE ZUR RECHTSFORSCHUNG

Herausgegeben von ERNST WOLFF

Sonderveröffentlichung der Zeitschrift für
AUSLÄNDISCHES und INTERNATIONALES PRIVATRECHT

1950

Im gemeinsamen Verlag von WALTER DE GRUYTER & CO. BERLIN und
J. C. B. MOHR (PAUL SIEBECK) TÜBINGEN

Die nachfolgenden Beiträge sind als deutsche Landesreferate zum III. Internationalen Kongreß für Rechtsvergleichung in London 1950 erstattet worden.

Der vorliegende Band umfaßt die zum 1. Teil des Kongreßprogramms erstatteten Referate. Eine Gesamtausgabe der Referate ist gleichzeitig unter dem Titel „Deutsche Landesreferate zum III. Internationalen Kongreß für Rechtsvergleichung in London 1950" als Sonderveröffentlichung der „Zeitschrift für Ausländisches und Internationales Privatrecht" im gemeinsamen Verlag von *Walter de Gruyter & Co., Berlin,* und *J. C. B. Mohr (Paul Siebeck), Tübingen,* erschienen.

Die Einrichtung für den Druck besorgte *Dr. Bernhard C. H. Aubin.*

Druck: Langenscheidt KG., Berlin-Schöneberg

INHALT

Rechtsgeschichte

Kanonisches Recht

Rechtsethnologie und orientalische Rechte

Rechtsphilosophie

Rechtsforschung und Rechtslehre

RECHTSGESCHICHTE

WESEN UND WIRKUNGEN DER DETENTION IN DEN ANTIKEN RECHTEN[1]

Von Dr. Max Kaser
ord. Professor an der Universität Münster

I. Begriff und Name der Detention

1. *Detention* ist die tatsächliche Beherrschung einer Sache ohne Rücksicht darauf, ob dem Beherrschenden die Vorteile des Besitzes zukommen oder nicht. In dieser Bedeutung, nach der auch der Besitzer ein qualifizierter Detentor ist, spricht der code civil (art. 2228) von 'détention'[2], das österr. ABGB (§ 309) vom 'Inhaber'. Und auch *Savigny*, dessen berühmte Jugendschrift über „das Recht des Besitzes"[3] den Ausgangspunkt für die moderne Besitzlehre bildet, gebraucht das Wort Detention in gleicher Bedeutung[4].

[1] Für die Vollständigkeit des benutzten Schrifttums kann ich bei den gegenwärtig in Deutschland bestehenden schwierigen Arbeitsbedingungen nicht einstehen, obschon ich glaube, alle wesentlichen Werke herangezogen zu haben. Ich habe mich mit einem großen Teil der einschlägigen Probleme in *meinem* „Eigentum und Besitz im älteren römischen Recht" (1943) eingehend auseinandergesetzt und beziehe mich insoweit im folgenden vorwiegend auf dieses Buch, nicht um die eigene Arbeit über Gebühr herauszustellen, sondern, weil sie die letzte ausführliche Darstellung ist, in der auch die ältere Literatur ausgiebig verwertet ist.

Abkürzungen:

SZ. = Zeitschrift der Savigny-Stiftung, rom. Abt.;
BIDR. = Bullettino dell' Istituto di diritto romano;
SDHI. = Studia et documenta historiae et iuris;
RE. = Pauly-Wissowa-Kroll, Realenzyklopädie der klassischen Altertumswissenschaft;
Ind. = Index interpolationum.

Bei den römischen Rechtsquellen sind, wie üblich, die als unecht verdächtigten Stücke in [ ], die vermuteten ursprünglichen Fassungen in ⟨ ⟩ gesetzt.

[2] Vgl. auch codice civ. it. von 1865, art. 685; unbestimmt dagegen cod. civ. it. von 1941, art. 1141.

[3] (1. Aufl. 1803, 7. Aufl. (von *Rudorff*) 1865) 2 und passim.

[4] Eine Übersicht über die gemeinrechtliche Entwicklung der Besitztheorie im 19. Jh. bieten vor allem *Windscheid-Kipp*, Pandekten[9] I § 148.

Daneben wird jedoch 'Detention' sehr häufig auch gesagt, wo „tatsächliche Beherrschung einer Sache, welche *nicht* Besitz im Rechtssinne ist", gemeint ist[5]. Dieser heute fast ausschließlich gewordene engere Sprachgebrauch leitet sich von jenem weiteren her. Denn wo mit der Sachgewalt keine Besitzerstellung verbunden ist, da erschöpft sie sich eben in 'bloßer' Detention.

2. Das Wort 'Detention' ist von den römischen Rechtsquellen angeregt, aber nicht einfach die modernisierte Fassung eines technischen Rechtsworts der Römer[6]. *'Detinere'* mit seinen Ableitungen *'detentare, detentio, detentatio, detentor, detentator'* drückt in den römischen Rechtsquellen am häufigsten ein 'zurückhalten, aufhalten, abhalten, festhalten' einer Person oder Sache aus, daneben auch ein 'behalten', 'erhalten' in einem bestimmten tatsächlichen oder rechtlichen Zustand. Auf ein wirkliches 'Haben' als tatsächliche Sachgewalt beziehen sich vergleichsweise nur sehr wenige Stellen. Soweit sie nach der Digestenüberlieferung in den klassischen Juristenschriften stehen sollen, hat man sogar — wie weit mit Recht, bleibe hier dahingestellt — ihre Echtheit angezweifelt[7]. In den Kaiserkonstitutionen stehen unsere Worte in dieser Bedeutung etwas häufiger; aber auch hier kommt es nirgends darauf an, ob der *'detentor'* zugleich Besitzer ist oder nicht[8].

Auf der anderen Seite hat man die tatsächliche Sachgewalt ohne Rücksicht auf die Besitzfrage auch mit anderen Worten ausgedrückt, die ebensowenig eine technische Bedeutung erlangt haben wie *'detinere'*; am häufigsten mit *'tenere'*, dann mit *'morari in fundo'*, *'esse in praedio'*, in nachklassischer Zeit auch mit *'corpore possidere'*[9].

Eine technische Bedeutung für jene tatsächliche Sachgewalt, mit der kein Besitz im Rechtssinne verbunden ist, haben demgegenüber bei den

---

[5] Statt aller *Dernburg-Sokolowski,* Pandekten[8] I § 174.

[6] Zum folgenden vgl. *Radin,* Studi Bonfante III 151ff., dazu *Levy,* SZ. 51, 560; vgl. auch *Heumann-Seckel,* Handlexikon[9] 142; *Perozzi,* Istituzioni[2] I 869[0].

[7] *Beseler,* SZ. 56, 63f. (s. auch SZ. 57, 32f.; *Perozzi* a. a. O.) verdächtigt alle Stellen mit den Substantiven *'detentio, detentatio'*, ferner die mit *'detinere'* im Sinne von *'naturaliter possidere'* (als Übersetzung von κατέχειν, s. schon Juristische Miniaturen 94). Von zweifelhafter Echtheit sind auch Paul. D. 18, 4, 21 g. E. (*Beseler, Haymann, Vážný* nach Ind.) und Paul. D. 20, 2, 9 (dazu *Schulz,* SZ. 48, 277; *Beseler,* SZ. 66, 277; Beziehung unseres Wortes auf Sachgewalt fraglich).

[8] *Radin* 157f. Die klassischen Konstitutionen C. 4, 24, 2 und 3 (a. 222); eod. 9 (a. 294) und C. 8, 31, 2 (a. 294) betreffen alle den Pfandgläubiger. Nicht hierher gehört wohl C. 3, 32, 15pr. (a. 293), wo sich *'in detinendo dominio'* auf Erwerben und Behalten des Eigentums bezieht. Alle anderen Stellen sind aus nachklassischer Zeit.

[9] Vgl. *Albertario,* Studi di diritto romano II 126. Zur *corporalis possessio* unten S. 34 Anm. 192.

Klassikern die Ausdrücke *'naturaliter possidere'* (*'naturalis possessio'*) und *'in possessione esse'* erlangt. Von diesen beiden Begriffen, deren jeder seine besondere Funktion hat, ist zunächst zu handeln.

II. Detention nach ius civile: 'naturalis possessio'

1. Der Begriff der *'naturalis possessio'* ist in spätrepublikanischer Zeit als Gegensatz zur *'civilis possessio'* geprägt worden[10]. Die Kennzeichnung als *'naturalis'* drückt aus, daß es sich dabei zwar dem äußeren Augenschein nach um Besitz handelt, also um eine tatsächliche Sachherrschaft, daß ihr aber die juristische Qualifikation als Besitz fehlt. Der natürliche Besitz ist also nur der äußere Anschein, das Abbild des Besitzes, ohne im Rechtssinn Besitz zu sein. Demgegenüber ist die *civilis possessio* der 'juristische' Besitz, der Wirkungen nach *ius civile* hat. Wir finden die gleiche Gegenüberstellung von *naturalis* und *civilis* bei der *obligatio*, ist doch auch die *naturalis obligatio* keine von der Rechtsordnung anerkannte Obligation[11]. Die Qualifikation als *'naturalis'* hebt also die juristische Wirklichkeit des damit bezeichneten Rechtsinstituts auf[12].

Diese Kennzeichnung als 'natürlich' beruht auf einem Naturbegriff, der mit diesem Wort die tatsächlichen und sinnlich wahrnehmbaren Erscheinungen der Lebenswirklichkeit erfaßt. Ob und inwieweit die Römer bei dieser Naturvorstellung unter dem Einfluß der griechischen Philosophie gestanden haben, ist fraglich[13]. Ihre Schöpfung der Begriffe *naturalis possessio* und *naturalis obligatio* in der spätrepublikanischen Zeit, in der die römische Jurisprudenz mit der griechischen Denklehre in Berührung trat, würde zeitlich dieser Herkunft entsprechen. Indessen hat die Anwendung der Antithese *'naturalis — civilis'* auf Besitz und Obligation mit der eindeutig von Philosophie und Rhetorik ausgehenden Kategorienbildung *'ius naturale — ius civile'* offenbar nichts zu tun. Wir können von der Streitfrage absehen, inwieweit sich wirklich schon

[10] Literatur: *Riccobono*, SZ. 31, 321ff.; Sritti Chironi 1, 377ff.; BIDR.23 (1911), 5ff.; 49/50 (1948), 40ff.; *Bonfante*, Scritti giuridici 3, 534ff.; 592ff.; Corso di dir. rom. 3, 205ff.; *Rotondi*, Scritti giuridici 3, 229ff.; *Albertario*, Studi di dir. rom. II 213ff. passim mit weiteren Angaben; *Carrelli*, SDHI. I (1935), 379ff.; *Maschi*, La concezione naturalistica 110ff.; *Arnò* Il possesso (1936); *Beseler*, SZ. 44, 374f.; Jur. Min. 90ff.; *Scherillo*, Rend. Ist. Lomb. 63 (1930), 507ff.; *Kunkel*, Symbolae Friburgenses in hon. O. Lenel 40ff.;bei *Jörs*, Röm. Privatrecht 111[4]; *Peterlongo*, Possessio ... quam Graeci κατοχήν dicunt (estr. Annali Perugia 50, 1938, 169ff.); *Kaser*, Eigentum und Besitz im ält. röm. R. 313f.; 335ff.

[11] Zu ihr statt aller *Kunkel-Jörs*, RPR. 167 mit Lit. — Die *cognatio naturalis* in Mod. 38, 10, 4, 2 wird dagegen auf den Gegensatz von *ius naturale* und *ius civile* zurückgeführt, zu diesem sogleich im Text.

[12] *Wieacker*, Vom römischen Recht (1944) 21f.

[13] Hierzu besonders *Maschi* a. a. O. mit Lit., dazu kritisch *meine* Besprechung RabelsZ 12 (1938), 326ff.

die römischen Juristen der vorklassischen und klassischen Zeit diese Kategorisierung innerhalb des *ius* zu eigen gemacht haben[14]. Wir erwähnen nur nebenbei, daß sich die Juristen einerseits um das überpositive, von der geltenden Ordnung verschiedene Idealrecht nicht zu kümmern pflegten und andererseits unter *ius civile* in jeder seiner technischen Bedeutungen etwas sehr viel Engeres und schärfer Begrenztes verstanden als das positive staatliche Recht schlechthin. Aber die *naturalis possessio* und *naturalis obligatio* sind überhaupt nicht etwa der Besitz oder die Obligation nach dem überpositiven Idealrecht, sondern eine Sachlage, der nach der Auffassung der Römer *jede* Rechtsordnung, auch eine von ihrer positiven verschiedene ideale Ordnung, die spezifischen Besitz- und Obligationswirkungen versagen würde. Der griechische Einfluß mag sich also darauf beschränkt haben, daß man überhaupt die nach *ius civile* unerheblichen Tatbestände unter einem Gesamtnamen zusammengefaßt hat; ist doch für die Bildung zusammenfassender Allgemeinbegriffe der Einfluß der griechischen Philosophie in dieser Zeit sichergestellt. Inwieweit sie dagegen bewirkt hat, daß man sich in unserem Fall auf die Natur berief, bleibt ungewiß.

2. '*Possessio civilis*' ist der auf einer *iusta causa* beruhende Eigenbesitz. Dabei ergibt sich die Qualifikation als Eigenbesitz schon aus der *causa*. Denn als *iustae causae possessionis* gelten nur jene, die nach dem *ius civile* einen Eigentumserwerb rechtfertigen[15], also etwa '*pro emptore*', '*pro donato*', '*pro dote*', '*pro legato*', '*pro soluto*', '*pro derelicto*', '*pro herede*', ferner auch '*pro mancipato*' und '*pro in iure cesso*[16] schließlich, wenn sich der Besitzer auf einen ursprünglichen Eigentumserwerb, etwa Ersitzung oder Aneignung, Fruchterwerb, Verbindung, Vermischung, Verarbeitung usw. beruft, '*pro suo*'[17].

Dieser Besitzbegriff ist kein theoretisches Gebilde, sondern stammt aus der Praxis des Vindikationsprozesses. Schon bei der alten *legis actio sacramento in rem* stellte der Kläger dem verklagten Besitzer die förmliche Frage '*postulo anne dicas, qua ex causa vindicaveris*' (Gai. 4, 16). Obschon uns Gaius darauf nur die ausweichende Antwort nennt '*ius feci, sicut vindictam inposui*', haben wir anzunehmen, daß der Beklagte die *causa* seines Vindizierens und damit den Rechtsgrund, auf den er seinen Eigentumserwerb stützt, *nennen* mußte[18]. Und auch noch im

[14] Vgl. aus jüngster Zeit *Fr. Schulz*, History of Roman Legal Science (1946) 71f.; 136f.; *Lombardi*, Il concetto dell' ius gentium, insbes. 375ff.

[15] Davon verschieden ist die '*iusta possessio*', die zum Amtsrecht gehört: Besitz, der *nec vi nec clam nec precario* gegenüber einem bestimmten Gegner erworben wurde. Das ist verkannt bei *Seligsohn*, Iusta possessio (Freib. Diss. 1927), dazu *mein* Eig. u. Bes. 332; 340ff.; 360f.

[16] *Mein* Eig. u. Bes. 135; 202.

[17] Zu diesem Titel *Albertario* a. a. O. II, 185ff.

[18] *Mein* Eig. u. Bes. 83ff. Abweichend *Noailles*, Fas et jus (1948) 75ff., dazu meine Bespr. im Gnomon 1950.

klassischen Formularprozeß war eine Frage dieser Art, mag sie jetzt auch nicht mehr förmlich gewesen sein, nicht zu entbehren, um die Passivlegitimation des Beklagten zu ermitteln[19].

Im ältesten Verfahren der *rei vindicatio*, in der *legis actio sacramento in rem*, war nur der passivlegitimiert, der selbst ein '*meum esse aio*', also ein Eigentum an der Sache behauptete (Gai. l. c.). Hier stand mithin die Beklagtenrolle nur demjenigen zu, der sich gegenüber der Frage des Klägers auf eine *causa* berief, die zum Eigentumserwerb führte. Die Lage des altrömischen Vindikationsbeklagten deckt sich mithin genau und vollständig mit dem, was die spätrepublikanischen und klassischen Juristen '*possessio civilis*' nennen: Er hat die tatsächliche Sachgewalt, die im XII-Tafelsatz (6, 3) über die Ersitzung '*usus*' heißt[20], und ohne die der Kläger bei ihm nicht auf diese Sache greifen könnte. Und diese tatsächliche Gewalt ist qualifiziert durch einen nach *ius civile* anerkannten Eigentumserwerbsgrund, der den Besitzer befähigt, ein '*meum esse aio*' zu behaupten. Ob er damit durchdringt, hängt dann freilich davon ab, ob er einen ursprünglichen Eigentumserwerbsgrund bei sich oder einem seiner Vormänner nachweisen kann.

Von dieser Passivlegitimation im dinglichen Sakramentsprozeß leitet sich auch der *Ersitzungsbesitz* her. Zwar setzt in der XII-Tafelzeit die *usucapio*, die wir uns auf dieser Stufe als eine bloße Verschweigung des Vindikationsklägers erklären[21], noch keine *iusta causa* voraus. Der Beklagte, der sich auf ein- bzw. zweijährigen Besitz berufen kann, braucht seinen Erwerbsgrund nicht mehr zu nennen. Aber vermutlich schon seit Ende des 3. Jh. v. Chr. muß er die *causa* seines Sacherwerbes vorbringen und beweisen[22]. Er nennt jetzt — abgesehen vom Sonderfall der *usureceptio* — nicht mehr einfach den Titel '*pro suo*', sondern einen der vom *ius civile* anerkannten konkreten Erwerbsgründe. Allerdings war der Ersitzungsbesitz noch durch zwei weitere Einschränkungen qualifiziert. Erstens führt auch der titulierte Besitz nicht zur Ersitzung, soweit die Ausnahmevorschriften eingreifen, also etwa auf Grund des XII-Tafelsatzes zum Nachteil des Ausländers (3, 7), an der gestohlenen Sache (8, 17) und an der von der Frau ohne *auctoritas tutoris* übertragenen *res mancipi* (5, 2), ferner nach der *lex Plautia de vi* an der *res vi possessa*[23]. Doch traf für die Ausnahmefälle, soweit sie nicht offen-

[19] Eig. u. Bes. 291; 331. S. unten III 3b.

[20] Eig. u. Bes. 87f.

[21] Ebenda 87ff.

[22] Ebenda 295ff. Anders datiert *Voci*, SDHI. 15 (1949) 174ff., darüber später.

[23] Näheres in *meinem* Eigent. u. Besitz 92ff. Zum Sondersatz '*adversus hostem aeterna auctoritas*' auch *Kaser*, Altrömisches ius (1949) 83[6]. Der durch seinen befremdlichen Ton auffällige Versuch *Amirantes* (Studi Solazzi 381[11]), meine Deutung der Regel zu erschüttern, scheint mir keiner näheren Widerlegung zu bedürfen. Ich erinnere nur nochmals daran, daß die Bürger des altrömischen Gemeindestaates schon in sehr früher Zeit

kundig waren, die Beweislast den Kläger. Zweitens forderte der jüngere Usukapionsbesitz noch subjektiv die *bona fides* des Besitzers, wovon dann wieder für bestimmte Fälle, die Ersitzung *'pro herede'*, *'pro derelicto'* und an den bloß tradierten *res mancipi*, Ausnahmen zugelassen waren[24]. Aber auch die *bona fides* wurde offenbar, wie heute, vermutet, so daß der Kläger die Bösgläubigkeit zu beweisen hatte. Das, was der Beklagte vorzubringen hatte, deckt sich demnach mit der *possessio civilis*[25].

Schließlich setzt auch der Erwerb quiritischen Eigentums an *res nec mancipi* durch *traditio* Übergabe auf Grund einer *iusta causa* im oben dargelegten Sinne voraus und macht den Erwerber damit zum *civilis possessor*. Der Erwerber mußte sich, wenn die Sache von ihm vindiziert wurde, auf diese *causa* berufen. Er drang aber nur durch, wenn er nicht nur diesen rechtmäßigen Erwerbsgrund, sondern auch den seiner Vormänner beweisen konnte.

Im *Formularprozeß* (und ebenso offenbar schon im Sponsionsverfahren) wurde dagegen die Passivlegitimation zur *rei vindicatio* nicht mehr durch die *civilis possessio* bestimmt, sondern, wie wir sehen werden (u. III 3a), auf die Interdiktenbesitzer erweitert. Hier paßte sich also das *ius civile* dann aus besonderen Gründen ausnahmsweise dem *ius honorarium* an. Im Ersitzungsbesitz und bei der *traditio ex iusta causa* lebte dagegen die *possessio civilis* auch im klassischen Recht fort.

3. Alle tatsächliche Sachgewalt, die nicht durch eine vom *ius civile* als Eigentumserwerbsgrund anerkannte *causa* qualifiziert ist, ist hiernach *possessio naturalis*. Sollte die Antithese *'possessio civilis — possessio naturalis'* alle Tatbestände tatsächlicher Sachherrschaft erschöpfen, dann würde man erwarten, daß die Klassiker auch die vom *ius honorarium* anerkannten Besitzfälle, die nicht zugleich *possessio civilis* waren, also etwa den untitulierten gut- und bösgläubigen Eigenbesitz, sowie den Besitz des Pfandgläubigers, Prekaristen und Sequesters, als *naturalis possessio* bezeichnet hätten. Allein die klassischen Quellen zeigen, daß man diesen Begriff auf die Fälle des nur amtsrechtlich erheblichen, insbesondere des Interdiktenbesitzes, offenbar nicht angewandt hat. *Julian* (D. 41, 5, 2, 1), der mit den beiden Gruppen der *civilis* und *naturalis possessio* alle Besitzfälle umspannen wollte, nennt als Beispiele für diesen nur den Pächter, Verwahrer und Entleiher[26]. Und auch die übrigen Quellen, die von *naturalis possessio* im Zusammenhang des *ius civile* sprechen, beziehen sich allesamt auf Tatbestände,

gezwungen waren, zur Beschaffung ihres Bedarfs an gewissen Lebensgütern (Salz, Metallen usw.) mit denen peregriner Gemeinden in Rechtsverkehr zu treten.

[24] Eig. u. Bes. 296.

[25] Ebenda 319; 331.

[26] Die Stelle ist klassisch, vgl. zu ihr Eig. u. Bes. 335f. und insbes. *Kunkel* Symb. Frib. 42f.; 46f.; zur Echtheit auch schon *Albertario* II, 216[1] gegen *Perozzi* I 886 Anm. Auch der Schluß ist trotz *Siber*, RPR. 85 unbedenklich.

in denen kein Interdiktenbesitz vorliegt, die Inhabung des Depositars und Kommodatars [27], des Nießbrauchers[28], ferner des Sklaven[29] des Hauskindes[30] und des Pupillen[31]. Wo dagegen die *naturalis possessio* wirklich in amtsrechtlichen Zusammenhängen erscheint, ist sie, wie seit langem unstreitig erkannt ist, interpoliert[32]. Obschon also der Begriff der *possessio naturalis* als Gegensatz zur *possessio civilis* geschaffen worden ist, erschienen den Klassikern, wie *Riccobono* gezeigt hat, die Fälle des Interdiktenbesitzes doch als eine so wichtige und in sich geschlossene Gruppe, daß sie sie als eine dritte Kategorie des Besitzes auffaßten und die *naturalis possessio* auf die Fälle, in denen eine weder nach *ius civile* erhebliche noch auch vom *ius honorarium* geschützte tatsächliche Sachgewalt vorlag, beschränkten.

4. Mehrere Stellen sprechen ferner von '*naturaliter possidere*' o. dgl.[33] ganz allgemein, um die tatsächliche Sachgewalt ohne Rücksicht auf die Besitzverhältnisse auszudrücken, also im Sinne der eingangs genannten weiteren Bedeutung des Detentionsbegriffes. So etwa bei der Begriffsbestimmung der *possessio*[34], zur Erklärung ihrer Herkunft[35], beim

---

[27] Paul. D. 22, 1, 38, 10, vielleicht verkürzt, [*proprietas mea manet*] jedenfalls Glossem, aber im ganzen vertrauenswürdig; Eig. u. Bes. 312[28]; 337[30]; *Kunkel* 60[1]; anders *Scherillo* 509ff.

[28] Pap. D. 41, 2, 49 pr. und Ulp. eod. 12 pr. sind freilich von bestrittener Echtheit, s. Eig. u. Bes. 339[38] mit Lit., vgl. auch *Albertario* 330f., zur ersten ferner *Vassalli* und *Rotondi* nach Ind., *Peterlongo* 30f., aber auch *Kunkel* 50[2], zur zweiten *Scherillo* 525[4].

[29] Iav. D. 41, 2, 24, schwer überarbeitet, vgl. außer dem Ind. *Kunkel* 47[1]; *Albertario* 211; 223f.; 299ff.; *Peterlongo* 25ff. — Ulp. D. 45, 1, 38, 7 [*sed quamvis* —], vgl. Ind. und *Albertario* 126[3]; 223f., anders *Kunkel* 44f.; *Maschi* 116.

[30] Iul. D. 41, 5, 2, 2 [*scilicet — vivo patre*] wohl unecht, s. *Seckel*, *Beseler*, *Siber* nach Ind., dazu *Maschi* 115; — Pap. fr. vat. 258 = D. 10, 2, 35 [*filiam etenim* —] gl., vgl. den Ind. und *Albertario* 224[1]; *Beseler*, Mnem. Pappoulia 56, s. auch *Peterlongo* 31f.

[31] Ven. D. 43, 26, 22, 1 [*nam — auctoritati*], s. Ind., dazu *Albertario* 146; anders *Kunkel* 57; — Marcian D. 41, 1, 11, unecht, reiche Lit. im Ind., dazu *Kunkel* 60[1].

[32] D. 43, 16, 1, 9/10; D. 10, 4, 3, 15; eod. 7, 1; D. 10, 3, 7, 11, zu allen reiche Lit. im Ind., dazu insbes. *Kunkel* 71ff., vgl. auch *Albertario* 149, 217ff.; *Scherillo* 508f.; 513f.

[33] Auch '*naturaliter tenere*'. Diesen Ausdruck verdächtigen *Albertario* 166; 224f.; 331 und *Peterlongo* (pass.) m. E. mit Unrecht, weil sie die Festigkeit der klassischen Terminologie überspannen.

[34] Paul. D. 41, 2, 1 pr. '*Possessio appellata est ..., quia naturaliter tenetur ab eo qui ei insistit*', hier ist '*naturaliter*' wohl trotz *Albertario* 166 klassisch; weit. Lit. im Ind. und in Eig. u. Bes. 239[2].

[35] Eod. 1, 1 '*Dominiumque rerum ex naturali possessione coepisse Nerva filius ait ...*', '*naturali*' m. E. echt, vgl. Eig. u. Bes. 11, anders *Albertario* 225 ferner *Betti*, *Bonfante*, *Scherillo*, *P. Krüger* nach Ind.

unentdeckten Schatz[36], bei der verloren gegangenen und noch nicht von einem anderen ergriffenen Sache, an der die *naturalis possessio* verloren ist[37], schließlich allgemein beim Besitzerwerb durch Erbfolge[38]. *Beseler* hat diesen Sprachgebrauch von *naturalis possessio* für unklassisch erklärt: „*Naturalis possessio* ist was nach der (nach der Vorstellung der Römer) natürlichen Auffassung *possessio* ist. *Naturalis possessor* ist auch der Mieter, der Nießbraucher, der Sklave, der Haussohn“[39]. Die Byzantiner dagegen hätten das, was die Römer *naturalis possessio* nannten, als *detentio* bezeichnet, während ihnen '*naturalis possessio*' einfach die tatsächliche Gewalt über eine Sache sei. Aber weder schließt es die natürliche Auffassung der Römer aus, daß man außer den Fällen des Fremdbesitzes auch *jedes* faktische Gewaltverhältnis, ohne Rücksicht auf die juristische Qualifikation als Besitz, eine '*naturalis possessio*' nennen konnte, noch bestehen zwingende Gründe, alle die ebengenannten Belege als unecht zu verwerfen. Aus dem gleichen Grunde ist auch der Gebrauch von '*tenere, detinere*' in Fällen echten Besitzes nicht von vornherein zu beanstanden[40], weil er hier nicht mehr ausdrückt als die mit dem Besitz verbundene tatsächliche Gewalt.

5. Auf die *naturalis* wie auf die *civilis possessio* bezieht sich die Regel '*nemo ipse sibi causam possessionis mutare potest*'[41]. Die Klassiker führen sie auf die *veteres* zurück[42], sie wird also eine der '*regulae*' sein, die die Regularjurisprudenz des 2. Jh. v. Chr. aufgestellt hat. Dieser Ursprung läßt erwarten, daß auch sie um eines praktischen Zweckes willen geschaffen wurde. Gewiß läßt sie erkennen, daß man sich damals die *civilis possessio* in jedem Einzelfall als konkretisiert durch ihre *causa* vorgestellt hat[43]. Die '*genera possessionum*' des *Q. Mucius* (Paul. D. 41, 2, 3, 23) sind Arten des Besitzes, die auf den verschiedenen *causae* beruhen. Aber diese Denkweise beruht nicht einfach auf theo-

---

[36] Paul. eod. 3, 3, insoweit m. E. zu Unrecht verdächtigt von *Beseler*, SZ. 44, 374; 45, 479; 51, 201f.; JurMin. 94f.

[37] Eod. 3, 13, wohl unecht, *Beseler, Perozzi, Vassalli, Scherillo* nach Ind., dazu *Maschi* 120[2].

[38] Iav. D. 41, 2, 23 pr.

[39] Jur. Min. 90ff., s. schon SZ. 44, 374f.

[40] Anders *Albertario* 166ff. und *Peterlongo*, die auch hierin die klassische Terminologie für starrer halten, als sie war.

[41] Quellen: Eig. u. Bes. 339[39], dazu noch C. 4, 65, 23 a. 293; C.7, 32, 5 (Diocl. Max.). Lit.: *Pernice*, Labeo II 1[2], 425ff.; *Schloßmann*, SZ. 24, 13ff.; *Beseler*, SZ. 44, 376ff.; Jur. Min. 92ff.; *Siber*, RPR. 85f. und die bei ihnen Genannten; neuestens *Voci*, SDHI. 15, 174ff.

[42] Marcell D. 41, 2, 19, 1; Paul. eod. 3, 19; vgl. auch '*quod vulgo respondetur*' in Iul. D. 41, 5, 2, 1; D. 41, 3, 33, 1.

[43] *Pernice* 427. Zum Verhältnis von *causa* und *possessio* auch *Seligsohn* a. a. O., dazu aber kritisch *Kaser*, Eig. u. Bes. 340ff.

retischer Spekulation, sondern ist ausgelöst durch ein praktisches Bedürfnis.

Am ehesten gehört auch unsere Regel zu der Frage nach der *causa vindicandi*, die der Vindikationskläger dem besitzenden Beklagten schon im Legisaktionenprozeß vorzulegen hatte. Im dinglichen Sakramentsverfahren bedeutete sie demnach, daß, wer eine Sache ohne einen vom *ius civile* anerkannten Eigentumserwerbsgrund in seiner tatsächlichen Gewalt hatte, sich nicht auf eigene Faust zum *civilis possessor* aufwerfen konnte[44]. Behauptete er fälschlich eine *causa civilis*, und wurde dies schon im Verfahrensabschnitt vor dem Prätor offenbar, dann verweigerte ihm dieser die Defension der Sache. Und wenn sich die Unwahrheit seiner Behauptung erst nach der Streiteinsetzung herausstellte, dann wurde er ohne weiteres verurteilt, weil das bessere Recht des Klägers damit feststand.

Im Sponsions- und im Formularverfahren der *rei vindicatio* hatte der Satz eine ähnliche Funktion, solange nur die Interdiktenbesitzer, nicht auch die bloßen Detentoren, passivlegitimiert waren (unten III 3a). Hatte sich der bloße Detentor auf die Frage des Klägers nach der *causa possidendi* als Besitzer ausgegeben, indem er sich auf einen der zum Interdiktenbesitz führenden Besitzerwerbsgründe berief, so wurde er gleichfalls von der Sachdefension ausgeschlossen oder, wenn der Prozeß schon eröffnet war, verurteilt. Erst in spät- oder eher nachklassischer Zeit wurde die Passivlegitimation zur *rei vindicatio* auf die Detentoren erweitert und verlor damit unsere Regel insoweit ihre Bedeutung.

In engem Zusammenhang mit der Rolle, die sie bei der Passivlegitimation zur dinglichen Sakramentsklage gespielt hat, steht auch ihre Funktion bei der *Ersitzung*. Solange diese nach dem erwähnten XII-Tafelsatz '*usus auctoritas fundi biennium, ceterarum rerum annus esto*' von der *iusta causa* unabhängig war, ließ sie sich freilich hier nicht anwenden. Denn wenn der Besitzer nach Fristablauf seinen Erwerbsgrund nicht mehr zu nennen brauchte, war er damit auch geschützt, wenn er als bloßer Fremdbesitzer sich einen Eigenbesitz angemaßt hatte[45]. Seitdem er dagegen auch bei der *usucapio* einen rechtmäßigen Erwerbsgrund nachweisen mußte, bedeutete unsere Regel auch hier, daß der Inhaber sich eine *causa*, die zur Ersitzung führte, nicht anmaßen durfte. Insoweit behielt die Regel auch im klassischen und späteren Recht ihren Sinn.

Gleichwohl darf ihr juristisch-dogmatischer Wert nicht überschätzt werden. Daß die völlig haltlose und willkürliche Anmaßung einer *causa* durch den nichtberechtigten Sachinhaber ihm diese *causa* nicht wirklich verschaffen kann, ist eine Trivialität. Nur die mangelnde juristische

[44] Eig. u. Bes. 339f.

[45] Zu den Konsequenzen, die sich daraus für den Fremdbesitz ergaben, vgl. SZ. 64, 389f. Abweichend *Voci* a.a.O., darüber später.

Begriffsbildung der frühen Zeit, in der die Regel geschaffen wurde, erklärt mithin ihre Entstehung. Den Klassikern dagegen nützte sie nur dann, wenn sich daraus eine besondere Rechtswirkung herleiten ließ. Offenbar bedienten sie sich ihrer hauptsächlich, um auszuschließen, daß der Pächter, Verwahrer, Entleiher usw. nach dem Tode des Besitzers dadurch, daß sie den Besitz der Sache ergriffen, vermöge der *usucapio pro herede* daran das Eigentum erwarben[46]. Ganz logisch ist dieser Gebrauch der Regel freilich nicht[47], weil für die *usucapio pro herede* jeder wie immer erworbene Eigenbesitz der Sache genügt hat, sofern sie nicht gestohlen oder geraubt ist[48]. Aber offenbar erschien den Klassikern der Satz brauchbar, um die mißliebig gewordene *usucapio pro herede lucrativa* durch einen Ausnahmesatz einzuschränken.

Eine andere Erklärung versucht *Beseler:* Der Besitzer, der die Sache einem anderen verpachtet, verliehen usw. hat, habe den Besitz auch dadurch nicht verloren, daß dieser an ihr eine *contrectatio furti faciendi causa* vollzieht, sondern erst durch seine Dejektion[49]. Die wirkliche Ergreifung des Besitzes macht dann den bisherigen Detentor zum Besitzer, aber nur zum untitulierten *possessor 'pro possessore'*. Daß damit keine Änderung der *causa possessionis* eintrat, ist richtig, gleichgültig ob der Besitzerwerb schon mit der Kontrektation oder erst mit der vollständigen Dejektion gegeben war. Aber die Quellen lassen eine sichere Beziehung der Regel auf die erwähnten Fälle nicht erkennen[50].

Daß die Regel auch die *naturalis possessio* einschließt, sagen uns die Klassiker ausdrücklich[51]. Die *'possessio'* im Sinne des feststehenden Wortlautes der Regel ist also sowohl die *civilis* wie die *naturalis possessio*, obwohl die letztere, wie erwähnt, in Wahrheit *kein* Besitz ist, die Gründe ihres Erwerbes daher auch in Wahrheit *keine iustae causae possessionis* sind. Aber in seiner altertümlichen, sprichwortartigen Fassung sagte der Satz 'niemand kann den Grund seines Besitzes eigenmächtig ändern' soviel wie 'niemand kann einen Grund des Besitzes, der in Wahrheit keiner ist, zu einem wirklichen machen'. Ob die Regel schon bei der

---

[46] Iul. D. 41, 5, 2, 1; D. 41, 3, 33, 1; *Pernice* 426; *Siber* a. a. O.

[47] Das hat *Schloßmann* 22f. richtig gesehen. Seine eigene These (33ff.), die die Regel auf die Fälle unzulässigen Selbstkontrahierens durch einen Geschäftsführer (*tutor, curator, procurator* usw.) bezieht, hat jedoch zugestandenermaßen keinerlei Anhalt in den Quellen.

[48] Vgl. *H. Krüger*, SZ. 54, 89.

[49] a. a. O. Diese Behandlung des Besitzverlustfalles ergibt sich allerdings erst aus den teilweise kühnen Rekonstruktionen, die *Beseler* den einschlägigen Texten zuteil werden läßt, besonders Paul. D. 41, 2, 3, 18; Marcell eod. 20; Pap. eod. 47; Cels. D. 47, 2, 68 pr.

[50] *Beseler* erreicht diese Beziehung nur dadurch, daß er Paul. D. 41, 2, 3, 19 dem Sinne nach vor § 18 zieht und mit diesem verbindet.

[51] Iul. D. 41, 5, 2, 1. Nicht klassisch ist dagegen wohl eod. § 2, oben S. 7, Anm. 30.

Prägung des Begriffes '*naturalis possessio*' Pate gestanden hat, oder ob erst dieser Begriff die Formulierung der Regel beeinflußt hat, wird sich nicht entscheiden lassen.

III. Detention nach ius honorarium: 'in possessione esse'

1. a) '*In possessione(m) esse*'[52] steht im prätorischen Edikt, um eine tatsächliche Gewalt zu bezeichnen, die nicht mit den Rechtswirkungen des Besitzes ausgestattet ist. Der Ausdruck bedeutet soviel wie 'in der (äußeren) Lage des Besitzers sein', ebenso wie '*in servitute esse*' von demjenigen gesagt wird, der in einem der Sklaverei entsprechenden äußeren Zustand lebt, ohne Sklave zu sein[53].

Das Edikt gebraucht den Ausdruck '*in possessione esse*', soweit unsere Überlieferung reicht, nur in den Fällen der *missio in possessionem*, und zwar: 1. bei der *missio ventris nomine*, rubr. D. 25, 6[54], Ulp. D. 40, 4, 13, 3[55]; — 2. bei der *missio legatorum servandorum causa*, rubr. D. 36, 4[56]; — 3. bei der *missio damni infecti*, D. 39, 2, 7 pr.[57]; — 4. bei der *missio rei servandae causa* in der Vollstreckung[58], Cic. p. Quinct. 27, 84[59], D. 42, 5, 9 pr. und D. 43, 4, 1 pr.[60]. Danach darf angenommen werden, daß er auch auf die übrigen Fälle der *missio* angewandt wurde[61].

[52] Zum Akkusativ, zu dem sinngemäß '*missum*' hinzuzudenken ist, vgl. *meinen* Beitrag zur Festschrift Fritz Schulz 'Zum Ediktsstil' (im Druck) II A 4 mit weit. Lit. Die Wendung ist nicht zu beanstanden.

[53] Vgl. Ulp. D. 48, 5, 28, 8; Quint. inst. or. 7, 3, 26, dazu *Kaser*, Altrömisches ius (1949) 236 mit Lit.

[54] *Lenel*, Ed. perp.[3] 314. Vgl. auch Ulp. eod. 1, 2.

[55] *Lenel* 347. Vgl. dazu Ulp. D. 37, 9, 1, 27; eod. 7, 1; Pomp. D. 28, 5, 23 3; Ven. D. 44, 3, 15, 4; Ulp. D. 6, 1, 9; Paul. D. 19, 1, 2, 1; D. 42, 7, 1, 2; Marcian. D. 36, 4, 7. — *Solazzi*, Il concorso dei creditori 1 (1937), 20ff. weist der *ventris nomine missa* nicht die bloße Detention, sondern vollen Besitz zu (zust. *Lauria*, St. Solazzi 793[71]); dagegen schon mein Eig. u. Bes. 27[45]. — *Lepri*, Note sulla natura giuridica delle missiones in possessionem kenne ich nur aus der Besprechung von *Condanari-Michler*, SZ. 61, 477ff.

[56] *Lenel* 369f. Vgl. Ulp. D. eod. 5pr. — 5; auch Pap. D. 36, 3, 5, 1; Ulp. D. 6, 1, 9; D. 10, 4, 5, 1; Paul. D. 19, 1, 2, 1.

[57] *Lenel* 372. Vgl. Ulp. D. eod. 15, 11ff., weitere Quellen bei *Lenel* 372[9]; *Bonfante*, Corso 2, 1, 359f.

[58] Zur Bezeichnung *Solazzi* a. a. O. 33f.

[59] *Lenel* 423; *Solazzi* 178ff. Zur Fassung *meine* zit. Abh. 'Zum Ediktsstil' a. a. O. und IV 2a.

[60] *Lenel* 424, *Solazzi* 159ff., 198f. — Vgl. auch D. 42, 8, 10 pr. nach der Rekonstruktion *Lenels* 496f. ...'*ea illis* ⟨*quos*⟩ [*si*] *eo nomine q. d. a. ex edicto meo* ⟨*in possessionem ire*⟩ [*competere*] *esseve oportet*...' S. auch Ind. Anders *Solazzi*, La revoca degli atti fraudolenti[3] (1945) I 39ff.

[61] Für das *edictum Carbonianum* wird er uns in Ulp. D. 37, 10, 1, 1 ausdrücklich bezeugt'... *in possessionem eorum bonorum praetor esse iubet*', dazu *Lenel* 348; *Niedermeyer*, SZ. 50, 79f. u. pass., s. auch Ulp. D. eod. 5 pr.

In allen diesen Ediktbestimmungen wurde der Ausdruck *'in possessione esse'* gewählt, um den Gegensatz zur wirklichen *possessio* zu bezeichnen. Das wird am deutlichsten in Cic. p. Quinct. l. c. *'qui ex edicto meo in possessionem venerint, eos ita videtur in possessione esse oportere':* Die Klausel beschränkt die Herrschaft des *missus* über die Sache auf die tatsächliche Gewalt ohne Besitzerstellung. Der gleiche Gegensatz tritt hervor im Edikt über *damnum infectum* (D. 39, 2, 7 pr.) *'... in possessionem eius rei, cuius nomine, ut caveatur, postulabitur, ire et, cum iusta causa esse videbitur, etiam possidere iubebo. In eum, qui neque caverit neque in possessione esse neque possidere passus erit..'*[62]: Die *missio ex primo decreto* verleiht bloße Detention, die *ex secundo decreto* den Usukapionsbesitz.

Im übrigen sagen die Juristen ausdrücklich, daß der Prätor dem *missus* (abgesehen vom Sonderfall der *missio damni infecti ex secundo decreto*) *'non possessionem, sed custodiam rerum et observantiam concedit'*[63]. Er erhält also wohl die tatsächliche Gewalt und damit Obhut und Aufsicht über die Sache, nicht aber den Besitz[64]. Der *missus* bedarf nicht des Schutzes durch die Besitzinterdikte, weil er gegen unberechtigte Eingriffe durch besondere Rechtsmittel geschützt ist, die Interdikte *'Ne vis fiat ei quae ventris nomine...'*[65], *'... qui legatorum servandorum causa...'*[66], *'...qui damni infecti nomine in possessionem missus erit'*[67]. Der *rei servandae causa missus* erhält eine *actio in factum* nach D. 43, 4, 1 pr.[68]. Eine generelle Klage *'si ex alia causa in possessionem missus prohibitus esse dicetur'* ist von zweifelhafter Echtheit[69].

b) Der Sprachgebrauch für die Detention in diesem amtsrechtlichen Bereich ist weder im Edikt noch bei den Juristen einheitlich. Die vom Prätor gewährte tatsächliche Sachgewalt wird hier wie dort auch einfach mit *'possidere'* bezeichnet. So spricht das Edikt wiederholt von

— Zur *missio dotis nomine* s. Ulp. D. 6, 1, 9; Ven. D. 44, 3, 15, 4; *Weiß*, RE. 15, 2059; *Solazzi*, Concorso 1, 29ff. — Für die *missiones Hadriana* und *Antoniniana* (*Weiß* 2061f.) fehlt es an Belegen.

[62] Dazu Ulp. D. eod. 15, 16f.; 15, 20ff.; 18, 15.

[63] Paul. D. 41, 2, 3, 23; ähnlich D. 42, 4, 9, 1; Ulp. D. 37, 9, 1, 17; D. 41, 2, 10, 1; D. 43, 17, 3, 7; ferner Iul. D. 5, 1, 27; D. 41, 5, 2pr.; Pomp. D. 42, 4, 12; Pap. 36, 3, 5, 1; Ulp. D. 10, 3, 7, 8; D. 36, 4, 5pr. S. schon *Cicero* l. c, (Fortsetzung) *'quod ibidem recte custodire poterunt, id ibidem custodiant'*.. *Branca*, Danno temuto 187.

[64] Pomp. D. 42, 4, 12; Ulp. 41, 2, 10, 1 (die Parenthese vielleicht glossiert, s. außer *Perozzi* nach Ind. auch *Seligsohn* a. a. O. 35[1 26]; *Beseler*, SZ. 53, 8; SDHI. 1 (1935), 284, aber sachlich unbedenklich); D. 43, 17, 3, 8 (Eig. u. Bes. 334).

[65] *Lenel* 455.

[66] Ebenda.

[67] *Lenel* 469.

[68] *Lenel* 424; *Solazzi* 159ff.

[69] Ulp. D. 43, 4, 4, 4, dazu *Lenel* 372f.; 469[3]; *Solazzi* 26f.; *Branca* 224.

'mittere in possessionem'[70], von *'in possessionem ire'*[71], von *'bona ex edicto possideri proscribi venirique iubebo'*[72], in der von Cicero l. c. überlieferten Klausel von *'in possessionem venire'*, anderwärts von *'de possessione decedere'*[73]. Und die Juristen folgen dieser Ausdrucksweise und bereichern sie noch um *'possessionem dare'*, *'possidere pati'* u. a.[74]. Dennoch ist hier überall bloße Detention gemeint[75]. Wo von wirklicher *possessio* die Rede ist, wie bei der *missio damni infecti ex secundo decreto*, wird es ausdrücklich gesagt[76].

Auf der anderen Seite wird *'in possessione esse'* von den Juristen auch außerhalb des Rechts der *missio in possessionem* gebraucht, so etwa von Gaius 4, 153 für den Pächter, Mieter, Verwahrer, Entleiher, von demselben Juristen in D. 41, 2, 9 für den *'procurator, hospes, amicus'*, von Pomponius und Ulpian eod. 10, 1 für den, der nicht den Besitz, sondern nur das *'in possessione esse'* als Prekarium erbeten hat[77]. Immerhin stammen auch alle diese Stellen aus dem Zusammenhang der Interdikte, also des *ius honorarium*[78]. Für die Detention nach *ius civile* hat man also unsere Wendung offenbar nicht gebraucht.

2. a) Den weitaus wichtigsten Anwendungsfall des prätorischen Besitzbegriffs bildet die Berechtigung zu den *Besitzinterdikten*, insbesondere den *interdicta uti possidetis* für Grundstücke und *utrubi* für bewegliche Sachen. Diese Berechtigung kommt nach feststehender klassischer Lehre allen Eigenbesitzern zu, also dem besitzenden Eigentümer ebenso wie dem, der gut- oder bösgläubig die Sache wie ein Eigentümer beherrscht, mithin auch dem Dieb; von den Fremdbesitzern dem Erbpachtberechtigten, sowie dem Prekaristen, dem Pfandgläubiger und dem Sequester[79].

---

[70] Rubr. D. 25, 5 (*Lenel* 313), dazu Ulp. D. eod. 1pr.ff.; rubr. D. 37, 9 (*Lenel* 347); ferner die im Text genannten Interdikte nach rubr. D. 43, 4 (*Lenel* 455).

[71] Vgl. rubr. D. 42, 4 *'Quibus ex causis in possessionem eatur'* (*Lenel* 413); nach oben S. 11, Anm. 60 zu D. 42, 8, 10pr.

[72] Prob. 5, 24 (*Lenel* 413), vgl. auch das Edikt D. 42, 4, 7, 1 (*Lenel* 413); ferner rubr. D. 42, 5, dazu *Lenel* 423[2] und die Hinweise ebenda 423ff.

[73] D. 42, 4, 5, 2, *Lenel* 415; *Solazzi* 50.

[74] Zahlreiche Belege, vgl. z. B. Ulp. D. 37, 9, 7, 2; D. 43, 4, 4, 2.

[75] *Lauria*, St. Solazzi 793 scheint hier an echten Besitz zu denken; m. E. nicht mit Recht.

[76] Die Kompilatoren, nach denen die *missio ex II. decreto* sofort Eigentum verlieh, haben nach *Branca*, Danno temuto 425ff. in diesem Fall den *missus* durch Rückbeziehung schon von der ersten *missio* an als Usukapionsbesitzer (wenn auch ohne Besitzinterdikte, D. 43, 17, 3, 8) behandelt; vgl. D. 39, 2, 15, 16; s. auch D. 41, 2, 3, 23; D. 39, 2, 12; 15, 27 (zu allen Ind.).

[77] Vgl. auch Ulp. D. 43, 26, 6, 2. — Zum *ususfructus:* Paul. sent. D. 7, 1, 60, 1.

[78] Gai. inst. cit. handelt vom Utrubi, fr. 9 und 10, 1 handeln vom Unde vi (*Lenel* 461[19, 21]).

[79] Unstreitig; vgl. statt aller *Kunkel-Jörs*, RPR. 111ff.

Die Entwicklungsgeschichte des Interdiktenbesitzes haben wir uns so erklärt, daß der Begriff der *'possessio'* überhaupt vom Besitz am öffentlichen Boden ausgegangen ist[80]. Etymologisch leitet sich *'possidere'* offenbar vom Sitzen auf dem beherrschten Boden her. Die Rechtsvergleichung wie auch gewisse Einrichtungen und Quellenäußerungen legen die Auffassung nahe, daß es in der Frühzeit einmal am Boden überhaupt keine Privateigentum gegeben hat, sondern der Boden unter einer öffentlich-rechtlichen Hoheitsgewalt der *gentes* stand, an deren Stelle mit dem Erstarken der Staatsgewalt der *populus Romanus* trat; wenngleich es feststeht, daß in Rom schon sehr frühzeitig auch privates Bodeneigentum anerkannt wurde. Billigt man diese Auffassung, dann hatte an diesem öffentlichen Boden der einzelne *paterfamilias* kein Eigentum, sondern nur eine tatsächliche Gewalt. Zu ihrem Schutz gegen verbotene Eigenmacht (Eingriffe *vi, clam, precario*) diente als Urform das *interdictum uti possidetis*, ein anfänglich rein administratives Verfahren, in dem der Magistrat selbst entschied, den fehlerfreien Besitzer in den Besitz des Grundstücks einwies (*missio*) und dem Gegner eigenmächtige Verletzung unter Androhung einer *multa* verbot (*vim fieri veto*). Diesem zunächst rein administrativen Verfahren wurde dann mit der Zeit ein privatprozessuales Nachverfahren mit Einsetzung eines *iudex*, Litiskontestation und Urteil angehängt, wodurch die Interdikte in ein Sonderverfahren des Zivilprozesses umgewandelt wurden.

Ist diese Entwicklungsgeschichte richtig gesehen, dann ist mithin der Begriff des Interdiktenbesitzes nicht vom Eigenbesitz, sondern vom Fremdbesitz des einzelnen am öffentlichen Boden ausgegangen[81]. Aber

[80] Für das Folgende verweise ich wieder auf *mein Eig.* u. Bes., V. Abschnitt (224ff.), daselbst Quellen und weit. Lit.

[81] Neue geistvolle Perspektiven entwickelt in gedrängter Form jetzt *Lauria* 780ff. Er behauptet schon für die Frühzeit einen einheitlichen Besitzbegriff, der sowohl den *usus*-Besitz der XII Tafeln wie den Besitz am öffentlichen Boden umfaßt habe. Doch scheinen mir die seinerzeit dargelegten Gründe, die Etymologie, der Sprachgebrauch der Quellen und besonders die ganz verschiedene Funktion des Besitzes in diesen und jenen Fällen entschieden gegen eine solche Einheit zu sprechen. Die juristische Begriffswelt hat *'possidere'* schon seit alters mit fest bestimmten technischen Inhalten erfüllt, mag auch daneben vor allem der nichtjuristische Sprachgebrauch schon seit sehr früher Zeit *'possidere'* in ganz abgeschliffener und farbloser Bedeutung gebraucht haben wie *'habere'* (Eig. u. Bes. 281[8]). Volle Zustimmung aber verdient der Hinweis, daß die vielfältigen Beschränkungen, die den verschiedenen Besitztypen am öffentlichen Boden auferlegt waren, besonders die Widerruflichkeit, die staatliche Verleihung u. a., nichts mit dem *Wesen* des Besitzes zu tun haben, sondern nur aus der für diese Verhältnisse geschaffenen Rechtsform folgen. Um den Nachweis, daß der Besitzbegriff am *ager publicus* der gleiche ist wie der des Privatrechts, war auch *meine* Abhandlung in SZ. 62, 1ff. bemüht. Nur beschränkt sich diese Identität auf den Interdiktenbesitz und betrifft nicht auch den Usukapionsbesitz.

schon in sehr früher Zeit, vor den XII-Tafeln, fing man an, auch privates Grundeigentum anzuerkennen. Die durch Interdikte geschützte *possessio* wurde dann auch auf diesen privaten Boden übertragen, oder besser, sie blieb auch nach der Umwandlung des öffentlichen Grundeigentums in privates erhalten. Damit wurde auch der besitzende Eigentümer als Interdiktenbesitzer anerkannt. Und da die Frage, ob jemand Besitzer ist, offenbar auch hier nicht durch amtliche Untersuchung, sondern nur durch Befragung des Besitzers selbst geklärt wurde, war auch jeder andere Eigenbesitzer, der, ohne Eigentümer zu sein, sich als Eigenbesitzer bekannte, durch die Interdikte geschützt. Wohl im 3. Jh. v. Chr. wurde dann auch der Fahrnisbesitz durch das dem Uti possidetis nachgebildete *interdictum utrubi* gesichert[82]. Doch wurde der Begriff der '*possessio*', den dieses Interdikt ebenso wie das *de precario* noch vermeidet, offenbar erst später auf bewegliche Sachen und andere Gegenstände erstreckt. In der ausgehenden Republik bildete der Eigenbesitz an privaten Grundstücken und Fahrnissachen bereits die Regel, jetzt konnte die Lehre vom Besitzerwerb und -verlust geradezu auf die Vorstellung der mit dem Eigenbesitzwillen verbundenen tatsächlichen Gewalt, *animus et corpus*, gegründet werden; wobei mit griechischem Einfluß vielleicht bei der Bildung des *animus*-Begriffs selbst, aber wohl nicht bei seiner Anwendung in der Besitzlehre zu rechnen ist[83].

b) Sieht demnach die klassische Lehre den Eigenbesitz als Regel an, so muß ihr der durch die Besitzinterdikte geschützte Fremdbesitz als Ausnahme erscheinen. Der private Besitz am öffentlichen Boden war in dieser Zeit im wesentlichen bereits auf die Fälle des *ager vectigalis* zusammengeschmolzen; der Schutz des Erbpächters durch die regelmäßigen Besitzinterdikte[84] bildet immerhin ein Überbleibsel aus der frühzeitlichen Entwicklung.

Auch der Interdiktenbesitz des *Prekaristen* mag eine ähnliche Wurzel haben. Den Urfall des *precarium* bildet vermutlich der Besitz des Klienten, der Land von der patrizischen *gens* auf freien Widerruf zu Lehen erhalten hat[85]. Dieses Verhältnis war durch seine freie Widerruflichkeit dem des Besitzers am öffentlichen Boden nahe verwandt[86]. Diesem Lehensbesitzer mag man durch die regelmäßigen Besitzinterdikte den Schutz des Lehensbesitzes gegen eigenmächtige Eingriffe Dritter zugestanden haben, um eine Anrufung des Lehensherrn zur Verteidigung zu ersparen. Dabei blieb es dann, als das *precarium* später auch an

[82] Hierzu und zum Folgenden Eig. u. Bes. 277ff.

[83] Vgl. ebenda 328f. mit Lit., insbes. *Kübler*, Atti Congr. Intern. di dir. rom. Roma 1 (1934) 90f. Daß der *animus* nicht schon seit alters zum Wesen der *possessio* gehört, hebt auch *Lauria* 792f. hervor.

[84] SZ. 62, 34ff. mit Lit., dazu *Vogt*, Erbbaurecht (1950) 45.

[85] Eig. u. Bes. 255f.; 281 (mit Lit., dazu *Kunkel-Jörs* 112); 326f.; SZ. 64, 390f.

[86] Zu den Gemeinsamkeiten und Unterschieden Eig. u. Bes. 255f.

Gegenständen aller Art und auch für andere Zwecke verwendet wurde. Es mochten Fälle hinzukommen, in denen der Prekarist am Behalten der Sache ein größeres Eigeninteresse hatte als der *precario dans*, so etwa dann, wenn der Fiduziant die Sache vor Schuldtilgung auf Widerruf zurückerhalten hatte[87], oder wenn der Verkäufer dem Käufer die Ware unter Vorbehalt des Eigentums auf Widerruf übergeben hatte[88]. Doch war der Interdiktenbesitz des Prekaristen keineswegs auf diese Fälle beschränkt[89]. Bloßer Detentor ist der Prekarist nur dann, wenn ihm entweder das bloße '*in fundo morari*' widerruflich gestattet wurde[90], oder wenn er die widerrufliche Ausübung eines bloßen *ususfructus*, eines *usus*, einer *habitatio* erbeten hatte, also eines Rechts, das dem Berechtigten keinen Besitz gab[91].

Andere Gründe hat dagegen der Interdiktenbesitz des *Pfandgläubigers*. Die herrschende Meinung[92] erklärt ihn wieder nur aus praktischen Gründen: Der Verpfänder hat besonders dann, wenn er nicht mehr damit rechnet, das Pfand einlösen zu können, nur ein geringes Interesse daran, die Sache zu schützen. Der Gläubiger, der sie endgültig zu behalten oder zu verwerten hofft, ist dagegen stärker als jener an ihrer ungestörten Erhaltung interessiert, hat aber der besonderen pfandrechtlichen Rechtsmittel (*interdictum Salvianum* und *actio Serviana*) vor deren Einführung (wohl im 1. Jh. v. Chr.) entbehrt. Für die ältere Zeit haben wir darum auch hier eine andere, entwicklungsgeschichtliche Erklärung erwogen[93]. Wir vermuten, daß in der *legis actio sacramento in rem* auch der Pfandgläubiger ein — inhaltlich durch seine Funktion beschränktes — Eigentum an der Pfandsache behaupten durfte. Eine Vertragsklausel für die Illatenhypothek bei Cato agr. 146, 5 sagt noch, daß, wenn die eingebrachten Sachen des Pächters vom Grundstück entfernt werden, sie dem Grundherrn, also dem Pfandgläubiger, *gehören* sollen ('*domini esto*'), drücken mithin das Herrschaftsrecht des Pfandgläubigers mit dem gleichen '*eius esse*' aus, wie es dem '*meum esse*' des Vindikanten und Kontravindikanten entspricht. Die erst später eingeführte *actio Serviana* hat hiernach den Schutz des Pfandgläubigers mit der im Sakramentsverfahren durchgeführten regelmäßigen *rei vindicatio* abgelöst. Auf die

[87] Gai. 2, 60, dazu die Parallelstellen bei *Kübler*, Gai inst. adhl. Doch wird hier neben dem Prekarium auch die *conductio* genannt, die dem *conductor* die bloße Detention gibt.

[88] Ulp. D. 43, 26, 20; s. auch Ulp. D. 43, 24, 11, 12, wenngleich stark verfälscht (s. Ind.).

[89] Solches behauptet *Siber*, RPR. 134, angeregt durch *Rabel*, Grundzüge des röm. PrivR. (in *Holtzendorff-Kohler*, Enzykl. I[7]) 436.

[90] Ulp. D. 41, 2, 10, 1; D. 43, 26, 6, 2; oben S. 13.

[91] *Silva*, SDHI. 6 (1940) 233ff.; *Albertario* II 147f.; teilweise anders noch *Ciapessoni*, Atti I Congr. Naz. Studi rom. 2 (1929) 199ff.

[92] *Jhering*, Besitzwille 368; *Siber* 133ff.; *Kunkel-Jörs* 112.

[93] SZ. 64, 391ff.; Altröm. ius 313f. (zur Idee des Pfandeigentums auch 240); jetzt SZ. 67, 562f.

Einzelheiten ist hier nicht einzugehen[94]; billigt man diese Deutung, dann würde sich der Besitzschutz des Pfandgläubigers daraus herleiten, daß auch er einmal als Eigenbesitzer angesehen wurde.

Der Interdiktenbesitz des *Sequesters* läßt sich aus praktischen Erwägungen rechtfertigen, weil, solange der Streit um die Sache noch nicht entschieden ist, unbestimmt wäre, wer von den beiden Streitteilen sie gegen verbotene Eigenmacht schützen sollte. Ob auch der Sequester einmal, ähnlich wie der Pfandgläubiger, ein funktionell beschränktes Eigentum behaupten durfte, ist nicht mehr zu entscheiden[95].

c) Überblicken wir diese Fälle des Interdiktenbesitzes, so zeigt sich, daß sie über die der *civilis possessio* hinausreichen. Nur in einem Falle ist der *civilis possessor* nicht zugleich Interdiktenbesitzer: Beim Pfandverhältnis ist der Besitz dergestalt verteilt, daß der Verpfänder die bloße *possessio ad usucapionem* behält, die übrigen Besitzfunktionen aber dem Pfandgläubiger zustehen[96]. Im Falle des Prekaristen und des Sequesters dagegen hat man dem *precario dans* und dem Hinterleger nicht einmal den Usukapionsbesitz zugestanden[97].

Keine derartige Teilung des Besitzes scheint auch beim *tutor* bestanden zu haben[98]. Von ihm sagen uns die Quellen nur, daß er *'domini loco'* stand[99], auch werden die Mündel als bloße Detentoren gekennzeichnet[100]. Der Vormund war also, solange seine Funktion währte, alleiniger und ausschließlicher Träger der *possessio*[101] und ließ für den Mündel nicht einmal eine bloße *possessio ad usucapionem* übrig[102].

d) *Detentoren* ohne die regelmäßigen Besitzinterdikte sind, wenn man diesen Kreis der Interdiktenbesitzer abzieht, alle übrigen Inhaber einer tatsächlichen Sachgewalt. Ihnen ist gemeinsam, daß sie diese Sachgewalt *alieno nomine* ausüben, also so, daß der andere *possessor* ist[103]. Sie gliedern sich in mehrere Gruppen:

---

[94] Zur Datierung der pfandrechtlichen Rechtsmittel auch *Kreller*, SZ. 64, 335, der die Entwicklung aber anders deutet. Ich hoffe, hierauf und auf die Einwendungen bei *Burdese*, Lex commissoria e ius vendendi nella fiducia e nel pignus 96[2] an anderem Ort zurückzukommen.

[95] SZ. 64, 394; s. auch Eig. u. Bes. 327[27].

[96] Iav. D. 41, 3, 16; Iul.-Paul. D. 41, 2, 1, 15; Iul. D. 41, 3, 33, 3/4; D. 41, 2, 36; zu allen Eig. u. Bes. 353f. mit Lit.

[97] Vgl. die Gründe bei Eig. u. Bes. 354f. (mit Lit.). Für den Sequester steht das ausdrücklich in Flor. D. 16, 3, 17, 1; Iul. D. 41, 2, 39, dazu *Siber* 135; *Beseler*, SZ. 66, 348f.

[98] *Kübler*, Studi Besta 1. 87f. m. Lit. unter Hinweis auf Lab. D. 18, 1, 78, 1; dagegen ist D. 2, 8, 15, 5 interpoliert. Zustimmend *Lauria* 787; anders noch *Kaser*, SZ. 64, 389[1].

[99] Paul. D. 26, 7, 27 u. a., SZ. 59, 40[1] m. Lit.

[100] Oben II 3.

[101] SZ. 59, 35ff. Doch hatte der Mündel schon ruhendes *Eigentum.*

[102] Was für den *tutor* galt, ist auch für den *curator* und den *familiae emptor* zu vermuten; Eig. u. Bes. 25f.

[103] Zum Ausdruck *'alieno nomine' Beseler*, Jur Min. 92.

Personen, die selbst keine Interdikte geltend machen können, sind Sklaven, Hauskinder und Mündel[104]. Sie besitzen für ihren Gewalthaber oder Vormund.

Eine zweite Gruppe bilden solche Inhaber, die, obschon voll rechts- und handlungsfähig, keinerlei Schutz in ihrer Sachgewalt genießen, wie Depositar, Kommodatar, Mandatar, *negotiorum gestor*, Mieter, Pächter, Werkunternehmer; ferner, wie wir sahen, derjenige, der die bloße Detention *precario* erbeten hat. Auch der beschenkte Ehegatte galt nach einer älteren Lehre als bloßer Detentor, während Julian und die Späteren ihm die *possessio pro possessore*, also den nach *ius civile* unerheblichen Interdiktenbesitz, zugestehen[105].

Eine letzte Gruppe endlich bilden jene Inhaber, denen zwar nicht die regelmäßigen Besitzinterdikte, aber doch besondere Rechtsmittel zur Erhaltung ihrer tatsächlichen Sachgewalt zugebilligt werden. Hierher gehören der Usufruktuar vermöge des *interd. uti possidetis utile*[106] und des *interd. 'si uti frui prohibitus esse dicetur'*[107], gewisse Servitutsberechtigte in ihrem beschränkten Sachgenuß durch die Interdikte *'De itinere actuque privato'*[108] und *'De aqua cottidiana et aestiva'*[109]; der Erbbauberechtigte auf Grund des Interdikts *'De superficiebus*[110]; schließlich die *in possessionem missi* auf Grund der bereits oben (1. a) genannten Rechtsmittel.

Von den Inhabern der letzten Gruppe werden der Nießbraucher bei Cic. p. Caec. 32, 94 und die *in possessionem missi* von Q. Mucius nach Paul. D. 41, 2, 3, 23 ausdrücklich unter die *'possessores'* gerechnet[111]. Aber diese beiden vereinzelten Äußerungen dürfen nicht zu der Ansicht verleiten, das ältere Recht hätte in diesen beiden Fällen wirklich Besitz angenommen[112]. Cicero mag zu seinem Ausspruch, der bei ihm als Redner nicht sehr schwer wiegt, durch den Schutz des *'uti possidetis utile'*, vielleicht auch durch die *'possessio naturalis'* veranlaßt worden sein. Und wenn von Q. Mucius gesagt wird, daß er die Fälle der *missi 'inter genera possessionum posuit'*, und er darum von Paulus getadelt wird, so mag er bei seiner Aufstellung der Besitzerkategorien im weitesten Sinn auch die *naturales possessores* und diejenigen, die nur *'in possessione sunt'*, einbezogen haben[113], wie ja überhaupt auch der nichtjuristische

[104] Quellen oben II 3; *Lauria* 783ff.

[105] Zum letzten Fall Quellen u. Lit.: Eig. u. Bes. 355ff.

[106] Vat. 90; *Lenel*, EP. 473f.

[107] Vat. 91; *Lenel* 468f. Zu beiden *Kaser*, Fschr. Koschaker 1, 476f.

[108] D. 43, 19, 1pr.; 3, 11; *Lenel* 478f.

[109] D. 43, 20, 1pr.; §§ 29, 38; *Lenel* 479f. Zu beiden *Kaser* 451f.

[110] D. 43, 18, 1pr.; *Lenel* 476f. Zur Echtheitsfrage Lit.: Eig. u. Bes. 21[15], dazu *Vogt* 43ff.

[111] Eig. u. Bes. 338f. mit weit. Lit.

[112] So für den Nießbraucher jetzt *Lauria* 793.

[113] An einen Einfluß der griechischen *animus*-Lehre auf Q. Mucius denkt hier *Kübler*, Atti Congr. Intern. di dir. rom. Roma 1 (1934) 89f.

Sprachgebrauch schon seit alters auch das rechtlich unerhebliche Haben unbedenklich durch '*possidere*' ausgedrückt hat[114]. Mehr ist den angeführten Stellen nicht zu entnehmen.

3. a) Die Berechtigung zu den Besitzinterdikten bestimmt nach der klassischen Lehre, mindestens bis zur Hochklassik, auch die *Passivlegitimation zur rei vindicatio*, Pegasus bei Ulp. D. 6, 1, 9.

Die *legis actio sacramento in rem* hatte die Beklagtenrolle nur demjenigen zugewiesen, der das '*rem meam esse aio*' des Klägers selbst mit einer gleichlautenden Eigentumsbehauptung beantwortete (Gai. 4, 16); darauf beruht, wie wir sahen, die *civilis possessio*. Diese Regelung erschien unbillig[115], wenn der Beklagte bereits in einem *interd. uti possidetis* oder *utrubi* dem Kläger gegenüber obgesiegt hatte. Denn der Vindikationsstreit verlangte von ihm den vollen Eigentumsbeweis, obschon doch der Interdiktsprozeß bereits erwiesen hatte, daß er dem Kläger gegenüber *nec vi nec clam nec precario* besaß. Um ihm nun diesen Eigentumsbeweis zu ersparen, führte man, wie wir annehmen, das *agere in rem per sponsionem* ein, bei dem nur noch der Kläger sein Eigentum zu beweisen hatte, dem Beklagten aber der Eigentumsbeweis erlassen wurde; zunächst wohl nur dann, wenn er wirklich in einem voraufgegangenen Interdiktsprozeß dem gleichen Gegner gegenüber gesiegt hatte, später auch ohne diese Voraussetzung. Die gleiche Regelung, die die Eigentumsbehauptung und den Eigentumsbeweis auf den Kläger beschränkt, wurde dann auch auf den Vindikationsprozeß *per formulam arbitrariam* übertragen. Aber die Passivlegitimation desjenigen, der zu den Besitzinterdikten berechtigt ist, verrät noch den entwicklungsgeschichtlichen Ursprung dieser Handhabung.

Daß der Eigenbesitzer zur *rei vindicatio* der rechte Beklagte ist, bedarf keiner Rechtfertigung. Ebenso ist es bei den Fremdbesitzern, soweit sie Detentoren im Namen eines Dritten sind, ohne weiteres verständlich, daß man die Sachverteidigung nicht demjenigen gab, der die Sache nur zu einem vorübergehenden Zweck innehat, sondern dem *possessor*, der sie — aus freien Stücken oder kraft prätorischer Zuweisung — dem anderen überlassen hat. Denn der *possessor* hat das stärkere Interesse daran, sie sich zu erhalten, und ist auch besser befähigt, die Nichtberechtigung des Klägers oder sein eigenes Recht an der Sache zu beweisen[116]. Leitet der Fremdbesitzer aber seine Innehabung vom Kläger selbst her, so ist überhaupt nicht die dingliche Klage, sondern die *actio in personam* aus dem Fremdbesitzverhältnis am Platze.

Nicht von vornherein einleuchtend ist dagegen die Passivlegitimation in den Ausnahmefällen, in denen der Fremdbesitzer den Interdikten-

[114] Hinweise Eig. u. Bes. 281[8].
[115] Zum Folgenden eingehend Eig. u. Bes. 277ff.
[116] *Beseler*, Jur. Min. 92.

besitz hat. Von diesen Fällen stehen die *agri vectigales* im öffentlichen Eigentum des Staates oder der Gemeinde und sind daher einer privatrechtlichen Vindikation des Eigentums von vornherein entzogen. — Beim *Sequester* wäre, solange noch nicht entschieden ist, welchem der beiden streitenden Hinterleger die Sache gehört, die Vindikation eines Dritten während des Streites praktisch überhaupt unmöglich oder doch sehr erschwert, wenn er sich nicht an den Sequester halten dürfte. Dieser mag sich gegenüber dem Vindikanten die Beweishilfen von den beiden Hinterlegern erteilen lassen, deren sie sich in ihrem Streit untereinander bedienen[117]. Unterläßt er die sachgemäße Verteidigung, macht er sich dem Sieger unter ihnen aus dem Sequestrationsvertrag haftbar. — Ähnlich liegen die Dinge beim *Pfandgläubiger*, dessen Eigeninteresse an der Sache und dessen Haftung aus dem Pfandvertrag in der Regel gleichfalls ausgereicht haben werden, um ihn zu sorgfältiger Sachverteidigung, bei der er sich der Hilfe des Verpfänders bediente, zu bestimmen. Galten Pfandgläubiger und Sequester ursprünglich auf Grund einer funktionellen Eigentumsteilung sogar als Eigenbesitzer, dann erscheint ihre Passivlegitimation erst recht nicht problematisch. Dem Verpfänder und dem Hinterleger selbst aber mag der Prätor seit der Einführung der *actiones pigneraticia* und *sequestraria* die *rei vindicatio* gegen Pfandgläubiger und Sequester verweigert haben, um sie auf diese persönlichen Klagen zu verweisen[118].

Am schwierigsten zu erklären ist die Passivlegitimation des *Prekaristen*. Für die Zurückholung der Sache durch den *precario dans* war die Vindikation niemals brauchbar; im alten Prozeß nicht, weil der Prekarist kein '*meum esse aio*' behaupten und daher die Sache nicht verteidigen konnte, im späteren nicht, weil der Prätor den Kläger auf das *interdictum de precario* verwies. Doch wird sich der *precario dans* die Sache vom Klienten in alter Zeit schon außergerichtlich vermöge seiner Hauszucht zurückgeholt haben[119]. — Gegen einen Drittvindikanten konnte der Prekarist die Sache im dinglichen Sakramentsverfahren nicht verteidigen, weil er, wie soeben gesagt, nicht passivlegitimiert war[120]. Der Vindikant mußte sich also an den *precario dans* halten. Aber auch im jüngeren Prozeß konnte der Vindikant offenbar sowohl den *precario dans* wie den Prekaristen belangen. Denn nach einer schon von den *veteres* (Trebatius) vertretenen, von den Prokulianern zwar bestrittenen, aber von den späteren Klassikern wieder aufgenommenen Lehre galten nun *beide* als Besitzer, der *precario dans* als *iustus*, der

[117] Zu den Veräußerungsverboten an der *res litigiosa*, die hier nicht interessieren, s. *Wenger*, Istituzioni della proc. civ. rom. 177 mit Lit.

[118] Zur Vermutung eines geschichtlichen Überganges von der Vindikation zur persönlichen Klage vgl. SZ. 64, 392f.

[119] SZ. 58, 102f.; 64, 391; Eig. u. Bes. 256; 326.

[120] Irrig insoweit SZ. 64, 391.

Prekarist ihm gegenüber als *iniustus possessor*[121]. Die Passivlegitimation auch des Prekaristen kann sich demnach erst in einer Zeit entwickelt haben, in der der Vindikationsbeklagte kein *'meum esse'* mehr zu behaupten hatte. Zu sorgfältiger Sachdefension, bei der er die Hilfe des *precario dans* beanspruchte, mochte er sich durch die Haftung, die er diesem gegenüber aus dem *interd. de precario* zu tragen hatte, verpflichtet gefühlt haben.

b) Fraglich ist, wie das Verfahren gestaltet war, wenn sich die Sache in der Hand eines Fremdbesitzers befand, der zur Sachdefension nicht befugt oder nicht willens war, also die Verteidigung demjenigen überlassen mußte oder wollte, von dem er seine Gewalt herleitete. Der dingliche Legisaktionenprozeß und wohl auch noch der ältere Formularprozeß *in rem* verlangten Sachpräsenz *in iure*[122], die bei beweglichen Sachen durch *actio ad exhibendum* erzwungen werden konnte[123]. Diese richtete sich, wie noch zu zeigen ist, offenbar gegen jeden zur Vorlegung fähigen Inhaber, also auch gegen Detentoren. Noch im klassischen Vindikationsprozeß konnte der Vindikant von jedem solchen Inhaber die Exhibition verlangen, und wurde der Kläger, wenn sich kein zur Defension berechtigter und gewillter Gegner fand, vom Prätor ohne weiteres zur Ergreifung und Wegführung der Sache ermächtigt *(duci vel ferri iubere)*. — Befand sich nun die Sache in der Hand eines nicht zur Defension berechtigten oder gewillten Fremdbesitzers, so kam es im alten und noch im klassischen Prozeß nicht zu einem förmlichen Verfahren, in dem etwa dem Oberbesitzer die Defension angetragen worden wäre. Eine *laudatio auctoris* mit nachfolgendem Eintritt des *auctor* kennen die klassischen Quellen nur für den Fall des Manzipationskaufs[124], bei dem die Dinge aber anders liegen. Denn der verklagte Käufer hatte hier ein sehr viel stärkeres Interesse, die Sache endgültig zu behalten, und war darum befugt, den *auctor* mittels *actio auctoritatis* zur Gewährschaftshilfe zu zwingen. Der Fremdbesitzer dagegen, der doch mit größerer oder geringerer Sicherheit damit rechnen muß, die Sache dem Oberbesitzer wieder herauszugeben, hat demgegenüber an ihr in jedem Fall ein schwächeres Interesse. Und ob er auf den Oberbesitzer einen Zwang zur Defension ausüben kann, hängt von dem konkreten Rechtsverhältnis ihm gegenüber ab; es fehlt z. B. beim Prekarium. — Der praktische Hergang wird danach am ehesten so zu denken sein, daß der

[121] Quellen u. Lit.: Eig. u. Bes. 349f.; s. insbes. Paul. D. 41, 2, 3, 5; Ulp. D. 41, 2, 17pr.; D. 43, 17, 3pr. (unecht); Iul D. 43, 26, 19pr.; Pomp. D. eod. 15, 4 [*placet* —].

[122] SZ. 51, 100².

[123] Bei Grundstücken, Erbschaften, Gesamtsachen wurde im alten Prozeß die Sachgegenwart durch ein Symbol hergestellt (Gai. 4, 17), im späteren die Einlassung durch die *interd. quem fundum, quam hereditatem* usw. erzwungen.

[124] Näheres Eig. u. Bes. 59ff. Vgl. auch *Boyé*, Denuntiatio 142ff.

Prätor von Fall zu Fall, wenn der Fremdbesitzer auf die Frage nach der *causa possidendi* das Fremdbesitzverhältnis und den Oberbesitzer nannte und notfalls glaubhaft machte, den Termin *in iure* vertagte, um diesem die Defension zu ermöglichen. Für die Bereithaltung der Sache mag in alter Zeit durch *praedes*, in späterer durch *cautio pro praede* oder besondere, ad hoc formulierte Kautionen gesorgt worden sein[125].

c) Nach spät- oder nachklassischer Lehre (Ulpian D. 6, 1, 9 i. f.) wurde die Passivlegitimation zur *rei vindicatio* dann auf alle Detentoren erweitert[126]. Inwieweit diese, sei es aus dem Vorteil, den sie aus dem Fremdbesitzverhältnis zogen, sei es aus der Haftung, die es ihnen auferlegte, an einer Sachdefension interessiert waren, richtete sich nunmehr nach der Lage des einzelnen Falles.

4. Von den Rechtsmitteln, die zur Vorbereitung der *rei vindicatio* und allenfalls zu ihrem Ersatz dienen, der *actio ad exhibendum* und dem *interdictum quem fundum*, rechnet *Lenel* die erste aus gewichtigen Gründen zu den *actiones civiles*[127], wenngleich uns für sie, anders als für die meisten anderen bürgerrechtlichen Klagen, kein einführendes Gesetz überliefert ist[128]. Demnach können wir auch nichts davon wissen, wie die gesetzliche Quelle, die wir vermuten dürfen, die Passivlegitimation zu dieser Klage umschrieben haben könnte. Sehen wir davon ab, daß beide Rechtsmittel auch gegen denjenigen zustanden, der die Sachgewalt arglistig aufgegeben hat[129], so dürfte gleichwohl feststehen, daß der hier gebrauchte Begriff der tatsächlichen Gewalt mit der unter II. besprochenen *civilis possessio* jedenfalls nichts zu tun hat. Fraglich kann nur sein, ob unsere Rechtsmittel, ebenso wie zunächst die *rei vindicatio* selbst, nur gegen den Interdiktenbesitzer oder gegen jeden Inhaber zugelassen wurden. Nach der heute herrschenden Auffassung richteten sie sich gegen jeden Inhaber der tatsächlichen Gewalt, also auch gegen die bloßen Detentoren, sofern sie nur zur Exhibition und zur Restitution tatsächlich in der Lage waren[130]. Diese Passivlegitimation entspricht nicht nur einer glaubwürdigen und durch Interpolations-

---

[125] Zum nachklassischen *dominum nominare* unten V, II a. E.

[126] Ob der Schlußsatz klassisch ist, ist umstritten, Lit.-hinweise in Eig. u. Bes. 288[32]. Für Echtheit insbes. *Siber*, RPR. 97f. (anders noch Passiv. leg. zur rei vind. 26ff.). Für Glossem neuerdings *Solazzi*, Concorso 3, 122ff.

[127] EP. 226f.

[128] *Kunkel*, Festschr. Koschaker 2, 4[4]; *Lauria*, Scritti Ferrini (1946) 602ff.; *Kaser*, Altröm. ius 73[43]; 300[61].

[129] Angezweifelt für die *actio ad exhib.* nur von *Siber*, RPR. 104, m. E. ohne Berechtigung; anders noch *Siber*, Passivleg. 24, wo er bei der böswilligen Besitzaufgabe den Ursprung unserer Klage sucht.

[130] *Lenel*, GrünhZ 37 (1910), 515ff.; 545 (zust. *Kunkel*, Symb. Frib. 55; 65; bei *Jörs* 264; *Siber*, RPR. 104; *Solazzi* 3, 126ff. u. a.) gegen *Besler*, Beiträge 1, 20ff.; 2, 135ff.

vermutungen nicht zu erschütternden Quellenüberlieferung, sondern auch dem Zweck der beiden Rechtsbehelfe. Denn sie waren dazu bestimmt, dem Vindikanten die Verfolgung der Sache aus der Hand desjenigen zu ermöglichen, der sie tatsächlich beherrschte. Sollte ihm die Sachverfolgung auch in den Fällen offengehalten werden, in denen ein dritter Besitzer die Defension verweigerte oder zu verschleppen suchte, mußte sich jener an jeden tatsächlichen Sachinhaber halten können, der fähig war, die bewegliche Sache *in iure* vorzulegen (damit sie der Prätor dem Verfolger durch *duci vel ferri iubere* zuweisen konnte), ein Grundstück aber diesem unmittelbar herauszugeben.

Beide Rechtsmittel haben in der Fassung des julianischen Edikts die Passivlegitimation einfach durch *'possidere (dolove malo fecisse, quo minus possideret)'* umschrieben[131]. Der hier gebrauchte Besitzbegriff ist der weiteste, den unsere juristische Überlieferung kennt, er deckt sich mit der eingangs angeführten Detention im weiteren Sinn, also der tatsächlichen Sachgewalt ohne Rücksicht auf die Besitzereigenschaft. Dieser weite Begriff des *possidere* könnte in der klassischen Zeit von der *'naturalis possessio'* beeinflußt sein, die ja auch die bloßen Detentoren als Besitzer bezeichnet, viel eher aber vom *'in possessione esse'*, von dem wir ja gesehen haben, daß es in der Sprache des Edikts wie der Juristen einen vielfältigen Gebrauch von *'possessio'* auch für die Fälle bloßer Detention ausgelöst hat.

Allein es fragt sich, ob sich das Edikt bei unseren beiden Rechtsmitteln immer mit einem nackten *'possidere'* begnügt hat. Die *stipulatio Aquiliana* hat mit ihrer Klausel *'quodve tu meum habes tenes possides'* (I. 3, 29, 1 = D. 46, 4, 18) nach *Wlassaks* scharfsinniger Vermutung[132] gerade nur auf die Exhibitionsklage und das Quem fundum verwiesen. Da es sich nun vielfach gezeigt hat, daß die älteren Quellen des geschriebenen Rechts in Rom eine Häufung sinnverwandter Ausdrücke bevorzugt haben und erst die Auslegung der Juristen eine vielleicht besonders von Julian begünstigte Abschleifung und Straffung der Ediktsfassungen herbeigeführt hat[133], ist es nicht unwahrscheinlich, daß auch unsere beiden Rechtsmittel die Passivlegitimation einmal durch alle drei Worte umschrieben haben. Dann wäre demnach die Beschränkung auf das *'possidere'* erst das Ergebnis einer solchen Vereinfachung, die sich auf die richtige Deutung durch die auslegenden Juristen verlassen konnte. Trifft dies zu, dann ließe sich weiter vermuten, daß auch die Gesetzesnorm, die die Exhibitionsklage eingeführt hat, noch den ausführlicheren Ausdruck verwendet haben könnte.

---

[131] *Lenel*, EP. 221ff.; 475. S. insbes. D. 10, 4, 3, 15 — 9, 4, wenngleich teilweise überarbeitet.

[132] SZ. 42, 433ff.

[133] *Kaser*, Zum Ediktsstil (Festschrift Fritz Schulz) III.

5. Dunkel ist schließlich der Besitzbegriff, der für die *actio communi dividundo utilis* maßgebend war[134]. Diese prätorische Klage scheint von einem *'ex iusta causa possidere'* gesprochen und darin außer den Eigenbesitzern auch den Pfandgläubiger, den Nießbraucher und die *in possessionem missi*, nicht aber die sonstigen Detentoren umfaßt zu haben[135]. Die offensichtlich tiefgreifende Verfälschung der einschlägigen Kommentarstücke rechtfertigt aber keine sichere Deutung.

IV. Griechisches und gräko-ägyptisches Recht

1. Unsere bisherige Darstellung hat gezeigt, daß, wie die Ordnung des Besitzes im ganzen, so auch die der Detention in Rom bis zum Ausgang der klassischen Periode aus römischen Wurzeln und römischen Triebkräften entwickelt worden ist. Der hellenistische Einfluß auf das spätrepublikanische Recht hat sich, wie auf den meisten Gebieten des Privatrechts, so auch bei unserem Gegenstand im allgemeinen[136] auf die Denkmethoden als solche, also die Aufstellung von Allgemeinbegriffen und die Kategorienbildung überhaupt beschränkt, nicht aber konkrete Einrichtungen aus dem griechischen Rechtskreis übernommen.

In der nachklassischen Periode ist dagegen nach der allgemeinen rechtsgeschichtlichen Erfahrung sehr viel eher mit einer unmittelbaren Einwirkung griechischer Rechtsgedanken auf das römische zu rechnen. Dabei ist allerdings nicht auszuschließen, daß manche Ansätze hellenistischen Ursprungs sich auch schon für die frühere Zeit im römischen Bereich beobachten lassen werden. Ehe wir uns der nachklassischen Entwicklung zuwenden, wollen wir darum wenigstens einen kurzen Blick auf die spärlichen und noch nicht abschließend geklärten Anzeichen werfen, die uns vom griechischen und gräko-ägyptischen Besitzrecht unterrichten.

2. Für den griechischen Rechtsbereich vereinfachen sich die Probleme dadurch, daß diesem nicht nur die für Rom kennzeichnende Überschneidung von *ius civile* und *ius honorarium*, sondern, wie wir glauben, auch der Gegensatz von Petitorium und Possessorium fremd ist[137]. Zwar haben auch die griechischen, wie wohl alle Rechte, die bloße *Tatsache* der realen Sachgewalt vom *'Recht* zum Besitz' geschieden. Und die in unserem Schrifttum häufig anzutreffende Bemerkung, daß im griechischen Recht Eigentum und Besitz nicht so scharf voneinander

[134] Literatur: *Berger*, Teilungsklagen 29ff.; *Arangio-Ruiz*, Riv. Ital. per le sc. giur. 52 (1912) 227ff.; *Albertario*, Actio communi dividundo (1913, jetzt Studi di dir. rom. 4, 167ff.); *Biondi* Annali Perugia 28 (1913) 431ff.; *Lenel* 212f.; *De Francisci*, Studi Ascoli 61ff.; *Kunkel*, Symb. Frib. 65.

[135] Ulp. D. 10, 3, 7, 3 — 11 (mit Ind. und den eben Genannten).

[136] Zu einem Einfluß der griechischen *animus*-Lehre oben S. 18 Anm. 113.

[137] Allgemein zum attischen Besitzrecht *Beauchet*, Hist. du droit privé de la Républ. Athén. 3, 99ff.

getrennt waren wie im römischen, will nicht so verstanden werden, als hätte man die beiden Begriffe verselbigt; wäre es doch unvorstellbar, daß eine Ordnung die unrechtmäßig erworbene Sachgewalt, etwa die des Diebes, einfach dem Eigentum gleichgesetzt hätte. Wohl aber hat das griechische Recht für den *Schutz* der Sachgewalt nicht zwischen einem bloß vorläufigen und vorbereitenden Besitzprozeß und einem endgültigen Eigentumsprozeß unterschieden[138]. Denn dieser Unterschied beruht ausschließlich oder doch entscheidend auf Umständen, die in der Eigenart der römischen Entwicklung begründet sind.

Im griechischen Bereich wurde der Sachstreit regelmäßig in der Weise ausgetragen, daß derjenige, der sich aus einem behaupteten Recht zum Besitz eigenmächtig der in fremdem Besitz stehenden Sache bemächtigen wollte und daran durch realen, später auch formalisierten Widerstand des Besitzers (ἐξείλλειν, ἐξάγειν) gehindert wurde, eine Bußklage gegen diesen erhob, in der die Eigentumsfrage als Vorfrage entscheiden wurde[139]. Das Verfahren dieser Klage, die im heimatgriechischen Gebiet δίκη ἐξούλης heißt, hat mit den römischen Besitzinterdikten eine teilweise äußere Ähnlichkeit, enthielt aber, weil es bereits endgültig war, auch eine Entscheidung über die Rechtsfrage. Daneben scheint es überall auch ein reines Festellungsverfahren über das Eigentum in Gestalt der Diadikasie gegeben zu haben[140].

Wie schon diese Gestaltung des Verfahrens andeutet, war das griechische Eigentum, ebenso wie nach unserer Vermutung das altrömische[141], ein *relatives* Recht, das bessere Recht zum Besitz im Verhältnis zu einem konkreten Gegner. Nur so ist es erklärlich, daß in der römischen *legis actio sacramento in rem* und in der griechischen Diadikasie *beide* Teile ein Eigentum behaupten mußten, und der Richter dann entscheiden mußte, wer von ihnen das bessere Recht hatte. Mit dieser

---

[138] Zum altgriechischen Eigentumsschutz eingehend *Kaser*, SZ. 64, 134ff. mit Quellen und Lit., dazu *Biscardi*, Studi sulla legislazione del Basso Impero, Diritti reali e possesso (1942) 122ff. In den Papyri ist unser wertvollstes Zeugnis für einen Sachstreit der Hermiasprozeß (P. Tor. 1 = UPZ. II 162), dazu SZ. 64, 165[104] mit Lit. Weitere Quellen bei *Taubenschlag*, SZ. 55, 278ff., dessen Abhandlung in SZ. 64, 198[202] leider übersehen wurde. Er hält in The law of greco-roman Egypt (1944) 185ff., 187ff. Eigentums- und Besitzschutz noch auseinander, für die Zeit vor dem römischen Einfluß m. E. mit Unrecht. Es wird zu prüfen sein, ob die drei vereinzelten Zeugnisse, die er 188[1] aus ptolemäischer Zeit für einen reinen Eigentumsstreit beansprucht (P. Cair. Zen. IV 620, Amh. 30 und Tor. 3 = UPZ. 170), nicht auch in unserem Sinn zu verstehen sind.

[139] Vgl. SZ. 64, 191ff. mit Lit., insbes. *Rabel*, SZ. 36, 340ff.; 38, 296ff. Zu den Papyri SZ. 64, 198[202]; *Taubenschlag*, Law of greco-roman Egypt 187ff.

[140] Zur Diadikasie SZ. 64, 179ff., dazu *Beseler*, BIDR. 51/52 (1948) 298ff. Zu den Papyri SZ. 64, 198[202]. Doch ist das Verhältnis von Diadikasie und δίκη ἐξούλης und damit die Selbständigkeit der beiden Verfahrensarten nicht sicher bestimmbar.

[141] Eig. u. Bes. 6ff. u. pass.

Auffassung des Eigentums war der Kreis derer, die zur Klage um die Sache berechtigt waren, nicht, wie im späteren römischen und im heutigen Recht, auf diejenigen beschränkt, die bestimmte, festumgrenzte Eigentumserwerbsgründe behaupteten, sondern konnte auch jeder andere, etwa der Pfandgläubiger oder der Pächter, ein Eigentum behaupten, also das Recht, besser zum Haben der Sache berechtigt zu sein als der Gegner, der sie etwa gestohlen oder sonstwie unberechtigt erworben hatte.

3. Die Frage nach der 'Detention' im griechischen Recht beschränkt sich hiernach darauf, ob auch im dortigen Bereich bestimmte Inhaber der tatsächlichen Gewalt von der Befugnis, die Sache gegen einen anderen zu verteidigen, der ein besseres Recht an ihr behauptete, ausgeschlossen waren. Dieser Ausschluß von der Sachverteidigung müßte darauf beruht haben, daß diese Personen, weil sie die Gewalt als Fremdbesitzer für einen anderen ausübten, die Sachdefension diesem überlassen mußten. Wie es damit stand, ist bei unserer Quellenüberlieferung allerdings kaum zu beantworten. Denn da unsere von vornherein lückenhaften Quellen sowohl für das heimatgriechische Gebiet wie für Ägypten zum größten Teil aus der Praxis stammen, müßte es sich hier um Äußerungen zu konkreten Streitfällen handeln, in denen jemandem wegen seiner Fremdbesitzerstellung die Defension versagt wurde. Solche Äußerungen sind aber, wenn ich recht sehe, bisher noch nicht aufgedeckt worden.

Indessen wird zu vermuten sein, daß bei der dargelegten Relativität des Eigentums der Kreis der Detentoren überhaupt nur sehr eng begrenzt gewesen sein wird. Man hat schon gelegentlich beobachtet, daß die Ausdrücke für das Eigentum, κυριεύειν und εἶναι αὐτοῦ[142], auch auf Erb- und Zeitpächter, Lehensleute usw. angewandt wurden[143]. Ebenso dürfte feststehen, daß der Pfandgläubiger als Eigentümer betrachtet worden ist[144]. Mehrere Papyri gestatten ferner dem Zeitpächter das ἀντιεξάγειν desjenigen, der eigenmächtig in das Pachtgut eingreift, also die selbsthilfsweise Abwehr[145]. Daran schließt sich dann die Austragung des Eigentumsstreites als Deliktsklage gegen denjenigen, der von den beiden unberechtigte Eigenmacht geübt hat. Hiernach wird die Auffassung, daß nur Kauf, Erbgang und Ersitzung als Eigen-

[142] Der in den Papyri überaus häufige Ausdruck κρατεῖν καὶ κυριεύειν bezeichnet zwar Besitz und Eigentum, aber die Begriffe werden nicht immer auseinandergehalten, *Taubenschlag*, Law 173.

[143] *Seligsohn*, Iusta possessio 10ff. Eine Aufarbeitung des sehr reichhaltigen Quellenmaterials für die Eigentumsterminologie der Papyri wäre dringend erwünscht.

[144] Vgl. zum griechischen Recht SZ. 64, 185 mit Lit., weitere Hinweise bei *Jörs*, SZ. 40, 77[3]. Zum Vollstreckungspfandrecht der Papyri etwa *Jörs*, SZ. 36, 301ff.; 40, 52f.

[145] P. Teb. I 105, 36f.; P. Freib. III 34, 27f.; BGU. VI 1273, 34f. Näheres SZ. 64, 198[202].

tumserwerbsgründe anerkannt wurden[146], nicht zu halten sein. Wie weit allerdings der Kreis derer reichte, die als Fremdbesitzer gleichwohl die Sache gegen Eingriffe Dritter verteidigen konnten, ob sie etwa auch den Verwalter, Entleiher, Mieter usw, umfaßt hat, vermag ich nach meinen Unterlagen nicht zu entscheiden. Auf alle Fälle von der Defension ausgeschlossen dürften die Gewaltunterworfenen gewesen sein, soweit sie nicht im Prozeß auftreten konnten.

Unter diesen Umständen ist es schließlich zu begreifen, daß im griechischen Bereich eine terminologische Abgrenzung der Detention von geschütztem Besitzrecht offenbar gefehlt hat. Die Worte des Habens, ἔχειν und κατέχειν, werden nicht nur für jede tatsächliche Gewalt, sondern auch für das Eigentum im griechischen Sinn verwendet. Eine Unterscheidung von νομή im Sinne der *possessio* und der κατοχή im Sinne der Detention findet sich erst unter dem Einfluß der römischen Quellen in byzantinischer Zeit und ist auch damals offenbar nicht folgerichtig eingehalten worden[147].

V. Die Detention im nachklassischen und justinianischen Recht

I. In der nachklassischen Zeit wird unter dem Einfluß der rasch einsetzenden *Vulgarisierung* auch das gesamte Besitzrecht tiefgreifend umgestaltet. Auf diese Veränderungen haben erst in jüngster Zeit vor allem *Levy*[148] und, von ihm unabhängig, teilweise auch *Biscardi*[149] hingewiesen. Eine umfassende Klärung des gesamten Problemkreises über die von den Genannten bisher untersuchten Einzelfragen hinaus kann an dieser Stelle nicht geboten werden; wir begnügen uns notgedrungen mit einer Skizze, die in vielen Einzelheiten noch derVertiefung und wohl auch mancher Berichtigung bedürfen wird.

1. Auszugehen ist von einer völligen Neugestaltung des *Eigentumsbegriffs*. Die nachklassische Auffassung, die sich vornehmlich in den Kaiserkonstitutionen niederschlägt, hat den festumrissenen klassischen Eigentumsbegriff durch einen sehr viel umfassenderen und zugleich unbestimmteren ersetzt[150]. Das neue Eigentum ist durch nichts anderes bestimmt als durch die unangreifbare rechtliche Zuständigkeit zur tatsächlichen Sachherrschaft. Dieses nachklassische Eigentum umschließt außer dem, was vorher '*dominium*' war, nun auch andere Fälle weitgehender rechtlicher Sachherrschaft, besonders an Grundstücken, wie

[146] So *Taubenschlag*, SZ. 55, 278; Law 185.

[147] *Albertario*, Studi II 159ff.; *Taubenschlag*, Law 174.

[148] Scritti Ferrini (Milano) 3 (1948), 109ff.; BIDR. 51/52 (1948) 352ff.; SZ. 66, 1ff.

[149] Studi sulla legislazione del Basso Impero (1942).

[150] Eingehend *Biscardi* 11ff.; 61ff.; 75ff.

das *ius perpetuum* und *emphyteuticarium* (und gewisse ihnen verwandte Sonderfälle), sowie die *superficies*[151].

Terminologisch erfaßt wird dieses Vollrecht, außer mit *'dominium'*, *'proprietas'* und *'rem meam esse'*, nun auch mit *'firma possessio'*, *'firmiter possidere'* oder *'habere'*, *'inconcusso iure possidere'* und ähnlichen Umschreibungen[152]. Hier erscheint also der *Besitz*begriff, der unter den Klassikern noch streng auf die tatsächliche Gewalt beschränkt war, durch seine unangreifbare Rechtmäßigkeit zum *Recht* erhoben. Das Eigentum als das Recht zur ungestörten Sachgewalt und der feste, unangreifbare Besitz fließen in eins zusammen. Daß auf diese Wandlung die griechische Anschauung von der Sachgewalt bestimmenden Einfluß ausgeübt hat, die ja gleichfalls unter dem Eigentum nichts anderes versteht als die rechtlich gesicherte Befugnis zur Sachherrschaft (o. IV 2), darf wohl als gesichert gelten[153]. Doch werden die Anfänge dieses Einflusses schon in die späte Republik zurückgehen, seitdem Rom der Einwirkung der hellenistischen Strömungen ausgesetzt war. Davon zeugen die mannigfachen Besitzstände am öffentlichen Boden, die schon damals mit *'uti frui habere possidere'* bezeichnet werden und nicht nur in der Beurteilung nach den Peregrinenrechten[154], sondern auch nach römischem Recht[155] als eigentumsähnliche Berechtigungen angesehen werden. Und das Gleiche gilt von dem privaten Recht des einzelnen am Provinzialboden, an dem seit ebendieser Zeit ein öffentliches Eigentum des Staates anerkannt ist[156]. Die römischen Juristen konnten an diesen Phänomenen, die ihre klare und geschlossene Begriffswelt durchkreuzten, nicht achtlos vorübergehen, haben aber an ihren Begriffen folgerichtig festgehalten und vielmehr die neuartigen Erscheinungen mit ihrer Hilfe zu durchdringen gewußt.

2. Die nachklassische Bedeutung von *'possessio'* als ungestörter Sachherrschaft macht eine neue Einteilung notwendig[157], die am klarsten hervortritt in

[151] Nach *Biscardi* 17ff. auch den *usus fructus*, vgl. C. 1, 2, 14, 9/10 a. 470, dazu auch *Levy*, SZ. 66, 29f. Doch handelt es sich hier bei dem als *'usus fructus possessio'* bezeichneten Gewaltverhältnis am kirchlichen Boden wohl nicht um regulären Nießbrauch, sondern um ein weitergehendes eigentumsähnliches, wenn auch zeitlich begrenztes dingliches Recht von eigener Art, ebenso wie die alsbald im Text zu erwähnenden, mit *'uti frui habere possidere'* bezeichneten Besitzverhältnisse am öffentlichen Boden. Vgl. zum Ausdruck *'usus fructus possessio'* auch Gai. 2, 7, dazu Lit. in SZ. 62, 77f., ferner *Solazzi*, SDHI. 7, 373ff.; *Bozza*, Gai. II 7e la proprietà provinciale (Athenaeum NS. 20, 1942, 66ff.; 21, 1943, 13ff.).

[152] Reiche Quellenübersicht bei *Biscardi* 69ff.

[153] *Biscardi* 122ff.

[154] SZ. 62, 53ff.; Eig. u. Bes. 345ff. mit Belegen und Lit.

[155] SZ. 62, 3ff.; 26ff.; Eig. u. Bes. 321f.; 341 ff.

[156] SZ. 62, 77ff. mit Lit., dazu die oben Anm. 151 zu Gai. 2, 7 Genannten.

[157] Über die vulgarrechtliche Entwicklung der Besitzbegriffe kündigt

C. 7, 32, 10 (a. 314). *Nemo ambigit possessionis duplicem esse rationem, aliam quae iure consistit, aliam quae corpore, utramque autem ita demum esse legitimam, cum omnium adversariorum silentio ac taciturnitate firmetur: interpellatione vero et controversia progressa non posse eum intellegi possessorem, qui, licet corpore teneat, tamen ex interposita contestatione et causa in iudicium deducta super iure possessionis vacillet et dubitet.*

'*Possessio iure*' ist die Gewalt, die gegen jeden Angriff sicher ist, weil sie auf dem Vollrecht beruht. '*Possessio corpore*' ist demgegenüber die Sachgewalt des Nichtberechtigten, die nur in einem körperlichen, nicht in einem rechtlichen Sinn als Besitz verstanden werden könne[158]. Wie nun hat man die Fälle einer Sachgewalt eines Nichteigentümers behandelt?

a) Von den Tatbeständen der klassischen *civilis possessio* (o. II 2) interessiert, da die *traditio ex iusta causa,* wenn ihre Voraussetzungen erfüllt sind, zu sofortigem Eigentum führt, nur das Schicksal des *Ersitzungsbesitzes,* der in klassischer Zeit auf ersitzungsfähige Sachen beschränkt und außerdem durch *iusta causa* und *bona fides* qualifiziert ist. Die gleichen Erfordernisse gelten seit dem späten 2. Jh. für die *longi temporis praescriptio* am Provinzialboden[159]. *Levy* hat jedoch soeben gezeigt, daß um die Mitte des 4. Jh. die Ersitzung klassischen Stiles vollständig verschwindet und durch die Anspruchsverjährung ersetzt wird[160]. Wer nach der 40-, später regelmäßig 30-jährigen Frist nicht mehr angreifbar ist, der ist damit Eigentümer im neuen Sinn geworden. Und da diese Verjährungswirkung nicht an *bona fides* oder *iusta causa* geknüpft ist[161], erscheint damit der Ersitzungsbesitz nicht mehr als besondere Qualifikation des Besitzes schlechthin. Jede Art von Sachgewalt, deren Inhaber die Sache im Eigentumsstreit verteidigt, ist Ersitzungsbesitz, weil sie zur *possessio iure* erstarkt, wenn der Eigentumsklage die Verjährungseinrede entgegengehalten werden kann.

b) α. Problematisch ist dagegen das Schicksal des *Interdiktenbesitzes.* Wie *Levys* eindrucksvolle Untersuchung der nachklassischen Entwicklung des Besitzschutzes gezeigt hat[162], ist regelmäßiges Rechtsmittel

---

Levy, Scr. Ferrini 3, 116, 124⁴ eine weitere Untersuchung an, aus der er mir liebenswürdigerweise bereits einige Ergebnisse brieflich mitgeteilt und mich zu ihrer Benutzung ermächtigt hat. Ich sage ihm dafür auch an dieser Stelle herzlichst Dank.

[158] S. auch Interpr. zu Paul. sent. 5, 2, 1; *Levy,* Scr. Ferrini 3, 124[4]; weitere Texte bei *Albertario* II 129[1]. — Zur '*possessio alterius nomine*', die vielleicht nicht einmal zur *possessio corpore* zählte, s. unten b β.

[159] Statt aller *Kunkel-Jörs* 136f.; weitere Hinweise jetzt bei *Levy,* BIDR. 51/52, 357f.

[160] A. a. O. 352ff.

[161] *Levy* 369ff.

[162] Scr. Ferrini 3, 109ff.

jetzt die aus dem Interdikt entwickelte Besitzklage *unde vi* als beschleunigtes Verfahren bei gewaltsamer Besitzentziehung. Es wird zunächst durch die Preisgabe der *exceptio vitiosae possessionis* erweitert und durch Strafbestimmungen gegen unbefugte Selbsthilfe wirksam ergänzt[163]. Eine entscheidende Wendung bringen sodann die Gesetze CT. 4, 22, 2 a. 381 und 3 a. 389, wonach das entzogene Gut zugunsten des Fiskus beschlagnahmt und außerdem dem Entsitzer, der keinen berechtigenden Erwerbstitel nachweisen kann, auch noch die Leistung der *aestimatio rei* an den Gegner auferlegt wurde, an deren Stelle später eine Naturalleistung trat[164]. Diese zunächst auf Sonderfälle beschränkte Regelung wurde durch verallgemeinernde Interpolation in CT. 4, 22, 3, wohl bei der Zusammenstellung des CT., auf alle Arten von Gegenständen, öffentliches und privates Gut, Grundstücke und Fahrnis, erweitert[165]. In dieser neuen Gestalt weicht das Verfahren, auf dessen Einzelheiten und weitere Entwicklung hier nicht näher einzugehen ist, nach Gestalt und Zweck vollständig von der klassischen Ordnung ab. Die für uns entscheidende Neuerung liegt darin, daß nun auch die Frage nach dem Recht zum Besitz in dieses Verfahren einbezogen wird, so daß hinter dem Besitzstreit, der bisher einen bloß vorläufigen Charakter hatte, ein zweiter Prozeß um das Eigentum überflüssig wird[166]. Wie der neue Begriff der *possessio (iure)* auch das Eigentum in sich verschlingt, so saugt auch der Besitzprozeß den Eigentumsstreit auf. Dieser Wegfall des Gegensatzes von Possessorium und Petitorium darf freilich nicht ohne weiteres aus einem hellenistischen Einfluß erklärt werden. Denn abgesehen davon, daß sich diese frühnachklassische Fortentwicklung hauptsächlich im Westen vollzog, läßt sie sich bereits hinlänglich aus einer Wandlung jener prozessualen Bedürfnisse rechtfertigen, die das Sachstreitverfahren bestimmen.

Von den übrigen Besitzinterdikten lebt nur das *utrubi* fort, das gleichermaßen für Grundstücke wie für Fahrnis verwendet wird[167]. Es setzt fehlerfreien Besitz des Klägers voraus[168] und hat seine vorbereitende Funktion für den Eigentumsstreit behalten[169], ist aber neben dem viel schlagkräftigeren Unde vi nur praktisch, wenn der Beklagte sich auf nicht gewaltsamen Besitzerwerb beruft und der Kläger ihn nicht widerlegen kann[170].

---

[163] Ebenda 113ff.; 116f.

[164] *Levy* 117ff.

[165] *Levy* 120f.; [*quod quidem etiam in privatis observandum negotiis generali lege sancimus.*] Ähnlich die Interpretatio adhl.

[166] *Levy* 118; 122f. Ebenda 123ff. zu gewissen Sonderfällen, in denen neben dem vorbereitenden Verfahren (*actio momentaria*) das endgültige (*principale negotium*) bestehen bleibt.

[167] *Levy* 130f.

[168] Oder, wie CT. 4, 23, 1 a. 400 sagt, die '*bonae fidei possessio*', *Levy* 113f.

[169] Vgl. Interpretatio zu Paul. sent. 5, 6, 1, dazu *Levy* 123ff.

[170] *Levy* 124f.

β. Für die Frage, *wem* diese Rechtsmittel zustanden, ist den Quellen nur wenig zu entnehmen. Sie sprechen zwar regelmäßig vom '*dominus*', der aus seinem Grundstücksbesitz vertrieben wurde[171], und gehen damit von der Zuständigkeit dessen aus, der im neuen Sinn Eigentümer (*possessor iure*) ist. Doch sind diese Äußerungen allein noch nicht beweiskräftig. Gerade die Aufhebung der *exceptio vitiosae possessionis* zeigt, daß der Besitzschutz auch dem unberechtigten Besitzer zukommt[172]. Auf die Frage, wie der Depossedierte seinerzeit zu seinem Besitz gekommen war, wurde also in dem von ihm angestrengten Verfahren nicht eingegangen.

Eine andere Frage ist es, inwieweit auch die in klassischer Zeit mit dem Interdiktenbesitz ausgestatteten *Fremdbesitzer* diesen Vorteil im neuen Verfahren behielten. „Das Vulgarrecht unterscheidet zwischen '*possidere suo*' und '*alieno nomine*'. Wer '*alterius nomine possidet*', scheint nicht einmal als '*corpore possidens*' angesehen worden zu sein[173]. Er ist überhaupt nicht Besitzer (z. B. C. 7, 39, 2 pr. a. 365)[174], sondern bloßer Stellvertreter im Besitz. Nur der '*alter*' besitzt"[175]. Betrachten wir nun die einzelnen Fälle.

Vom *Erbpächter* ist zunächst festzustellen, daß er ja, ebenso wie der Superfiziar, den Eigentümern im neuen Sinn zugerechnet wurde und daher deren Schutz ohne weiteres genoß. — Von den drei typischen Fällen des geschützten Fremdbesitzes hat der *Prekarist* den Besitzschutz sicher bald verloren. Dem Verfall des klassischen *precarium* entsprechend, wird ihm die Eigenschaft des '*possessor*' ausdrücklich abgesprochen und er dem Zeitpächter und Mieter gleichgestellt[176]. — Schwerer er-

---

[171] CT. 4, 22, 2 handelt von dem, der '*possessorem quietum dominio suo ... turbaverit*' oder der '*ius alienum ... pervasit*', und die Interpr. drückt das aus '*dominium possessionis ... conturbaverit*' und '*alienam possessionem ... pervaserit*'; '*possessio ei ... reddatur*' in CT. l. c. wird in der Interpr. mit '*proprietatem suam ... recipiant*' wiedergegeben. Vgl. auch CT. eod. 4 '*res, quam discedens dominus* (sc. der *amici, proximi, servi*) *in sua proprietate dimisit*'; CT. 9, 10, 2 '*alienum fundum invaserit*'; eod. 3 '*si quis ad se fundum vel quodcumque aliud adserit pertinere ...*'; Nov. Val. 8, 1, 2 '*inconvento domino ... possessorem ... depulerit*'.

[172] CT. 9, 10, 3 rechnet mit der Möglichkeit, daß der Kläger selbst ein *crimen violentiae* begangen hat, und auch CT. 4, 22, 3 cit. handelt von Grundstücken, die den Besitzern von einem inzwischen abgesetzten Thronprätendenten beschlagnahmt worden waren, und die sich diese eigenmächtig wiedergeholt haben. Vgl. *Levy* 113, 118.

[173] Vgl. oben Z. 2 zu C. 7, 32, 10 a. 314.

[174] '*... qui sibi potius quam alteri possederunt, eos autem possessores non convenit appellari, qui ita tenent, ut ob hoc ipsum solitam debeant praestare mercedem.*' Das '*possidere*' ist also bei der Wendung '*alterius nomine possidere*' in einem uneigentlichen Sinn verstanden, ähnlich wie seinerzeit das '*naturatiter possidere*'.

[175] *Levys* freundliche Mitteilung, s. oben S. 29 Anm. 157.

[176] C. 7, 39, 2 a. 365, dazu *Levy*, SZ. 66, 3f. Ebenda auch zu C. 8, 4, 10 a. 484.

kennbar ist die Lage des *Pfandgläubigers*, handeln doch die Quellen dieser Zeit auffallend selten vom Pfand[177]. Direkte Äußerungen fehlen. Wie *Levy* brieflich mitteilt, hat der Pfandgläubiger „im eigenen Namen *'actio in rem'* (CT. 4, 14, 1 pr. a. 424[178]) und darum a potiori possessorische Rechtsbehelfe. Er ist also selbst Besitzer, aber nur *ad tempus*, während das Eigentum ausschließlich beim Schuldner bleibt (Interpr. CT. 3, 2, 1; Isid. 5, 25, 22[179]). Zur theoretischen Präzisierung seiner Rechtsstellung scheint das Vulgarrecht nicht gelangt zu sein, was kein Wunder wäre"[180]. — Für den *Sequester* endlich lassen uns die Quellen, wenn ich recht sehe, völlig im Stich[181].

Haben wir diese Fremdbesitzfälle mithin auch für die nachklassische Periode aus dem Detentionsbegriff auszuscheiden, so bleibt für die übrigen Fremdbesitzer *Levys* Beobachtung festzuhalten, daß, wer *alieno nomine* besitzt, bloßer Stellvertreter im Besitz und nicht Besitzer, vielleicht nicht einmal *'possessor corpore'* ist. Diese Vorstellung der Stellvertretung im Besitz „und nicht die Fortdauer der früheren Lehre von der Passivlegitimation bei der *rei vindicatio* führt dazu, daß der Fremdbesitzer im eigenen Namen weder klagen noch verklagt werden kann. Wird er petitorisch belangt, so hat das die in C. 3, 19, 2 bestimmten Wirkungen"[182], d. h. er hat bei Grundstücken durch die förmliche *denuntiatio* den Streit auf denjenigen abzuwälzen, für den er besitzt[183].

[177] Man beachte etwa die wenigen nachklassisch-vorjustininianischen Konstitutionen in den Titeln C. 8, 13—34 und die Dürftigkeit der Titel *De pignoribus* CT. 2, 30 und Paul. sent. 2, 5.

[178] *'qui pignus vel hypothecam non a suo debitore, sed ab alio possidente nititur vindicare'*.

[179] Mit der obigen Auffassung des Pfandbesitzes auf Zeit ist wohl auch die späte Äußerung vereinbar, die ihn stärker als Fremdbesitzer kennzeichnet: C. 7, 39, 7, 2 a. 525 *'utpote imaginem debitoris obtinentem eique possidentem'*; § 2a *'utpote apud debitorem eius possessione per posteriorem creditorem constituta'*; zdSt. (in anderem Sinne) *Dernburg*, Pfandrecht 2, 52f. Dagegen wird nichts zu entnehmen sein aus D. 2, 8, 15, 2 (Macer 1. appell.) *'Creditor, qui pignus accepit, possessor non est, tametsi possessionem habeat aut sibi traditam aut precario debitori concessam'*. Die Stelle gehört nach ihrer Inskription jedenfalls nicht zum Formularprozeß und wird herkömmlich auf die *possessores* im Sinne der Großgrundbesitzer bezogen, vgl. *Albertario* II 148; *Eißer*, SZ. 50, 636; s. auch *Kübler*, Studi Besta 1, 88, alle mit Lit. Aber auch diese Bedeutung steht mit dem nachklassischen Begriff der *'possessio iure'* als Eigentumsbesitz im Einklang. Die Stelle ist außerdem wohl unecht, vgl. die Genannten; dagegen scheinen mir für eine Beziehung auf *fiducia* keine Anhaltspunkte zu bestehen, ebenso *Erbe*, Fiduzia XIII.

[180] Ob und inwieweit auf diesen späteren Pfandbesitz auch der griechische Eigentumsbegriff (o. IV 3) eingewirkt hat, steht dahin.

[181] Zum justinianischen Recht *Albertario* 153ff., dessen Interpolationsannahmen mir aber zu weit gehen.

[182] *Levy* brieflich.

[183] C. 3, 19, 2pr. a. 331. Die in § 1 vorgesehene richterliche Einweisung des Klägers, wenn sich der Besitzer nicht innerhalb gesetzter Frist einläßt,

Weitere Folgen sind für den Detentor dieser Periode nicht mehr erkennbar.

II. *Justinians* Klassizismus hat die Einrichtungen und Begriffe des klassischen Rechts in mancher Hinsicht neu zu beleben versucht. Er strebt eine Synthese zwischen ihnen und dem geltenden Recht seiner Zeit an, wobei er zuweilen auch noch eigene, vermittelnde Gedanken hereinträgt, doch wird die Auseinandersetzung in den Quellen nicht folgerichtig durchgeführt und bleiben darum Unklarheiten und Widersprüche bestehen.

1. Entscheidendes Merkmal der vollwertigen *possessio* ist bei ihm der *animus domini*[184], worunter er das Bewußtsein, Eigentümer zu *sein*, versteht. Dieser *animus domini*, der aus der oströmischen Schuldoktrin stammen wird, ist der bisher entwickelten nachklassischen Lehre fremd[185]. Er ist wohl zu unterscheiden vom klassischen *animus possidendi*[186], also von dem Herrschaftswillen, der mit der körperlichen Machtergreifung (*corpus*) verbunden sein und in ihr offenbar werden muß, damit Besitz erworben wird[187]. Der nachklassische *animus domini* als Glaube an das eigene Eigentum kommt vielmehr außer dem Eigentümer selbst nur dem Ersitzungsbesitzer zu, der vermöge seiner *bona fides* die Aussicht hat, demnächst Eigentümer zu werden[188]. Die modifizierte Wiederbelebung der in der Zwischenzeit erloschenen Ersitzung[189] hat wohl überhaupt die Bestimmung des Vollbesitzes durch den *animus domini* ausgelöst.

Die Rückkehr zu klassischen Vorstellungen bringt zugleich das Wiederaufleben der scharfen begrifflichen Unterscheidung zwischen Eigentum und Besitz mit sich. Die *possessio* des neuen Rechts ist also wieder, wie schon ehedem, die bloß tatsächliche Sachherrschaft. Dennoch

---

ist ganz oder teilweise justinianisch, s. *H. Krüger*, SZ. 45, 73ff; *P. Krüger*, Addenda adhl.; *Steinwenter*, Versäumnisverfahren 156ff.; SZ. 50, 191.

[184] Oder '*dominantis*', ψυχῇ δεσπότου oder δεσπόζοντος. Vgl. *Albertario* 130f. mit Quellen, insbes. Theoph. 2, 9, 4; 3, 29, 2; Bas. 50, 2, 61; '*domini cogitatione*' in C. 6, 2, 21, 3 a. 530.

[185] Der oben abgedruckten const. C. 7, 32, 10 wird er erst von den Byzantinern aufgepfropft; die Summe in Bas. 50, 2, 61 lautet: κατὰ δὲ τοὺς νόμους νομή ἐστι ψυχῇ δεσπόζοντος κατοχή.

[186] *Albertario* 130 gegen *Bonfante* und *Rotondi*, Scr. giur. 3, 102f.

[187] Näheres bei *Kunkel-Jörs* 113ff., insbes. *Rotondi* 114ff. u. pass.

[188] Dazu D. 41, 2, 3, 22 interp., *Albertario* 129. — Die *bona fides* ist hiernach Glaube, Eigentümer zu sein, weil sie auch den Putativtitel umschließt. Doch bedarf dieser, speziell für das justinianische Recht, erneuter Untersuchung. Vgl. allgemein zu ihm *Kunkel-Jörs* 135[8] mit weit. Lit., zur Spätzeit insbes. Hinweise bei *Rotondi* 55 und *Perozzi*, Istit. 1, 660. Der große Ersitzungserlaß C. 7, 31 un. a. 531 spricht in pr. — § 2 nur von der *bona fides*, der *iustus titulus* wird nur in § 3 bei der *accessio possessionis* des Vormannes erwähnt.

[189] *Levy*, BIDR. 51/52, 369ff.

wirkt die Auffassung der Zwischenperiode in mancher Hinsicht nach. Interpolierte Stellen zögern nicht, von einem '*ius possessionis*' zu sprechen und die *possessio* damit doch als Recht zu kennzeichnen[190]. Die darin ausgedrückte Vergeistigung des Besitzbegriffs wird aber auch in praktischen Beziehungen sichtbar, von denen sie ausgegangen oder doch wesentlich beeinflußt sein mag; vor allem dort, wo die neue Lehre den Besitz auch dann fortbestehen läßt, wenn der Besitzer die tatsächliche Sachgewalt eingebüßt hat, eine Auffassung, für die zwar zweifellos bereits die Klassiker gewisse Ansätze entwickelt haben, die aber doch erst später in weiterem Umfang durchgeführt worden ist[191].

2. Aller Besitz ohne *animus domini* ist bei Justinian bloße '*corporalis possessio*'[192]. Mit dieser Scheidung in die *possessio* mit *animus domini* und die bloße *corporalis possessio* identifizieren die Kompilatoren, wie es scheint, auch diejenige, die ihnen von den Klassikern unter den Namen '*civilis*' und '*naturalis possessio*' hinterlassen wurde[193]. '*Possessio civilis*' ist bei ihnen offenbar nicht ein Begriff, der aus der bei ihnen sonst beliebten Synthese von *ius civile* und *ius honorarium* den titulierten und den Interdiktenbesitz zusammenfaßt[194], sondern nach wie vor nur der titulierte Besitz, der bei gutem Glauben des Besitzers an einer ersitzungsfähigen Sache mit Ablauf der Ersitzungszeit zum Eigentumserwerb führt. Mit dem Ausdruck '*naturalis possessio*' kennzeichnen sie dagegen jetzt außer der bloßen Detention auch diejenigen Besitzer, die ohne einen zum Eigentumserwerb führenden Titel des Schutzes

---

190 Vgl. D. 48, 6, 5, 1; D. 43, 8, 2, 38; D. 41, 2, 49pr./1; D. 4, 6, 19 u. a., dazu *Vassalli*, Misc. crit. 2, 31ff.; *Rotondi* 206ff.; *Albertario* 175ff.; *mein* Eig. u. Bes. 362[79].

191 Hier sind viele Einzelfragen noch umstritten, doch ist darauf an dieser Stelle nicht weiter einzugehen. Eine letzte Übersicht über die Fälle bei *Albertario* 135ff., der sich über die wichtigsten dieser Fragen auch in 247ff., 273ff. und 299ff. noch mit kritischer Stellungnahme zu Quellen und Literatur geäußert hat. Aus dem Schrifttum seien noch *Rotondi* 94ff.; *Rabel*, Studi Riccobono 4, 220ff. und *Kunkel-Jörs* 114[4] hervorgehoben.

192 Der Ausdruck scheint ebenso wie '*corporaliter possidere*' und '*corpore possidere*' von den Klassikern nicht gebraucht worden zu sein. Vgl. *Albertario* 132ff.; *Scherillo*, Rend. Ist. Lomb. 63 (1930), 517; *Peterlongo* 9[22]. Interpoliert sind sicher oder wahrscheinlich D. 41, 2, 23, 1 (*Rotondi* 184f.; *Albertario* 247 Anm.); eod. 24 (*Albertario* 299ff.; *Kaser*, Eig. u. Bes. 329[1] m. Lit.); eod. 25, 2 (*Albertario* 253); D. 13, 7, 40, 2 und D. 41, 2, 1, 15 (*Albertario* 150, s. auch *Kaser* 354[52]); D. 41, 3, 4, 13 (Ind.); D. 43, 26, 15, 4 (Lit. Ind. und *Kaser* 351[44]); D. 46, 3, 79 (außer Ind. s. *Peterlongo* 28f.; *Beseler*, SZ. 56, 63f.). Unklassisch ist auch Paul. sent. 5, 11, 2.

193 Dazu jetzt eingehend *Albertario* 213ff. mit kritischer Literaturübersicht.

194 So vor allem *Riccobono*, s. die oben S. 3 Anm. 10 angeführten Lit.-Stellen, insbes. Scr. Chironi 1, 377ff.; doch scheinen mir gegen ihn und gegen die vermittelnde Stellungnahme *Bonfantes* (Scr. giur. 3, 592ff.) die Gründe *Albertarios* 213ff.; 299ff. durchzuschlagen. Zur Textkritik auch *Kunkel*, Symb. Frib. 71ff.; *Kaser* 337[30].

der regelmäßigen Besitzinterdikte teilhaftig sind. Das aber sind, nicht anders als im klassischen Recht, der Prekarist, der Pfandgläubiger und der Sequester[195].

Eine technische Terminologie für die Detention im Sinne der ungeschützten tatsächlichen Sachgewalt gibt es demnach bei Justinian nicht mehr. *Naturaliter* und *corporaliter possidere* drücken die tatsächliche Sachherrschaft aus, gleichgültig ob sie durch die Besitzinterdikte geschützt ist oder nicht. Daß '*detinere, detentio*' usw. niemals eine technische Bedeutung im Besitzrecht hatten, haben wir schon eingangs gesehen[196]. Und Gleiches gilt von den griechischen Entsprechungen der Besitzausdrücke κατοχή und νομή[197].

Hätte die Beschränkung des Besitzschutzes auf bestimmte Fälle der tatsächlichen Sachgewalt eine terminologische Abgrenzung von Besitz und Detention gerechtfertigt, so ist dies bei den übrigen ehemals amtsrechtlichen Besitzwirkungen nicht der Fall. Die Passivlegitimation zur *rei vindicatio* und zur *actio ad exhibendum* ist auf alle Fälle der Innehabung in fremdem Namen erstreckt[198], wobei freilich die Abwälzung des Prozesses auf den Oberbesitzer durch *denuntiatio* in ihren gesetzlichen Grenzen bestehen bleibt[199]. Die Zuständigkeit zur *actio communi dividundo utilis* schließlich wird in einer Weise begrenzt, die sich mit keiner der anderen Gruppierungen innerhalb des Besitzes deckt[200].

195 Nur diese: s. dazu *Albertario* 135; 219, der 143ff. die Unechtheit der Stellen nachweist, die in diesen drei Fällen von *naturalis* oder *corporalis possessio* sprechen; beim Prekaristen D. 43, 26, 15, 4 und eod. 22, 1, beim Pfandgläubiger D. 10, 4, 3, 15; D. 13, 7, 40, 2 und D. 41, 2, 1, 15. Ein '*naturaliter possidens*', der des Besitzschutzes teilhaftig ist, ist aber auch der beschenkte Ehegatte, D. 43, 16, 1, 9—10; zu diesem und zu weiteren interpolierten Stellen *Albertario* 217ff.

196 Oben I 2.

197 Das Gegenteil versucht gleichwohl *Albertario* 161ff. aus einem Quellenmaterial darzulegen, das mir indes nicht die von ihm gezogenen Schlüsse zu gestatten scheint. Doch bedürfen die Äußerungen des byzantinischen Rechts noch einer eingehenden und vollständigen Nachprüfung.

198 Zur ersteren D. 6, 1, 9 i. f., zur letzteren D. 10, 4, 3, 15ff.; dazu Ind. und oben III 3/4.

199 S. oben S. 32 Anm. 183 zu C. 3, 19, 2.

200 Oben III 5.

GESCHICHTE DES JURISTISCHEN VOKABULARS

Geschichtliche und vergleichende Untersuchung der Rechtssprache, Festlegung von Methoden

Von Dr. Otto Gönnenwein
ord. Professor an der Universität Heidelberg

I.

Die erste Anregung zur Sammlung der Wörter der deutschen Rechtssprache wurde im beginnenden 18. Jh. gegeben. Die neugegründete Preußische Akademie der Wissenschaften setzte sich unter *Leibniz* in der Generalinstruktion vom Jahre 1700[1] die Aufgabe, aus den Archiven und Registraturen alte, abgegangene Worte, „worin ein Schatz des Teutschen Althertumbs, auch derer Rechte und Gewohnheiten Unserer Vorfahren, teils zur Erkäntnüß der Uhrsprüng und Historien, teils auch zur Erleuterung heutiger hohen und anderen Rechte, Gewohn- und Angelegenheiten verborgen stecket", zu sammeln. Der Zweck einer solchen Sammlung sollte nicht nur ein wissenschaftlicher sein. Die Generalinstruktion beklagt, daß in den Kanzleien und bei den Gerichten „fremde unanständige Worte und übel entlehnte Reden" verwendet werden; die „guten teutschen Redearten" sollen jetzt „erhalten, herfürgesuchet und vermehret werden". Mit der angeordneten Sammlung der älteren deutschen Rechtswörter sollte also die Reinigung der deutschen Rechtssprache gefördert werden.

Die große Aufgabe konnte nicht in Angriff genommen werden. Dafür brachte die erste Hälfte des 18. Jhs. kurze, in erster Linie für die Praxis bestimmte Nachschlagbücher der deutschen Rechtssprache: *J. Chr. Nehrings* historisch-politisch-juristisches Lexikon (Gotha 1710) und *Th. Haymes* Teutsch-juristisches Lexikon (Leipzig 1738). Bis in das ausgehende 19. Jh. hinein genoß dann großes wissenschaftliches Ansehen das Werk von *Ch. G. Haltaus*: Glossarium Germanicum medii aevi (Leipzig 1758).

Die historische Erfassung der deutschen Rechtssprache ist in der Blütezeit der Historischen Rechtsschule durch die „Deutschen Rechtsaltertümer" von *Jacob Grimm* (Leipzig 1828) besonders gefördert worden. Die Rechtswörter werden in diesem Werke, das sein Verfasser nicht als

[1] *Adolf Harnack*, Geschichte der Kgl. Preuß. Akademie der Wissenschaften zu Berlin II (1900) 106.

etwas Abgeschlossenes, sondern nur als Entwurf und Grundlage betrachtete, nicht in Wörterbuchform aufgeführt, sondern in größeren Sachzusammenhängen erläutert. Dabei kam auch schon die Bedeutung einer solchen Darstellung für die Rechtsvergleichung zum Durchbruch. *Grimm* selber redet[2] von der überraschenden, „wunderbaren Einstimmung der Rechtsformen und Sätze in den verschiedenen Ländern unseres Volksstammes und zu verschiedenen Zeiten"; noch bedeutungsvoller müsse aber die unleugbare Grundähnlichkeit mit dem Rechtsgebrauch anderer Völker hervortreten; so werden schon Übereinstimmungen von Formeln des altrömischen Rechts mit germanischen Wendungen nachgewiesen.

Das Deutsche Wörterbuch von *Jacob* und *Wilhelm Grimm* (I. Bd. Leipzig 1854) berücksichtigt die Rechtssprache weithin. Wichtig wurden auch die Wörterbücher einzelner Landschaften und die von *Joh. Andreas Schmeller* (1821: Die Mundarten Bayerns; 1827ff.: Bayrisches Wörterbuch) begründete Mundartforschung. Der systematischen Sammlung der Rechtswörter vorgearbeitet haben sodann die zahlreichen Glossare zu den Ausgaben deutscher Rechtsquellen und die Wortverzeichnisse zahlreicher Urkundenbücher[3].

Der aufblühenden rechtsgeschichtlichen Forschung der zweiten Hälfte des 19. Jhs. konnten die genannten sprachlichen Hilfsmittel nicht mehr genügen. *Heinrich Brunner* berichtete 1893 in der Zeitschrift der Savigny-Stiftung für Rechtsgeschichte[4] über die Publikationen der englischen Selden Society, insbesondere auch über die Planung eines terminologischen Rechtswörterbuchs, eines Dictionary of Law Terms. Gerade an diese letztere Planung knüpfte *Brunner* die Betrachtung: „Wenn man die Zersplitterung der deutschen Rechtsentwicklung mit der verhältnismäßigen Geschlossenheit der englischen vergleicht, wenn man die Mannigfaltigkeit der deutschen Mundarten erwägt und die Notwendigkeit, bei Erklärung deutscher Rechtswörter auf die übrigen germanischen Rechte Rücksicht zu nehmen, wird man zugeben müssen, daß uns ein terminologisches Rechtswörterbuch noch dringender nötig wäre als unseren englischen Stammesvettern". Auch das praktische Ziel einer Rechtswörtersammlung wurde von *Brunner* nicht aus dem Auge gelassen; er beklagt die Vernachlässigung des heimischen Sprachschatzes im Rechtsleben seiner Zeit, der nur „aus dem Borne der älteren deutschen Rechtssprache wieder aufgefrischt werden könne".

---

[2] I, 4. Ausgabe, Neuer Abdruck (1922) XIV.

[3] Hinweise auf solche Wortregister bei *Karl v. Amira*, Grundriß des Germanischen Rechts (3. Aufl. 1913) 14 Anm. 1. Eine umfassende Geschichte der Rechtswörtersammlungen gibt *Piero Fiorelli*, Vocabulari giuridici fatti e da fare: Rivista italiana per le scienze giuridiche, N. S. I (1947) 293 ff.

[4] Germ. Abt. 27, 164ff.

Die Anregung wurde rasch von der Preuß. Akademie der Wissenschaften aufgegriffen: ihre philosophisch-historische Klasse beschloß im Jahre 1894 die Herausgabe eines Rechtswörterbuches. 1896 wurde eine Kommission gewählt, die aus Rechts- und Sprachforschern bestand; Vorsitzender war *Brunner*; *von Amira*, *Dümmler*, *Frensdorff*, *R. Schröder* und *Weinhold* gehörten ihr weiter an. In kühnem Optimismus glaubte man, 1908 das ganze Werk abschließen zu können[5]. Die wissenschaftliche Leitung lag in den Händen des Heidelberger Rechtshistorikers *Richard Schröder*; nach seinem Tode trat an seine Stelle *Eberhard Frhr. v. Künßberg*. Acht Jahre lang wurde ausschließlich an der Sammlung der Wörter und Exzerpierung der Quellen gearbeitet; erst 1904 konnte mit der Ausarbeitung der einzelnen Wortartikel begonnen werden. Im Jahre 1915 ist die erste Lieferung von 10 Bogen des bei Hermann Böhlaus Nachf. in Weimar verlegten Werkes erschienen. Seit 1938 liegen 3 Bände des Ganzen fertig vor; die Vollendung des 4. Bandes darf Ende 1950 erwartet werden.

Das Deutsche Rechtswörterbuch will ein Wörterbuch der *älteren* Rechtssprache seid. Sein zeitlicher Raum ist „von Ulfila bis Goethe" abgegrenzt worden; doch wird auch diese Zeitgrenze nicht starr eingehalten.

Eine Sammlung der Rechtssprache der *Gegenwart* enthalten die Wörterverzeichnisse zu den beiden großen Kodifikationen, dem Österr. Allgemeinen Bürgerlichen Gesetzbuch von 1811 und dem Deutschen Bürgerlichen Gesetzbuch von 1896[6]. Sie ermöglichen es, das Schicksal der älteren deutschen Rechtssprache in die Gegenwart hinein zu verfolgen, und ergeben, wie viele anschauliche, blutvolle Wörter dem modernen Rechtsverkehr fremd geworden sind.

II.

Das *Wort* hat im Verlaufe der Rechtsgeschichte allmählich andere sinnliche Ausdrucksmittel, symbolhafte Bewegungen und Handlungen verdrängt; es kam zur Alleinherrschaft in der Verkündung des Rechts[6a].

Die Erforschung der deutschen Rechtssprache geht davon aus, daß jeder Rechtssatz nur mit Mitteln der menschlichen Sprache dargestellt werden kann. Aber Sprache und rechtliche Vorstellung stehen nicht nur im Verhältnis von Form und Inhalt zueinander; die sprachliche Substanz eines Rechtswortes ist vielmehr unablösbar von ihrem recht-

[5] Bezüglich der weiteren Geschichte des Unternehmens ist auf den zusammenfassenden Bericht zu verweisen, den *Ernst Heymann* am 28. 1. 1926 in der Sitzung der Preuß. Akademie der Wissenschaften erstattete; vgl. SavignyZ, Germ. Abt. 46 (1926) 574ff.

[6] *Ignaz Wildner, Edler von Maithstein*, Lexikon sämtlicher Worte des Österr. Allgem. Bürgerl. Gesetzbuches (1843); *Otto Gradenwitz*, Wortverzeichnis zum Bürgerlichen Gesetzbuch (1902).

[6a] *Ernst Forsthoff*, Recht und Sprache (1940) 5.

lichen Gehalt. „Die Sprache ist nicht etwa bloß das Kleid, sie ist der wahre Leib des Rechts", sagt *Otto v. Gierke*[7]. Der etymologische Zusammenhang der Wörter „Recht" und „Sprache" (Wahrspruch, Urteilsspruch, Spruchbehörde), „Recht" und „Rede" zeigt dies deutlich[8].

Die Rechtswissenschaft kann daher des Verständnisses und der Ausdeutung der sprachlichen Form, in die ihre Sätze gekleidet sind, nicht entraten. Es sei daran erinnert, daß § 6 des Österr. ABGB in aller Form vorschreibt: „Einem Gesetze darf in der Anwendung kein anderer Verstand beigelegt werden, als welcher aus der eigentümlichen Bedeutung der Worte in ihrem Zusammenhang und aus der klaren Absicht des Gesetzgebers hervorleuchtet".

Ein *Verständnis der Rechtssprache* ist nur möglich, wenn nicht vergessen wird, daß sie in den allgemeinen Sprachgebrauch eingeschlossen ist und nur aus ihm abgeleitet werden kann. Aber als Bestandteil der deutschen Gesamtsprache bilden die Rechtswörter die Fachsprache des Rechtslebens. Jedes menschliche Lebensgebiet entwickelt eigene Formen der Sprache. Die Sache fordert das richtige Wort. So hat auch das Recht von seinem Gegenstande her ganz bestimmte Prägungen der Sprache hervorgebracht[9]. Aber die Rechtssprache hat auch wieder die allgemeine Sprachentwicklung entscheidend beeinflußt[10]. So hat die Rezeption des römischen Rechtes ihren Anteil an der Verdrängung der Mundart durch die Schriftsprache und an dem Eindringen der hochdeutschen Schriftsprache in das niederdeutsche Gebiet. In Lübeck gilt für die zweite Hälfte des 16. Jhs.: „Wo der Jurist eingreift, dringt das Hochdeutsche vor"[11].

Aus dem Wesen des Rechts entspringt als Kennzeichen seiner Sprache eine Bindung an Wörter und Buchstaben; in keinem anderen Bezirk der menschlichen Sprache sind so viele Altertümer und stehende Formeln (z. B. Acht und Bann, Haus und Hof, Zwing und Bann) nachzuweisen[12]. Die außerordentlich häufige Verwendung synonymer Ausdrücke in mittelalterlichen Urkunden (der „Synonymastil") ist vielleicht auf lateinische Vorbilder zurückzuführen, hat aber sicher auch dem praktischen Zweck gedient, eine unmißverständliche und peinlich genaue

---

[7] Das Bürgerliche Gesetzbuch und der Deutsche Reichstag, Sonderabdruck aus der Täglichen Rundschau (1896) 10.

[8] *Ferdinand Frensdorff*, Recht und Rede, Historische Aufsätze zum Andenken an Georg Waitz (1886) 435ff.

[9] *Hans Dölle*, Vom Stil der Rechtssprache (1949) 13, 20, 60. *L. Günther*, Recht und Sprache (1898) 3ff.

[10] *Eberhard Frhr. v. Künßberg*, Rechtssprachgeographie: Sitzungsber. d. Heidelberger Akad. d. Wissensch., Philosoph.-histor. Klasse (1926) 8ff., 16ff.

[11] *Hans Teske*, Der Ausklang der Lübecker Rechtssprache im 16. Jahrhundert (1931) 79.

[12] *E. Frhr. v. Künßberg*, Die deutsche Rechtssprache: Zeitschr. f. Deutschkunde (1930) 381.

Ausdrucksweise zu gewährleisten[13]. „Die Rechtswörter sind Schutz- und Trutzwaffen im Kampfe des Lebens; ihre Wirkung hängt vom richtigen Gebrauch ab", sie sind hierin den Zauberwörtern nahe verwandt[14]. Stabreim, Endreim, Satzrhythmus und andere Lautspiele haben dazu beigetragen, dem Rechtsverkehr einprägsame und eindeutige Formeln an die Hand zu geben; für feierliche Rechtshandlungen, namentlich Rechtsverkündigungen, wurden nicht selten Rechtsverse verwendet[15].

Das Recht hat endlich auf die Sprache in Einzelfällen auch derart eingewirkt, daß der Gebrauch bestimmter Wörter verboten wurde. So hat der Rat der Stadt Wertheim, um die Ausartungen des „Weinkaufs" abzustellen, im Jahre 1528 die Verwendung des Wortes „Weinkauf" im täglichen Leben untersagt[16]. Die Rechtssprache selber wurde also zum Gegenstande von Rechtsregeln gemacht.

In dem Maße, in dem das mittelalterliche Gewohnheitsrecht durch die Kodifikationen des modernen Staates ersetzt wurde, kam die Bildung der juristischen Termini ganz unter den *Einfluß des Gesetzgebers.* Der Gesetzgeber wirkt dabei spracherhaltend, wenn er den Wortschatz älterer Rechtsregeln übernimmt, sprachschöpfend, indem er neue Rechtswörter ersinnt, oder sprachübernehmend, wenn er fremde Rechtsnormen in ihrer sprachlichen Form einführt[17]. Die Kenntnis der Entwicklung und des Bedeutungswandels der Rechtssprache ist daher für den Gesetzgeber unentbehrlich.

Wo, wie etwa in Baden am Anfang des 19. Jh.s, ein Staat rational nach fremden Vorbildern aufgebaut wurde, erfolgte auch in der Rechtssprache eine zum Teil radikale Vereinheitlichung. Bezeichnend ist die Befreiung der Rechtssprache von Fremdwörtern im Badischen Landrecht von 1809 durch seinen Verfasser *Johann Nikolaus Friedrich Brauer*[18]. Die sprachliche Reinheit dieses Gesetzes hat auf die badische Rechtssprache den größten Einfluß ausgeübt. Soweit überhaupt von einer „badischen Sprache" geredet werden kann, ist die einheitliche badische *Rechts*sprache gemeint.

[13] *Otto Ludwig*, Synonymabildung in Formeln der Rechtssprache: Zeitschrift f. Mundartforschung (Theutonista) 13, 216ff.; *E. Frhr. v. Künßberg*, Vergleichende Rechtsarchäologie: Arbeiten zur Rechtssoziologie und Rechtsgeschichte, Bd. 1: Kunst und Recht (1948) 138, 140.

[14] *E. Frhr. v. Künßberg*, Rechtssprachgeographie 13. Auf die magische Wirkung des Worts weist besonders *Horst Neumann-Duesberg*, Sprache im Recht (1949) 24ff. hin.

[15] *E. Frhr. v. Künßberg*, Rechtsverse, Sonderdruck aus den Neuen Heidelberger Jahrbüchern (1933); *Hans Fehr*, Die Dichtung im Recht (1936).

[16] Oberrheinische Stadtrechte, 1. Abt.: Fränkische Rechte (1895) 44.

[17] *Heinrich Demelius*, Rechtsangleichung und Rechtssprache: Zentralbl. f. d. Jur. Praxis, Festschr. zum 35. Dt. Juristentag (1928) 57f.

[18] *Julius Federer*, Beiträge zur Geschichte des Badischen Landrechts, in: Baden im 19. und 20. Jahrh. I (1948) 101f.

Angesichts der Einbettung der Rechtswörter im allgemeinen Sprachschatz machte und macht ihre *Aussonderung*[19] keine geringen Schwierigkeiten. Denn vor allem Zeitwörter, die als Hilfszeitwörter verwendet werden, haben in vielen Beziehungen auch einen betonten Rechtssinn; es ist vor allem an das Wort „haben" zu erinnern. Andererseits erhalten Zeitwörter in Verbindung mit einem rechtlichen Substantivum ihre besondere Bedeutung; man denke an Wörter wie „halten" u. a. Die Rechtswörterbuchkommission der Preuß. Akademie der Wissenschaften hat schon 1897, also ganz zu Beginn ihrer Arbeiten, als Richtlinie ausgegeben, jeden Ausdruck für eine rechtlich relevante Vorstellung mit Einschluß der Symbole, Maße und Münzen als Rechtsterminus zu behandeln. Als mit der Sammlung der Rechtswörter begonnen war, wurde es notwendig, eine genauere Begriffsbestimmung zu versuchen. Man unterschied jetzt Rechtswörter im engeren und weiteren Sinn. Zu den ersteren wurden gerechnet alle Ausdrücke, die ohne eine rechtliche Beziehung in keiner Weise denkbar sind, oder die ein rechtliches Verhältnis zur Voraussetzung haben (z. B. Vogt, Gült, gewährleisten). Ausdrücke, die nicht auf das Rechtsleben beschränkt sind, aber durch eine rechtliche Beziehung einen besonderen Sinn bekommen (z. B. Hof, Klage, leisten), werden zu den Rechtswörtern im weiteren Sinne gerechnet; hierhin zählen aber auch Wörter, die Symbole (z. B. Handschuh) oder Abgaben (z. B. Fastnachthuhn) bezeichnen. Es ergibt sich aus dem Gesagten, daß die Begriffsabgrenzung keine scharfe sein kann.

Die weitaus größte Zahl der Rechtswörter sind zusammengesetzte Wörter[20], in denen manche Grundwörter und manche Bestimmungswörter besonders häufig wiederkehren. So hat das Archiv des Deutschen Rechtswörterbuchs das Grundwort „Amt" in gegen 800 Zusammensetzungen festgestellt; sehr häufig sind weiter die Zusammensetzungen mit Recht, Geld, Pfennig, Zins, Mann, Gericht, Brief, Zehnt. Ungezählte Wörter des täglichen Lebens werden in Beziehungen zu Begriffen der Rechtswelt gebracht. Weiterhin aber enthält die ältere deutsche Rechtssprache viele auffällige Wörter, die auch im reichen Archiv des Deutschen Rechtswörterbuches nur einmal belegt sind — jedes zweite Stichwort kommt nur einmal vor, ist „Einzelgänger"[21]. Man wird daraus, trotzdem diese Häufigkeitserscheinung der Einzelgänger auch für die Wörter anderer Sachgebiete nachgewiesen ist, einmal auf die große landschaftliche Verschiedenheit kleinster Rechtsprachkreise und andererseits auf den ursprünglichen Formenreichtum des Rechtslebens, das immer wieder neue Prägungen suchte, schließen dürfen.

[19] Deutsches Rechtswörterbuch I (1914—1932) IXff.

[20] *E. Frhr. v. Künßberg*, Aus der Werkstatt des Rechtswörterbuchs: Festschrift Ernst Heymann zum 70. Geburtstag (1940) 103.

[21] Deutsches Rechtswörterbuch I S. XI.

Eine *Periodisierung* der deutschen Rechtssprache kann sich nicht an die allgemeine sprachgeschichtlichen Einteilungsgründe (althochdeutsch, mittelhochdeutsch, neuhochdeutsch usw.) anlehnen. Vielmehr heben sich in der Entwicklung der deutschen Rechtssprache folgende 4 Zeitabschnitte klar voneinander ab[22]:

1. Der Zeitabschnitt, in dem die deutsche Rechtssprache nur dem mündlichen Verkehr dient, während der schriftliche Rechtsverkehr von der lateinischen Sprache beherrscht wird; diese Periode reicht bis ins 13. Jh.

2. Die Blütezeit der deutschen Rechtssprache vom 13. Jh. bis zur Rezeption des römischen Rechtes. Deutsch ist jetzt auch die Sprache der Urkunden, Gesetze und Rechtsbücher. Abgeschlossen wird dieser Zeitabschnitt mit der Bambergischen Halsgerichtsordnung (1507) und der Peinlichen Gerichtsordnung Karls V. (1532)[23]. Der territorialen Zersplitterung Deutschlands entsprechend weist die Rechtssprache dieser Zeit eine bunte landschaftliche Mannigfaltigkeit auf; es entstehen „Rechtssprachlandschaften".

3. Das Zeitalter des Wiedereindringens der lateinischen Sprache im Gefolge der Rezeption des römischen Rechts; es ist gekennzeichnet durch zahlreiche dem römischen Rechte entnommene Fremd- und Übersetzungslehnwörter.

4. Das Zeitalter der Kodifikationen, beginnend in der zweiten Hälfte des 18. Jhs. Vor allem das Preuß. Allgemeine Landrecht von 1794, das Badische Landrecht von 1809 und das Österr. Allgem. Bürgerliche Gesetzbuch von 1811 erstrebten Gemeinverständlichkeit und belebten die deutsche Rechtssprache neu; insbesondere kam ihnen eine vereinheitlichende Wirkung zu, die durch das Deutsche Bürgerliche Gesetzbuch (1896) vollendet wurde. Die Gesetze des 20. Jhs. zeichnen sich wegen dieser Vereinheitlichung der juristischen Begriffs- und Wortprägung durch eine Wortarmut aus[24]. Lange wirkte die Sprachauffassung des Naturrechts nach, daß es möglich sei, jedem Rechtsgedanken einen einheitlichen, eindeutigen Ausdruck zu verleihen[24a].

III.

Der *Methode der Rechtssprachforschung* hat *Jacob Grimm* die Richtung gewiesen. „Hinter allem Recht liegt ein natürlicher und sittlicher Zustand, wie den Wörtern unserer Sprache eine sinnliche Vorstellung vorausgeht, aus der sie entsprungen sind. Man hat in der Etymologie bisher

[22] *E. Frhr. v. Künßberg*, Deutsche Rechtssprache 383ff.; *Walter Merk*, Werdegang und Wandlungen der Deutschen Rechtssprache (1933) 8ff.

[23] Dazu: *Karl Saueracker*, Wortschatz der Peinlichen Gerichtsordnung Karls V. (1929).

[24] *Dölle* a. a. O. 58.

[24a] *Forsthoff* a. a. O. 16f.

vorzugsweise die äußeren Bestandteile der Wörter, Buchstaben und Laute gepflegt, den Ursprung, Fortschritt und Übergang der Begriffe allzusehr vernachlässigend, die Vorstellungen mehr von den Wortgesetzen gemacht, als Worte und Gedanken ineinander sich verschlingen lassen"[25]. Diese *linguistische Methode* liegt auch der Arbeit am Deutschen Rechtswörterbuche zugrunde. Das Ziel heißt: „historische Wortforschung im Sinne der historischen Lautforschung"[26]. An Hand des „Wortes des Besitzes" hat *Grimm* seine Methode entwickelt: er unterscheidet den abgezogenen Sinn der Wörter klar von ihrem sinnlichen Hintergrund, wenn er auch resignierend zugeben muß, daß selten auf die ersten Begriffe der Wortschöpfung zurückgegriffen werden kann, daß man sich vielmehr in vielen Fällen mit einer zweiten Stufe der Entwicklung begnügen muß[27].

Stets ist die *Bedeutungsentwicklung* der Wörter zur Darstellung zu bringen. Die abstrakten Bedeutungen sind aus gegenständlicher Anschauung und sinnlicher Vorstellung abzuleiten[28]. Es ist, um mit *Herder* zu reden[29], „das dunkle Band, wie aus den verbis nomina werden", der „leichteste Schritt zur Abstraktion" zu erhellen. Das Wort darf in seiner abstrakten Bedeutung kein Sonderdasein führen; gerade die Rechtssprachforschung muß es in stete Beziehung zu der Sache, für die es Bild und Gleichnis ist, setzen. Das Verhältnis der Sprache zum Leben ist in steter Wandlung begriffen. Die ganze Rechtskultur der Menschen ist ein Ergebnis der geschichtlichen Tradition, die von der Sprache getragen wird. So lernen wir auch an der Rechtssprache die verschiedenen Arten des Bedeutungswandels kennen: der Bedeutungsumfang kann verengt (Vorgang der Spezialisierung) oder erweitert (Vorgang der Generalisierung) werden. Für den ersten Vorgang geben die Wörter Ehe, Bann, Mal, Leihe, für den letzteren die Wörter Ding, Sache bekannte Beispiele.

Eine solche Verfolgung der Bedeutungsentwicklung der Rechtswörter kann nur mit Hilfe des älteren Sprachgebrauchs gelingen. *Friedrich Kaufmann* hat diese Methode u. a. an dem Wort „Pflicht" besonders anschaulich entwickelt[30]. Bei „Pflege", „pflegen", „Pflicht" ist von der aus der sinnlichen Vorstellung herrührenden Grundbedeutung: lebhafte Bewegung auszugehen. Weil die sprachgeschichtliche Forschung die zu „pflegen" gehörende Wortsippe als Bestandteil der Rechtssprache festgestellt hat, war zu untersuchen, welche Art von „lebhaften Be-

[25] Kleinere Schriften I (1864) 123.

[26] *Friedrich Kauffmann*, Aus dem Wortschatz der Rechtssprache: Zeitschrift f. dt. Philologie 47 (1916) 155.

[27] Kleinere Schriften I 143.

[28] *Albert Waag*, Bedeutungsentwicklung unseres Wortschatzes, (5. Aufl. 1926) 78f.

[29] Abhandlung über den Ursprung der Sprache, 2. Ausgabe (1789) 91.

[30] a. a. O. 155ff.

wegungen" unter den alten Rechtsgebräuchen mit „Pflege" gemeint sein kann. Während die archaische Sprache der angelsächsischen Alliterationsdichtung den Bedeutungskern des Wortes Pflege im Sinne von lebhafter Bewegung der Waffen auftut, gehört das Wort im deutschen Sprachgebrauch zunächst einem ganz anderen System von Beziehungen an. Eine Stelle im Heliand zeigt die Bedeutung: die Verantwortung für die Vollstreckung eines Urteils übernehmen; auch althochdeutsche Quellenstellen ergeben vom 8. Jh. an den Sinn der verantwortlichen Zustimmung. Die Erklärung dafür, daß die verantwortliche Meinungsäußerung, die einem Beschluß der Dinggemeinde vorangeht, durch das in der Grundbedeutung ein Waffenschwingen bezeichnende Wort „pflegen" ausgedrückt wird, wurde in dem bekannten germanischen Brauch, durch Waffenschlag die Zustimmung zu Anträgen zu erteilen, gefunden. Der weitere Bedeutungswandel des Wortes ist dann im Gefolge der karolingischen Schöffengerichtsverfassung eingetreten. In der mittelhochdeutschen Zeit ist das Wort „pflegen" und seine ganze Verwandtschaft in den allgemeinen Sprachgebrauch übergegangen; es trat eine „wortgeschichtliche Krisis" ein, und die ganze Wortfamilie stand vor dem Aussterben. Im Zeitalter der Ottonen ist sie wieder aufgeblüht; für das entwertete Wort ist jetzt anstelle der sinnlichen eine abgezogene Bedeutung durchgebrochen. Das Wort gehört jetzt wieder der Rechtssprache an, es zeigt sich in neuer Lebenskraft, die durch den Trieb zur Abstraktion verstärkt wurde; es wird jetzt im verwaltungstechnischen Sinne verwendet, es bedeutet: walten, lat. curare. Aber der Zusammenhang der neueren mit der älteren Geschichte des Wortes bleibt erkennbar: die Verantwortlichkeit, jetzt im Sinne eines verantwortlichen Verwaltens.

Ein besonders schwieriges Wort mit zahlreichen Bedeutungsgruppen und zahlreichen Abteilungen, die nicht immer reinlich geschieden werden können, ist das Wort „Acht". Die von der Forschung[31] auseinandergehaltenen vier großen Wortgruppen mit dem Gleichklang „Acht" werden auf die drei Grundbedeutungen Verfolgung, Beratung, Frondienst und das Zahlwort zurückgeführt; die Bedeutungen haben sich oft genähert; Verwechslungen und Verquickungen sind in Wortspielen und volkstümlichen Redewendungen häufig in den Sprachgebrauch gekommen.

Ähnlich lehrreich sind die zahlreichen Untersuchungen über das Wort „Hanse"[32]. Es hat von Ulfila bis zum Beowulf die gleiche Bedeutung: Schar. Nach einer Lücke von mehreren Jahrhunderten erscheint das

[31] *E. Frhr. v. Künßberg*, Acht, eine Studie zur älteren deutschen Rechtssprache (1910).

[32] Das Wort ist Gegenstand zahlreicher Untersuchungen geworden; vgl. *E. Frhr. v. Künßberg*, Hanse und seine Wortgeographie: Zeitschr. f. Mundartforschung (Theutonista) 17 (1941) 164ff.

Wort dann in Flandern, Frankreich und England. Die Wortbedeutung hat sich nun verengert; an die alte Grundbedeutung „Schar" knüpft die neue Bedeutung: Verband berechtigter Kaufleute an. Das Wort kommt nun aber auch abstrahiert als Bezeichnung für das Recht, Außenhandel zu treiben, und für die mit dieser Berechtigung verbundene Abgabe vor. Das Wort ist jetzt ein Rechtswort mit fest umrissenem Gedankeninhalt, das seine Lebenskraft in Bedeutungserweiterungen und Übertragungen erweist.

Die Rechtssprachforschung dient also vor allem der *Rechtsgeschichte*. Die Anfänge unseres Rechtslebens und die Lücken in der Rechtsüberlieferung können nur durch die Mittel der Rechtsvergleichung erschlossen werden (sog. *rechtsvergleichende Erschließung*[33]). Dabei fällt seit der Herrschaft der deutschen Historischen Rechtsschule der Rechtssprachforschung die entscheidende Rolle zu. Weil das Recht wie die Sprache das Erzeugnis einer Kulturgemeinschaft, des „Volksgeistes" ist, müsse es möglich sein, die vergleichende Methode anzuwenden. Man folgerte, es müssen die Rechte der *sprachlich* am wenigsten getrennten Völker am längsten miteinander in Verbindung geblieben sein; es gebe sonach andererseits eine Vermutung, daß Wörter und Begriffe, die zwei Stammesrechten gemeinsam sind, dann ein hohes Alter haben, wenn diese Stämme sich sprachlich auseinandergelebt haben. Bei dem Versuch, die alte Rechtssprache zu eruieren, ist *Karl v. Amira*[34] von dem Bilde ausgegangen, das die *Sprachvergleichung* ergibt. Sprachfamilien und Rechtsfamilien fallen danach zusammen. Es wird von einem „germanischen Urrecht" ausgegangen, von dem sich in einer langen Entwicklungszeit, namentlich mit der Zersplitterung der Stämme, zahlreiche Verwandtschaftskreise gebildet haben. Die Sprachwissenschaft hat freilich den Versuch aufgegeben, eine indogermanische Ursprache, die wirklich gesprochen wurde, zu rekonstruieren; ebensowenig wird ein „germanisches Urrecht" nachgezeichnet werden können[35]. *Julius Ficker*[36] hat den Rechtshistoriker von den Krücken der Sprachwissenschaft befreien wollen; die Selbständigkeit der rechtsvergleichenden Forschung sollte gewahrt bleiben.

Aber die Wissenschaft der Sprachvergleichung bleibt doch für die rechtsgeschichtliche Forschung unentbehrlich. Denn sie erschließt den

[33] *Claudius Frhr. v. Schwerin*, Einführung in das Studium der germanischen Rechtsgeschichte (1922) 125ff.

[34] Über Zweck und Mittel der deutschen Rechtsgeschichte (1876) 40ff. Grundriß des Germanischen Rechts 8f.

[35] *Paul Koschaker*, Was vermag die vergleichende Rechtswissenschaft zur Indogermanenfrage beizusteuern? in: Germanen und Indogermanen, Festschrift für Herman Hirt I (1936) 145ff.; *derselbe*, L'histoire du droit et le droit comparé surtout en Allemagne, in: Introduction à l'étude du droit comparé I (1938) 274ff.

[36] Untersuchungen zur Erbenfolge der ostgermanischen Rechte, I (1891) 214ff., insbes. 218.

indogermanischen und urgermanischen Grundstock unseres Schatzes an Rechtswörtern. So lehrt die Verwendung gleicher Wortstämme für Friedlosigkeit bei den verschiedenen germanischen Stämmen die urgermanische Herkunft dieses Rechtsinstituts[37]. Es ergeben sich weiterhin Einflüsse fremder Sprachen, vor allem der keltischen und lateinischen Sprache; andererseits hat die germanische Rechtssprache auf fremde Sprachen eingewirkt[38]. Im indogermanischen Sprachkreis sind vor allem wichtig die Verwandtschaftsbezeichnungen, aus denen Schlüsse auf Vaterrecht, Mutterrecht, Sororat und Levirat gezogen werden[38a].

Keine Methode aber erträgt es, auf die Spitze getrieben zu werden. So sind auch dem Verfahren, mit Hilfe der Sprachwissenschaft das Recht zu erschließen und zu vergleichen, Grenzen gesetzt[39]. Es darf vor allem nicht außer Acht gelassen werden, daß ganze Rechtsinstitute sich bei einzelnen Völkern in völliger Unabhängigkeit entwickeln konnten, weil gleiche Bedürfnisse des Gemeinschaftslebens immer wieder zu gleichen Regelungen führen müssen, namentlich da, wo wenige Gestaltungsmöglichkeiten denkbar sind, wo nur durch die Eigenart des einzelnen Volkes bedingte „Grenzen der Variabilität der universellen Typen"[40] vorliegen. Ähnliche Rechtsbildungen finden sich deshalb auch im Vergleich von Völkern, die nie in kulturellen Beziehungen zueinander standen. Und vor allem sind die gewillkürten, künstlichen Rechtsangleichungen, die Entlehnungen fremder Ordnungen, die Überfremdungen, die die Rechtsentwicklung eines Volkes unterbrechen, besonders zu werten.

IV.

Zu den geschichtlichen Wandlungen und Entwicklungen der Rechtswörter eines einzelnen Volkes treten die *räumlichen* Unterschiede in der Begriffsbildung des Rechts. Dieselbe Rechtsinstitution kann innerhalb des gleichen Sprachgebietes in besonderen Rechtssprachkreisen mit verschiedenen Wörtern bezeichnet werden. Dasselbe Wort kann umgekehrt in einzelnen Landschaften zur Deutlichmachung sehr unterschiedlicher Sachbegriffe verwendet werden. Im Verlaufe der Sprachgeschichte sind auch viele Rechtswörter gewandert. Aus dem Zusammen- und Auseinanderfallen von Wort und Begriff können wertvolle Schlüsse auf die geschichtliche Entwicklung des Rechts gezogen werden. Die Mittellage

[37] *v. Amira*, Zweck und Mittel 46ff.

[38] *Otto Behaghel*, Geschichte der deutschen Sprache (5. Aufl. 1928) 9ff.

[38a] *Neumann-Duesberg* a. a. O. 11ff.

[39] *Bernhard Rehfeldt*, Grenzen der vergleichenden Methode in der rechtsgeschichtlichen Forschung (1942).

[40] *Albert Hermann Post*, Grundriß der ethnologischen Jurisprudenz, I (1894) 7. Kritisch zu den Methoden *Posts*: *Hermann Trimborn*, Die Methode der ethnologischen Rechtsforschung: Zeitschr. f. vergl. Rechtswiss. 43 (1927) 416ff.

Deutschlands, die Kulturbeziehungen zu allen Nachbarn ermöglicht hat, gibt gerade auch in der Rechtsgeschichte eine Vermittlerrolle. Dazu tritt bis zum Ende des 19. Jhs. eine große Zersplitterung der deutschen Rechtssprache; die politische Geschichte Deutschlands erklärt die Entstehung besonderer Rechtssprachlandschaften.

Der Mundartforschung erscheint die *Sprache* als ein *geschichtsgeographisch bedingtes soziales Gebilde*[41]. Dies gilt weithin auch für die Rechtssprache. Die Anwendung der *geographisch-kartographischen Methode* ist für die Rechtssprachforschung unerläßlich. Nur diese Methode ermöglicht es, Aufkommen, Ausbreitung, Wanderung und Rückgang von Rechtswörtern zu verfolgen[42]. Das planmäßige Exzerpieren der Wörter aus den Quellen, ihre Verzettelung und Sammlung im Archiv — zur Zeit besteht es aus über 3 Millionen Zettel — gibt die Möglichkeit, die räumliche Verbreitung einzelner Rechtswörter durch die Jahrhunderte zu verfolgen. Methodisch sehr wertvoll ist die Untersuchung über die Verbreitungszentren gewisser Wörter der ältesten deutschen Rechtssprache, die *Karl Fredrik Freudenthal*[42a] angestellt hat, indem er Rechtswörter aus drei „Begriffsfeldern" in verschiedenen germanischen Sprachen sammelte; sehr anschaulich wird gezeigt, wie der Inhalt solcher Begriffsfelder zeitlich und örtlich wechselt, wie verschiedene Wörter nebeneinander verwendet werden, wie alte Wörter verschwinden und neue auftauchen.

Die ausschlaggebende Bedeutung der Rechtssprache im allgemeinen Verkehr äußert sich darin, daß die *Sprachgrenzen den Rechtsgrenzen folgen*[43]. Mundartgrenzen werden durch die menschlichen Verkehrsgemeinschaften gezogen; es handelt sich jedoch nicht um scharfe Grenzen; vielmehr ist ein Kerngebiet jeder Mundart zu unterscheiden, dem Grenzgürtel mit allerlei Mischformen vorgelagert sind. Innerhalb solcher Verkehrsgemeinschaften aber spielen die Geschäfte des Markt-, Handels- und Grundstücksverkehrs, der kommunalen Selbstverwaltung und des Gerichtsbetriebes die entscheidende Rolle. Die Sprache entwickelt sich im täglichen Umgang, der seinerseits wieder vor allem durch Beziehungen rechtlicher Art gestaltet wird. Die Bedürfnisse des Rechtslebens wirken gemeinschaftsbildend und ausgleichend. Die Mundartgrenzen haben die politischen Grenzen vielfach überdauert; doch findet nach territorialen Neubildungen oder Verschmelzungen regelmäßig auch ein sprachlicher Ausgleich statt.

Die Rechtssprachgeographie benötigt als wichtigstes Erkenntnismittel den *Wortatlas*. Diese Wortkartenarbeit hat sich eng an den Deut-

[41] *Adolf Bach*, Deutsche Mundartforschung (1934) 52.

[42] *Walther Merk*, Wege und Ziele der geschichtlichen Rechtsgeographie: Festschrift für Ludwig Träger (1926) 94.

[42a] *Karl Fredrik Freudenthal*, Arnulfingisch-karolingische Rechtswörter (1949).

[43] *E. Frhr. v. Künßberg*, Rechtssprachgeographie 1ff.; *Bach* a. a. O. 31ff.

schen Sprachatlas anzulehnen. Gerade die Erfolge dieses monumentalen Werkes müssen es nahelegen, die Kartendarstellung auch auf dem Gebiete der Rechtssprachforschung und Rechtsgeschichte anzuwenden. Das reiche, aus den Quellen gezogene Zettelmaterial des Deutschen Rechtswörterbuches ermöglicht jetzt schon einen Überblick über die zeitliche und räumliche Verbreitung der einzelnen Wörter. Die in ihrer räumlichen Verbreitung zu erforschenden Rechtswörter brauchen nur an Hand dieses Zettelmaterials auf die geographische Grundkarte Deutschlands eingetragen zu werden, und der Grundstock für einen *Deutschen Rechtssprachatlas* wäre gelegt. Dieses Verfahren wäre auch auf ganze Rechtsinstitutionen und Rechtsgebräuche anzuwenden; auf die Proben und Kartenbeilagen, die *E. Frh. v. Künßberg* veröffentlicht hat[44], sei hingewiesen. Vor allem lassen die Rechtswörterkarten im Zusammenhalt mit Karten der Kulturgeographie und Sprachgeographie die Zusammenhänge des Rechts mit anderen Kulturerscheinungen zu. So ist die Kartendarstellung sehr schön für die volkskundliche Erkenntnis des Henkers[45] angewandt worden; mit einem Blick auf die Karten lassen sich aus der großen Zahl von Bezeichnungen für den Vollstrecker der Todesstrafe klar die allgemeinen des ganzen Sprachgebietes und die rein landschaftlichen und örtlichen unterscheiden. Die Erforschung der Synonyma ist für die Volkskunde sehr aufschlußreich; nur die kartographische Darstellung kann zu gesicherten Erkenntnissen verhelfen. Das Archiv des Rechtswörterbuches ergibt z. B. für „Gefängnis" mehrere hundert gleichbedeutende Wörter. Die Häufigkeit solcher Synonyma läßt Schlüsse auf die Volkstümlichkeit der bezeichneten Rechtseinrichtung im positiv wertenden und im absprechenden Sinne zu.

Die kartographische Methode wird aber vor allem für die Quellenkritik unentbehrlich werden. Sie wird bei der Erforschung der Rechtsquellen die Beantwortung der Fragen nach Entstehungsort, Verfasser, fremden Einflüssen und Verwandtschaftsverhältnissen wesentlich erleichtern. Nur vereinzelt belegte Rechtswörter können auf der Karte dargestellt in größeren Zusammenhängen gesehen werden; seither zusammenhanglose Einzelbeobachtungen werden für die Erschließung auf sicheren Grund gestellt.

V.

Es ist noch kurz auf die Frage einzugehen, inwieweit die Sammlung und Erforschung der deutschen Rechtswörter der *internationalen Rechtsvergleichung* nutzbar gemacht werden kann. Wörterbücher, in denen der juristische Sprachschatz niedergelegt ist, und die zum Vergleich mit deutschen Rechtswörtern herangezogen werden können, stehen fast

[44] Rechtssprachgeographie 27ff.

[45] *Else Angstmann*, Der Henker in der Volksmeinung; Theutonista, Beiheft 1 (1928).

für jede Sprache der Kulturvölker zur Verfügung[46]. Aber die reine Wortvergleichung wird nur selten Aufschlüsse für die Rechtsvergleichung ergeben. Die Rechtssprache ist wie die Sprache überhaupt ein Erzeugnis des Geistes der Völker. Gerade in der Verschiedenheit der Rechtssprache kommt eine Verschiedenheit des Denkens und des Weltbildes zum Ausdruck. Die einzelnen Rechtswörter der verschiedenen Sprachen haben deshalb auch da, wo sie scheinbar die nämlichen rechtlichen Vorstellungen und Gedanken decken, so unterschiedliche Entwicklungen durchgemacht, daß sie sich nur selten völlig entsprechen. Dies zeigt besonders deutlich die Übertragung des deutschen Urtextes des Schweizerischen Zivilgesetzbuches in die französische und italienische Sprache; einzelne deutsche Rechtstermini waren überhaupt nicht übersetzbar.

Fruchtbringend muß dagegen die Wortvergleichung sein, soweit es sich um Rechtswörter der gleichen Sprachabstammung handelt, die in der Rechtssprache verschiedener Völker ihren Platz behauptet haben. In diesem Zusammenhang ergibt sich die Notwendigkeit der *historischen Methode in der Rechtsvergleichung*[47]. Nach der oben gekennzeichneten Methode der historischen Wortforschung sind die Wortbildungen einer Sprachfamilie innerhalb der einzenen Sprache, in deren juristischem Wortschatz sie fortleben, zu untersuchen. Es können dann Schlüsse auf Gemeinsamkeit von Rechtseinrichtungen gezogen werden; vor allem aber ermöglicht es die Rechtswörtersammlung, die Übernahme von Wörtern einer Sprache in die andere festzustellen. Lehnwörter und Fremdwörter geben Anhaltspunkte für die Überfremdung nationaler Rechte; das markanteste Beispiel in der deutschen Rechtssprachgeschichte bietet die Rezeption des römischen Rechtes.

Die Begriffe des modernen Völkerrechts sind von der deutschen Rechtssprache — vor allem von der Sprache der deutschen Völkerrechtswissenschaft — zu einem nicht geringen Teil unübersetzt aus der internationalen Rechtssprache übernommen worden; so etwa Angarienrecht, Intervention, Repressalie, Cabotage (ein Wort, das für die Flußschiffahrt nicht, jedenfalls nicht mit „kleine Küstenschiffahrt", übersetzt werden kann), während andererseits der Gesetzgeber gleichfalls gewisse Wörter unübersetzt gelassen hat (so Prise, Reprise und Blockade), gelegentlich aber auch Eindeutschungen vorgenommen hat) so „Bann-gut" = Kriegskonterbande)[48].

[46] Literaturangaben bei *E. Frhr. v. Künßberg*, Deutsche Rechtssprache 380f. in den Anmerkungen und bei *Piero Fiorelli*, Per un vocabulario giuridico italiano: Lingua Nostra VIII (1947) 96ff.

[47] *Alexandre Oteteli§ano*, Esquisse d'une théorie générale de la science du droit comparé (1940) 216, 306.

[48] Prisenordnung v. 28. 8. 1939 (RGBl I 1585).

DER RECHTSSCHUTZ MINDERJÄHRIGER IM MITTELALTER

Von Dr. Heinrich Mitteis
ord. Professor an der Universität München

1. Der Rechtsschutz Minderjähriger ist eine Aufgabe, die in jeder einigermaßen entwickelten Rechtsordnung durch besondere Normengruppen gelöst werden muß. Der Mensch ist seiner physischen Struktur nach ein Mängelwesen, er gelangt unverhältnismäßig spät zur körperlichen Vollreife; schon in dieser Naturgegebenheit liegt ein Grund seiner Hilfs- und Schutzbedürftigkeit. Aber für die Rechtsordnung kommt der Mensch nicht als physische Kreatur, sondern als Geistwesen in Betracht; er bedarf geistiger Fähigkeiten, um Adressat von Normen, Träger von Verantwortung sein und seine Rechte selbst ausüben zu können. Daraus folgt, daß er für einen erheblichen Teil seines Lebens Objekt des Schutzes gegen sein eigenes Handeln, gegen Übervorteilung im Rechtsverkehr, aber auch gegen Ausbeutung und Mißhandlung sein muß. Denn die Rechtsordnung muß auch im Kinde schon die werdende Persönlichkeit ehren und anerkennen; gerade diejenigen, denen sie den Schutz des Minderjährigen anvertraut und die Gewalt über ihn verleiht, bedürfen selbst wieder strengster Kontrolle, damit lange nachwirkende Schädigungen des Schützlings vermieden werden. So gewährt das Thema „Schutz der Minderjährigen" verschiedene Aspekte, und es kommen Normen mannigfachster Art, privat-, prozeß-, straf- und verwaltungsrechtliche, in Frage. Dieser ganze Komplex soll hier für das Mittelalter und mit besonderer Rücksicht auf deutsche Verhältnisse, aber im gesamteuropäischen Rahmen, behandelt werden.

2. Jedes tiefere Verständnis für die Rechtslage des Minderjährigen setzt eine Kenntnis der *gesamten Sozialstruktur* in der gegebenen Zeit und im Raume des Untersuchungsfeldes voraus. Eine rein individualistische Behandlung würde die Gefahr einer Verzeichnung des Bildes heraufbeschwören. Je weiter wir in der Geschichte Europas zurückgehen, um so fester finden wir den Minderjährigen eingebettet in soziologisch faßbare Verbände, so vor allem in die Hausgemeinschaft. Mit einem prägnanten, schlagwortartigen Ausdruck hat ihn schon *Tacitus* (Germania c. 13) als „pars domus" bezeichnet. Die Struktur der indogermanischen Hausgemeinschaft aber war vaterrechtlich, patriarchalisch. Die Spuren eines einstigen, vielleicht vorindogermanischen Mutterrechts auf europäischem Boden sind zu unsicher, um rechtsgeschichtlich ausgewertet werden zu können. Der Minderjährige untersteht daher

allenthalben der Munt (lat. manus) des pater familias. Die germanistische Rechtswissenschaft nimmt seit langer Zeit den Begriff der Munt als den Zentralbegriff des Personenrechtes in Anspruch und wird wohl bei dieser Arbeitshypothese bleiben, wenn auch in jüngster Zeit Bedenken gegen die zureichende quellenmäßige Begründung erhoben worden sind[1].

3. Der ursprüngliche Charakter der *Munt* war durchaus der eines eigennützigen Gewaltverhältnisses, einer schrankenlosen Herrschaft des Muntherrn über die seiner Gewalt unterstehenden Personen. Mundium id est dominium, sagt eine Glosse zum langobardischen Edikt, und pater hängt mit idg. potis, Gewalthaber, Despot zusammen. Es zeigt sich eine deutliche Koinzidenz zwischen öffentlichem und Privatrecht; in beiden Rechtsgebieten repräsentiert der Muntherr das gesamte Haus, er verdeckt seine Muntlinge nach außen vollständig, er ist der alleinige Normadressat und trägt die volle Verantwortung für seine Hausgenossen. Daraus folgt, daß der Minderjährige auf dieser Stufe der Entwicklung der Rechtspersönlichkeit noch gänzlich entbehrt, daß er sich in einem Zustand der Statuslosigkeit befindet. Er ist lediglich Rechtsobjekt. Daher kann auch von einer „Vertretung" durch den Muntwalt noch keine Rede sein. Der Muntwalt handelt als Organ der Hausgemeinschaft kraft eigenen, nicht kraft fremden Rechtes; auch wenn er Bußklage für die Verletzung eines Muntlings erhebt, tut er das nicht etwa in „Prozeßstandschaft". Repräsentation, nicht Vertretung ist der legitime Ausdruck für diesen Sachverhalt.

Auch eine innere Ordnung des Hauses, die dem Minderjährigen Schutz gewährt hätte, läßt sich in der Frühzeit noch nicht feststellen. Die Souveränität des pater familias war nach innen ebenso unbeschränkt wie nach außen. Der Vater hat das Recht über Leben und Tod der Kinder, er schuldet niemandem Rechenschaft für sein Verhalten. Er kann ein Kind züchtigen, ja töten, oder in die Knechtschaft verkaufen; er kann eine minderjährige Tochter einem Manne zur Ehe geben, indem er diesem die Munt über sie aufläßt. Damit schied die Tochter aus der väterlichen Munt aus, aber nur um in die ehemännliche überzugehen. Bei dieser sog. „Kaufehe", die man besser Vertragsehe nennt, entwickeln sich Rechtsbeziehungen also nur zwischen dem Brautwerber und seiner Sippe und dem Muntwalt der Braut; nur dem Muntwalt steht das Recht auf das Wittum zu. Auf die schwierige Frage, inwieweit durch diesen Sippenvertrag schon die Ehe selbst perfiziert wurde, ob nicht vielmehr doch noch innerrechtliche Konsensakte hinzutreten mußten, die eine natürliche Einsicht in das Wesen der Ehe voraussetzen, kann hier nicht weiter eingegangen werden. Übrigens bestand ein Verlobungs- und Verheiratungsrecht des Vaters auch über hausangehörige Söhne, und im Feudalrecht des Mittelalters hat es sich lange gehalten; noch Dantes Zwangsehe mit Gemma Donati bildet ein Beispiel dafür.

[1] *Molitor*, SavignyZ, Germ. Ab. 64 (1944) 112ff.

4. Trotzdem aber kann man schon früh das Auftreten von *Gegenmotiven* gegen dieses uneingeschränkte Vaterrecht beobachten. Schon die archaische Zeit hatte ein feines Gefühl für die Unzulässigkeit des Rechtsmißbrauchs, und daraus konnten sich zunächst als Reflexwirkung gewisse Schutzmaßnahmen für den Minderjährigen ergeben. Allerdings beruhen diese zunächst nicht auf dessen Anerkennung als Individuum, sondern auf Vorstellungen des Gemeinschaftsrechtes. Es gab, der allgemeinen Sozialstruktur entsprechend, höhere Gemeinschaften, die in ihrem eigenen Interesse darüber wachten, daß die Volkskraft nicht durch Mißhandlung Minderjähriger geschädigt werde. Daraus resultierten nicht nur sittliche Maßstäbe, sondern auch rechtliche Kontrollen. So ist schon bei der Verlobung und Trauung ein Mithandeln der Sippe bezeugt, die nicht nur dafür gutstand, daß die Verträge richtig erfüllt wurden, sondern auch den Abschluß einer unsinnigen und keine Hoffnung auf Nachkommenschaft gewährenden Ehe verhindert haben wird. Ferner wachte die Sippe darüber, daß die minderjährige Frau als rechte Ehefrau behandelt wurde; ein ihr zugefügtes Unrecht konnte zur Sippenfehde führen; die ältere Lehre, wonach die Frau mit der Eheschließung nicht nur aus dem väterlichen Hause, sondern auch aus ihrer Sippe ausschied, ist heute aufgegeben; sie blieb wie zuvor deren Schutzgenossin. Auch das Tötungs- und Verknechtungsrecht des Vaters wurde bald eingeschränkt auf Fälle, wo es durch eigenes Verhalten des Hauskindes gerechtfertigt wurde; die Verknechtung wurde auch ihren Wirkungen nach gemildert, und der als Gesetzgeber berühmte König Aelfred von Kent (871—901) bestimmte bereits, daß Kinder nicht nach auswärts an fremdes Volk verkauft werden sollten[2]. Daneben hielt sich allerdings die Befugnis zum Verkaufe des Kindes in echter Not, die noch der Schwabenspiegel (Art. 357) anerkennt, wenn sie auch damals dem allgemeinen Rechtsbewußtsein nicht mehr entsprochen haben dürfte.

5. Ein *weiteres Korrektiv* lag darin, daß in den germanisch bestimmten Rechten ein Ende der väterlichen Gewalt vorgesehen und ein Ausscheiden aus dieser möglich war; der römische Satz, daß die patria potestas bis zum Tode des Hausvaters andauert, ohne Rücksicht auf die soziale Stellung, die das Hauskind inzwischen erlangt haben mag, ist nördlich der Alpen unbekannt geblieben. Allerdings ist nicht einwandfrei feststellbar, welche Tatbestände dieses Ausscheiden herbeiführten. Die ältere Lehre, wonach die Wehrhaftmachung automatisch zur Selbmündigkeit führte, hat sich als unhaltbar erwiesen. Auch stand dem Minderjährigen wohl kein durchsetzbarer Anspruch auf Emanzipation etwa mit Erreichung eines bestimmten Lebensalters zu. Stets aber dürfte die Begründung eines eigenen Hausstandes und die Erlangung eigener Hausgewalt die väterliche Gewalt beendet haben, ferner etwa die Auswanderung im Zuge der zahlreichen Kolonisations-

[2] *Liebermann*, Gesetze der Angelsachsen I 31.

vorgänge. Das traf wenigstens für Söhne zu, die sui iuris wurden, wenn sie eigenen Herd und Rauch besaßen, wenn ihnen „der eigene Kessel wallte", wie die englischen Leges Heinrici (1114—1118) sagen[3], während Töchter lebenslang unter Geschlechtsvormundschaft blieben; erst später hat sich der Satz gebildet, daß Heirat mündig mache. Auch der minderjährige Sohn, der in die Gefolgschaft eines Adligen aufgenommen wurde, trat unter dessen Zuchtgewalt; allerdings hat gerade das Gefolgschaftsrecht bald einen Kodex fester Normen entwickelt, an die auch der Gefolgsherr bei der Behandlung seiner Leute gebunden war; auch sie konnten dem Minderjährigen einen gewissen Schutz gewähren. Ferner war eine freiwillige Entlassung aus dem Hausverbande, ein exseparare, emancipare, forisfamiliare möglich, oft in Form einer Scheinadoption durch einen Dritten mit nachfolgender Aufhebung des Gewaltverhältnisses. Solche Akte behielten ihre Rechtswirkung selbst dann, wenn der Sohn im elterlichen Hause wohnen blieb; er erlangte dann die volle Verfügungsmacht über sein Gut, und die väterliche Nutznießung daran endete; auch konnte der Minderjährige jetzt seinen eigenen Erwerb aus Arbeitsleistungen frei verwerten, während er bis dahin zu häuslichen Diensten verpflichtet gewesen war.

6. *Weitere Einschränkungen* der patria potestas ergaben sich aus der Stellung des Vaters zum Hausvermögen. Dieses unterstand niemals seiner völlig freien, nach individueller Willkür ausübbaren Verfügungsmacht; es war vielmehr den Kindern verfangen. Die Rechte des Vaters flossen hier gleichfalls aus seiner Organschaft, und sie endeten da, wo eine dauernde Schädigung der Nachkommen zu befürchten war. Schon bei seinen Lebzeiten bestand also ein zunächst allerdings latent bleibendes gesamthänderisches Miteigentum aller Teilhaber der Hausgemeinschaft am Hausvermögen. Die hauptsächlich von *J. Ficker*[4] vertretene Ansicht, wonach der Vater ursprünglich die volle Verfügungsfreiheit besessen habe und erst später unter christlichem Einfluß Beschränkungen eingetreten seien, ist durch *Alfred Schultze*[5] gründlich widerlegt worden. Im Gegenteil hat erst der christliche Einfluß eine sehr langsame Lockerung der alten totalen Gebundenheit herbeigeführt, indem er dem Vater, und zwar zunächst erst nach Abschichtung der Söhne, gestattete, über einen Freiteil (Sohneskopfteil) zum Heile der Seele zu verfügen; diesen Rechtszustand zeigen noch die deutschen Volksrechte, vor allem das bairische und das alemannische. Es muß also für die ältere Zeit mit einem umfassenden Wartrecht der Kinder gerechnet werden, dazu bestimmt, ihnen ihre „debita portio" ungeschmälert zu erhalten, die außer den Liegenschaften sicher auch die Wirtschaftsfahrnis umfaßte. Dieses Wartrecht konnten sie allerdings

---

[3] *Liebermann* a. a. O. I 611.

[4] Erbenfolge der german. Rechte V (1902).

[5] Augustin und der Seelteil des german. Erbrechts (1928).

erst geltend machen, wenn die Hausgemeinschaft durch den Tod des Vaters ihren eigentlichen Mittelpunkt verloren hatte. Befanden sich dann in der Miterbengemeinschaft (Ganerbschaft) Minderjährige, so konnte die Auseinandersetzung wohl bis zu ihrer Altersreife verschoben werden; sonst lag normaler Weise in der Struktur der Brüdergemeinschaft schon eine gewisse Garantie für die Wahrung ihrer Rechte; nach Langobardenrecht (Ed. Liutprand c. 74) schaltete sich in solchen Fällen der Richter ein. Hatte der Vater ohne Rücksicht auf das Wartrecht über Vermögensteile verfügt, so konnten die Miterben nunmehr als Streitgenossen eine Rückforderungsklage anstellen, wobei der Sachsenspiegel (I 52) interessanter Weise die Fiktion gebraucht, der Vater sei im Augenblick der angefochtenen Verfügung bereits tot gewesen. Damit kehrte das entfremdete Gut in die Erbengemeinschaft zurückund konnte fortan auch den minderjährigen Teilhabern wieder zugute kommen.

7. Die Unterstellung des Unmündigen unter die Vatermunt ist indessen nur der Normalfall. Vaterlose Minderjährige konnten unter *Vormundschaft* gestellt werden. Die Vormundschaft ist ebenfalls eines der ältesten Institute des abendländischen Rechtskreises. Ihre Anfänge liegen im Dunkel. Insbesondere ist es noch nicht voll geklärt, inwieweit eine Gesamtvormundschaft der Sippe bestanden hat und in welchem Verhältnis sie zur Einzelvormundschaft des nächsten Agnaten (Schwertmagen) stand. Die herrschende Meinung[6] hält jene Form für die ursprüngliche und allgemein übliche unter Berufung vor allem auf altenglische Zeugnisse, wonach der von der Sippe bestellte Einzelvormund als „Bürge", d. h. als Treuhänder am Mündel bezeichnet wird. Indessen tritt in zahlreichen Belegen das herrschaftliche Eigenrecht des Vormunds von Anfang an so stark hervor, daß man eher mit *Rietschel*[7] von der Einzelvormundschaft wird ausgehen müssen; die Munt wurde gleichsam vom Vater auf dessen nächsten Agnaten vererbt. Von hier aus wird sich die sog. „Obervormundschaft" der Sippe als eine Kontrolleinrichtung begreifen lassen und diese mußte natürlich einem Vormund gegenüber noch stärker sein als bei bestehender väterlicher Gewalt. Daß die Sippe jemals selbst Trägerin der Munt gewesen sei, ist quellenmäßig nicht bezeugt und auch aus rein praktischen Gründen recht unwahrscheinlich. Sie begnügte sich wohl damit, den Verwandten, den der Sippenrat zum Vormund bestellt hatte oder der sich mit dessen Billigung des Mündels bemächtigt hatte, zu überwachen; wird er doch schon durch seinen Namen (muntporo, foramunto) als der eigentliche „Träger" der Munt ausgewiesen. In frühen angelsächsischen Quellen erscheint er geradezu als Eigentümer (agende) des Mündels oder der Munt[8]. Wir erblicken

[6] So *Brunner*, Deutsche Rechtsgeschichte I (2. Aufl.) 125; *v. Amira*, Grundriß d. german. Rechts 172.

[7] Reallex. d. german. Altertumskunde, hrsg. von *J. Hoops* IV (1918) 468.

[8] Aethelbert 82; *Liebermann* a. a. O. I 8.

also in dem Nebeneinander von Einzelvormund und Sippenkontrolle den Dualismus zweier sich kreuzender Prinzipien, wobei freilich zunächst nicht so sehr der Schutz des Mündels als das Sippeninteresse an der Erhaltung des Hausguts und der persönlichen Fähigkeiten des Mündels das tragende Motiv gewesen sein mag. Damit hängt auch zusammen, daß die Vormundschaft in der Frühzeit durchaus nicht als notwendig empfunden wurde; es war keine Garantie dafür gegeben, daß jeder der Vormundschaft bedürftige Minderjährige ihrer auch teilhaftig geworden wäre; viele Unmündige mögen unbevormundet geblieben sein, solange nicht ein handgreifliches Sippeninteresse gegeben war. Auch die Absetzung eines schlechten Vormunds, das „Balemunden", erfolgte zunächst wohl nur, wenn dieser sich gegen das Sippeninteresse vergangen hatte. Aus diesem ganzen System folgt, daß für den Vormund nicht einmal eigene Handlungsfähigkeit erforderlich war; auch ein Minderjähriger, ein Tor konnte Vormund, d. h. Vermögensträger sein, wofern die effektive Verwaltung durch andere Sippenorgane geführt werden konnte. So war eine Fülle von Gestaltungsmöglichkeiten gegeben, wobei auch ethnische und regionale Verschiedenheiten mitgespielt haben mögen.

Aber es konnte nicht ausbleiben, daß mit der Zeit auch der *Schutz des Minderjährigen* in den Gesichtskreis der Rechtsordnung eintrat. Dieser kam vor allem dort zum Zuge, wo der Zerfall der alten Sippenverbände die Staatsgewalt auf den Plan rief; das Königtum begann sich, vielleicht inspiriert durch kirchliche Billigkeitsforderungen, als Hort der Unmündigen zu bewähren, so vor allem im fränkisch-karolingischen Bereiche. Besonders lange hat sich dann in England der Satz gehalten, daß der König als Parens patriae zur Obervormundschaft über Minderjährige berufen sei. Die Lex Baiuwariorum macht es dem Herzog besonders zur Pflicht, die Rechte von Kindern, deren Väter vor dem Feinde gefallen sind, zu schützen „usque dum ipsi possunt" (L. Bai. II 7).

8. An der *Vormundschaft* läßt sich nun die weitere Entwicklung von Schutznormen für Minderjährige am besten aufzeigen. Ursprünglich absorbierte auch der Vormund die Rechtspersönlichkeit des Mündels vollständig; er war nicht dessen Vertreter, sondern Repräsentant des Haus- und Sippenverbandes. Daher kontrahiert er auch stets im eigenen Namen, wird aus seinen Rechtsgeschäften selbst berechtigt und verpflichtet und ist selbst Partei im Prozesse um Buße wegen Verletzung des Mündels oder Mündelgutes. Andererseits haftet er mit seiner Person und seinem eigenen Vermögen für Delikte des Mündels. Das Mündel kann keinen eigenen Erwerb machen, auch sein Arbeitsverdienst fällt zwangsläufig in das vormundschaftlich verwaltete Mündelvermögen.

Sehr langsam haben sich diese Grundsätze im Sinne einer Schutzgewalt über das Mündel modifiziert, und das mußte schließlich dazu führen, daß die Stellung des Vormunds der heutigen Figur der „gesetzlichen Vertretungsmacht" immer adäquater wurde. Solange aber dieser Zustand nicht erreicht war — und man kann sagen, daß er erst nach der Rezeption des römisch-italienischen Rechtes allgemein eintrat — mußte der Schutz des Minderjährigen auf andere Voraussetzungen gegründet werden.

Es ist davon auszugehen, daß dem älteren Recht der Begriff der „Handlungsfähigkeit", die mit Erreichung einer bestimmten Altersstufe von selbst eintritt und deren Fehlen heute das Korrelat zur gesetzlichen Vertretungsmacht darstellt, überhaupt nicht geläufig war. Auch das minderjährige Kind konnte im Rechtsleben handelnd auftreten. Am klarsten wird dies beim unmündigen Regenten. Merowingische Königsurkunden führen auch den unjährigen König als persönlich handelnd ein, er waltet als Richter im Königsgericht und erläßt selbst das Rechtsgebot. Die effektive Regierungsgewalt galt als von ihm abgeleitet. „Die Hände, die die Puppe regieren, bleiben in aller Regel unsichtbar"[9]. Wer eigentlich die Regentschaft führte, war wesentlich Machtfrage; die Großen des Reiches spielten meist die Rolle der Sippe bei der Obervormundschaft. Der Mangel staatsrechtlicher Grundsätze für die Regentschaft hat dem Deutschen Reich des Mittelalters die größten Schwierigkeiten bereitet. Nicht anders steht es aber im Privatrechtsverkehr. Niemals wird die Ungültigkeit eines Rechtsgeschäftes aus der mangelnden Altersreife eines Partners hergeleitet. Jedenfalls ist die Gegenpartei stets an den Abschluß gebunden; aber auch den Minderjährigen selbst treffen *Schuld und Haftung*, wenn er nicht Sorge dafür trifft, sich rechtzeitig unter Berufung auf seinen Altersdefekt von der Bindung zu befreien. Er hatte also das Recht des *Widerrufs* bei allen Geschäften, die sich als ihm schädlich herausstellten. Seine Rechtsgeschäfte standen unter der Resolutivbedingung späteren Widerrufs, sie waren „gesegnet mit dem Segen der Widerruflichkeit" (*H. v. Hofmannsthal*). Eine andere Frage war, ob er auch bei Versäumnis solchen Widerrufs die Möglichkeit der Erfüllung hatte, solange die Vormundschaft bestand; brauchte ihm doch der Vormund kein Stück des Mündelgutes zu diesem Zwecke herauszugeben.

Solange der Gedanke der Stellvertretung noch unentwickelt war, mußte genau das Gleiche auch für die *Geschäfte des Vormunds* selbst gelten. Auch wenn dieser über Mündelgut verfügte, befand sich das Geschäft in der Schwebe und konnte von ihm selbst oder nach Beendigung der Vormundschaft vom einstigen Mündel widerrufen werden. Ebenso konnte der Vormund nicht etwa durch eine Art von auctoritatis interpositio dem rechtsgeschäftlichen Handeln des Mündels Gültigkeit verleihen. In dieser Beziehung stimmen die Rechte des europäischen Kontinents mit dem englischen völlig überein. So sagt z. B. *Pollock-*

[9] *Brunner-v. Schwerin*, Deutsche Rechtsgeschichte II (2. Aufl.) 42.

Maitland[10]: „The guardian can neither bind the infant nor help the infant to bind himself. There is no representation of the ward by the guardian nor will the guardian's authority enable the infant to do what otherwise he could not have done". Und im französischen Recht wird restitution stets nicht nur gegen die Akte des mineur, sondern auch des tuteur gegeben; es kommt nur darauf an, daß die Rechte des Mündels geschmälert worden sind. „Minor non restituitur tamquam minor sed tamquam laesus". Erst *Pothier* hat dies auf ungewöhnliche Geschäfte beschränkt, aus der Sorge heraus, die mineurs würden sonst keinen Geschäftspartner finden[11]. Die „rescission en cause de lésion" hat sich in Frankreich bis zur Gegenwart erhalten; sie ist in gewisser Beziehung feiner und anpassungsfähiger als die absolute (§ 111) oder schwebende (§ 107ff.) Nichtigkeit des BGB[12].

So ergibt es sich, daß in älterer Zeit der Schutz des Minderjährigen nicht so sehr in präzisen Rechtsregeln lag, die sich erst ausbilden konnten, nachdem die Begriffe der Handlungsfähigkeit und der Stellvertretung zu klarer Erkenntnis gelangt waren, als vielmehr in der *praktischen Unmöglichkeit*, mit einem Minderjährigen oder auch mit dessen Vormund bindende Verträge abzuschließen. Sie legte dem Verkehr eine Zurückhaltung auf, die ganz von selbst Schädigungen des Minderjährigen verhindert haben wird.

Ähnliche Grundsätze galten auch für den *Prozeßverkehr*. Der Minderjährige kann zwar geladen werden, und zwar sowohl durch den Gegner in der Form der mannitio als durch den königlichen Grafen mittels der bannitio. Aber der Prozeß gegen ihn kann nicht bis zum Urteil durchgeführt werden, zumindest nicht in Zivilsachen; er muß vielmehr bis zur Erreichung der Altersreife ausgesetzt werden. Auf den Streit um Erbgut brauchte sich der Minderjährige von vornherein gar nicht einzulassen. Es ist dies die Regelung einer Epoche, für die der Zeitbegriff noch kaum eine Rolle spielte. — Anders lag es im Strafprozeß. In diesem war der Minderjährige prozeßfähig; es entsprach dies einem urtümlichen Rechtszustande, wonach auch im materiellen Strafrecht jugendliches Alter keinen Schuld- oder Strafausschließungsgrund abgab. In historischer Zeit galt allerdings die Tat eines Minderjährigen meist ohne weiteres als „Ungefährwerk", d. h. der Mangel des Vorsatzes wurde vermutet, und es konnte keine schwerere Straffolge ausgesprochen werden als eine Buße zur Wiedergutmachung des angerichteten Schadens. Auch wo dies nicht zutraf, wurde der Minderjährige doch mit der Todes- und mit schweren Leibesstrafen verschont, andererseits wurde er selbst durch das Strafrecht *geschützt*; Unzucht mit Kindern,

[10] A History of English Law II (2. Aufl.) 445.

[11] *Colin-Capitant*, Cours du droit civil I 559.

[12] Vgl. *Graf Lambsdorff*, Rechtsvgl. Handwörterb. V 349.

Kindesraub sind seit je Fälle todeswürdiger Verbrechen gewesen[13]. Ganz allmählich kam man auch zu individueller Wertung der Zurechnungsfähigkeit[14]. So „tastete man mit primitiven Mitteln nach dem Rechten“[15].

9. Ehe wir die weitere Entwicklung der Altersvormundschaft betrachten, muß nunmehr ein Blick auf das Entstehen *fester Mündigkeitstermine* geworfen werden. Kennzeichnend für die europäischen Rechtssysteme ist das Vorwiegen einer einzigen Altersgrenze, der zwischen Vollreife und Unreife, zwischen Voll- und Minderjährigkeit, wie es anfangs auch nur zwei Jahreszeiten, Sommer und Winter, gegeben haben dürfte[16]. Die vier Altersstufen des römischen Rechts sind erst durch die Rezeption und dann auch nur stellenweise eingedrungen. Ursprünglich scheint man ferner, wenn es auf den Eintritt in die anni discretionis, die „bescheidenen Jahre“, ankam, nach rein äußerlichen Merkmalen, etwa dem Haarwuchs, gegangen zu sein — so noch nach dem Sachsenspiegel und bäuerlichen Weistümern des Mittelalters, wohl schon aus dem Grunde, weil es noch kaum Kalender und noch gar kein Standesregister gab und die wenigsten Leute ihren Geburtstag kannten. Auch die körperliche Kraft, etwa die Erreichung der Waffenfähigkeit, konnte als Indiz dienen. Feste Altersgrenzen finden sich zuerst im altenglischen (altkentischen) Recht, und zwar ist dort der auffallend frühe Termin von 10 Jahren maßgebend geworden, allerdings wohl auch nur für einzelne Verhältnisse[17]. Hierin drückt sich die Einfachheit der Lebens- und Rechtsbeziehungen aus. Später ist das englische Recht auf 12, ja auf 15 Jahre hinaufgegangen. Die Zwölfjahresgrenze findet sich in weitester Verbreitung, was wohl dem Umstand zuzuschreiben ist, daß die salischen Franken sie annahmen und sie fränkisches Reichsrecht wurde; die Ribwaren blieben bei 15 Jahren; im Mittelalter verlagerte sich der Termin, da die Verhältnisse immer verwickelter und schwerer übersehbar wurden, meist auf das 18. Jahr, das auch die Goldene Bulle reichsgesetzlich für die Kurfürsten normierte. Auch der Termin von 20 Jahren findet sich, ja sogar der von 25, den der Schwabenspiegel wohl nicht ohne Anlehnung an das römische Recht aufgenommen hat. Die Rezeption brachte dann die Verdoppelung der Altersgrenze, wonach Kinder unter 7 Jahren voll handlungsunfähig, über 7 Jahren in der Handlungsfähigkeit beschränkt waren. Vielfach bestanden ständische Unterschiede, auch wurden einzelne Fähigkeiten, wie die Ehe-, Testier-, Wechselfähigkeit oder die strafrechtliche Verantwortlichkeit an andere

---

[13] *His*, Gesch. d. dt. Strafrechts II 148, 160.

[14] Ebenda I 61.

[15] *Eb. Schmidt*, Einleitung i. d. Gesch. d. dt. Strafrechtspflege (1947) 29.

[16] *Wackernagel*, Die Lebensalter (1862) 9.

[17] *Liebermann* a. a. O., Sachglossar unter „mündig“.

Alterstermine geknüpft. Spiel- und Borgschulden Unmündiger galten mancherorts als wirkungslos[18].

10. Diese Altersstufen hatten indessen nur für das *Ende der Vormundschaft* Bedeutung; ein Ausscheiden aus der väterlichen Gewalt brachten sie zunächst nicht mit sich. Wohl aber endete die Vormundschaft regelmäßig mit Erreichung der Volljährigkeit. Fortan war jeder an seine Verpflichtungen gebunden, auch an früher eingegangene, wenn er sie nicht binnen bestimmter Frist, meist binnen Jahr und Tag, widerrief. Das schloß jedoch nicht aus, daß die Vormundschaft freiwillig fortgesetzt werde konnte. Der Sachsenspiegel trifft eine eigenartige Unterscheidung: Bis das Kind „zu seinen Jahren" gekommen ist, d. h. bis zum 12. Lebensjahre, bedarf es der Vormundschaft; bis es „zu seinen Tagen" gekommen ist, also zwischen dem 12. und dem 21. Lebensjahre, kann es aus eigenem Entschluß den bisherigen Vormund beibehalten oder einen neuen annehmen; später würde Unterstellung unter eine Vormundschaft eine Einbuße an Rechtsfähigkeit bedeutet haben. Auch in süddeutschen Quellen finden sich Spuren einer derartigen Praxis. Die Rechtsstellung des vom Mündel freiwillig angenommenen Vormunds unterscheidet sich in nichts von der eines notwendigen; es fanden nicht etwa fortan freiere Normen, etwa die eines Auftragsverhältnisses mit strenger Rechenschaftspflicht, Anwendung.

11. Im Hoch- und Spätmittelalter traten tiefgreifende Veränderungen in der Struktur der Vormundschaft ein, die ihren Charakter als ein zum *Schutze des Mündels* bestimmtes Rechtsinstitut immer deutlicher werden ließen. Den stärksten Antrieb dazu gab die zunehmende Auflösung der alten Sippenverbände und die unaufhaltsame Abschwächung des Muntprinzips. Nunmehr mußte die öffentliche Fürsorge für den Mündel und sein Gut in die Lücke treten, wie sie ja im fränkischen Königsrecht schon vorgebildet worden war. Die Entwicklung wurde beschleunigt durch einen gesellschaftlichen Dissoziierungsprozeß, durch den Zerfall der in ländlichen Verhältnissen noch stark ausgeprägten nachbarschaftlichen Bindungen, durch das Zusammenströmen einer bunt zusammengewürfelten Bevölkerung in den Städten. Dort zuerst setzte sich auch das Recht des Vaters durch, den Kindern durch letztwillige Anordnung einen Vormund zu benennen; an die Seite des „geborenen" tritt der „gekorene" Vormund. Aber dieser bedurfte erst recht der obrigkeitlichen Aufsicht; vielfach wurde der Standpunkt aufrechterhalten, daß dem Vater nur ein Vorschlagsrecht zustehe, während die Bestallung des benannten Vormunds Sache der städtischen Behörden sei; meist waren alle Vormünder tutores dativi im Sinne des römischen Rechts, so besonders in Frankreich[19]. Ja, es konnte sich die Anschauung bilden, daß

[18] *H. Fehr*, Die Rechtsstellung von Frau und Kindern in den Weistümern (1913) 250f.

[19] „En France, toutes les tutelles sont datives", *Colin-Capitant* l. c. 477.

die städtischen Behörden der Obervormund aller Mündel (protecteurs et suprêmes tuteurs des orphelins, heißt es in Brügge) seien, der Einzelvormund nur ihr Mandatar. Viele Städte erließen Vormundschaftsordnungen, die berühmteste war die Nürnberger von 1399, die im 16. Jahrhundert auf Grund des Berichts einer nach Venedig entsandten Kommission reformiert wurde. Diesen Vormundschaftsbehörden gegenüber oblag dem Vormund die Rechenschaftspflicht, sie konnten auch Vormünder von Amts wegen einsetzen (z. B. bei Eintritt des Vaters in ein Kloster) und schlechte Vormünder entlassen; gelegentlich findet sich eine Mehrheit von Vormündern, indem etwa dem geborenen oder gekorenen Vormund ein behördlich bestallter Gegenvormund an die Seite gestellt wird. Die Territorialstaaten des ausgehenden Mittelalters folgten dem Beispiele der Städte nach; der spätere Polizeistaat bezeichnete alle Mündel als „Pflegebefohlene" des Staates und die Vormünder als „Beauftragte" (so das Preuß. Allg. Landrecht). Darin lag eine Überspannung des öffentlich-rechtlichen Moments, die im 19. Jahrhundert rückgängig gemacht wurde. Einen anderen Weg beschritt man in Frankreich, wo man entsprechend gewissen im Nationalcharakter tief eingewurzelten Vorstellungen dem Familienrat eine überragende Rolle zuwies; da er seinerseits wieder unter richterlicher Leitung stand, konnte er jene Funktionen ausüben, die das deutsche Recht dem Vormundschaftsgericht zuwies.

12. Diesen organisatorischen Veränderungen gingen *innere Wandlungen* der Vormundschaft parallel, die sie immer deutlicher die Richtung auf ein echtes Vertretungsverhältnis einschlagen ließen. Aber die volle Abstraktionshöhe, die nun einmal der Begriff der Stellvertretung voraussetzt, konnte erst mit Hilfe des römischen Rechtes erreicht werden. Allerdings mußten schon vorher die Hinaufrückung der Mündigkeitsgrenze und der immer mehr zunehmende Verkehr ein Bedürfnis nach einem verbindlichen Handeln im Namen des Mündels erzeugen. Insbesondere ging es auf die Dauer nicht an, Rechtsgeschäfte über Liegenschaften jahrelang in der Schwebe zu lassen. Es scheint, als habe sich eine Art von Vertretung zunächst in den Fällen herausgebildet, wo sich unter den konsensberechtigten Verwandten, die einem Verkäufer das Erbenlaub zu erteilen hatten, Minderjährige befanden; hier mußte es volkswirtschaftlich besonders erwünscht erscheinen, so bald als möglich klare Rechtsverhältnisse herbeizuführen. Schwieriger war es schon, wenn der Minderjährige selbst als Geschäftspartner auftreten sollte; hier hätte ja der Vormund, sofern er ein Verwandter war, selbst das Erbenlaub geben und somit in seiner Doppelrolle, als Vertreter und als Selbstpartei, auftreten müssen; schon die mittelalterlichen Stadtrechte nahmen aber, ähnlich wie das heutige Recht, an der Möglichkeit des Interessenkonfliktes Anstoß (vgl. § 181 BGB). Ähnlich stand es bei Rechtsgeschäften zwischen dem Vormund und dem Mündel

selbst. In allen diesen Fällen griff man zum Schutze des Minderjährigen zu dem Auskunftsmittel der Pflegerbestellung für den einzelnen Fall. Aber selbst angesichts dieser wirtschaftlichen Notwendigkeiten kam das Recht des Mittelalters noch nicht direkt zu einer Stellvertretung im vollen heutigen Wortsinne. Die Quellen weisen eine bunte Mannigfaltigkeit von Zwischenlösungen auf; vielfach wurde dem Vormund, auch wenn er nach außen hin vollkommen korrekt im Namen des Mündels auftrat, aufgegeben, dessen spätere Genehmigung herbeizuführen und zu verbürgen; das Vertretergeschäft erscheint dann immer noch suspensiv bedingt, oder, anders ausgedrückt, die beiden heute in den §§ 164 und 185 BGB niedergelegten Prinzipien sind noch nicht klar geschieden. Immer aber dürfte das Handeln des Vertreters eine bindende Wirkung für die Gegenseite gehabt haben; dessen Offerte wurde durch die Erklärung an den Vertreter unwiderruflich, eine Gestaltung, die wir heute als „Empfangsvollmacht" bezeichnen würden und die sich auch in den zahlreichen politischen, durch Gesandte abgeschlossenen Verträgen der Zeit wiederfindet. Diese Gesichtspunkte sind stets zu beachten, auch wenn manche Quellen, wie z. B. englische Vertragsurkunden aus dem 14. Jahrhundert, davon sprechen, daß „en nom l'enfante pur l'enfant" gehandelt worden sei[20]. Immer besteht die Möglichkeit, daß das Geschäft nur als sog. negotium claudicans zustande gekommen war.

Der Schutz des Minderjährigen verlagerte sich fortan immer mehr in die *Haftung des Vormunds* für treue Verwaltung des Mündelgutes. Im Falle der Pflichtwidrigkeit vermehrte sich das Mündelgut um den Anspruch gegen den Vormund, während der Rückforderungsanspruch gegen den Drittkontrahenten jetzt wegfiel. Das bedingte eine schärfere Ausgestaltung der für die innere Seite der Vormundschaft geltenden Normen. Faßt man sie als Treuhand auf, so stimmt dies vollständig zur inneren Ausbildung des Treuhandrechts, auf die vor allem *Franz Beyerle*[21] hingewiesen hat. Immer mehr wird dem Vormund zur Pflicht gemacht, die Substanz des Mündelguts zu erhalten; „Mündelgut soll weder wachsen noch schwinden". Daß ihm noch die Nutzungen verbleiben, ist eine letzte Konsequenz seines alten Herrenrechtes; immerhin hat dieses sich so weit abgeschwächt, daß ein eigener Typus der „Gewere zur rechten Vormundschaft" als Außenprojektion des Treuhandeigens entstehen konnte. Aber bei den richterlich bestellten Vormündern ließ sich nicht einmal mehr die Überlassung der Nutzungen rechtfertigen; daher werden sie auch für diese rechenschaftspflichtig und auf eine Vergütung für ihre Tätigkeit beschränkt; die Übernahme solcher Vormundschaften wird allgemeine Bürgerpflicht. Diese Rechenschaftspflicht mag sich vielleicht in Fällen zuerst herausgebildet haben, wo die Vormundschaft als freiwillige geführt wurde, also über Mündel

[20] *H. Würdinger*, Die Geschichte der Stellvertretung in England (1932) 371.
[21] Die Treuhand im System des dt. Privatrechts (1932).

zwischen 12 und 21 Jahren; bald aber findet sie sich auf alle Vormundschaften ausgedehnt.

Andrerseits konnte sich eine neue *Gefährdung des Mündels* daraus ergeben, daß mit dem Nutzungsrecht am Mündelgut die Pflicht des Vormunds wegfiel, den Mündel zu erhalten. Nunmehr durfte und mußte der Vormund notfalls das Mündelvermögen angreifen und Verpflichtungen für den Mündel eingehen, die dieser nur widerrufen konnte, wenn sie nicht unmittelbar der Sicherung seiner Existenz gedient hatten. Auch hier mußte diese neue Gefahrenlage zu Abwehrmaßnahmen führen, die wiederum in keine anderen Hände gelegt werden konnten als die öffentlicher Behörden.

13. Nur ein kurzer Blick soll auf die Sondergestaltung geworfen worden, die die Vormundschaft im Gebiete des *Lehnrechtes* erfahren hat. Die Lehnsvormundschaft hat ihre Sonderprobleme, die sich daraus ergeben, daß das Lehen nicht nur eine privatrechtliche Leiheform, sondern überwiegend und im früheren Mittelalter ganz besonders ein Mittel staatlicher Verwaltung gewesen ist; so konnte sich ein Interessenkonflikt ergeben zwischen dem Wunsche der Familie nach unbeschränkter Wahrung und Nutzung ihres Lehnsbesitzes und den Erfordernissen militärischer und verwaltungstechnischer Natur, von denen der Lehnsherr nichts ablassen konnte. Diese Probleme sind in verschiedenster Weise gelöst worden. In den meisten Ländern Westeuropas dominierte die Herrenvormundschaft, d. h. der Herr war selbst Träger der „garde noble", die er selbst ausüben, oder aber einem Vasallen, auch einem geeigneten Verwandten des Mündels, falls dieser Vasall war oder wurde, überlassen konnte. Der historische Quellpunkt dieser Herrenvormundschaft lag in der Begründung des Lehnsverhältnisses durch die Kommendation (Mannschaft), die nach älterer Auffassung ein der Munt nachgebildetes Verhältnis erzeugte. Aber schon in den östlichen Landesteilen Frankreichs und erst recht in Deutschland wird diese Herren- durch die Verwandtenvormundschaft verdrängt, wobei natürlich besondere Vorsorge für die fortdauernde Prästationsfähigkeit des Lehens getroffen werden mußte. Eine Mittelstellung nimmt der Sachsenspiegel ein, wonach der Herr zwar grundsätzlich Lehnsvormund, aber verpflichtet ist, einem Verwandten das „anevelle" zu leihen, der dann als Lehnsträger im technischen Sinne auftritt. Ein wirksamer Schutz des unmündigen Vasallen lag in der Rechtsprechung der Vasallengerichte, der auch der Senior sich fügen mußte.

14. Nunmehr erst sind wir in der Lage, die weiteren Strukturwandlungen der *väterlichen Gewalt* zu verfolgen. Die Quellen gewähren den Eindruck, als habe sich in immer steigendem Maße eine Angleichung dieser an die Vormundschaft vollzogen. War diese ursprünglich eine Kopie der väterlichen Gewalt gewesen, so beginnt sie jetzt ihrerseits bestimmenden Einfluß auf ihr Modell zu nehmen. Allerdings ist auch diese Entwicklung nur sehr langsam vor sich gegangen. Noch im hohen

Mittelalter ist der Ehezwang erhalten geblieben, finden sich Kinderverlobungen und Kindertrauungen, vor allem in den Häusern des hohen Adels und zu politischen Zwecken. Oft genug mußte die Kirche zur späteren Lösung solcher Eheverbindungen die Hand bieten, was sie auf Grund des sehr weit gespannten Annullationsrechts wegen Verwandtschaft in einem kanonisch verbotenen Grade verhältnismäßig leicht tun konnte — eine eigenartige Parallele zu dem Widerrufsrecht bei vermögensrechtlichen Geschäften. Aber auch die güterrechtliche Position des Vaters veränderte sich nur langsam; erst die Quellen des Hochmittelalters schreiben auch ihm nur mehr die Gewere zur rechten Vormundschaft zu und bilden den entsprechenden Satz, daß Kindesgut weder wachsen noch schwinden, daß es „eisern Gut" sein solle. Die heute selbstverständliche Regel, daß einem Hauskinde die freie Verfügung wenigstens über seinen Arbeitsverdienst zustehe, findet sich nirgends; das mag damit zusammenhängen, daß sowohl auf dem Lande wie in den Städten die Kinder vorwiegend in Familienbetrieben beschäftigt, freie Arbeitsverträge hingegen noch äußerst selten waren. Aber auch an Vermögen, das dem Kinde zufiel, etwa durch Erbschaft oder Vermächtnis, gewann der Vater die Gewere zur rechten Vormundschaft. Über Fahrnisstücke des Kindervermögens verfügte er wohl immer frei, über Liegenschaften nur vorbehaltlich der erst nach Erreichung der Volljährigkeit definitiv erteilbaren Genehmigung des Kindes. Im übrigen galten die beim Vormundschaftsrecht entwickelten Regeln entsprechend, also stand sowohl dem Vater wie dem Kind ein Widerrufsrecht zu, soweit die Verfügung nicht ausschließlich zum Vorteile des Kindes vorgenommen worden war. Außerdem konnte der Vater dem Kinde die Erfüllung der von ihm eingegangenen Verbindlichkeiten aus dem Kindesvermögen, über das er seine hohe Hand hielt, unmöglich machen. — Ein Unterschied zwischen Vormundschaft und elterlicher Gewalt muß nun freilich darin gefunden werden, daß letztere sich niemals wie jene in ein Amt unter öffentlicher Kontrolle verwandelt hat; der Vater bewahrte die volle Autonomie gegenüber der erstarkenden Staatsgewalt, ja diese verstärkte sich im Absolutismus, gemäß der oft zu beobachtenden Regel, daß die Gestaltung des Staates mit den herrschaftlichen Machtverhältnissen des Privatrechts konform geht. Es blieb aber auch bei der Haftung des Vaters für seine Muntunterworfenen, die zunächst auch noch das Recht der Preisgabe des Kindes umfaßte, wenn dieses einen Schaden gestiftet hatte. Erst spät reduzierte sich die Haftung auf das Kindesvermögen und erzeugte den Anspruch auf Duldung der Zwangsvollstreckung in dieses. Dem Kinde konnten aber nach Muster des römischen peculium auch Mittel zu eigener Verwaltung anvertraut werden.

15. Einer besonderen Betrachtung würde die Rechtslage der *unehelichen Kinder* bedürfen, doch müssen hier einige Andeutungen genügen.

Das germanische Recht ließ es nicht auf eheliche oder uneheliche Geburt ankommen, sondern auf die Aufnahme des Kindes in die Hausgemeinschaft, auf die Anerkennung durch den Vater. Sie konnte dem Kinde aus einer Dauerverbindung mit einer freien Frau weitgehende Rechte, sogar die Thronfolge, sichern. Seit dem frühen Mittelalter verschlechterte sich unter kirchlichem Einfluß die Rechtsstellung der Unehelichen; das führte schließlich zur Aberkennung jeglicher Verwandtschaft, selbst die Zurechnung zur Muttersippe unterblieb. Diesen Standpunkt, wonach das uneheliche Kinde filius nullius war, hat das englische Recht am längsten festgehalten; auch auf dem Kontinent, wo das Kind wenigstens nicht „seiner Mutter Kebskind" war, finden sich Benachteiligungen an Recht und Ehre, insbesondere schlossen sich die Zünfte gegen alle Unehelichen ab. Ein Alimentationsanspruch des Kindes gegen den Erzeuger wurde nur zögernd und durchaus nicht allgemein anerkannt; hier hat erst das eindringende römische Recht Wandel geschaffen, das allerdings auch die berüchtigte „exceptio plurium" anerkannte. Von einem planmäßigen Jugendschutz, der den Unehelichen hätte zugute kommen können, war selbst in den sozial fortgeschrittensten Städten des Mittelalters nicht die Rede.

16. Endlich soll noch kurz darauf hingewiesen werden, daß nicht nur das weltliche, sondern auch das *kanonische Recht* Schutzvorschriften für Minderjährige enthielt. Eine große Gefahr lag in der Neigung der Verwandten, Kinder in zartestem Alter bereits einem Kloster zu übergeben; auf diese Weise sollten unerwünschte Ansprüche auf Aussteuer und Ausstattung aus dem Familiengut, die zur Zersplitterung hätten führen können, abgebogen werden; selbst unbequeme Mitbewerber um den Thron sind vielfach auf diese Weise ausgeschaltet worden. Dagegen scheint zuerst Karl der Große eingeschritten zu sein, der in der Admonitio generalis von 789 (Capit. I 57) verbot, Jungfrauen unter 25 Jahren zu Nonnen zu machen, wenn nicht echte Not dazu zwang. Spätere Reichskonzilien griffen diesen Gedanken auf, schwächten ihn aber zugleich ab, indem sie die Interzession von Verwandten forderten und dafür eine zunächst dreijährige Frist festsetzten. Daß diese Frist später auf Jahr und Tag herabgesetzt wurde, ist nach der ansprechenden Vermutung *Brunners*[22] auf den Einfluß des in den Grundherrschaften geltenden Satzes „Luft macht eigen binnen Jahr und Tag" zurückzuführen. Erst der Sachsenspiegel (I 25 § 2) gibt dem binnen seinen Jahren „gemönchten" Kinde selbst das Recht, wieder aus dem Kloster auszutreten; hier hat sich Eike v. Repgow an das kanonische Recht (Decr. Gratiani C. 20 qu. 1 c. 10) angeschlossen. Strenge Kautelen gegen verfrühten oder erzwungenen Eintritt in ein Kloster stellte dann das tridentische Konzil auf (Sessio XXV c. 17).

[22] „Luft macht frei": Festschr. f. O. Gierke (1910) 33.

KANONISCHES RECHT

DAS KANONISCHE STATUT DER KATHOLISCHEN AKTION

Von Dr. Franz Tibor Hollós

ord. Professor an der Universität Würzburg

Materialien: Statuto dell'Azione Cattolica Italiana (2. Aufl. 1948) zit.: ACI — Apostolische Handschrift Papst Pius XI. an Card. Bertram: Bertram, Im Geiste und Dienste der Katholischen Aktion (1929) — Apostolische Handschrift Papst Pius XII. an Card. Piazza v. 11. 10. 1946 (Sanktion des Statuts der ACI) in: Einleitung zum Statut der ACI — Bericht über den Katholikentag von Magdeburg 5.—9. 9. 1928 (1928) — Statuten oder Direktiven für die Errichtung der Katholischen Aktion in den einzelnen deutschen Diözesen, abgedruckt in den Diözesan-Amtsblättern — Fuldaer Richtlinien für die Arbeit der Katholischen Aktion.

Literatur: Schenz, Das Laien- und hierarchische Priestertum nach dem 1. Briefe des Apostels Petrus (1873) — *Weiss,* Laienkirche und Laienapostolat: Theologisch-prakt. Quartalschrift 53 (1900), 507ff. — *Haring,* Das Laienelement in der Verfassung und Verwaltung der katholischen Kirche (1911), 190ff. — *Kaller,* Unser Laienapostolat (2. Aufl. 1927) — *Neundörfer,* Zwischen Kirche und Welt (1927) — *Neundörfer,* Die Politik der katholischen Bewegung: Das Neue Reich 1927, 740f. — *Schlund,* Die Katholische Aktion (1928) — *Schlund,* Vom Werden der Katholischen Aktion: Akadem. Bonifatius-Korr. 1929, Nr. 1 — *Reinhard,* Politik und Religion: K.V. 1930, Nr. 463 — Das päpstliche Staatssekretariat über die Katholische Aktion: Kölnische Volkszeitung, Nr. 314 v. 6. 7. 1931 — Katholische Aktion und politische Parteien: Kölnische Volkszeitung, Nr. 190 v. 21. 4. 1931 — Pius XI. und der Faszismus: Kölnische Volkszeitung, Nr. 314 v. 6. 7. 1931 — Um was es geht. Zum Papstbrief an Kard. Schuster: Kölnische Volkszeitung, Nr. 212 v. 4. 5. 1931 — *Reinhard,* Der Laie im übernatürlichen Organismus der Kirche (1932) — *Algermissen,* Die Katholische Aktion, ihr Wesen, Werden und Wachsen (1933) — *Schroeder,* Die Katholische Aktion. Diss. (1934) — *Michel,* Von der kirchlichen Sendung der Laien (1934) — *Will,* Handbuch der Katholischen Aktion (2. Aufl. 1934) — *Keller,* Katholische Aktion (2. Aufl. 1935) — *v. Kienitz,* Die Gestalt der Kirche (1937) — Katholische Aktion auf der Hochschule: Schriftenreihe der Studentischen Pax Romana (1948), Heft 1 — *Keller,* Des Rufes gewärtig (5. Aufl. 1949) — *Palandt,* Kurzkommentar zum BGB (7. Aufl. 1949).

Das, was wir als Actio Catholica, Katholische Aktion (KA), Katholische Bewegung oder Laienapostolat bezeichnen, ist ein geistlicher Kreuzzug zur weltanschaulichen Eroberung einer dem Heidentum, dem religiösen Indifferentismus und dem Laizismus verfallenen Welt. Als „Papst der Katholischen Aktion" wird Papst Pius XI. genannt. Ihm war es vorbehalten, den Gedanken der KA in seiner Enzyklika „Ubi arcano Dei consilio" (23. 12. 1922) besonders machtvoll anzuregen, ihre Idee, Bedeutung und Arbeitsweise klarzulegen und zu fördern und ihr Programm für die gesamte katholische Welt zu deklarieren.

1. *Zielsetzung* der KA ist die Verwirklichung des Reiches Gottes, die Verbreitung und Verwirklichung der katholischen Grundsätze in dieser Welt, in der wir hic et nunc leben und schaffen und in der wir dem entsprechenden Geist das Regnum Christi Regis aufzurichten bestrebt sein müssen. Das organisatorische Hauptmittel zur Ausführung dieses Grundprogramms ist die „Teilnahme der katholischen Laienwelt am hierarchischen Apostolat"[1].

Papst Pius XII. hat schon als Apostolischer Nuntius in Deutschland auf dem Magdeburger Katholikentag am 9. 9. 1928 die Idee, Ziel, Aufgabe und Aufbau der KA mit autoritativer Geltung dargelegt, in dem er unter anderem erklärte: „Die KA will die Tätigkeit der Laien jener der Priester angliedern und ihre geschlossenen Reihen zu einer machtvollen Phalanx, zu einer acies bene ordinata in der Hand der Bischöfe und des Stellvertreters Christi auf Erden machen"[2]. Diese Erklärung bedeutet nicht mehr und nicht weniger als (1) eine Aufforderung an die Laien zur Teilnahme an der KA in besonderer Weise und (2) in formeller Hinsicht die Teilnahme der Laien am hierarchischen Apostolat der Kirche. Bei der Interpretation können wir also zwei Grundelemente der KA unterscheiden: (1) ein tätiges und kraftvolles Apostolat der Laien entsprechend ihrem Stand und Können und (2) den Einbau des Laienapostolates in die Verfassung der Kirche.

Dr. Eugen *Pacelli*, der jetzige Papst Pius XII., hat anläßlich des erwähnten Katholikentages in Magdeburg bezüglich des Wesenskerns der KA noch nachstehende fundamentale Leitsätze angeführt:

> „Anerkennung und steigendes Sich-Auswirken der Gottesordnung auf allen Lebensgebieten im ganzen Bereiche der Natur und Übernatur. Das ist das Ziel, dem sie (die KA) zustrebt."
>
> „Die KA kennt keine allgemeingültige äußere Form. Sie schafft sich ihre Formen nach der jeweiligen religiösen und kirchlichen Lage der Länder und Völker, freilich immer in bewußter Einordnung in die hierarchische Gliederung."
>
> „Was die KA vor allem anderen dem ganzen Zellenbau des kath. Lebens geben will, das ist die Seele: Kath. Selbstbewußtsein, kath. Grundsatztreue, einheitliches kath. Denken, Wollen und Wirken."

[1] Vgl. den normgebenden Papstbrief: Acta Apost. Sedis 1928, 385.

[2] Vgl. Bericht über den Katholikentag zu Magdeburg, 1928, 21.

„Die Organisation ist das Äußere ... Die KA wird also in keiner Weise wertvolle und lebendige Organisationen mit den religiösen Zielen, in denen das kath. Deutschland so reich ist, zerstören oder beeinträchtigen. Diese Organisationen mögen alle unter Wahrung ihrer Eigenart und Eigentätigkeit dem einen Leib der KA als Glieder eingefügt werden, von ihr Geist und Richtung empfangend und wiederum deren Leben bereichernd."

„Die KA will auch nicht die relative Eigengesetzlichkeit der Kulturgebiete leugnen. Sie beläßt daher den Organisationen der Katholiken mit rein kulturellem Ziel ihre Selbständigkeit und stellt ihnen anheim, mit ihr in Arbeitsgemeinschaft zu treten."

„Die KA ist ebensowenig Politik, sie wird also den Katholiken nicht in rein politischen und rein wirtschaftlichen Fragen eine bestimmte Anschauung aufzwingen. Aber eines will sie erreichen: Dem kath. Volke Führer zu geben, die überall da, wo Kultur, Wirtschaft und Politik das Gebiet des Religiösen und Sittlichen berühren, klar und sicher auf dem Boden der kath. Weltanschauung stehen."

Im Statut der Italienischen KA, das Papst Pius XII. am 11. 10. 1946 bestätigt hat, wird im Kapitel I., Art. 1 sinngemäß obige Definition und Zielsetzung für die KA festgehalten, nämlich:

I. „Die italienische KA ist die nationale Organisation des kath. Laientums für eine besondere und unmittelbare Zusammenarbeit mit dem hierarchischen Apostolat der Kirche."

II. „Zu diesem Zweck betreut sie (die ital. KA) durch sich selber oder durch andere von ihr abhängige oder zugeordnete kath. Werke die geistige und apostolische Bildung ihrer Mitglieder, leitet deren Tätigkeit und Ausübung, Verbreitung und Verteidigung der christlichen Prinzipien im persönlichen, Familien- oder sozialen Leben und bekennt ihre besondere Ehrerbietung und Gehorsam dem Stellvertreter Christi."

2. Die berufenen *Träger* des hierarchischen Apostolats sind der Papst und die Bischöfe; sie sind mit der unmittelbaren Seelsorge betraut. Papst Pius XII. schreibt: "... die Bischöfe sind berufen, mit Uns die Leitung dieser wachsenden Scharen der Gläubigen zu teilen, welche geistige Vervollkommnung und soziale Tätigkeit ersehnen"[3]. Nach der Zielsetzung der KA sollen nun in der Zukunft auch die Laien entsprechend ihrem Stande und Können an diesem Apostelamt teilnehmen; gedacht ist natürlich an jene Laien, die durch ihre Bildung und Stellung die in der Welt wirkende Kirche zu unterstützen und zu fördern imstande sind (aus dem Brief an Card. A. G. Piazza). Demnach soll die KA eine intime Arbeitsgemeinschaft zwischen der katholischen Laienwelt und der Seelsorge bilden, d. h.: was wir uns irgendwie als Seelsorge im positiven Sinne des Wortes vorstellen können, gehört auch in den Tätigkeitsbereich der KA. Somit ist die KA nach dem Wunsche P. Pius XI. die Erfüllung des „allgemeinen Priestertums der Gläubigen" im Sinne des Apostels Petrus (1. Petr. 2, 9). Es ist z. B. allen Eingeweihten bekannt, daß man für manche Zweige der Seelsorge der Unter-

[3] Brief an Card. A. G. Piazza.

stützung durch die Laien sehr dringend bedarf. Es gibt nicht nur Einzelpersonen, sondern manche Volkskreise, wo ein Seelsorger nichts ausrichten kann, wo aber ein Laie eben auf Grund seiner ständigen und vielfältigen Berührung mit der Welt hervorragendes leisten kann. Für dieses Laienapostolat können nur Persönlichkeiten in Frage kommen, die schon natürlicherweise andere führen können, also aktive, redegewandte und organisatorisch begabte Menschen, die in ihrem ganzen Auftreten das Christentum würdig darstellen. Es sei jedoch hierbei betont, daß diese eben erwähnte Begabung für die Mitarbeit in der KA nicht die Hauptsache ist. Die Hauptsache ist, daß diese Laien innerliche Menschen aus einer großen Liebe zu Christus sind[4]. Selbstverständlich ist bei ihnen auch Aktivität erwünscht, aber von großer Bedeutung ist doch ein tiefer Glaube, gepaart mit unbedingter Treue zur Kirche und einer großen Liebe zu den Mitmenschen.

Die KA ist also keineswegs ein Versuch der kath. Kirche, in den einzelnen Ländern eine größere organisatorische Straffheit zu erreichen und die schon bestehenden kath. Vereine, Verbände und Organisationen in einer Art „Dachorganisation" zusammenzufassen. Richtig ist, daß die KA die Zersplitterung der kath. Laienarbeit in der Seelsorge verhüten soll und darum die Koordinierung der bestehenden kath. Vereine, usw. zu bewerkstelligen bestimmt ist, damit diese weder gegeneinander, noch nebeneinander, sondern miteinander am Regnum Christi Regis zu bauen imstande sind. Diese geplante organisatorische Zusammenfassung der bestehenden kath. Vereine usw. ist zwar sehr dringend nötig und erforderlich, entscheidend ist sie jedoch für den Wesenskern der KA nicht. Eine großaufgezogene Dachorganisation würde erfahrungsgemäß nur wiederum Vereinsmeierei betreiben, die eben vermieden werden soll.

Die KA ist auch nicht ausschließlich als „Aufruf zur vermehrten Aktivität" auf den neuen Gebieten der Massenbeeinflussung zu werten. Presse, Radio, Film, Arbeiterseelsorge, Jugendseelsorge usw. sind sicherlich außerordentlich wichtige Arbeitsgebiete im Rahmen der KA, sie machen jedoch einzig und allein das Wesen der KA auch nicht aus. Die Aktivierung der kath. Laienwelt ist naturgemäß sehr wünschenswert, man darf jedoch die wahre KA niemals mit kath. Aktivität oder gar mit kath. Agitation verwechseln.

Die KA darf auch nicht ausschließlich nur als „mandatum speciale" aufgefaßt werden, als spezieller kirchlicher Auftrag der Päpste an die Laien, die durch ihr Wirken in der KA zu Teilhabenden am hierarchischen Apostolat der Kirche werden. Dieses Mandat der kirchlichen Obrigkeit begründet zwar sehr wohl formal-juristisch die „actio catholica", genügt jedoch nicht, um die nach bisher angewandten Methoden arbeitenden verschiedenen katholischen Vereine usw. durch eine ein-

[4] Brief an Card. A. G. Piazza.

fache Transformation inhaltlich — dem Wesen nach — zu einer echten KA zu machen.

Die KA ist im Vereinsleben der kath. Kirche ein Novum. „Sie bringt einen wesentlichen Fortschritt, dank ihrer ghettofeindlichen Grundhaltung, der sozialen Ausrichtung des Apostolats, einer organischen Einstellung ihrer realistischen Methodik, ihrer eigenen Pädagogik"[5]. Sie bemüht sich, das Problem von Masse und Führung im christlichen Sinne zu lösen und der modernen Gesellschaftsentwicklung Rechnung zu tragen.

3. Zwecks einheitlicher Ausrichtung, Führung und Aufstellung des Arbeitsprogrammes ist es unumgänglich erforderlich, daß die KA in einer Diözese oder in einem Land oder noch größerem Staatsgebiet sich einer äußeren *organisatorischen Form* bedient. Es fragt sich nun, ob eine Darstellung und Erfassung der KA vom Gesichtspunkte der deutschen Rechtsordnung auch formaljuristisch möglich ist. Zur Klarstellung ist hierbei hervorzuheben, daß sich also die folgenden Untersuchungen nicht auf den Rahmen der in den can. 684 bis inclusive 725 CIC gesetzten Grenzen beschränken können. Dieser Hinweis führt sofort zur Feststellung, daß sich die Entwicklung der staatsrechtlichen Verhältnisse in Deutschland — die trotz Schaffung der Bonner Bundesrepublik und einer ostdeutschen Regierung im Ganzen gesehen ein Provisorium darstellen — unter den nachhaltigen Auswirkungen des 2. Weltkrieges auch fast 5 Jahre nach Beendigung der Feindseligkeiten noch immer im Flusse befindet, ein Vorgang, der natürlich zwangsläufig mit einer fortlaufenden Neuordnung auch auf dem Gebiete der Rechtsordnung verbunden ist. Die Darstellung der bisherigen Rechtslage ergibt aber sofort eine weitere Schwierigkeit: Es kommt nämlich noch hinzu, daß der Aufbau und die Weiterentwicklung der Organisation der KA von 1933 bis 1945 unter dem nat.-soz. Regime trotz des Art. 31 des Reichskonkordates, der rein religiösen, kulturellen und karitativen Organisationen und Vereinen staatlichen Schutz sichern sollte, gehemmt, vielfach sogar ganz unterbunden war, so daß diese durch 12 Jahre gehemmte und unterbrochene Entwicklung erst nach 1945 unter den neuen staatsrechtlichen Verhältnissen fortgesetzt werden konnte.

Dies führt zu dem Ergebnis, daß das Bild des gegenwärtigen Standes der Entwicklung weder einheitlich, noch vollständig sein kann. Außerdem müssen sich Bedenken und Vorbehalte über den Wert der Darstellung eines mitten im Fluß der Entwicklung befindlichen Vorganges der Rechtsgestaltung ergeben, der sich notgedrungen zum Teil nicht auf juristischen, sondern hanptsächlich auf der dogmatischen und pastoraltheologischen, aber auch auf der politischen Ebene abspielt.

Im Gegensatz zu anderen Ländern — wie vor allem z. B. in Italien — gibt es in Deutschland bisher keine gesamtstaatliche Organisation und

[5] Vgl. Pax Romana 6.

Leitung der KA. Der Aufbau und die Leitung erfolgten vielmehr ausschließlich auf diözesaner Grundlage, und die oberhirtlichen Satzungen, Richtlinien und Weisungen ergeben — wenn man von ihrem natürlich identischen Ideengehalt absieht — in organisatorischer Hinsicht ein vielgestaltiges Bild. Vor der Darstellung der juristischen Erscheinungsform dieser verschiedenartigen organisatorischen Gebilde wird aber ein Blick auf die allgemeine Rechtslage der Personenmehrheiten im deutschen Recht von Nutzen sein.

4. Zu dem Standpunkt dieser staatlichen Rechtsordnung muß zunächst hervorgehoben werden, daß die *Problematik der juristischen Erfassung der Rechtspersönlichkeit von Personenmehrheiten* nach der kontinentalen Konstruktionsmethode in den §§ 21ff. BGB deutlich erkennbar ist. Die deutsche Begriffsjurisprudenz hat lange um die Klärung des Begriffes der juristischen Persönlichkeit gerungen. Zwischen Fiktion und Realität schwankend, hat sie den Begriff der Repräsentation, des Zweckvermögens, des Kollektivwillens und des Eigenwillens der juristischen Person usw. zur Diskussion gestellt, wie aus den Lehren *Iherings*, *Hölders*, *Brinz*, *Zitelmanns* u. a. ersichtlich ist. Erst nach der Klarstellung der Unterscheidung zwischen biologischer Existenz und „soziologischer Wirkungseinheit" konnte das Wesen der Rechtspersönlichkeit juristisch klar erfaßt werden. Die Erkenntnis, daß es sich im Wesen um den Vorgang der Verleihung einer rechtlichen Eigenschaft handelt, daß alle naturwissenschaftlichen, biologischen und soziologischen Begriffe für den Juristen irrelevant sind und daß eine Personenmehrheit als Rechtssubjekt ein Gebilde ist, dem die Rechtsordnung diese Befugnis beilegt, kommt in den positiven Bestimmungen der deutschen Rechtsordnungen nur unvollkommen und mittelbar zum Ausdruck.

Alle juristischen Personen, die nicht öffentlich-rechtlichen Charakter haben, werden nach deutschem Recht als juristische Personen des Privatrechtes nach den Bestimmungen des BGB behandelt. Ihr Zweck ist hierbei ohne Bedeutung, denn auch juristische Personen, die öffentliche Zwecke verfolgen — wie z. B. Vereine mit politischen, sozialpolitischen oder religiösen Zielen — können solche des Privatrechts sein (§ 61 II BGB). Die Frage, ob die zahllosen Zwischengebilde des heutigen Verbandslebens öffentlich-rechtliche Körperschaften oder privatrechtliche Verbände sind, ist ziemlich müßig. Maßgebend und einer Auseinandersetzung wert ist nur die Frage, welche Eigenschaften übertragen wurden, ob solche des öffentlichen Rechts oder des Privatrechtes, was dann zur Anwendung entweder des öffentlichen oder des Privatrechtes führen würde.

Nach ihren wesentlichen Merkmalen können die Organisationsformen der KA, da sie als öffentlich-rechtliche Körperschaften, Anstalten und Stiftungen des öffentlichen Rechts nicht in Betracht kommen, nach deutschem Recht in der Hauptsache nur unter dem Gesichtspunkte des Vereinsrechts behandelt werden.

Der Verein ist nach deutschem Recht — um nur wesentliche juristische Merkmale kurz hervorzuheben — eine zur Erreichung eines gemeinsamen Zweckes geschaffene freiwillige Vereinigung mehrerer Personen, die mit einer auf Dauer berechneten, vom Wechsel der einzelnen Mitglieder unabhängigen körperschaftlichen Verfassung und einem eigenen Namen versehen ist. Dabei wird grundsätzlich zwischen rechtsfähigem und nicht rechtsfähigem Verein unterschieden, denn nicht jede Personenvereinigung, die den eben erwähnten Erfordernissen entspricht, ist dadurch schon ein rechtsfähiger Verein und eine juristische Person im eigentlichen Sinne. Die Rechtsfähigkeit ist eine Eigenschaft, die durch die Rechtsordnung begründet wird. Das deutsche BGB kennt nur die Unterscheidung zwischen rechtsfähigem und nicht rechtsfähigem Verein, die letzteren sind gem. § 54 BGB nach den Bestimmungen über die Gesellschaft zu behandeln. Begrifflich und grundsätzlich muß aber zwischen nicht rechtsfähigem Verein und Gesellschaft scharf unterschieden werden. Die Unterscheidung muß den Gesamtcharakter der Personenvereinigung ins Auge fassen. Im Einzelnen ist zu beachten, daß sich bei der Gesellschaft der Wechsel der Glieder nur als Ausnahmefall, beim Verein dagegen als Normalfall aus dem Wesen der Vereinigung ergibt. Bei der Gesellschaft ist außerdem jeder Gesellschafter dem anderen gegenüber zur vertragsgemäßen Leistung verpflichtet, beim Verein besteht eine derartige Verpflichtung nur gegenüber den Vereinsorganen.

Im allgemeinen war das Vereinswesen — soweit öffentliche Interessen hier in Frage standen — durch das Reichs-Vereinsgesetz vom 19. 4. 1908 einheitlich geregelt worden, die WeimRV hat in den Art. 123 und 124 die Vereins- und Versammlungsfreiheit grundsätzlich anerkannt. Allerdings setzt sich dann noch vor Hitler die Auffassung durch, daß der Staat zur Erfüllung seiner Aufgaben sowohl die Vereinsbildung als auch die Vereinsfähigkeit einer sorgsamen Kontrolle und Beeinflussung unterwerfen müsse. Durch die Notverordnung des Reichspräsidenten vom 28. 3. 1933 zum Schutz von Volk und Staat wurden die Art. 123 und 124 WeimRV bis auf weiteres außer Kraft gesetzt, ohne daß sie seither wieder hergestellt wurden. Erst im Bonner Grundgesetz ist der frühere Rechtszustand in einem Teil des Reichsgebietes wieder hergestellt worden.

Wichtiger als der rechtsfähige Verein ist für unsere Betrachtung das Wesen des nichtrechtsfähigen Vereines. Die deutsche Gesetzgebung hat die Rechtsverhältnisse dieser Personenvereinigung bedauerlicher Weise in einer den charakteristischen Besonderheiten und den Bedürfnissen des Verbandslebens nur wenig entsprechenden Weise geregelt, indem sie ihn dem Recht der privatrechtlichen Gesellschaft (§§ 705ff.

BGB) unterstellte. Es wird behauptet, daß damit die Absicht verfolgt worden sei, die unerwünschte freie Bildung nicht rechtsfähiger Vereine zu verhindern, bzw. die beteiligten Personen hierdurch zu veranlassen, sich um die Erlangung der Rechtsfähigkeit zu bemühen. Vielleicht war damit auch die Absicht verbunden, die Interessen der Gläubiger solcher Personenmehrheiten durch die persönliche Haftung der einzelnen Mitglieder besser zu schützen. Aus diesem Grunde wurde offenbar der nichtrechtsfähige Verein — bemerkenswerter Weise allerdings nur hinsichtlich seiner *passiven* Partei- und Vollstreckungsfähigkeit (vgl. §§ 50 und 735 ZPO) — dem rechtsfähigen Verein gleichgestellt. Dabei haften alle diejenigen, die im Namen eines solchen nichtrechtsfähigen Vereines in einem Rechtsgeschäfte handelnd aufgetreten sind, persönlich, evt. als Gesamtschuldner (vgl. § 54, S. 2 und 3 BGB).

Wenn diese Art der Regelung tatsächlich retardierend wirken sollte, so hat sie in der Praxis jedenfalls nicht zu verhindern vermocht, daß in der Folge zahllose nichtrechtsfähige Vereine allerorts entstanden. Den aus der erwähnten unzulänglichen gesetzlichen Regelung erwachsenden Schwierigkeiten gegenüber half man sich dadurch, daß die Satzungen unter Wegbedingung unpassender Dispositivbestimmungen des Gesetzes der Organisation des rechtsfähigen Vereins möglichst angepaßt wurden. Über die starre zwingende Regelung, wonach die Mitglieder des Vereins als Rechtsträger gesamthänderisch verbunden sind, konnte das freilich nicht hinweghelfen. Die unbefriedigende und zwiespaltige Rechtslage der nichtrechtsfähigen Vereine hat daher in weiten Interessentenkreisen den Wunsch nach einer Änderung der bisherigen Rechtslage erweckt.

Der nichtrechtsfähige Verein des BGB ist ein körperschaftlicher Personenzusammenschluß mit eigener Verfassung und Vereinsorganen (Vorstand und Mitgliederversammlung), dessen innere, durch die Verfassung (Satzung) bestimmte Organisation der des rechtsfähigen Vereins gleichen kann. Auch nach außen sind trotz der begrifflichen Verschiedenheit Ähnlichkeiten feststellbar, vor allem dadurch, daß die Rechte jedes einzelnen Mitglieds durch die Mitberechtigung aller anderen Mitglieder beschränkt sind und tatsächlich nur der Vorstand als Vertreter aller anderen Mitglieder die Rechtsmacht in sich vereinigt, die erforderlich ist, um über Vereinsvermögen zu verfügen oder die Mitglieder gesamthänderisch zu verpflichten. Der nicht rechtsfähige Verein muß ferner auf längere Zeitdauer berechnet sein; er ist vom Mitgliederwechsel unabhängig[6].

Auf die Besprechung der Abweichungen gegenüber dem Recht des rechtsfähigen Vereins und der Gesellschaft des BGB der deutschen Rechtsordnung können wir bei unserer Betrachtung verzichten, nachdem wir diese hic et nunc praktisch nicht zu verwenden brauchen.

[6] Vgl. *Palandt* a. a. O. 33.

5. Was die *innere Konstruktion und den Aufbau* der KA in Deutschland anbelangt, muß festgestellt werden, daß sie diözesanmäßig sehr verschieden sind; eine allgemeingültige Organisationsform besitzt die KA hier nicht, da sie eine Organisation sui generis ist. Sie ist nach dem jetzigen Stand der Entwicklung kein Verein im Sinne des BGB, aber auch keine Gesellschaft. Sie erhält ihre Existenz und Lebensberechtigung nicht von den Mitgliedern, bzw. Mitarbeitern, die sie in einer Gründungsversammlung konstituieren würden und ihr eine Verfassung geben könnten, sondern ausschließlich von der kirchlichen Obrigkeit, der sie in jeder Hinsicht untergeordnet ist. Sie ist eine Aktion der kirchlichen Obrigkeit, weil ihre Entstehung einzig und allein durch kirchliches Mandat begründet wird. Papst Pius XI. bringt dies ganz klar in einem apostolischen Handschreiben an Kardinal Bertram zum Ausdruck, in dem er erklärt: „Aus allem dem . . . geht hervor, daß die KA mit vollem Recht einzuschätzen ist als ein Weg und eine Arbeitsweise, deren die Kirche sich bedient, um den Völkern Wohltaten jeder Art zu vermitteln"[7]. Zur Konstituierung der KA ist also nicht eine Gründungsversammlung, auch keine Satzung oder Verfassung, sondern ausschließlich das Mandat der kirchlichen Obrigkeit wesensnotwendig. Der Bischof von Mainz, Albert, hat am 24. 3. 1949 zwecks Errichtung der KA in seiner Diözese eine Verordnung herausgegeben, deren erster Satz folgendermaßen lautet: „Nach dem Willen des Heiligen Vaters errichte ich hiermit in meiner Diözese die KA[8]". Fast in allen Diözesen Deutschlands ist bei der Errichtung der KA inhaltlich und sinngemäß derselbe Tenor wahrzunehmen. Nach dieser Erklärung des Bischofs werden in der Verordnung die Wesenselemente der KA aufgeführt, die der Mainzer Oberhirt folgendermaßen definiert: „Sie (die KA) ist die Teilnahme der Laien an meinem hierarchischen Apostolat. Sie beruft die Laien zu ernster, verantwortungsbewußter Mitarbeit bei meinen apostolischen Aufgaben, um die apostolische Sendung der Priester zu unterstützen und zu erweitern".

Organisatorisch soll sich die KA nach der Absicht des Papstes ihre äußere Form selbst schaffen „nach der jeweiligen religiösen und kirchlichen Lage der Länder und Völker; freilich immer in bewußter, grundsätzlicher Einordnung in die hierarchische Gliederung"[9]. Sie soll eine Zusammenfassung, Ergänzung und Neuformung der im Apostolat tätigen Laien einer Diözese oder eines ganzen Landes sein, damit sie jederzeit zu einem systematischen rechtzeitigen Einsatz für alle notwendigen apostolischen Aufgaben verwandt werden können. Bei dem Einsatz der KA tauchen also verschiedene Gesichtspunkte auf. Eine große Bedeutung wird dem bisherigen Organisationsleben der Diözese beige-

[7] *Kardinal Bertram*, a. a. O. 12.
[8] Kirchliches Amtsblatt für die Diözese Mainz 91 (1949) 19.
[9] *Pacelli* im Bericht über den Magdeburger Katholikentag 21.

messen, ob es bereits stark ausgebaut oder sich erst im Anfangsstadium befindet, ob die Diözese eine rein kath. oder eine konfessionell stark gemischte Bevölkerung aufweist oder ob sie als Diasporagebiet zu betrachten ist. Nach der Verschiedenheit der konfessionellen Verhältnisse und sonstiger Umstände wird wohl das gesteckte Ziel auf verschiedenen Wegen zu erstreben sein. Deshalb kann die Regelung der Organisationsform der KA in den verschiedenen Ländern überhaupt nicht gleichmäßig erfolgen. Nur das Ziel ist überall das Gleiche, nämlich das solidarische Zusammenwirken der Laien mit den Geistlichen in den zu erfüllenden apostolischen Aufgaben. Die KA bedeutet also keine neue Vereinsgründung, sie ist keine neue Organisation gegen die anderen kirchlichen Organisationen, sondern sie soll dieselbe „unter Wahrung ihrer Eigenart und Eigentätigkeit" zusammenfassen, ihnen „Geist und Richtung" geben und sie zu einem Ziel hinlenken.

Die KA baut sich in der Hauptsache auf dem kath. Vereinswesen auf, obzwar sie keine neue Vereinigung bedeutet, und sie schließt sich fast in allen deutschen Diözesen entsprechend der hierarchischen Gliederung der Kirche an Pfarrei, Dekanat und Diözese an. Die kath. Vereine, Verbände und sonstigen Organisationen sind nicht die KA; Mitglieder dieser Organisationen können jedoch ohne weiteres der KA angehören, und sie sollen im Sinne der KA arbeiten; darum sind sie Teile oder Glieder des Organismus der KA, sofern sie Glieder an dem Organismus der Pfarrgemeinde sind, d. h. sofern sie kirchlich-religiöse Zwecke und Aufgaben auf den verschiedensten Apostolatsgebieten der Kirche erfüllen und in irgendeiner Form von der Kirche als Vereinigungen mit kirchlich-religiösen Zwecken bisher schon anerkannt wurden oder in Zukunft noch anerkannt werden und schließlich bereit sind, sich in ihrer Leitung und in der Erfüllung ihrer Aufgaben der kirchlichen Autorität zu unterstellen. In diesem Sinne gehören als Glieder oder Hilfskräfte zur KA, sofern sie die genannten Merkmale aufweisen können:

a) alle kirchlich errichteten oder approbierten Bruderschaften, Kongregationen, frommen Vereinigungen, kirchlich-religiösen Apostolate, sowie die kirchlichen Missions-, Diaspora- und sonstigen Sammelvereine;

b) alle kirchlich-religiösen Vereinigungen, Gemeinschaften und Gruppen kath. Männer und Frauen, Jungmänner und Jungfrauen, Knaben und Mädchen, seien sie pfarrlich oder überpfarrlich, in Natur- oder Berufsständen aufgebaut;

c) alle kath. Vereinigungen zur Pflege und Förderung der kirchlichen Musik und des Kirchengesanges, der kirchlichen Kunst und Kultur, der Wissenschaft und Forschung, der Literatur und des kath. Schrifttums, der Volksbildung und der Volkssittlichkeit;

d) alle kirchlich-charitativen Vereinigungen und Einrichtungen zur Förderung der christlichen Liebestätigkeit und zur Mitarbeit in der öffentlichen Wohlfahrtspflege;
e) alle Vereinigungen, die als juristische Träger katholischer kirchlicher Anstalten und sonstiger kirchlicher Unternehmungen tätig sind.

Die kath. Vereine usw. können und sollen das leisten, was die KA will, jeder auf seinem Gebiete und zu seinem Teile. Die KA gibt nur die Direktiven und Arbeitsprogramme, um die Einheitlichkeit im Wirken der KA zu sichern und zu gewährleisten und alle im kirchlichen Leben tätigen Kräfte zum Zwecke einer durchgreifenden und geschlossenen Entfaltung und zur Lösung gemeinsamer Aufgaben organisatorisch zusammenzufassen[10].

Neben ihr sollen aber noch diejenigen Vereine gegründet werden, die den Bedürfnissen der Zeit und des Ortes entsprechen. Hierbei ist zu beachten, daß bei der Gründung der Vereine nicht die große Zahl der Mitglieder die Hauptrolle spielt, sondern eine tüchtige Leitung und deren zielbewußte Arbeit. Wenn die Zahl der Mitglieder eines Vereins anfänglich auch klein ist, diese aber eifrig und tief überzeugt sind, werden sie sich nacheinander selbst für das innere und äußere Wachstum des Vereins einsetzen.

6. Regelung und Festlegung findet jede Organisation in den *Satzungen*. Für die KA besteht nicht in jeder Diözese eine eigene Satzung; oft sind nur oberhirtliche Direktiven vorhanden. Eine gute, aber betont vorläufige Satzung weist die KA des Bistums Aachen auf. Im ersten Teil werden Zweck und die Zweckmittel der Katholikenausschüsse behandelt. Die organisatorische Grundlage und Aufbau wird im zweiten Teil geschildert. Im dritten Teil werden der diözesane Zusammenschluß, seine Aufgaben und Organisationen geregelt. Es folgen dann die Vollversammlung mit ihrem Aufbau und Aufgaben, die Zusammensetzung der Sach- und Sonderausschüsse und die Finanzierung der KA. Mit einigen Schlußbestimmungen schließen die Satzungen ab.

In vielen Diözesen besteht die KA als Diözesan-, Dekanats- und Pfarraktion, die jeweils durch einen Ausschuß geleitet werden. Das Organ der KA in der Pfarrei ist der Pfarrausschuß, welche die gesamte Arbeit der KA innerhalb der Pfarrei zu einem harmonischen Ganzen zusammenfaßt, verteilt und leitet und eine wirksame Vertretung der kirchlichen Interessen nach außen wahrnimmt. Er wirkt an der Lösung der Seelsorgeaufgabe in der Pfarrei planvoll mit und sorgt für die Erhaltung und Pflege vertrauensvoller Beziehungen zwischen Priester und Volk. Die Zahl der Mitglieder des Pfarrausschusses ist nach der Größe der Pfarrei verschieden. Sie soll in der Regel nicht weniger als 8 und nicht mehr als 20 betragen. Es ist selbstverständlich, daß von Einzelpersön-

[10] Katholische Aktion in der Erzdiözese Freiburg, Direktiven, S. 6 f.

lichkeiten als Mitglieder nur solche berufen und ernannt werden dürfen, die als vorbildlich im eigenen religiösen Leben, in Beruf und Familie anerkannt sind.

a) Der *Pfarrausschuß* setzt sich gewöhnlich zusammen in größeren Pfarreien (mit mehr als 1000 Seelen) aus:

Dem Pfarrer als 1. Vorsitzenden;

einem vom Pfarrer berufenen Laien als 2. Vorsitzenden;

den aktiven Seelsorgern der Pfarrei;

den Vertretern der vier Naturstände (Männer, Frauen, männliche und weibliche Jugend);

den Vertretern der in der Pfarrei bestehenden Vereinigungen und Einrichtungen;

aus religiös-aktiven Persönlichkeiten mit selbständigem Urteil, die in wesentlichen Aufgabengebieten der K. A. erfahren und erprobt sind.

Es ist darauf zu achten, daß die Mitglieder des Pfarrausschusses nicht als Vertreter verschiedener Organisationen betrachtet werden, sondern nach sachlichen Gesichtspunkten im Hinblick auf die zu erfüllenden Aufgaben ausgewählt werden. In kleineren Pfarreien besteht der Pfarrausschuß aus dem Pfarrer als 1., einem Laien als 2. Vorsitzenden und den Vertretern der vier Naturstände.

Der Pfarrausschuß wird entweder vom Pfarrer berufen oder von den Laien in einer Vollversammlung der Pfarraktion im Einverständnis mit dem Pfarrer gewählt und erhält vom Pfarrer im Namen des Bischofs Berufung und kirchliche Sendung (Erzdiözese Bamberg — Diözese Mainz). In mehreren Diözesen besteht der Pfarrausschuß, besonders der 1. und 2. Vorsitzende, aus Laien, und der Pfarrer oder ein anderer Geistlicher fungiert nur als Geistlicher Beirat des Ausschusses. Seine Funktion ist vornehmlich beratender Art, und er hat außerdem die Aufgabe, zwischen dem Klerus und Pfarrausschuß die Verbindungen aufrecht zu erhalten und zu pflegen.

Aufgabe des Pfarrausschusses ist:

a) die Grundsätze des kath. Glaubens in der Öffentlichkeit zur Geltung zu bringen,

b) den Weisungen des Heiligen Vaters und der Bischöfe Gehör zu verschaffen,

c) durch Zusammenarbeit untereinander und mit den Katholikenausschüssen der anderen Diözesen ein einheitliches und Erfolg versprechendes Vorgehen zu gewährleisten,

d) die Verbindung mit den Katholiken der Welt zu gewährleisten,

e) die Verbindung mit den Katholiken der Welt zu pflegen und zu fördern

f) kath. Veranstaltungen, für die ein eigener Träger fehlt, zu tragen[11].

[11] § 2 der Satzung der Katholikenausschüsse des Bistums Aachen.

Die Sitzungen der Pfarrausschüsse haben zu dienen:

a) der aszetischen Schulung durch den Priester,
b) der Weiterführung des religiösen Wissens der Laien,
c) der Besprechung der durchgeführten und durchzuführenden apostolischen Arbeiten,
d) der Betreuung der einzelnen Mitglieder mit der Leitung und Durchführung dieser Arbeit[12].

Im Rahmen des Pfarrausschusses sollen zur Lösung bestimmter Aufgaben und für die verschiedenen Sachgebiete Fach- und Sachausschüsse gebildet werden, und zwar für Bildung, Erziehung und Schule, Jugend, Kunst und Film, Presse und Rundfunk, soziale Angelegenheiten, wie z. B. Caritas usw. Der Modus und die Arbeitsweise dieser Ausschüsse wird stets von örtlichen Verhältnissen bestimmt. Die Aufgaben der Pfarrausschüsse richten sich nach den Verhältnissen und der Größe der Pfarrei, und sie sind naturgemäß in Stadt und Land verschieden. Die Sitzungen der Pfarrausschüsse werden gewöhnlich allmonatlich abgehalten. Über die Beratungen und Beschlüsse wird überall Protokoll geführt. Der Pfarrausschuß entscheidet fast in allen Diözesen Deutschlands mit einfacher oder $^2/_3$-Mehrheit. Er hat das Recht, für die Pfarraktion Beschlüsse zu fassen. Gehen diese Beschlüsse und Anregungen jedoch über die Grenzen der Pfarrei hinaus, dann bedürfen sie der Zustimmung des Bischofs.

Die Ausführung der Beschlüsse der KA ist Sache der Laien. Mit der Durchführung können entweder einzelne Laien oder für diesen Zweck gebildete Sachausschüsse oder schließlich schon bestehende kirchl. Gruppen, Werke, Vereine usw. beauftragt werden, so wie es jeweils nach Lage der Dinge und Bedarf der Pfarrei am wirksamsten erscheint.

Es sollen auch Vollversammlungen aller zur Mitarbeit der KA der Pfarrei eingesetzten Katholiken im Jahre wenigstens ein- oder zweimal stattfinden. Die Kompetenz und Aufgabe der Vollversammlung ist jedoch in den einzelnen Diözesen sehr verschieden.

Die Seelsorge bleibt selbstverständlich stets Aufgabe des Priesters. Der Pfarrer kann aber die Laien als Seelsorgehelfer in geeigneter Weise heranziehen. Anregungen der Laien für die Seelsorge werden von den Priestern stets beachtet werden.

Die Finanzierung der Arbeiten und Aufgaben der KA wird in allen deutschen Diözesen durch eine oder mehrere Kirchenkollekten, evt. durch das Diözesanfinanzamt sichergestellt. Mitgliedsbeiträge von den Mitgliedern der KA werden nicht erhoben.

6. Die *Dekanatsausschüsse* der KA bestehen aus einem 1. Vorsitzenden und seinem Stellvertreter, die gewöhnlich, aber nicht in allen Diözesen dem geistlichen Stand angehören und aus einem 2. Vorsitzenden und

[12] Diözese Mainz, Direktiven: B. 4.

seinem Stellvertreter, die dem Laienstand angehören. Wenn die Vorsitzenden und ihre Stellvertreter Laien sind, werden ihnen Geistliche als Beiräte beigeordnet. Beide Vorsitzende mit ihren Stellvertretern werden vom Oberhirten auf Grund eines Vorschlages bestellt. Mitglieder sind: 1. der Dekan des Kapitels; 2. die Dekanatsseelsorger für die Männer, Frauen, männliche und weibliche Jugend mit je einem Laien aus diesen Naturständen. Ferner Einzelpersönlichkeiten — Geistliche und Laien — die im Sinne der KA führend mitarbeiten. Die Dekanatsausschüsse befassen sich mit den ihnen vom Diözesanausschuß zugewiesenen Aufgaben, und sie berücksichtigen besonders die konkreten Verhältnisse des katholischen Landvolkes. Als solche Aufgaben erweisen sich Beratungen und Besprechungen über Fragen wie: Glaube und Grundhaltung, Familie und Erziehung, soziale Fragen, Kultur und Bildung, Staat und Gesellschaft, charitative Aufgaben, Erhaltung und Pflege der Sitte und des katholischen Brauchtums, Pflege der Liebe zur Heimat und Verantwortung für sie, Bildungs- und Schulungsarbeiten, Presse, Rundfunk, Film, Theater, Versammlungen, Kundgebungen und Veröffentlichungen[13].

Über die Arbeit, Sitzungen und Beschlüsse der Dekanatausschüsse der KA wird vierteljährlich dem Diözesanausschuß der KA Bericht erstattet.

c) Die oberste Leitung der KA in der Diözese steht dem Bischof zu. Der *Diözesan*ausschuß der KA setzt sich folgendermaßen zusammen: an der Spitze steht der 1. Vorsitzende mit seinem Stellvertreter, die gewöhnlich dem geistigen Stand angehören. Der 2. Vorsitzende und sein Stellvertreter werden aus dem Laienstand genommen. Beide Vorsitzenden und ihre Stellvertreter werden vom Oberhirten bestellt. Mitglieder des Diözesanausschusses der KA sind: die Diözesanleitungen der vier Naturstände, Vertreter der kulturellen und berufserzieherischen Vereinigungen, Vertreter der kirchlich-aktiven Vereinigungen und Einrichtungen, Delegierte der Dekanatsausschüsse, Fachleute für bestimmte Sach- und Fachgebiete. Als Arbeitsgebiete des Diözesanausschusses werden bezeichnet:

a) allgemeine Pflege des Apostolatsgeistes;
b) Herausstellung der aktuellen Aufgaben der KA;
c) Förderung der katholischen Belange im öffentlichen Leben;
d) Anregungen für die praktische Arbeit der KA;
e) religiöse Unterweisung und methodische Schulung der führenden Persönlichkeiten der KA;
f) Abwehr religions- und kirchenfeindlicher Strömungen;
g) Aufrechterhaltung der Verbindung mit den Katholikenausschüssen der anderen Diözesen;
h) den Dekanatsausschüssen ratend zur Seite zu stehen;

[13] Vgl. Diözese Aachen, Satzung § 3.

i) Vertretung der allgemeinen Interessen der Katholikenausschüsse
j) in allen wichtigen Fragen ein einheitliches Zusammengehen der Katholikenausschüsse der Diözesen zu gewährleisten[14].

Die Hauptarbeit des Diözesanausschusses wird hauptsächlich in den Sach- und Fachausschüssen verrichtet. Für jedes wichtige Gebiet wird ein *Sachausschuß* gebildet, der aus 3 oder 5 fachkundigen Mitgliedern besteht. Zur Klärung theoretischer und praktischer Fragen des kathol. Lebens kann der Diözesanausschuß Sonderausschüsse bilden, die die Ergebnisse ihrer Arbeiten an den Diözesanausschuß weitergeben[15].

Die Beschlüsse aller Ausschüsse der KA werden mit einfacher, manchmal mit $^2/_3$ Mehrheit der Anwesenden gefaßt; bei Stimmengleichheit entscheidet der Vorsitzende[16].

Alle 3 Jahre hat die Hälfte der Mitglieder sämtlicher Ausschüsse der KA auszuscheiden. Wiederwahl, bzw. Wiederernennung ist zulässig[17].

7. Bei Betrachtung der Satzungen der KA in den einzelnen deutschen Diözesen auf ihre *Rechtsform* hin entsteht vor uns ein Mosaikbild. Die Satzungen oder Statuten der KA sind so mannigfaltig und so verschieden ausgearbeitet, wenn auch überall nur provisorisch, daß man von einer Ähnlichkeit mit einem Verein oder Gesellschaft des deutschen BGB — wie es oben vor Augen geführt wurde — kaum oder nur sehr entfernt reden kann. Sie ist aber auch nach dem CIC kein Verein, Verband, Vereinigung oder eine andere Organisation im kirchlichen Sinne. Ob die verschiedenen Ausschüsse der KA später oder überhaupt die Rechtsform eines bürgerlich eingetragenen Vereins annehmen werden oder annehmen können, ist heute sehr schwer vorauszusehen. Wie die Satzungen der KA der Erzdiözese Köln in § 1 IV betonen, ist ein wirtschaftlicher Geschäftsbetrieb als Form der KA überhaupt ausgeschlossen und kommt niemals in Frage. Man könnte höchstens die Form eines Idealvereins in Erwägung ziehen. Einzelne Satzungen der KA können zwar denen der Vereine des BGB der deutschen Rechtsordnung sehr ähnlich sein; die Rolle der Vereinsmitglieder ist jedoch wesentlich anders hier und dort. Auch die Rolle der Vereinsorgane ist ganz anders bei den bürgerlichen Vereinen als bei den Ausschüssen der KA. Die bürgerlichen Vereine besitzen gewöhnlich ein Vermögen, über das der Verein, bzw. der Vorstand des Vereines satzungsgemäß verfügen kann. Die Ausschüsse der KA verfügen dagegen fast nie über ein Vermögen, da ihre Mitglieder keine Mitgliederbeiträge entrichten. Die Sustentation dieser Ausschüsse wird aus den entsprechenden Kirchenkollekten gedeckt, wie es schon erwähnt wurde, oder direkt aus der Diözesankasse. Nach dem

[14] Erzdiözese Freiburg, Direktiven S. 8.

[15] Diözese Aachen, Satzung d. K. A., § 41.

[16] Erzdiözese München.

[17] Erzdiözese München.

jetzigen Stand der Dinge kann man also die Ausschüsse der KA keineswegs als Verein nach der bürgerlichen Rechtsordnung bezeichnen.

Es ist jedoch sehr wohl möglich, daß in absehbarer Zeit — wenn die Entwicklung abgeschlossen sein wird — für Deutschland eine Zentralisierung der KA angestrebt und zur Folge haben wird, daß alle Diözesanausschüsse der KA in einem einzigen Reichsausschuß unter einer obersten Leitung zusammengefaßt und unter die Autorität der Fuldaer deutschen Bischofskonferenz als des hierfür berufenen Organs gestellt wird. Die Katholikentage und das Parlament der kath. Verbände haben an der Zentralisierung schon lange gearbeitet. Die Fuldaer Bischofskonferenz hat vor der Machtergreifung durch Hitler durch Aufstellung eines einheitlichen Aktionsplanes einen Propagandafeldzug für die Ideen der KA gemacht. Die Entwicklung blieb während der nat.-soz. Ära aber stecken. Die Aspekte sind erst seit 1945 wieder günstiger, und die Entwicklung der Tätigkeit der KA schreitet gut voran[18].

Es wäre nun sehr gut möglich, ja unbedingt notwendig, daß diese höchste Spitze der KA, die den Namen „Reichsarbeitsgemeinschaft der KA" tragen könnte, eine eigene Verfassung bekommt, ein Statut, das die Arbeitsmethoden nach innen und die Vertretung der KA nach außen zu bestimmen, bzw. zu regeln hätte. In diesem Falle wäre es natürlich angebracht, daß die KA nach außen als offizielle Körperschaft auftritt, damit die ungehinderte Arbeit in all ihren Ausschüssen im ganzen Reich gewährleistet, bzw. besser sichergestellt werden kann. Das beste Beispiel bietet hierfür das Nationale Statut der KA für Italien. Allerdings muß man gleich damit rechnen, daß die Zusammenstellung eines nationalen Statuts für Deutschland, wo in manchen Diözesen die Bevölkerung konfessionell sehr gemischt war und ist, keine leichte Arbeit bereiten würde. Für die Zusammensetzung dieser Spitzenorganisation der KA könnten in Betracht kommen:

a) Die großen kath. Organisationen als solche durch Vertreter;

b) Die Diözesan-Ausschüsse oder -Komitees, bzw. -Arbeitsgemeinschaften ebenso durch Vertreter;

c) Einzelne Führerpersönlichkeiten des kath. Lebens. Vereinigungen parteipolitischer Art als Glieder der KA kämen nicht in Frage. Zwecks Verrichtung einer gediegenen Arbeit müßten naturgemäß im Rahmen dieser Spitzenorganisation einzelne Gruppen gebildet werden und zwar zumindest für folgende Gebiete[19]:

   a) Die religiös-kirchliche Betätigung,
   b) die wissenschaftl. u. Bildungsaufgaben,
   c) die sozial-kulturelle Arbeit,

[18] Vgl. *Schroeder* a. a. O. 38.

[19] Vgl. *Schroeder* a. a. O. 38f.

d) die sozial-karitative Arbeit,
e) die kathol. Jugendarbeit.

Es ist das unabdingbare Recht des deutschen Episkopats, die endgültigen Richtlinien für die definitive Ausgestaltung der KA zu geben, nachdem ihm allein die autoritative Führung gebührt. Die Leitsätze, die das Fundament eines zukünftigen Kanonischen Statuts der KA bilden müssen, sind in dem Apostol. Handschreiben P. Pius XII. folgendermaßen zusammengefaßt:

„Veda perciò il Clero nell' Azione Cattolica affermato il bisogno, reso impellente dalle condizioni della vita moderna e dalla scarsezza dei sacerdoti, di crearsi fra i laici collaboratori generosi, ed offerto il metodo ben provato per procedere alla loro formazione e alla loro organizzazione; e vedano i laici nell' Azione Cattolica uno stimolo a servire la Chiesa liberamente, ma con disciplina, e un' alta considerazione dell' opera che ogni semplice fedele può rendere alla causa di Cristo. E vorremmo altresì che il popolo intero avesse a ravvisare nell' Azione Cattolica, non già una chiusa cerchia di persone iniziate ad esclusivi ideali, ovvero uno strumento di sterile lotta o di ambiziosa conquista, ma piuttosto un' amica schiera di cittadini che hanno fatto propria la materna intenzione della Chiesa di tutti redimere e di garantire alla società l'insostituibile e indispensabile fermento della vera civiltà."

Der Erfolg einer gediegenen Arbeit in der KA. wird sicherlich nicht ausbleiben. Es wird gelingen, wenn auch nur durch zähe Anstrengung, daß die drei besonders gefährlichen Krankheitsherde, die uns die moderne Welt des 20. Jhs. beschert hat, bei denen eine ganz neue Heilmethode einzusetzen ist, vollkommen ausgemerzt und beseitigt werden, nämlich die Säkularisierung des gesamten Lebens, die Vermassung des modernen Menschen und sein Zweifel, ja seine Verzweiflung am Intellekt. Es muß aber einstweilen der Entwicklung und Bewährung der KA in den einzelnen deutschen Diözesen anheimgestellt werden, ob, wann und unter welchen Umständen die Konstituierung einer Spitzenorganisation und Verfassung eines nationalen Statutes der KA verwirklicht werden könnte.

DIE EHE DER RELIGIONSLOS AUFGEWACHSENEN KATHOLIKEN

Von Dr. theol. et jur. utr. JOSEPH WENNER
ord. Professor an der Phil.-Theol. Akademie Paderborn

I. Der Begriff des religionslos aufgewachsenen Katholiken

Seit dem 1. 1. 1949 werden die Katholiken, die außerhalb eines jeden religiösen Einflusses erzogen worden sind, im Codex Iuris Canonici Latini nicht mehr genannt. Auch im neuen Eherecht für die Ostkirche vom 22. 2. 1949, das am 2. 5. d. J. in Kraft getreten ist, finden sie keine Erwähnung. Damit ist für die Zukunft die Sonderstellung, die ein Teil der religionslos aufgewachsenen Katholiken neben anderen Gruppen „fiktiver Nichtkatholiken" im Eheschließungsrecht der katholischen Kirche hatte, endgültig und restlos beseitigt. Für die vor dem 1. 1. bzw. 2. 5. 1949 geschlossenen Ehen verbleibt es allerdings bei der bisherigen Rechtslage.

Der *Begriff* des religionslos aufgewachsenen Katholiken ist in der kirchlichen Rechtssprache noch verhältnismäßig jung. Er findet sich in dem bekannten Dekret der Sacra Congregatio Sancti Officii vom 6. 4. 1859 (Fontes IV n. 950)[1], das die holländische Praxis billigt, als Nichtkatholiken (haeretici) im Sinne der Declaratio Benedikts XIV. für die Niederlande auch folgende fünf Klassen zu bezeichnen: 1. die katholisch Getauften, die von Kindheit an, d. h. vor dem siebenten Lebensjahr, nichtkatholisch erzogen wurden und sich als Nichtkatholiken bekannten; 2. die nicht so sehr im anderen Glauben als vielmehr von Andersgläubigen erzogen wurden, d. h. ohne jede oder fast ohne Unterweisung in der nichtkatholischen Glaubenslehre, wenn sie auch mitunter am Gottesdienst teilnahmen; 3. die noch als Kind Andersgläubigen übergeben und einem nichtkatholischen Bekenntnis zugeführt wurden; 4. die nach dem Austritt aus der katholischen Kirche sich einer nichtkatholischen Religionsgemeinschaft angeschlossen haben, und 5. die von Nichtkatholiken abstammenden nichtkatholisch Getauften, die, ohne jemals ein feierliches Bekenntnis zu einem nichtkatholischen Glauben abgelegt zu haben, gleichsam ohne Religion aufgewachsen sind (qui nati et baptizati ab haereticis, adoleverunt quin ullam solemnem haereseos professionem emiserint, ac veluti nullius

[1] *P. Gasparri-J. Serédi,* Codicis Iuris Canonici Fontes I—IX (1923—1939).

religionis). Nicht nur in Holland, sondern im gesamten Geltungsgebiet der sog. Benedictina blieben fortan die genannten Gruppen von der kirchlichen Eheschließungsform befreit bis zum Dekret „Ne temere", das Ostern (19. 4.) 1908 in Kraft trat (Fontes VI n. 4340). Einer Anregung des Konsultors Augustus Silj, bei der Neuregelung der Eheschließungsform in der Lateinischen Kirche außer den nicht in der katholischen Kirche Getauften entsprechend der obigen Entscheidung des Heiligen Offiziums auch die katholisch Getauften, die vor dem vollendeten siebenten Lebensjahr nichtkatholisch erzogen wurden und sich als Nichtkatholiken bekannten, von der kirchlichen Eheschließungsform auszunehmen[2], wurde in dem im Namen und Auftrage Pius' X. am 2. 8. 1907 von der Konzilskongregation erlassenen neuen Dekret „Ne temere" nicht stattgegeben. Vielmehr wurde bestimmt, daß alle in der katholischen Kirche Getauften und zu ihr Konvertierten zeitlebens an die kanonische Eheschließungsform gebunden seien, gleichviel, mit wem sie die Ehe eingingen, und daß alle getauften und ungetauften Nichtkatholiken nirgendwo zur Einhaltung der katholischen Eheschließungsform verpflichtet seien, wenn sie untereinander heirateten (Art. XI). Während nun der Heilige Stuhl, abgesehen von der nur für Deutschland und Ungarn auf Grund der Konstitution „Provida" vom 18. 1. 1906 (Fontes III n. 670) geltenden Ausnahme, alle weiteren Befreiungen von der kirchlichen Eheschließungsform entschieden ablehnte, wenn es sich um katholisch Getaufte handelte, die von katholischen Eltern abstammten, erklärte die Sacra Congregatio Officii am 31. 3. 1911, daß für solche Ehen, bei denen der eine Teil von nichtkatholischen oder ungetauften Eltern abstammte und in der katholischen Kirche getauft wurde, dann aber von Kindheit an im nichtkatholischen Glauben oder nichtchristlichen Bekenntnis oder ohne jedwede Religion aufwuchs, der andere aber nichtkatholisch oder ungetauft war, in jedem einzelnen Falle in Rom anzufragen sei (Acta Apostolicae Sedis 3, 163). Bei der Beratung des neuen kirchlichen Gesetzbuches wurde die Frage aufgeworfen, ob es nicht angebracht sei, zur Verhütung von nichtigen Ehen den Kreis der Formpflichtigen wieder zu begrenzen, und zwar in dem Umfange der Entscheidung des Heiligen Offiziums von 1859[3]. Die Kodifikationskommission hielt wohl, entsprechend der seit Erlaß des Dekrets „Ne temere" in Rom vertretenen Anschauung[4], zunächst an den Bestimmungen dieses Dekrets fest, wie das Schema Codicis Iuris Canonici von 1913 beweist, dessen can. 380 fast wörtlich mit Art. XI des Dekrets übereinstimmt und keine allgemeine Ausnahme vorsieht. In den endgültigen Text des Codex Iuris

[2] *Gasparri*, De matrimonio II (1932) n. 1024.

[3] *Gasparri*, De matrimonio II 147 Anm. 1.

[4] Vgl. *J. Linneborn-J. Wenner*, Grundriß des Eherechts nach dem Codex Iuris Canonici (6. Aufl. 1940) 376 Anm. 5.

Canonici wurde aber im Anschluß an das obengenannte Dekret des Heiligen Offiziums von 1911, das von denen handelte, „qui a genitoribus acatholicis vel infidelibus nati, sed in Ecclesia catholica baptizati, ab infantili aetate in haeresi vel in infidelitate aut sine ulla religione adoleverunt", der Satz aufgenommen: An die Beobachtung der katholischen Eheschließungsform sind ebenfalls nirgendwo gebunden die in der katholischen Kirche Getauften, die von Nichtkatholiken abstammen und von Kindheit an in der Häresie, im Schisma, in einem nichtchristlichen Bekenntnisse oder ohne jede Religion aufgewachsen sind, sooft sie mit einem nichtkatholischen Teil die Ehe schließen (can. 1099 § 2 S. 2).

Wie schon eingangs bemerkt wurde, ist diese Ausnahmebestimmung, das alterum comma paragraphi secundae can. 1099, durch Motu Proprio Pius' XII. „Decretum Ne temere" vom 1. 8. 1948 (AAS 40, 305 s.) mit Wirkung vom 1. 1. 1949 abrogiert, d. h. gänzlich aufgehoben. Zugleich wurde angeordnet, aus can. 1099 die Worte zu streichen: „item ab acatholicis nati, etsi in Ecclesia catholica baptizati, qui ab infantili aetate in haeresi vel schismate aut infidelitate vel sine ulla religione adoleverunt, quoties cum parte acatholica contraxerint".

II. Die aufgehobene Exemtionsnorm

Während der dreißig Jahre ihres Bestehens hat die Exemtionsnorm in can. 1099, die erlassen war, um diesen Personen, die ohne eigene Schuld den katholischen Glauben verloren hatten, eine gültige Eheschließung zu ermöglichen, und mithin mehr auf moralischen, seelsorglichen als auf rechtlichen Erwägungen beruhte, die Erwartungen nicht erfüllt, die man daran geknüpft hatte. Sie hat dem Seelenheil nicht zum Vorteil gereicht, ganz abgesehen davon, daß sie nur einen verhältnismäßig kleinen Kreis von katholisch Getauften betraf. Bei ihrer Durchführung führte sie zu zahlreichen unlösbaren Schwierigkeiten und bot zu immer neuen Zweifeln Anlaß.

1. Ab acatholicis nati

Schon der Begriff „Kinder nichtkatholischer Eltern" erforderte nicht weniger als drei nacheinander ergangene Entscheidungen des päpstlichen Auslegungsausschusses für den Codex Iuris Canonici (Kodexkommission). Obwohl die Kodexkommission schon am 16. 10. 1919 zu can. 987 n. 1 bezüglich der „filii acatholicorum" erklärt hatte, daß diese Bestimmung auch für solche gelte, die nur einen katholischen Elternteil hätten (AAS 11, 478), waren die meisten Kanonisten doch der Ansicht, daß es sich in can. 1099 § 2 nur um solche handle, deren Vater und Mutter nichtkatholisch seien. Erst nach elf Jahren, am 20. 7. 1929, entschied die Kodexkommission, daß unter dem Ausdruck „Kinder von Nichtkatholiken" auch die „nati ab alterutro parente acatholico" zu verstehen seien, selbst wenn die bekenntnis- oder religionsverschiedenen Eltern sich vor ihrer Eheschließung zur katholischen Erziehung der Kinder gemäß can. 1061 und 1071 verpflichtet hatten (AAS 21, 573). In einem Limburger Fall aus dem Jahre 1921 hat das Heilige Offizium am 24. 7. 1929 in gleicher Weise geantwortet[5]. Am 17. 2. 1930 erklärte die Kodexkommission, daß die Bezeichnung „ab acatholicis nati" auch für solche gelte, deren Eltern Apostaten seien, also ursprünglich katholisch waren, dann aber sich von der Kirche losgesagt und dieses durch einen öffentlichen Akt nach außen kundgegeben haben, z. B. durch staatsrechtlichen Austritt aus der katholischen Kirche (AAS 22, 195). Bloße Indifferentisten zählen an sich nicht zu den Apostaten. Es genügt jedoch, wenn nur ein Elternteil Apostat in diesem weiteren und nicht nur im engeren Sinne des can. 1325 ist. Strittig ist die Frage, ob der Abfall der Eltern bzw. eines Elternteils von der katholischen Kirche bereits vor der Geburt des Kindes oder erst später, aber noch vor Vollendung seines siebenten Lebensjahres erfolgt sein muß. Richtiger ist wohl die erstere Meinung, denn der Ausdruck „nati ab apostatis" ist nicht ganz zutreffend, wenn die Eltern zur Zeit der Geburt des Kindes der katholischen Kirche angehörten. Sind überdies die Kinder noch über ihr siebentes Lebensjahr hinaus katholisch erzogen worden, so gelten sie unbedingt als Katholiken. Die Erklärungen der Kodexkommission vom 20. 7. 1929 und 17. 2. 1930 sind sachlich sehr begründet, denn die Lage des Kindes aus gemischter Ehe oder aus einer Ehe abgefallener Katholiken ist meist dieselbe wie die eines Kindes aus rein nichtkatholischer Ehe. Oft setzt der katholische Eheteil die katholische Taufe noch durch, aber nicht mehr die katholische Erziehung, oder er kümmert sich nicht mehr darum. Stirbt er früh, so ist vielfach die Erziehung ganz dem nichtkatholischen Teil überlassen. Formell allerdings ist es eigenartig, daß in der Verbindung „ab acatholicis nati" auch die katholischen Teile in einer bekenntnis- oder religionsverschiedenen Ehe neben den abgefallenen Katholiken acatholici genannt werden (fiktive Nichtkatholiken!). Die Streitfrage, ob diese beiden authentischen Erklärungen als deklarativ oder extensiv zu betrachten seien, wurde bezüglich der ersteren von der Kodexkommission am 25. 7. 1931 dahin entschieden (AAS 23, 388), daß sie eine Interpretatio declarativa sei, also eine reine Gesetzeserklärung mit rückwirkender Kraft. Für die Entscheidung vom 17. 2. 1930 gilt wahrscheinlich das gleiche. Das Heilige Offizium hatte vorher schon in Einzelfällen die authentische Interpretation vom 20. 7. 1929 als rückwirkend bezeichnet, hat sich jedoch später die Entscheidung über die Gültigkeit solcher Ehen, die vor der Rechtskraft der Erklärung vom 25. 7. 1931 geschlossen sind, vorbehalten[6]. Übrigens waren und sind nicht formfrei die katholisch getauften Kinder von katholischen Eltern,

[5] Vgl. Theologie und Glaube 22 (1930) 350ff.

[6] Vgl. Periodica de re morali, canonica, liturgica 21 (1932) 14, 46.

die mit oder ohne Schuld der letzteren nichtkatholisch oder außerhalb eines jeden religiösen Einflusses erzogen worden sind, da sie nicht als „ab acatholicis nati“ gelten können, wenn sie auch niemals bewußt und gewollt zur katholischen Kirche gehört haben. Im Gegensatz zu der Entscheidung von 1859, in der nichts über die Religion der Eltern gesagt ist, wurde in can. 1099 § 2 S. 2 die Absicht des Gesetzgebers, nur die Kinder von Nichtkatholiken von der kirchlichen Eheschließungsform auszunehmen, klar zum Ausdruck gebracht. Die vierte und letzte Entscheidung der Kodexkommission über die Kinder nichtkatholischer Eltern, von denen in can. 1099 § 2 S. 2 die Rede war, ist die authentische Erklärung vom 29. 4. 1940, wonach alle unter diesen Begriff fallenden Personen gemäß can. 1070 dem trennenden Ehehindernis der Religionsverschiedenheit (disparitas cultus) unterliegen, obwohl sie bis zum 31. 12. 1948 formfrei waren (AAS 32, 212)[7]. In der Ostkirche besteht dieses Hindernis auch nach dem neuen Eherecht (can. 60) noch für die getauften Nichtkatholiken, die in der Lateinischen Kirche seit dem 19. 5. 1919 davon befreit sind, falls sie nicht rechtmäßigerweise in der katholischen Kirche getauft sind oder sich ihr nie angeschlossen haben. Die unierten Orientalen waren jedoch bis zum 1. 5. 1949 formfrei, soweit sie nicht partikularrechtlich an die Form des Codex Iuris Canonici Latini oder des Dekrets „Ne temere“ oder des Trienter Dekrets „Tametsi“ gebunden waren[8].

2. *In Ecclesia catholica baptizati*

Nach can. 87 gehören alle gültig Getauften als Berechtigte und Verpflichtete zu der einen Kirche Jesu Christi, ob sie ihre Autorität anerkennen oder nicht. Sie sind darum auch den Kirchengesetzen unterworfen, soweit nicht je nach den Zeitverhältnissen ausdrücklich Ausnahmen gemacht sind (can. 12, 1038). Nichtgetaufte haben weder Rechte noch Pflichten in der Kirche. Will jedoch ein Nichtchrist (infidelis, ethnicus[9]) mit einem Christen eine Ehe eingehen, so tritt er unter die Jurisdiktion der Kirche, weil diese die Bedingungen aufstellen muß, unter denen sie Christen eine solche Ehe gestatten kann. Auch dann wird ein Ungetaufter (persona non baptizata) mittelbar in den Bereich der Kirchengewalt gezogen, wenn sein Gatte sich taufen läßt (can. 1119—1127). Um nichtige Ehen von solchen Christen zu verhüten, die sich niemals im Leben zur katholischen Kirche bekannt haben, hat die

[7] Vgl. auch die Entscheidung der S. C. S. Off. vom 1. April 1922 (*C. Sartori*, Enchiridion canonicum [Ed. 8 1947] 208).

[8] Vgl. *F. M. Cappello*, De matrimonio (5. Ed. 1947) n. 924f.; *J. Dauvillier-C. De Clercq*, Le mariage en droit canonique oriental (1936) 45f., 66f., 207; *A. Herman*, Adnotationes ad Motu Proprio „Crebrae allatae sunt“: Periodica 48 (1949) 93ff.

[9] Vgl. die Antwort des Präses der Kodexkommission vom 3. 12. 1919 (*Sartori* l. c. 222f).

Kirche auf die geschichtlich gewordenen Verhältnisse Rücksicht genommen und nichtkatholische Christen, die ihr nie durch ihr Bekenntnis angehört haben, von der Eheschließungsform als befreit erklärt. Wer jedoch in der katholischen Kirche getauft wurde, oder zu ihr übergetreten ist, der bleibt nach dem Grundsatz: Semel catholicus semper catholicus! zeitlebens an die Formpflicht gebunden, auch wenn er später von der Kirche abfällt oder sie wieder verläßt (can. 1099 § 1). Nichtanerkennung einer Autorität befreit niemals von den Pflichten gegen die Autorität, sofern und soweit diese selbst keine Ausnahmen ausdrücklich zuläßt. Um die Begriffe Katholik und nichtkatholischer Christ gegenseitig besser abzugrenzen, ist durch das Dekret „Ne temere" der Ausdruck „in catholica Ecclesia baptizati et ad eam . . . conversi" (Art. XI § 1) eingeführt, der vom Codex Iuris Canonici übernommen ist. Die Bezeichnung „Nichtkatholik (acatholicus)" ist schon älter. Sie kommt wohl zuerst in einer Anfrage an die S. C. S. Officii vor, ob katholische Priester erlaubterweise außerhalb der Todesgefahr Kinder von Nichtkatholiken, die von katholischen Paten gebracht würden (acatholicorum filios a patrinis catholicis oblatos), taufen dürften falls keine Hoffnung auf ihre katholische Erziehung bestände. Die Kongregation erteilte am 29. 11. 1764 eine negative Antwort und fügte hinzu: „minister catholicus caute se geret in danda repulsa, ne patrini aut parentes pueri oblati scandalum patiantur" (Fontes IV n. 815). Der Ausdruck „Getaufter in der katholischen Kirche" ist selbstverständlich nicht räumlich, sondern rechtlich zu verstehen. Er will die äußere, formelle Zugehörigkeit gerade zur katholischen Kirche hervorheben, im Gegensatz zur Angliederung des Täuflings an eine nichtkatholische Religionsgemeinschaft. Wer gilt nun als „in der katholischen Kirche getauft"? Hierüber entscheidet nicht die Tatsache oder der etwaige Ritus der Taufe, sondern nacheinander die Intention des Täuflings selbst, wenn er den Gebrauch der Vernunft erlangt hat (vgl. can.88 § 3), die Intention der Eltern bzw. der Erziehungsberechtigten des noch nicht siebenjährigen Kindes oder die Absicht des Taufenden, das Kind für die katholische Kirche oder eine bestimmte Religionsgemeinschaft zu taufen. Nach can. 750 und 751 darf ein Kind nichtkatholischer oder abgefallener katholischer Eltern, sofern seine katholische Erziehung gesichert ist, außerhalb der Todesgefahr nur dann erlaubterweise katholisch getauft werden, wenn die Eltern oder Erziehungsberechtigten oder wenigstens einer von ihnen die Zustimmung geben, oder wenn das Kind keine Eltern und Großeltern mehr hat und keine Erziehungsberechtigten da sind (z. B. bei Findelkindern), oder wenn die Genannten das Recht auf das Kind verloren haben oder es in keiner Weise ausüben können. Wenn nur ein Elternteil nichtkatholisch ist, so soll und darf ein Kind aus einer solchen nach Leistung der durch can. 1061 und 1071 vorgeschriebenen Kautionen geschlossenen Ehe laut einer Entscheidung des

Heiligen Offiziums vom 6.7.1898 katholisch getauft werden, „si possibilis spes affulgeat", wenn also einigermaßen Hoffnung besteht, daß es später in der katholischen Religion erzogen werden kann (Fontes IV n. 1200). Befindet sich ein Kind in einer solchen Lebensgefahr, daß es voraussichtlich vor Erlangung des Vernunftgebrauchs sterben wird, so darf es auch gegen den Willen der nichtchristlichen oder nichtkatholischen Eltern katholisch getauft werden. Demnach sind „in der katholischen Kirche getauft": a) Alle, die sich nach Erlangung des Vernunftgebrauchs mit freiem Willen katholisch taufen lassen; b) Kinder (unter sieben Jahren), denen ihre Eltern oder Erziehungsberechtigten, mögen sie katholisch sein oder nicht, die Nottaufe oder feierliche Taufe in der Absicht spenden lassen, daß sie Glieder der katholischen Kirche werden; c) sonstige Kinder, die der katholische oder nichtkatholische Taufspender mit ausdrücklicher oder stillschweigender Absicht für die katholische Kirche tauft; d) Kinder katholischer Eltern, die von einem Nichtkatholiken oder Nichtchristen ohne die Intention getauft werden, den Täufling einer bestimmten christlichen Gemeinschaft einzugliedern, denn die Rechtsvermutung spricht dafür, daß der Taufende das Elternrecht, über die Religionszugehörigkeit ihrer Kinder zu bestimmen, nicht antasten will. Dies gilt sogar, wenn der Taufspender gegen den Willen der Eltern das Kind für eine nichtkatholische Religionsgemeinschaft getauft hat, denn die Intention der Eltern hat nach dem Naturrecht den Vorrang vor der Absicht des Taufspenders. Die gleiche Rechtsvermutung muß Anwendung finden, wenn ein Katholik oder Nichtchrist ein Kind nichtkatholischer Eltern tauft. Auch in diesem Fall wird angenommen, daß der katholische oder nichtchristliche Taufspender das Recht der Eltern auf ihre Kinder und deren Erziehung nicht verletzen will, sondern nur das Seelenheil des Täuflings im Auge hat. Sind keine Erziehungsberechtigten vorhanden, so wird vermutet, daß der nichtkatholische Taufspender das Kind für die Religionsgemeinschaft taufen wollte, der er selbst angehört. Bei Kindern aus gemischten Ehen gilt die von einem katholischen Priester oder Diakon auf Wunsch des katholischen Elternteils gespendete Taufe als „Taufe in der katholischen Kirche", ebenso die Taufe durch einen Laien, wenn von den Eltern eine Vereinbarung über die katholische Taufe und Erziehung getroffen ist. Fehlt eine solche Vereinbarung oder ist sie aufgehoben, so ist festzustellen, ob der katholische Vater oder die katholische Mutter den Auftrag zu der Privattaufe gegeben hat. Ist dies der Fall, so ist das Kind „in der katholischen Kirche getauft". Hat niemand den Auftrag zur Taufe gegeben und ist auch die Intention des Spenders der Privattaufe nicht festellbar, so entscheidet der favor fidei, von dem Benedikt XIV. in der Konstitution „Postremo mense" vom 28. 2. 1747 über die Taufe der Juden spricht (Fontes II n. 377). Auch könnte die Erziehung in einem bestimmten Bekenntnis den Zweifel lösen. Übrigens ist es auch nicht ausgeschlossen, daß Katholiken ihr Kind durch einen Nichtkatholiken für eine nichtkatholische Religionsgemeinschaft taufen lassen und dadurch sich allerdings ohne weiteres die Strafe der dem Bischof vorbehaltenen Exkommunikation zuziehen (can. 2319 § 1 n. 3). Die Frage, ob Kinder nichtkatholischer Eltern, die entgegen den Bestimmungen der can. 750 und 751 gegen den Willen der Erziehungsberechtigten unrechtmäßig von einem Katholiken getauft worden sind, als „in der katholischen Kirche getauft" zu gelten haben, ist noch umstritten. Solange sie nicht entschieden ist, unterliegen diese Personen nicht dem Hindernis der Religionsverschiedenheit, wenn sie von Jugend nichtkatholisch oder ohne jede Religion erzogen worden sind, ebenso nicht seit dem 1. 1. bzw. 2. 5. 1949 der Verpflichtung zur kirchlichen Eheschließungsform, da ein Rechtszweifel vorliegt und gemäß can. 15 der Grundsatz gilt: Im Rechtszweifel verpflichten Gesetze nicht, selbst wenn es sich um ein irritierendes oder inhabilitierendes Gesetz handelt. Das kann man in etwa auch aus der eindringlichen an die Missionare und alle anderen Priester gerichteten Mahnung Pius' XII. im Motu Proprio "Decretum Ne temere" vom 1. 8. 1948 schließen, die Vorschriften der can. 750 und 751 genau zu beobachten. Praktisch wird man jedoch in zweifelhaften Fällen in Rom anfragen müssen.

Den in der katholischen Kirche Getauften sind gleichzustellen die Nichtkatholiken, die zu ihr übergetreten sind. Zu den *Konvertiten* sind auch die Kinder nichtkatholischer Eltern zu zählen, die zwar nichtkatholisch getauft, aber noch vor dem siebenten Lebensjahr von ihren konvertierten Eltern katholisch erzogen worden sind; das gilt selbst, wenn nur ein Elternteil katholisch geworden und das Kind dem katholischen Glauben zugeführt hat, und erst recht, wenn das Kind nach Erlangung des Vernunftgebrauchs der katholischen Erziehung zustimmt.

3. *Religionslose Erziehung von Kindheit an*

Voraussetzung für die Befreiung katholisch Getaufter von der Formpflicht ist nicht nur Abstammung von nichtkatholischen oder abgefallenen katholischen Eltern, sondern auch nichtkatholische Erziehung von Kindheit an. Mit vollendetem siebenten Lebensjahre wird der Minderjährige in der Regel beschränkt geschäftsfähig (can. 88 § 3) und ist daher den Kirchengesetzen unterworfen (can. 12). In Sachen des Seelenheiles ist ein solcher grundsätzlich unabhängig von seinen Gewalthabern und kann notfalls gegen diese entscheiden, z. B. hinsichtlich des Empfanges der Taufe, der Teilnahme am Religionsunterricht und Gottesdienst. Es steht ihm also auch schon die Entscheidung darüber zu, zu welchem religiösen Bekenntnis er sich halten will, und nicht erst mit vierzehn Jahren wie nach § 5 des Reichsgesetzes über die religiöse Kindererziehung vom 15. 7. 1921. Die volle Eigenverantwortung für einen Glaubensabfall tritt allerdings nach can. 2230 erst mit der

Geschlechtsreife ein. Wenn nun ein katholisch Getaufter, der von Nichtkatholiken im obigen Sinne abstammt, bis zu seiner kanonischen Religionsmündigkeit katholisch und später dann nichtkatholisch oder außerhalb eines jeden religiösen Einflusses erzogen wurde, so ist er von der Formpflicht nicht befreit, weil er vom vollendeten siebenten Lebensjahr an mitverantwortlich ist. Diese Verantwortung steigert sich, sofern die katholische Erziehung auch weiterhin fortdauert. Besuch einer katholischen Schule oder des katholischen Religionsunterrichtes, Ablegung der Erstbeichte, Empfang der Erstkommunion sind sichere Zeichen für eine katholische Erziehung. Anderseits ist es oft sehr schwierig, zu entscheiden, ob ein Kind außerhalb der katholischen Kirche erzogen wurde, wenn solche Anzeichen fehlen, besonders wenn die Eltern religiös gleichgültig waren und der katholische Teil sich um die katholische Erziehung nicht kümmerte. Am schwierigsten ist die Feststellung, ob jemand ohne jede Religion herangewachsen ist. Bloße Unterlassung der katholischen Erziehung, Nichtbesuch des Religionsunterrichtes, Nichtempfang der Sakramente, Nichtverrichtung katholischer Gebete usw. rechtfertigen noch nicht die Annahme, daß jemand außerhalb eines jeden religiösen Einflusses erzogen worden ist. Solange sich ein solcher noch seiner katholischen Taufe eingedenk bleibt, öffentlich sich als katholisch bezeichnet, vielleicht sogar an den Hauptfesten am katholischen Gottesdienst teilnimmt oder von katholischen Verwandten auch nur eine geringfügige katholische Erziehung für einige Zeit nach Vollendung seines siebenten Lebensjahres erhalten hat, gilt er nicht als religionslos erzogen und würde somit der Formpflicht unterliegen. In einer Paderborner Sache ersuchte das Heilige Offizium am 30. 7. 1948 (Nr. 1186/48) um folgende Nachweise, „ut afferantur documenta et testium depositiones ex quibus rite probatum maneat, quam instructionem religiosam receperit, et quos actus religiosos ipsa posuerit a sua prima infantia usque ad celebrationem matrimonii, diligenter curando, ut inde appareat quonam aetatis suae tempore omnia haec evenerint".

Während nach der öfter zitierten Erklärung der S. C. S. Officii vom 6. 4. 1859 katholisch Getaufte, die von Kindheit an nicht katholisch erzogen waren, ohne Rücksicht auf das Bekenntnis der Eltern von der Formpflicht befreit waren, wurden nach der bisherigen Exemtionsnorm des can. 1099 § 2 nur jene katholisch Getauften, die ohne jede Religion oder außerhalb der katholischen Kirche aufgewachsen und mit einem nichtkatholischen Teil die Ehe eingegangen waren, an die Einhaltung der katholischen Eheschließungsform nicht gebunden, wenn sie entweder abstammten

a) von nichtkatholischen Eltern bzw.
b) von einem nichtkatholischen Vater oder einer nichtkatholischen Mutter, mochten diese getauft sein oder nicht,

c) von zur Zeit der Geburt des Kindes schon abgefallenen katholischen Eltern oder

d) von einem damals schon abgefallenen katholischen Elternteil, vielleicht auch

e) von katholischen Eltern, die erst nach der Geburt des Kindes, aber vor der Vollendung seines siebenten Lebensjahres abgefallen waren, bzw.

f) von einem solchen Elternteil.

III. Das neueste und das ältere Recht

Da die Beobachtung der Ausnahmevorschrift für die in can. 1099 § 2 genannten „nati ab acatholicis" zu immer größeren Schwierigkeiten und unlösbaren Zweifeln führte und „manche spitzfindige Fragen auftauchten, die bei den Richtern gar oft große Verwirrung, beim gläubigen Volke eine gewisse Irreverenz vor dem Gesetze, bei den Betroffenen unaufhörliche Klagen und Vorwürfe erregten" (vgl. die Konstitution „Provida"), wurde es als eine große Wohltat empfunden, als Papst Pius XII. am 1. 8. 1948 nach Anhörung der Mitglieder des Heiligen Offiziums aus eigenem Antrieb und kraft seiner Apostolischen Vollgewalt den zweiten Abschnitt des zweiten Paragraphen des can. 1099 mit Wirkung vom 1. 1. 1949 außer Kraft setzte und erklärte: „Decernimus ac statuimus omnes in Ecclesia catholica baptizati teneri ad canonicam matrimonii formam servandam". Damit wurde die einheitliche klare Rechtslage, die Papst Pius X. in Art. XI des berühmten Dekrets „Ne temere" geschaffen hatte, wiederhergestellt. Sie beruht auf den beiden Grundsätzen:

1. Alle Ehen, an denen ein Katholik des lateinischen Ritus beteiligt ist, sind an die kirchliche Form gebunden.

2. Als Katholik im Sinne des Eheschließungsrechtes gilt zeitlebens jeder, der in der katholischen Kirche rechtmäßigerweise getauft ist oder sonst einmal zu ihr gehört hat.

Für die Personen, die unrechtmäßig, entgegen den Vorschriften der can. 750 und 751 katholisch getauft sind oder deren katholische Taufe zweifelhaft ist und die im übrigen nie den Anschluß an die katholische Kirche gefunden haben, ist die Formpflicht, wie oben dargelegt wurde, nicht sicher; darum sind formlos eingegangene Ehen dieser Personen gemäß can. 1014 als gültig anzusehen. Seit 1949 kann mithin von fiktiven Nichtkatholiken im katholischen Eheschließungsrecht nicht mehr die Rede sein. Durch das neue Eherecht für die Ostkirche ist auch für sämtliche unierte Orientalen seit dem 2. 5. 1949 die gleiche Rechtslage gegeben (can. 90 Iuris Matrimonialis Orientalis). Sie unterliegen, wenn sie unter sich oder mit getauften oder ungetauften Nichtkatholiken die

Ehe eingehen, der zwingenden Form des orientalischen Eherechts[10]. Wenn von katholischen Brautleuten der eine Teil dem lateinischen, der andere einem orientalischen Ritus angehört, so ist die Eheschließung in beiden Riten gültig, sofern der zuständige Trauungspriester die durch seinen Ritus vorgeschriebene Form einhält. Das gleiche gilt, wenn sich Lateiner von einem orientalischen Pfarrer oder Orientalen von einem lateinischen Pfarrer trauen lassen. Im letztern Falle müßte aber der lateinische Trauungspriester, falls es sich nicht um eine Notehe gemäß can. 89 Iuris Matrimonialis Orientalis (vgl. can. 1098 CICLat.) handelt, die nach dem orientalischen Eherecht zur Gültigkeit vorgeschriebene Segnung vornehmen[11]. Bei einer gemischten Ritusehe mit einem Lateiner wäre dies nicht erforderlich.

Die neueste Änderung im kirchlichen Eheschließungsrecht der Lateinischen Kirche und die Verkündung des Eherechts für die Ostkirche bilden den Schlußstein einer jahrhundertelangen geschichtlichen Entwicklung der Eheschließungsform. Die katholische Gesamtkirche besitzt nunmehr sowohl für den lateinischen Ritus wie auch für die orientalischen Riten ein einheitliches, in sich geschlossenes und in allen Einzelheiten innerlich begründetes Eheschließungsrecht.

Hinsichtlich der *Form* hat die Kirche trotz aller Mißstände erst spät zwingende Vorschriften erlassen[12]. Bis zum Konzil von Trient war die Eheschließung an keine Form gebunden. Auf vielfachen Wunsch kam es dann nach ebenso ausgedehnten wie schwierigen Erörterungen in der 24. Sitzung vom 11. 11. 1563 zu einer neuen, folgenschweren Regelung, die in Anbetracht der großen Meinungsverschiedenheiten in einem Disziplinardekret und nicht in einem dogmatischen Kanon erfolgte. Mit 133 gegen 55 Stimmen und 4 Enthaltungen wurde beschlossen, daß „diejenigen, die anders als vor dem Pfarrer oder einem delegierten Priester und zwei oder drei Zeugen die Ehe zu schließen versuchen, unfähig sind, so eine Ehe zu schließen" (Dekret „Tametsi", cap. 1, de reformatione matrimonii). Damit war die zwingende tridentinische Form geschaffen, die sich bis heute im kanonischen Recht erhalten hat. Wenn sie auch zeitgemäß weitergebildet wurde, so ist ihr wesentlicher Kern doch unverändert geblieben. Um die Gläubigen zu verpflichten, mußte das Reformdekret in jeder Pfarrei in der Landessprache und als Dekret der Synode oder des Papstes verkündet werden. Dreißig Tage danach wurde es wirksam. In manchen Pfarreien wurde es durch Observanz eingeführt, in andern durch gegenteilige Gewohnheit wieder abgeschafft. Es war ein Gesetz mit örtlichem und persönlichem Geltungsbereich.

[10] *J. Wenner*, Kirchliche Eheprozeßordnung (2. Aufl. 1949) 250, 262.

[11] Vgl. *Herman* l. c. 118ff.

[12] Vgl. das Nähere bei *A. Esmein-R. Génestal-J. Dauvillier*, Le mariage en droit canonique II (2. Aufl. 1935) 172ff.; *Linneborn-Wenner* a. a. O. 339ff., 369ff.; *A. Scharnagl*, Kirchliche Eheschließungsform (1949).

An den sog. tridentinischen Orten, d. h. dort, wo es galt, waren alle Getauften einschließlich der Nichtkatholiken formpflichtig, und wer an einem solchen Ort seinen Wohnsitz hatte, ob Katholik oder nichtkatholischer Christ, war überall an die tridentinische Form gebunden. In den nichttridentinischen Gebieten bestand weiter Formfreiheit, auch für die Katholiken. Voraussetzung war allerdings, daß wenigstens einer der Brautleute an dem nichttridentinischen Ort Domizil oder Quasidomizil hatte oder wohnsitzlos war. Auf die gemischten Ehen wurde der Grundsatz von der Unteilbarkeit des Ehevertrags angewandt, der gewohnheitsmäßig dahin ausgelegt wurde, daß der formfreie Teil dem formpflichtigen seine Freiheit mitteilte. Schließlich befreite Benedikt XIV. in der Bulle „Matrimonia" vom 4. 11. 1741 (Declaratio Benedictina; Fontes V n. 3527) die Nichtkatholiken in den Niederlanden von der tridentinischen Form, wenn sie nicht nur unter sich, sondern auch mit Katholiken die Ehe eingingen. Diese Erklärung wurde seitdem auf andere Länder und einzelne Bistümer mit ähnlichen konfessionellen Verhältnissen ausgedehnt. Dabei zählten (bis „Ne temere") zu den Nichtkatholiken nach dem oben wiederholt zitierten Dekret der S. C. S. Officii vom 6. 4. 1859 auch alle katholisch Getauften, die mit oder ohne Schuld den katholischen Glauben verloren hatten.

Da sich bei der Durchführung des Dekrets „Tametsi" manche nachteilige Folgen zeigten und vor allem an vielen Orten in Deutschland eine sehr große Rechtsungleichheit und Rechtsunsicherheit entstand, weil man nicht wußte, ob das Dekret dort galt oder nicht und ob es auch die Nichtkatholiken verpflichtete, erließ Pius X. am 18. 1. 1906 die Konstitution „Provida", die am 15. 4. (Ostern) 1906 in Kraft trat. Für katholische Ehen wurde im ganzen Deutschen Reich die tridentinische Eheschließungsform vorgeschrieben. Bekenntnisverschiedene Ehen ohne kirchliche Form wurden streng verboten, aber als gültig angesehen. Nichtkatholische Ehen wurden als formfrei und außerdem die vor dem 15. 4. 1906 formlos geschlossenen nichtkatholischen und gemischten Ehen für gültig erklärt, falls der eheliche Wille auf beiden Seiten noch fortdauerte, kein Ehehindernis entgegenstand und keine Nichtigkeitserklärung wegen Formmangels bis zum Osterfest dieses Jahres rechtmäßig ergangen war. Als Nichtkatholiken im Sinne dieser Konstitution galten alle, die zur Zeit der Eheschließung einer nichtkatholischen Religionsgemeinschaft angehörten, auch wenn sie katholisch getauft waren oder sich früher zur katholischen Kirche bekannt hatten. Am 23. 2. 1909 wurde die Konstitution „Provida" auf Großungarn ausgedehnt unter gleichzeitiger Sanierung ungültig geschlossener Mischehen. Weil sich diese Sonderregelung für Deutschland und Ungarn als Fehlgriff erwies, wurde sie allmählich abgebaut, indem ihr persönlicher Geltungsbereich eingeschränkt wurde. Vom 15. 4. 1906 bis zum 18. 4. 1908 waren ohne kirchliche Form geschlossene bekenntnisverschiedene Ehen gültig, auch wenn die Brautleute nicht in Deutschland geboren waren; jedoch mußte der andersgläubige Teil entweder in Deutschland sein Domizil oder Quasidomizil haben oder als wohnsitzlos in Deutschland weilen oder im Ausland an einem nichttridentinischen Ort wohnen. Vom 19. 4. 1908 bis zum 18. 5. 1918 waren formlos in Deutschland geschlossene Mischehen nur dann gültig, wenn beide Brautleute im Deutschen Reich (nicht in den Deutschen Kolonien) geboren waren. Gleiches galt entsprechend für Großungarn. Jedoch konnten in Deutschland geborene Deutsche nicht auch in Ungarn formlos gültige Mischehen eingehen und umgekehrt die Ungarn nicht in Deutschland. Am 19. 5. 1918 trat die Konstitution „Provida" laut Erklärung der Kodexkommission vom 30. 3. 1918[13] auf Grund des can. 6 n. 1 außer Kraft.

Inzwischen brachte das Dekret „Ne temere" mit Rechtskraft vom 19. 3. (Ostern) 1908 für die Lateinische Kirche eine *einheitliche Neuordnung* des Eheschließungsrechts, die im wesentlichen später vom Codex Iuris Canonici übernommen wurde und auch in das Eherecht der Ostkirche übergegangen ist. Als einzige Ausnahme blieb bis zum Inkrafttreten des kirchlichen Gesetzbuches das Sonderrecht der Konstitution „Provida" bestehen. Das Dekret „Ne temere" hob den Unterschied zwischen tridentinischen und nichttridentinischen Orten völlig auf und bestimmte, daß jeder Pfarrer oder Ortsordinarius innerhalb der Grenzen seines Gebietes jeder Ehe gültig assistierte, bzw. der von einem von diesen delegierte Priester. An die Stelle des bisherigen Personalprinzips trat also das Territorialprinzip. Die Begriffe „Katholik" und „Nichtkatholik" wurden, wie oben ausgeführt ist, neu umgrenzt; die Formpflicht war somit einheitlich geregelt.

Durch das Dekret „Ne temere" (Art. VII und VIII) wurden für besondere Notfälle die außerordentliche Eheschließungsform in das kirchliche Recht eingeführt. Bereits vorher vertraten die meisten Kanonisten den Grundsatz: Nulla est obligatio observandi formam, quae sit impossibile observatu. Bei Unmöglichkeit der ordentlichen Eheschließungsform wurde die Ehewillenserklärung vor einem beliebigen Priester und zwei Zeugen, und sogar jene vor zwei Zeugen allein, gestattet, und zwar in Todesgefahr eines oder beider Teile und außerhalb der Todesgefahr bei Unerreichbarkeit eines trauungsberechtigten Priesters, wenn dieser Zustand einen Monat angedauert hatte. Mit kleinen Änderungen sind diese Bestimmungen in den Codex Iuris Canonici und in das orientalische Eherecht (can. 89) aufgenommen worden. Can. 1098 lautet: „Ist ein Pfarrer, Ordinarius oder ein von ihnen delegierter Priester, der der Ehe nach can. 1095 und 1096 assistieren könnte, ohne große Schwierigkeiten nicht zu haben oder nicht erreichbar, so ist 1. in Todesgefahr eine vor Zeugen allein geschlossene Ehe gültig und erlaubt;

[13] *Sartori* l. c. 222.

und auch außerhalb der Todesgefahr, wenn nur vernünftigerweise vorauszusehen ist, daß diese Notlage für die Brautleute noch einen Monat lang andauern wird. 2. In beiden Fällen ist, wenn ein anderer Priester zur Verfügung steht, dieser herbeizurufen, und er soll zugleich mit den Zeugen der Ehe assistieren, unbeschadet der Gültigkeit der Ehe, wenn sie vor den Zeugen allein abgeschlossen wird". Bei Todesgefahr genießt dieser Priester die Vollmachten der can. 1043 und 1044. In beiden Fällen ist auch eine standesamtliche oder nichtkatholische Trauung als kirchliche Noteheschließung anzusehen, wenn die geforderten Voraussetzungen wirklich zutreffen, auch wenn die Brautleute von der Möglichkeit einer solchen Noteheschließung nichts wissen und niemand über die Unerreichbarkeit eines bevollmächtigten Priesters nachgeforscht hat. Unerläßlich ist es jedoch, daß die Brautleute wahren Ehewillen haben und durch diesen Eheschließungsakt eine wirkliche Ehe eingehen wollen. Hiernach ist die Gültigkeit der Ehen mancher Kriegsteilnehmer und Kriegsgefangener im Ausland zu beurteilen.

Eine außerordentliche Maßnahme hat am 26./27. 1. 1949 die S. C. S. Officii für den von den Kommunisten besetzten Teil Chinas getroffen: „1. In expositis circumstantiis (wenn und solange es nämlich überhaupt nicht oder nur unter allerschwerstem Nachteil möglich ist, Dispens von den kirchlichen Ehehindernissen, insbesondere vom Alter und von der Religionsverschiedenheit, zu erlangen, und auf die Eheschließung nicht verzichtet und sie auch nicht verschoben werden kann), matrimonia sine forma canonica et cum quovis impedimento iuris ecclesiastici a quo Ecclesia dispensare solet habenda esse uti valida. 2. Matrimoniis quibus obstat impedimentum disparitatis cultus applicanda esse ea quae a S. Officio statuta fuerunt quoad cautiones aequipollentes (cfr. Sylloge S. C. de Propaganda Fide a. 1939, 561—566)"[14].

In China können die Ordinarien von der kanonischen Eheschließungsform dispensieren[15]. In der Ostkirche hat der Patriarch gemäß can. 32 § 2 n. 5 des neuen orientalischen Eherechts diese Vollmacht, jedoch nur aus sehr schwerwiegendem Grunde, bei bekenntnis- und religionsverschiedenen Ehen.

Bei dringender Todesgefahr der Brautleute oder eines Verlobten haben sowohl in der Lateinischen wie in der Orientalischen Kirche die Ortsordinarien, Pfarrer und Trauungspriester die Vollmacht, von der Eheschließungsform unter den Voraussetzungen der can. 1043 und 1044 Codicis Iuris Canonici Latini bzw. can. 33 und 34 Iuris Matrimonialis Orientalis zu dispensieren.

---

[14] Mitteilung des Apostol. Internuntius Ant. Riberi vom 15. 2. 1949 (Periodica de re morali, canonica, liturgica 38, 187f.).

[15] Über die Dispensvollmachten der chinesischen Ordinarien vgl. auch *C. Payen*, De matrimonio III (1928) 305f.

IV. Zusammenfassung

Bei einem Rückblick auf die Geschichte der Eheschließungsform ergibt sich für die nicht in kirchlicher Form abgeschlossenen Ehen der Katholiken, die außerhalb eines jeden religiösen Einflusses erzogen worden sind, folgendes Bild:

A. *Diese Ehen sind als gültig anzusehen,* falls kein trennendes Ehehindernis vorlag,

1. bis zum Trienter Dekret „Tametsi" (1563) *überall,*
2. bis zum Dekret „Ne temere" (Ostern 1908) an den *nichttridentinischen Orten,*
3. an den *tridentinischen Orten* auch *im* Geltungsbereich der Benedictina,
4. in *Deutschland und Ungarn* unter den Voraussetzungen der Konstitution „Provida", wenn ein Teil bei der Eheschließung Nichtkatholik im damaligen Sinn war, bis zum 18. 5. 1918.
5. *vom 19. 5. 1918 bis zum 31. 12. 1948* unter den Voraussetzungen der nunmehr aufgehobenen Exemtionsnorm des can. 1099 § 2, wenn sie mit Nichtkatholiken oder mit ihresgleichen die Ehe eingingen,
6. *seit Ostern 1908,* wenn es sich um Notehen gemäß Art. VII und VIII des Dekrets „Ne temere" oder nach can. 1098 CIC bzw. can. 89 IMO handelt,
7. bei rechtmäßig erteilten *Dispensen* von der Formpflicht.

B. *Nichtig waren diese Ehen wegen Formmangels*

1. an den *tridentinischen Orten außerhalb* des Geltungsbereichs der Benedictina,
2. an allen Orten *außerhalb* Deutschlands und Ungarns, solange das Dekret „Ne temere" in Kraft war,
3. in *Deutschland und Ungarn* zur Zeit der Geltung der Konstitution „Provida", falls keiner der Brautleute bei der Eheschließung Nichtkatholik war, wenn also der eine Teil katholisch und der religionslos erzogene Katholik nur bloßer Indifferentist war und nicht als Nichtkatholik galt,
4. von *Pfingsten 1918 bis zum 31. 12. 1948,* wenn der andere Verlobte katholisch war.

C. *Ausnahmslos nichtig* sind außer den unter A 6 und 7 genannten Fällen alle diese Ehen in der Lateinischen Kirche seit dem 1. 1. 1949 und in der Ostkirche seit dem 2. 5. 1949, wenn gegen die katholische Taufe des religionslos Erzogenen keine gesetzmäßigen Gründe geltend gemacht werden können[16].

---

[16] Vgl. auch *J. Wenner,* Formpflichtige und formfreie Brautleute: Theologie und Glaube 40 (1950) 42ff.

Die wegen Nichteinhaltung der katholischen Eheschließungsform nichtigen Ehen, richtiger Nichtehen genannt, können in Ordnung gebracht werden durch die einfache Gültigmachung nach can. 1137, d. h. durch Erneuerung der Ehewillenserklärung vor dem Pfarrer und zwei Zeugen, wobei sich gegebenenfalls ein Teil durch einen Bevollmächtigten gemäß can. 1089 und 1091 vertreten lassen kann. Als letztes Mittel bleibt nur die außerordentliche Form der Gültigmachung der Ehe durch Heilung in der Wurzel (sanatio in radice) gemäß can. 1138—1141 übrig. Zuständig dafür ist der Heilige Stuhl, der aber seine Vollmachten an die Ortsordinarien weiter gibt. In der Ostkirche sind auch die Patriarchen dazu ermächtigt, und zwar bei Ehenichtigkeit wegen Formmangels und wegen der Hindernisse, von denen sie selbst dispensieren können (can. 130 § 2 Iuris Matrimonialis Orientalis). Dauert der eheliche Wille an, so kann eine nichtige Ehe auch ohne Wissen eines oder beider Teile in der Wurzel geheilt werden, wie z. B. durch die Konstitution „Provida" alle vor dem 15. 4. 1906 in Deutschland geschlossenen wegen Mangels der tridentinischen Form nichtigen nichtkatholischen und bekenntnisverschiedenen Ehen.

Begnügen sich formpflichtige Katholiken nur mit der standesamtlichen oder nichtkatholischen religiösen Trauung, so werden sie von der Kirche nicht als Eheleute und ihre Kinder nicht als filii legitimi anerkannt. Außerdem werden sie nicht zu den Sakramenten zugelassen und von den kirchlichen Ehrendiensten (can. 2256 n. 2) ausgeschlossen. Geben sie vor dem Tode keine Zeichen der Reue, dürfen sie auch nicht kirchlich beerdigt werden (can. 1240 § 1 n. 6).

Ob nun in Zukunft infolge der Aufhebung des alterum comma in can. 1098 § 2 die Zahl der kirchlichen Trauungen zunimmt, bleibt abzuwarten. Religiös gleichgültige oder abständige Katholiken werden es vielleicht als Vorzug betrachten, daß sie nach bürgerlicher Scheidung ihrer formlosen Ehe sogar kirchlich wiederheiraten können, und daß ihnen ein langer kanonischer Ehenichtigkeitsprozeß erspart bleibt, weil derartige formlose Ehen auf kürzestem Wege gemäß Artikel 231 § 1 der Eheprozeßordnung vom 15. 8. 1936 als Nichtehen erklärt werden. Darin haben allerdings diese Ehen einen bedenklichen Vorzug vor den kirchlich geschlossenen Ehen und den formfreien Ehen zwischen den Nichtkatholiken oder zwischen Nichtkatholiken und Nichtchristen oder zwischen Ungetauften, die gültig und für die katholische Kirche unauflöslich sind, auch wenn sie nur standesamtlich geschlossen wurden — es sei denn, daß in einem kirchlichen Gerichtsverfahren ihre etwaige Nichtigkeit aus kanonischen Gründen nachgewiesen würde.

Die Regelung der Ehe der Katholiken, die außerhalb eines jeden religiösen Einflusses erzogen worden sind, ist eine rein kirchliche Angelegenheit, die den grundsätzlich konfessionslosen Staat, der nur die Zivilehe kennt, nicht interessiert und sich auch im bürgerlichen Bereich der Staaten, deren Eheschließungsrecht kirchlich ist, oder in denen nebeneinander staatliches und kirchliches Eheschließungsrecht gilt, oder deren Eheschließungsrecht staatlich ist, die jedoch die kirchliche Eheschließungsform zulassen oder gebieten, nur wenig auswirken wird. Deshalb erübrigt sich in diesem Referat eine rechtsvergleichende und international-privatrechtliche Untersuchung dieser Frage.

DIE BILLIGKEIT IM KANONISCHEN RECHT

Von Dr. Dr. CARL JOSEPH HERING
Privatdozent an der Universität Köln

Fragt man nach dem *Begriff und* der *Funktion* der Billigkeit (aequitas = aeq.) im kanonischen Recht, so geben sowohl der Cod. I. C. und die neueren Kanonisten als auch das Corp. I. Can. und die älteren Autoren überraschend verschiedene Antworten. Diese Verschiedenheit, die auch in anderen Rechten[1] und in der Rechtsphilosophie[2] begegnet, erklärt sich aus dem Wesen der Billigkeit, die mit ihren vielfältigen Korrelationen bald diese, bald jene Wesensseite hervorkehrt. Auch sind diese Korrelationen im Zuge der rechtsgeschichtlichen Entwicklung in ungleichmäßiger Weise erst nach und nach in das wissenschaftliche Bewußtsein getreten. Für den Bereich des kanonischen Rechts ist die Entwicklung des Begriffs Billigkeit von *Eugen Wohlhaupter* quellengeschichtlich und ansatzweise auch rechtstheoretisch dargestellt worden[3]. Eine Untersuchung über die Stellung der aeq. im Cod. I. C. besitzen wir von *Sosius d'Angelo*[4]. Sonst aber ist die so vieldeutige und elastische Größe nicht viel beachtet worden. In jüngster Zeit haben sich in der deutschen Literatur *Hilling* und *Mörsdorf*[5] über die aequitas canonica beiläufig geäußert, und auch ihre Darlegungen zeigen wieder die besagte Mehrdeutigkeit des Begriffs aequitas canonica. So bedeutet für *Hilling* die aeq. can. allgemein die dem kanonischen Recht eigentümliche Billigkeit, die der milden und mütterlichen Gesinnung der Kirche entspreche und die in konkreten Einzelfällen das ius strictum durch den Grundsatz

---

[1] Vgl. *Hirzel*, Ἄγραφος νόμος: Abh. d. phil.-hist. Kl. d. kgl. sächs. Ges. d. Wiss. 20 (1903); *Voigt*, Die Lehre vom ius naturale, aequum et bonum usw. der Römer (1856); *Gramsch*, Die Billigkeit im Recht (1938); *Rümelin*, Die Billigkeit im Recht (1921); *Radbruch*, Der Geist des englischen Rechts (1947), bes. 42ff.

[2] Vgl. *Pizarro Crespo*, L'equità e la sua funzione nel diritto: Revista internazionale della filosofia del diritto, 1927, fasc. IV und V; *Hering*, Die Billigkeit im philosophischen Rechtsdenken (1938).

[3] *Wohlhaupter*, Aequitas canonica, Bd. 56 d. Veröff. d. rechts- u. staatsw. Sekt. d. Görres-Ges. (1931).

[4] De aequitate in Codice iuris Canonici, in: *Apollinaris*, Commentarium iuridico-canonicum (1928) I Nr. 4.

[5] *Hilling*, Arch. f. kath. Kirchenrecht 1942/43 (ersch. 1947) 6; 1944/48 (ersch. 1948) 1—8; *Eichmann-Mörsdorf*, Lehrb. d. Kirchenrechts I (1949) 110f.

der Barmherzigkeit zu mildern suche. Nach *Mörsdorf* ist der aeq. can. im äußeren Bereich dieselbe Rolle zugewiesen wie der Epikie (über die noch besonders zu sprechen sein wird) im Gewissensbereich; sie sei das dynamische Prinzip der Rechtsentwicklung, und zwar in mehrfacher Weise: einmal als milde Auslegung der Gesetze, ferner als Rechtsschöpfung aus dem Geist des positiven Kirchenrechts und aus dem Naturrecht, und schließlich sei die aeq. can. eine Methode, die Forderungen des Idealrechts gegenüber den Unzulänglichkeiten des gesatzten Rechts zur Geltung zu bringen. Wir werden all diese Wesensseiten der aeq. can. — und noch andere — nach Analyse der einschlägigen Canones und Literaturstellen systematisieren müssen.

Dem ursprünglichen *Wortsinn* nach bedeutet aequitas (sanskr. ekah = unus, daraus altlat.: aicetia, vielleicht auch griech.: εἰκός) Gleichheit, Gleichmäßigkeit, Einheitlichkeit[6]. Dieser Ursinn findet sich heute noch in der sog. Gleichheit aller vor dem Gesetze, auch in dem seltener vorkommenden Terminus aequalitas (der sich z. B. in den Registern zu den Decisiones Rotae Romanae Recentiores findet). Mit aequum im Ursinne ist auch das ahd.: éwa = Recht (mhd.: éwe, ê) verwandt (vgl. Ehe als das Gleichbleibend-Beharrende). Während die ursprüngliche aeq. „in paribus causis paria iura desiderat", gilt von der jurisprudenten (d. h. differenzierend fungierenden) aeq., daß sie als „convenientia rerum in imparibus causis imparia iura desiderat"; erst sie hat also die Bedeutung von Billigkeit in dem uns geläufigen Sinne.

Das deutsche Wort Billigkeit (von billig, bis ins 18. Jh.: billich, mhd.: billîch, aus dem selbständig nicht vorkommenden Stamm bil-, ags.: beliwet, vgl. auch das mhd. Adj.: unbil) hieß und heißt so viel wie sittlich-rechtliche Ziemlichkeit[7] und sittlich gemessene Gerechtigkeit[8]. Die Bedeutungsgleichheit von aequitas und Billigkeit ergibt sich aus dem unterschiedslosen Gebrauch dieser Worte in der weltlichen Rechtssprache[9] und in der Sprache der Kanonisten[10]. Wir brauchen also auch hier beide Termini promiscue.

Im Cod. I. C. kommt der Terminus aeq. nebst verwandten Ausdrücken 33 mal vor, doch haben diese Ausdrücke auch im Cod. I. C. sehr verschiedene Bedeutungen. In der nachstehenden Übersicht sind die betreffenden Termini (abweichend von den Übersichten bei *Wohlhaupter*, *Köstler* und *d'Angelo*) nach der *Bedeutungsverschiedenheit* geordnet;

[6] Vgl. *Wohlhaupter* 13; *Heumann-Seckel*, Hdlex. z. d. Quellen des röm. Rechts (1907 u. 1927) s. v.; Thesaurus ling. lat.: s. v.

[7] Vgl. *Kluge*, Etym. Wörterbuch d. deutschen Sprache (1934) 58; *Paul* Deutsches Wörterbuch (1935) 83.

[8] *Grimm*, Deutsches Wörterbuch II (1860) s. v. 27—29.

[9] Vgl. *Kiss*, Billigkeit und Recht: ArchRWPh. 3 (1909/10) 536ff.

[10] Vgl. *Mörsdorf*, Die Rechtssprache des Cod. I. C., Bd. 74 d. Veröff. d. Rechts- und Staatsw. Sekt. d. Görres-Ges. (1937) 42; *Eichmann-Mörsdorf* a. a. O. I, 111.

näherhin sind die aequitas-Stellen des Cod. I. C. nach dem Maße der in den Canones zugestandenen freien Jurisprudenz *gestuft*: also angefangen von den einfachen Formen der Maß- und Rechtsgleichheit (in denen freie Jurisprudenz nicht konzediert wird = Urbedeutung von aeq.), über die verschiedenen Formen der aeq. scripta (= positiv-rechtlich zugestandene aequitas) bis zur umstrittenen aequitas contra legem, die im Cod. I. C. allerdings nicht vorkommt, nichtsdestoweniger aber eines der eminenten Probleme des kanonischen Rechts ist.

Stufenordnung der aequitas im kanonischen Recht

Bedeutungen von aequitas	Termini	Cod. I. C. cc.	Zusammenhang
Maßgleichheit	aequis partibus	1299 § 2	Stirbt ein Diözesanbischof, der eine oder mehrere Diözesen regiert hatte, und sind seine Einkünfte aus den einzelnen Diözesen unbestimmt, dann fallen die heiligen Gerätschaften, die daraus erworben wurden, zu gleichen Teilen (aequis partibus) an die einzelnen Kathedralkirchen
Formgleichheit (= Gleichheit der sachlichen und rechtlichen Form)	forma aeque principali	64 u. 65	Betr. Kommunikation von Privilegien in ursprünglich gleicher Form (in forma aeque principali)
	aeque principalis bzw.	460 § 1 466 § 2 1419 n. 2 1420 § 2 1422 1423 § 2	Betr. Vereinigung von Benefizien, Pfarreien usw. als grundsätzlich gleiche und voneinander rechtlich unabhängige (unio aeque principalis)
	aeque principaliter . .	339 § 5	Betr. mehrere grundsätzlich gleicherweise unierte Diözesen (dioeceses aeque principaliter unitas)
Rechtsgleichheit	aeque	1553 § 2	Betr. Streitsache, für die sowohl kirchliche als auch weltliche Gerichte zuständig sind (in quibus tum Ecclesia tum civilis potestas aeque competentes sunt)
	aeque ac	593	Betr. Gelübdeerfüllungspflicht für *alle* Religiosen: subditi aeque ac superiores
	peraeque ac	1994 § 1	Als Kläger im Weiheprozeß kann der betreffende Kleriker selbst und ebenso sein Ordinarius (clericus peraeque ac Ordinarius) auftreten

Bedeutungen von aequitas	Termini	Cod. I. C. cc.	Zusammenhang
(Noch) Rechtsgleichheit	aequo iure	454 § 5	Sunt (sc. Religiosen als Pfarrer) amovibiles ad nutum tam loci Ordinarii, monito Superiore, quam Superioris, monito Ordinario, aequo iure (also nach beiderseits gleichem Recht)
	aequum ius	1111	Betr. gleiche Rechte und Pflichten der Ehegatten: Utrique coniugi ab ipso matrimonii initio aequum ius et officium est, quod attinet ad actus proprios coniugalis vitae
Angemessenheit	aequa de causa	338 § 2	Der Bischof darf sich, abgesehen von einigen aufgezählten Fällen, aus einem angemessenem Grunde (aequa de causa) 2 oder höchstens 3 Monate außerhalb seiner Diözese aufhalten
	aequo iudicio	Doc. II § 2	Contingere potest (beim Pfarrkonkurs), quod favore, vel gratia, vel minus aequo iudicio, minus digni dignioribus praeponantur; dem Zusammenhang nach wird man hier auch schlicht von einem „weniger gerechten Urteil" sprechen können
	aequa proportio	2218 § 1	Das Strafmaß muß der Straftat angemessen sein (in poenis decernendis servetur aequa proportio cum delicto)
	aequa frequentia	618 § 2 2⁰	Den nichtexempten laikalen Religiosengemeinschaften gegenüber hat der Ordinarius das Recht und die Pflicht, zu prüfen, ob die Sakramente in geziemender und bestimmter Häufigkeit empfangen werden (num Sacramenta aequa stataque frequentia suscipiantur)
	intra aequos terminos	2224 § 2	Bei Strafhäufung muß der Richter die Strafe nach klugem Ermessen auf ein erträgliches Maß reduzieren (poenas intra aequos terminos moderari)

<table>
<tr><th>Bedeutungen von aequitas</th><th>Termini</th><th>Cod. I. C. cc.</th><th>Zusammenhang</th></tr>
<tr><td rowspan="3">(Noch) Angemessenheit</td><td>aequum</td><td>Doc. V</td><td>Romani Pontificis aequa et circumspecta providentia: juristisch irrelevant</td></tr>
<tr><td>aeque</td><td>1517 § 2</td><td>Allgemein ist eine Umwandlung, Änderung u. dgl. von letztwilligen Verfügungen zu frommen Zwecken nur dem Apostolischen Stuhl vorbehalten. Wenn aber die Erfüllung der letztwilligen Verfügung unmöglich geworden ist, kann auch der Ordinarius, nachdem er die Interessenten angehört hat, die Auflagen vermindern (poterit eadem onera aeque imminuere), muß aber dafür sorgen, daß der Wille des Stifters möglichst gewahrt bleibt (et servata, meliore quo fieri potest modo, fundatoris voluntate)</td></tr>
<tr><td>ad aequitatem</td><td>1833, 2°</td><td>Hat (im kanonischen Prozeß) eine Partei, die Schadensersatz beansprucht, die Größe des Schadens unter Eid selbst eingeschätzt (sog. Schätzungseid), und findet der Richter die Selbsteinschätzung zu hoch, so soll er sie unter Berücksichtigung der vorliegenden Anzeichen und Beweisgründe, die zur Findung der Wahrheit und Gerechtigkeit mehr geeignet sind, auf ein entsprechendes Maß zurückführen (taxationem ... ad aequitatem reducat)</td></tr>
<tr><td rowspan="3">gesetzlich konzedierte Sachgemäßheit u. Billigkeit</td><td rowspan="2">ex bono et aequo</td><td>1500</td><td>Betr. Teilung gemäß der Sache und nach Billigkeit (cum debita proportione ex bono et aequo dividi debent)</td></tr>
<tr><td>1805</td><td>Honorar und Entschädigung der Sachverständigen im kanonischen Prozeß sind der Sache gemäß und nach Billigkeit unter Berücksichtigung der ortsüblichen Gewohnheit festzusetzen (loci consuetudinem prae oculis habens, ex bono et aequo taxare debet)</td></tr>
<tr><td></td><td>1929</td><td>Zur Vermeidung von Prozessen können die Parteien unter sich vereinbaren, daß schiedsgerichtlich nach</td></tr>
</table>

Bedeutungen von aequitas	Termini	Cod. I. C. cc.	Zusammenhang
			strengem Recht oder gemäß der Sache und der Billigkeit verfahren werde (vel ad normam iuris vel de bono et aequo)
(Noch) gesetzlich konzedierte Sachgemäßheit u. Billigkeit	de bono et aequo	1951 § 2	Mit Zustimmung der Parteien kann der Ordinarius eine Schadensersatzfrage gemäß der Sache und nach Billigkeit entscheiden (de bono et aequo videre et dirimere potest)
		1951 § 3	Sieht dabei (c. 1951 § 2) der Ordinarius für eine Beurteilung nach Billigkeit usw. zu große Schwierigkeiten voraus, so kann er die Sache einem zivilgerichtlichen Verfahren überlassen (sed si censuerit quaestionem difficulter de bono et aequo definiri, licet ipsi, remissa ordini iudicario solutione)
gesetzlich konzedierte frei zu ermessende Billigkeit	naturali aequitate	144	Ein Kleriker, der mit Erlaubnis seines Ordinarius in einer anderen Diözese weilt, ohne exkardiniert zu sein, kann nur aus einem gerechten Grund und unter Beobachtung der natürlichen Billigkeit (iusta de causa et naturali aequitate servata) zurückberufen werden
		192 § 3	Aus einem widerruflichen Amt (officium amovibile) kann ein Kleriker aus jedem Grunde, den der Ordinarius nach kluger Erwägung für gerecht hält (ex qualibet iusta causa, prudenti eius arbitrio) und unter Beobachtung der natürlichen Billigkeit (naturali aequitate servata) entfernt werden
		643 § 2	Eine weibliche Religiosengenossenschaft muß dafür sorgen, daß eine Ausgetretene, die mittellos ist und auch ohne Mitgift eingetreten war, unter Beobachtung der natürlichen Billigkeit (naturali aequitate servata) für eine gewisse Zeit (per

Bedeutungen von aequitas	Termini	Cod. I. C. cc.	Zusammenhang
(Noch) gesetzlich konzedierte frei zu ermessende Billigkeit			aliquod tempus) ehrbar leben (honeste vivere) kann; diese Zeit wird gegenseitig vereinbart oder bei Meinungsverschiedenheit vom Ortsordinarius bestimmt
	privilegium ex aequitate	1455 n. 2	Der Patron einer Kirche hat bei unverschuldeter Verarmung einen Billigkeitsanspruch auf Unterstützung aus den Einkünften der betreffenden Kirche oder des Benefiziums (privilegium ... alimenta ex aequitate optinendi)
gesetzlich konzedierte Billigkeit zur Ausfüllung von Gesetzeslücken	aequitas canonica	20	Generalklausel betreffend Ausfüllung von Gesetzeslücken. Die Norm kann u. a. gewonnen werden a generalibus iuris principiis cum aequitate canonica servatis
aequitas praeter legem	Kommt im Cod. I. C. nicht vor		Aeq. praeter legem = billiges Recht, das zur Positivierung drängt (ad legem ferendam)
aequitas contra legem	Kommt im Cod. I. C. nicht vor		Aeq. contra legem = dispensatorische oder derogatorische aeq: Problem der Epikie

Die vorstehende Stufenordnung enthält also in den ersten drei Gruppen die Formen der *aequalitas* (Maßgleichheit, Form- und Rechtsgleichheit) als der Urform der aequitas. Diese Formen, die für einfache Gleichheit stehen oder, wie man auch sagen kann, für *arithmetische* Gleichheit, scheiden aus unserer weiteren Erörterung aus, weil die arithmetische Gleichheit nicht das bedeutet, was man unter Billigkeit (aequitas) versteht. Aeq. im Sinne von B. steht immer für *geometrische* Gleichheit. Die Gegenüberstellung von arithmetischer und geometrischer Gleichheit in rechtlichen Zusammenhängen geht auf *Aristoteles* zurück und hat im scholastisch-kanonistischen Denken eine nicht geringe Rolle gespielt.

Die erste Form von aeq. im Sinne von *geometrischer* Gleichheit, die uns in unserer Stufenordnung begegnet, ist die *Angemessenheit* (aequitas proportionalis). Sie steht für eine Proportionalität zwischen rechtlicher

Regelung und Natur der Sache. Sie ist eine verhältnismäßig einfache, leicht einsichtige Form der aeq., die noch kein jurisprudentes Urteil, sondern lediglich eine ordentliche Sachkenntnis voraussetzt. Aber der Gedanke der aeq. als der Gedanke der Proportionalität zwischen Recht und Sache steckt bereits darin.

Aequitas im Sinne von *Billigkeit* findet sich erst in der folgenden Gruppe unserer Tafel, und zwar in denjenigen Kanonstellen, in denen das Wort aequum in Zusammensetzung mit bonum auftritt (cc. 1500, 1805, 1929, 1951 § 2 u. 3). Diese Zusammensetzung deutet auf eine korrelative Nebenordnung von aequitas und den rechtlich zu ordnenden Gütern (bona) hin. Gemeint ist in diesen Fällen also eine sachgemäße und zugleich billige Regelung (ex bono et aequo). Diese Billigkeit ist, wie alle Formen der aeq. im Cod. I. C. — das bleibt im folgenden festzuhalten — eine gesetzlich zugestandene, d. h. eine sog. *aeq. scripta*, zum Unterschied von der in der Rechtsgeschichte viel geschmähten *aeq. non scripta* (auch aeq. cerebrina oder aeq. ex corde genannt)[11].

Eine freier zu handhabende aeq. ist die *Ermessensbilligkeit* (aeq. scripta secundum iurisprudentiam: cc. 144, 192 § 3, 643 § 2, 1455, 2°). Bei dieser Form hat der Gesetzgeber dem billigen (= wertauswägenden) Ermessen einen relativ weiten Spielraum gelassen.

Die freieste Form von aeq. im Cod. I. C. ist die sog. „*aequitas canonica*" des c. 20 (aeq. can. i. e. S.), die zur Ausfüllung von Gesetzeslücken dient. C. 20 nennt zur Lückenausfüllung vier Möglichkeiten, die in völliger Gleichordnung (also ohne Rangunterschiede) ad libitum stehen: die Rechtsanalogie (a legibus latis in similibus), Stil und Praxis der römischen Kurie (a stylo et praxi curiae Romanae), allgemeine und beständige Lehre (a communi constantique sententia doctorum) und endlich die allgemeinen Rechtsprinzipien unter Berücksichtigung der kanonischen Billigkeit (a generalibus iuris principiis cum aequitate canonica servatis). Es ist dabei zu beachten, daß hier die aequitas canonica selbst nur beigeordnete Rechtsquelle ist und mehr als modus iudicandi fungiert. Primäre Rechtsquelle sind die allgemeinen Rechtsprinzipien. Darunter müssen natürlich die Prinzipien des „kanonischen" Rechts verstanden werden. Das kanonische Recht erkennt diese Grundsätze aus der Offenbarung, dem Naturrecht, dem früheren kanonischen und dem römischen Recht sowie in engeren Grenzen auch aus dem geltenden staatlichen Recht[12]. Die so erkannten Rechtsgrundsätze sind nach c. 20 unter „Berücksichtigung" der kanonischen Billigkeit (principiis cum aequitate canonica servatis) zur Lückenausfüllung heranzuziehen. Die Anwendung der aeq. can. ist erforderlich, weil Rechts„grundsätze" ihrem Wesen nach abstrakt sind, so daß ihre unversehene Anwendung

[11] *Wohlhaupter* a. a. O. 69.

[12] Vgl. *H. Jone*, Gesetzbuch des kanonischen Rechtes I (1939) zu c. 20

zu schematischen Regelungen und Härten führen kann[13]. Eine andere Frage ist, was in c. 20 unter Billigkeit zu verstehen sei. Nach *Jone* (a. a. O.) besteht die aeq. can. darin, „daß man die besonderen Verhältnisse des betreffenden Rechtsfalles, der Personen, der Orte und der Zeiten berücksichtigt ..., aber auch das Heil der unsterblichen Seelen und dabei das Gesamtwohl der Kirche nicht aus dem Auge verliert". Im übrigen zählt zu den Wesenseigentümlichkeiten jeder aequitas-Form des kanonischen Rechts auch das Moment der christlichen Milde und Liebe[14], wie ja die Funktion der aeq. überhaupt darin besteht, *alle Wertmomente*, soweit sie im rechtlichen Raum bedeutsam erscheinen, rechtlich zu „wahren" (Funktion der juristischen Wertwahrung)[15]. Dieser totalitären Funktionalität der aeq. entsprechend und unbeschadet der christlichen Liebe, kennt das kanonische Recht denn auch eine aeq. der Strenge nämlich in c. 2222 § 1, der die bekannte Durchbrechung des Grundsatzes „Nulla poena sine lege poenali" enthält, und zwar für den Fall, daß die Größe eines Deliktes oder eines gegebenen Ärgernisses auch sine lege eine gerechte Strafe (aliqua iusta poena) verlangt. Der genannte Kanon ist in unserer Übersicht nicht aufgeführt, weil er den Terminus aeq. oder ein verwandtes Wort nicht enthält. Sachlich aber handelt es sich hier durchaus um aeq. im Gegensinne.

Damit sind die Formen der aeq., die der Codex satzungsrechtlich zugesteht, abgewandelt. Zu erörtern sind jetzt noch die aeq. *praeter* legem und die aeq. *contra* legem, die, wie schon gesagt, im Codex nicht vorkommen. Nicht nur die kanonistische Theorie, auch die Praxis kennt beide Formen, wenngleich sie wissenschaftlich und praktisch immer umstritten waren und, wenigstens was die aeq. contra legem anlangt, aus Gründen der Rechtssicherheit wohl immer umstritten bleiben.

Aeq. *praeter* legem ist jene postulatorische aeq., die in der Rechtsentwicklung natura pulsante ad legem ferendam hindrängt, ohne grundsätzlich contra legem gerichtet zu sein. Sie kann aber leicht zur aeq. *contra* legem anwachsen. Aeq. praeter legem und erst recht aeq. contra legem sind freilich, was ihre formelle Durchsetzbarkeit anlangt, schwächer als aeq. scripta, die sich ja kraft des Gesetzes durchsetzen läßt. Doch vermag die aeq. praeter legem und, wenn auch schwieriger, die aeq. contra legem unter den Voraussetzungen der cc. 25—30 Cod. I. C. kanonisches Gewohnheitsrecht zu erzeugen[16]. Die Aeq. praeter legem kann auch auf dem Wege über die kanonische Rechtsprechung formell durchsetzbar werden. Das zeigt sich vor allem in der neueren Judikatur der

---

[13] Vgl. *Eichmann-Mörsdorf* a. a. O. I, § 14, V, p. 109.

[14] Vgl. *Hilling* a. a. O.

[15] Vgl. *Binder*, Philosophie des Rechts (1929) 396—409; *Coing*, Die obersten Grundsätze des Rechts (1947); *Hering*, Billigkeit a. a. O. 109f.

[16] Vgl. *Trummer*, Die Gewohnheit als kirchliche Rechtsquelle (1932) 78, 79—81, 149—151.

Rota Romana[17]. *Eichmann* erklärte in bezug auf die kanonische Rechtsprechung auch generell[18], daß die Verhältnisse des Einzelfalles zuweilen so gelagert sein könnten, daß es unbillig wäre, die volle Strenge des Gesetzes anzuwenden; er zitierte dazu L. 90, D. 50, 17: In omnibus quidem, maxime tamen in iure, aequitas spectanda est.

Um einem Mißbrauch der aeq. non scripta entgegenzuwirken, haben die Kanonisten allezeit Sicherungsregeln aufzustellen versucht; insbesondere setzte sich der Grundsatz durch, daß in Sachen dogmatischen Charakters (wie z. B. Ehesachen) von der Strenge des Gesetzes nicht abgewichen werden dürfe[19], ein Grundsatz, der praktisch nicht immer eingehalten wird (z. B. bei der Dissimulation im Eherecht)[20], weil man eben regelnd niemals „alles" voraussehen *kann* (vgl. *Aristoteles*, s. w. u.). Auch *formale* Sicherheitsregeln haben die Kanonisten entwickelt, von denen als die stringentesten die vier Thesen, die *Wohlhaupter*[21] anführt, genannt seien:

1. Aeq. scripta geht vor rigor scriptus,
2. Aeq. non scripta geht nicht vor rigor scriptus,
3. Aeq. scripta in specie geht vor rigor scriptus in genere,
4. Aeq. scripta in genere vermag nichts gegen einen rigor scriptus in specie.

In diesen Thesen erscheint deutlich die Spannung zwischen idealer Forderung und praktisch zu übender Vorsicht. Ideell gilt nämlich, was *Reiffenstuel*[22], der die Fülle der älteren Traditionen straff zusammenfaßte, als Regula X anführte: In omnibus causis potior debet esse ratio aequitatis, quam stricti iuris. Praktisch gilt aber der Vorrang der aeq. scripta vor der aeq. non scripta, und zwar deshalb, weil das Gesetz und erst recht das Gesetz, das aeq. (scripta) konzediert, grundsätzlich (ideell) als auf der aeq. *beruhend* (= vom Gesetzgeber von ihr abgeleitet) angesehen wird. *Reiffenstuel* formuliert daher[23]: Aequitas cerebrina, seu quae ex proprio capite Judicis desumitur . . . non potest dici aequitas, sed iniquitas, quando deviat ab eo, quod veluti iustum et aequum per leges constitutum est. Für den (seltenen) Ausnahmefall aber, quod si tamen deficiat aequitas scripta (hier = Gesetz), et in iure circa aliquod nihil habeatur expressum, gilt (nach *Reiffenstuel*): tunc locus erit aequitati non scriptae, et secundum quod iudex aequum et iustum esse censuerit, was sich natürlich auch auf die aeq. *contra* legem bezieht.

[17] *Wohlhaupter* a. a. O. 73f.

[18] *Eichmann*, Das Prozeßrecht des Cod. I. C. (1921) 69.

[19] Vgl. c. 11 X 1, 36.

[20] Vgl. *Linneborn-Wenner*, Eherecht (4. Aufl. 1933) § 56, p. 432; *J. Klein*, Kanonistische und moraltheologische Normierung in der kath. Theologie (1949) 130—131; *di Pauli*, Arch. f. kath. Kirchenrecht 92 (1912) 250ff. u. 397.

[21] a. a. O. 181.

[22] Ius Can. Univ. (1729) Lib. I, Tit. II, § XVI, n. 415—417, p. 161.

[23] a. a. O. n. 416 u. 417.

Es ist einleuchtend, daß aeq. *contra* legem die problematischste Form der aeq. im kanonischen Recht ist. Die Autorität des Gesetzgebers und des Gesetzes und der Gedanke der Rechtssicherheit stehen der aeq. contra legem entgegen. Ihre ratio aber ist der Gedanke der Gerechtigkeit, der unabdingbar ist und der sich in der permanenten Tendenz zur Gesetzesverbesserung bekundet. Sonach kann das Problem der aeq. contra legem allemal da akut werden, wo das positive Recht praktisch zur Erschöpfung gelangt, also z. B. bei Wegfall des Gesetzeszweckes, bei der Normenkollision und bei Unmöglichkeit der Gesetzeserfüllung[24].

Das Problem der aeq. contra legem im kanonischen Recht schneidet sich mit der aristotelisch-scholastischen Theorie der *Epikie.* Was Epikie ist, läßt sich nicht in einem Satz sagen. Sprachlich ist das Wort Epikie (auch epikia, epichaja, epicaya u. ä.) die latinisierte Form der griechischen ἐπιείκεια (ἐπιεικής v. ἐπί und εἰκός) = das Gleichende, Wahrscheinliche, Gebührende, Schickliche, Angemessene; vgl. auch die bereits angeführte wahrscheinliche Verwandtschaft von εἰκός mit aequitas. Nach *Sägmüller*[25] ist Epikie die Anschauung, „daß in einem bestimmt qualifizierten Einzelfall der Gesetzgeber nicht habe verpflichten wollen, obschon das Gesetz klar ist". Es gibt aber noch unübersehbar viel andere Definitionen, die sich aus den verschiedenen Wertgesichtspunkten erklären, die man im Laufe der Rechtsgeschichte mit dem Begriff Epikie verbunden hat[26]. Allen Definitionen liegt aber der Kerngedanke zugrunde, daß die Epikie eine *Gesetzeskorrektur* kraft der übergesetzlichen Rechtsvernunft sei. Im wesentlichen geht dieser Gedanke auf *Aristoteles* zurück[27]. Nach ihm ist jedes Gesetz in seinem Wortlaut allgemein und daher in bezug auf manche Dinge oder Fälle lückenhaft. Hier greift nach *Aristoteles* die ἐπιείκεια ein; sie ergänzt das Gesetz, ist eine Form des ἄγραφος νόμος oder, wie *Aristoteles* sagt, eine Korrektur des Gesetzes (ἐπανόρθωμα νόμου), da wo dasselbe wegen seiner allgemeinen Fassung mangelhaft bleibt.

Durch die wissenschaftliche Korrespondenz zwischen Scholastik und Kanonistik[28] sind die Begriffe ἐπιείκεια und aequitas im Mittelalter verschmolzen worden, so daß man oft sagt, aequitas contra legem und Epikie seien Wechselbegriffe. Es bleibt aber zu bedenken, daß die aequitas nach ihrer Herkunft aus dem römischen Recht eine juristische Größe ist, während die Epikie philosophischer Natur ist. Nichtsdestoweniger ist aber von den älteren Kanonisten ihre Geltung auch für den Rechtsbereich anerkannt worden, wohingegen manche neuere Kano-

[24] Vgl. *Eichmann-Mörsdorf* a. a. O. I § 13, III, p. 100—102; *Hering*, Das Erlöschen von Rechtsvorschriften im kanonischen Recht (1947).
[25] *Sägmüller*, Lehrb. d. kath. Kirchenrechts I (1914) § 30, p. 135.
[26] Vgl. *Hering*, Billigkeit a. a. O.
[27] *Arist.* Nic. Eth. V, 14, 1137b.
[28] Vgl. *Kuhlmann*, Der Gesetzesbegriff beim hl. Thomas v. Aq. im Lichte des Rechtsstudiums seiner Zeit (1912).

nisten, z. B. *v. Scherer*[29] und *d'Angelo*[30] erklärt haben, das kanonische Recht als solches kenne keine Epikie. Epikie sei als moralphilosophische Größe nur für den Gewissensbereich relevant. Für die Terminologie des Cod. I. C. ist das wohl zutreffend. Es bleibt aber zu bedenken, daß der Codex sich in vielen Canones rechtlich auch auf den Gewissensbereich erstreckt (besonders im Straf- und Sakramentenrecht), daß die Beobachtung des kanonischen Rechts auch schlechthin für die Gesetzesunterworfenen Gewissenspflicht ist[31], und daß schließlich die Kanonistik immer wieder — von den besagten Ausnahmen abgesehen — das Problem der aequitas contra legem mit der Theorie der Epikie verbunden hat.

Die für die Theorie von der aequitas contra legem bedeutendste Verklammerung von aeq. und Epikie findet sich bei *Thomas v. Aquin*[32]. Die einzige Quelle, die Thomas für seine Epikielehre angibt, ist *Aristoteles*, mit der er in der Epikielehre weitgehend übereinstimmt. *Thomas* sah aber den römischrechtlich-kanonistischen Begriff aeq. *mit* und sprach, beide identifizierend von der „epicheia, quae apud nos dicitur aequitas"[33]. Wir wissen, daß Thomas beachtliche Kenntnisse des kanonischen Rechts und auch des römischen Rechts besaß[34] und daß er bestrebt war, Autoritäten wie Aristoteles, Gajus, Ulpian und Isidor von Sevilla in systematische Konkordanz zu bringen[35]. Es ist aber noch nicht festgestellt, ob und wieweit er um die Vieldeutigkeit des Begriffs aeq. wußte. Jedenfalls war zu seiner Zeit dieser Begriff wissenschaftlich keineswegs geklärt, sondern ein conceptus vagus, der bei juristischen Not- und Grenzfällen relevant war (*Wohlhaupter* sprach von einem „terminologischen Tasten")[36]. Aber die gleichartige Funktionalität von aeq. und Epikie wurde konzipiert, und die Koinzidenz oder Promiskuität beider Begriffe ging unter der Autorität des Aquinaten durch die Schulen. Zwar wurde immer wieder der Versuch gemacht, besonders von kanonistischer Seite, beide Begriffe voneinander abzuheben, aber zu einer stringenten Scheidung ist es nie gekommen[37], auch nicht in der jüngeren kanonistischen Literatur. Beide Begriffe oszillieren gewissermaßen wie ein Doppelgestirn umeinander, weil sie in praktischer Hinsicht eben Wechsel-

[29] Hdb. d. Kath. Kirchenrechts I (1886) 16 u. 176.

[30] a. a. O. (s. o. Anm. 4) 377 u. 388; *Sägmüller* I (1914) 135.

[31] Vgl. Mt. 16, 19; 18, 17 u. 18; *Eichmann-Mörsdorf* a. a. O. I § 12, II, 1, p. 89.

[32] S. th. II, II, q. 120; *Hugon*, De epikeia et aequitate: Angelicum 5 (1928) 359—367.

[33] S. th. II, II, q. 120, a. 1 cp.

[34] Vgl. *Kuhlmann* a. a. O. 98ff.

[35] Vgl. *Sauter*, Die philosophischen Grundlagen des Naturrechts (1932) 76.

[36] *Wohlhaupter* 57.

[37] Vgl. *Schmalzgrueber*, Ius Eccl. univ. I (1738) pars I, T. II § VII, N. 48 u. 68; *Reiffenstuel*, Ius Can. univ. (1729), L. I, T. 2 § 15, Nr. 378.

begriffe sind, denen als Gegenstand gleiche Funktionen zu Grunde liegen[38]. Im übrigen erscheint die Epikie und gleichbedeutend die aequitas contra legem sowohl als *dispensatorische* wie auch als *derogatorische* Größe[39].

Natürlich wußten Thomas sowie die späteren Scholastiker und Kanonisten, daß die Lehre von der Epikie große Gefahren barg, insofern als nach dieser Lehre das Gewissensurteil *auch* des Gesetzes*unterworfenen* contra legem fungieren kann. Sie bauten deshalb Sicherungen gegen einen Mißbrauch der Epikie oder der aequitas contra legem ein (z. B. Forderung eines contrarius defectus im konkreten Falle, Befragen des Gesetzgebers, wenn keine Gefahr im Verzug ist, u. dgl. mehr). Ja die spätmittelalterlichen und frühneuzeitlichen Scholastiker und Kanonisten arbeiteten auf eine systematische Einengung der dispensatorischen und besonders der derogatorischen Epikie hin. So setzte sich im Anschluß an *Suarez*[40] die Ansicht durch, daß, abgesehen von einigen Ausnahmen, Epikie bei irritierenden und inhabilitierenden Gesetzen nicht angewandt werden dürfe, eine Lehre, der in unserer Zeit von *Van Hove* und *Mörsdorf* widersprochen wurde, soweit Epikie eine „Gewissensentscheidung" sei[41]. Auch die Vorschrift des c. 21 Cod. I. C. ist hier zu nennen, wonach Gesetze, die die Abwendung einer allgemeinen Gefahr bezwecken, auch dann verpflichten, wenn im Einzelfall die Gefahr nicht besteht. Jedenfalls sind die Kanonisten in bezug auf die Epikie durchweg noch zurückhaltender als die Scholastiker gewesen, so daß sie die letzte Schärfe der derogatorischen Epikie nie rezipiert haben[42].

Immerhin gab und gibt es auch für die Kanonistik unumgängliche Grenzfälle, von denen die weltgeschichtliche Rolle, die die Epikie im Abendländischen Schisma (1378—1417) contra legem ecclesiasticam spielte[43], der eklatanteste war; aber selbst hierbei handelte es sich, genau gesehen, nicht um derogatorische, sondern nur um dispensatorische Epikie. Eine gewisse Einstimmigkeit zwischen Kanonisten und Moralphilosophen bestand und besteht auch heute noch darin, daß ein Gesetz kraft der Epikie (d. h. also kraft höherer Rechtsvernunft) nicht beobachtet zu werden braucht, wenn es *physisch Unmögliches* verlangt (Reg. iur. 6 in VI°: Nemo potest ad impossibile obligari)[44], wobei es sich ja überhaupt um

[38] Vgl. in summa *Wohlhaupter*.

[39] Vgl. *Hering*, Das Erlöschen von Rechtsvorschriften im kan. Recht a. a. O. §§ 25 u. 27.

[40] *Suarez*, De leg. V, c. 23.

[41] Vgl. *Van Hove*, Commentarium Lovaniense in Cod. I. C. (1928ff.), II, 294; *Eichmann-Mörsdorf* I § 13, III, p. 100.

[42] *Haring*, Die Lehre von der Epikie: Theol.-prakt. Qschr. 52 (1899) 797.

[43] Vgl. *Kneer*, Die Entstehung der konziliaren Theorie (Röm. Qschr. I Suppl. Bd., 1883); *Bihlmeyer-Tüchle*, Kirchengeschichte II (1948) §§ 141 u. 142.

[44] Vgl. *Hering*, Erlöschen a. a. O. §§ 25—27.

einen unbestrittenen Rechtsgrundsatz handelt (L. 185, Dig. 50, 17: Impossibilium nulla obligatio est). Einigkeit — wenigstens im allgemeinen — herrscht auch darüber, daß *moralische Unmöglichkeit* von Gesetzesbeobachtung befreit; doch gehen des näheren die Ansichten darüber auseinander, weil der Begriff des moralisch Unmöglichen eine subjektive Komponente enthält[45]. Kontrovers sind auch die Fragen, ob Derogation „durch" Epikie eintreten könne: etwa wenn der Gesetzeszweck nicht mehr erreicht werden kann, wenn das Gesetz dem allgemeinen Wohl widerstreitet, wenn die Gesetzesgründe weggefallen sind und wenn die Beobachtung eines Gesetzes nicht mehr geübt wird (desuetudo). Über die Möglichkeit des Verfalls von Gesetzen in solchen Fällen besteht allerdings kein Zweifel[46]. Der Streit geht dabei im wesentlichen nur darum, ob und wieweit in solchen Fällen das Gesetz auch ohne *formelle* Derogation seine Verpflichtungskraft verlieren könne (Einwirkung des Rechtspositivismus auf die Kanonistik). Doch werden diese Fragen von manchen nicht mit der Epikie oder der aeq. contra legem in Verbindung gebracht, sondern unabhängig von beiden verstanden. Es läßt sich aber nicht verkennen, daß Epikie an der Derogation von Gesetzen beteiligt sein kann: hat sich nämlich ein Gesetz in einem der eben genannten Fälle praktisch erschöpft, so kann das in Ermangelung einer förmlichen Derogation zunächst (z. B. im Notfall) per epikiam (= durch Gewissensentscheidung) festgestellt werden; häufen sich solche Gewissensfälle, so kann dadurch die förmliche Derogation oder derogatorisches Gewohnheitsrecht früher oder später herbeigeführt werden; Epikie wäre alsdann zumindest allgemeines Derogationsmotiv. Ob man die so verstandene Epikie auch *aequitas* contra legem nennen will, ist letztlich ein Wortstreit.

Wir sahen also, daß das geltende kanonische Recht im Cod. I. C. *nur* eine *aeq. scripta* kennt. Sie kommt in verschiedenen Formen vor, die sich stufenmäßig durch das Maß der in den betreffenden Canones zugestandenen freien Jurisprudenz unterscheiden. Allemal steht die aeq. für proportionale Rechtsgleichheit, das heißt für rechtliche Mitberücksichtigung der besonderen Wertverhältnisse des einzelnen Falles, zum Unterschied von der bloß arithmetischen Rechtsgleichheit (aequalitas), die nur allgemein bestimmt ist. Ein besonderes Merkmal der aeq. des kanonischen Rechts ist die christliche Milde und Liebe, doch gibt es im kanonischen Recht auch eine aeq. der Strenge. Eine aeq. praeter legem und contra legem kennt zwar nicht der Codex, wohl aber die Kanonistik. Sie übt aber diesen aeq.-Formen gegenüber wegen der Rechtssicherheit und gegenüber der aeq. contra legem auch aus prinzipiellen Gründen

[45] Vgl. *Egenter*, Über die Bedeutung der Epikie im sittlichen Leben: Phil. Jb. d. Görres-Ges. 53 (1940); *J. Klein* a. a. O., bes. 50, 53, 130—131, 168, 171, 173; *Haring*, Epikie a. a. O. 797.

[46] Vgl. *Eichmann-Mörsdorf* I § 15 II.

große Zurückhaltung. Das Problem der aeq. contra legem ist mit der scholastischen Theorie der Epikie eng verknüpft, so daß die Bezeichnungen Epikie und aeq. contra legem oft wechselseitig gebraucht werden. Scholastik und Kanonistik haben zur Vermeidung eines Mißbrauchs der Epikie und der aeq. contra legem scharfsinnige Sicherheitsregeln aufgestellt. Eine derogatorische Epikie mit kanonischer Wirkung hat die Kanonistik nie zugestanden, sondern nur eine beschränkte dispensatorische Epikie oder aequitas. Dennoch sahen wir, daß es Grenzfälle gibt, in denen das positive Gesetz praktisch zur Erschöpfung gelangt, was im Notfall, solange förmliche Derogation noch aussteht, per epikiam oder secundum aequitatem zur Nichtbeobachtung des Gesetzes führen kann. Häufung solcher Fälle kann dann zum Aufkommen neuen Rechts Anlaß geben.

Fragen wir abschließend noch kurz nach dem *Wesen* der aequitas im kanonischen Recht und nach dem Wesen der aequitas überhaupt, so können wir sagen: sie ist die totalitär korrelativierende rechtstheoretische Funktion, die bei allem rechtlichen bzw. kirchenrechtlichen Regeln und Wollen kraft der höheren Rechtsvernunft (lex naturalis) unabdingbar reagiert. Sie wirkt ausgleichend, ergänzend und korrigierend. In Fällen der Rechtsnot stellt sie sich als Epikie gewissensmäßig ein. Sie reagiert postulatorisch als Funktion rechtlicher Wertwahrung, soweit Werte erkannt sind; d. h.: so wie die einzelnen Werte im Zuge der Geschichte nach und nach ins Wertbewußtsein treten, bereichert sich der Begriff aequitas oder Epikie, so daß alles, was diesen Begriffen „rechtlich" widerstreitet, als „unbillig" empfunden wird. Sonach sind aequitas und Billigkeit als die mehr rechtlich bedeutsamen Momente und Epikie als ein mehr moralisch bedeutsames Agens dynamische Prinzipien der Rechtsentwicklung[47], deren praktische Verbindlichkeit mit dem Maß der Wertsichtigkeit der kirchlichen und weltlichen Rechtsgenossen steht und fällt.

---

[47] Vgl. *Binder* a. a. O. 396—409; *Eichmann-Mörsdorf* a. a. O. I, § 14 VI, p. 111.

DIE RECHTSPERSÖNLICHKEIT RELIGIÖSER ORDEN UND GENOSSENSCHAFTEN NACH KANONISCHEM UND NACH DEUTSCHEM RECHT

Von Dr. Audomar Scheuermann, O.F.M.
Honorarprofessor an der Universität München

Literatur: A. Zum Problem i. Allg. und zum Recht der Kirche: *Gillet*, La personnalité juridique en droit ecclésiastique (1927) — *Lammeyer*, Die jurist. Personen der kathol. Kirche (1929) — *Köstler*, Rechtspersönlichkeit nach dem CIC: Festschrift f. Ulrich Stutz (1938) 413ff. — *Molitor*, Orden und Klöster als kirchliche Persona moralis (1939) — *Schäfer*, De Religiosis (4. Aufl. 1947) — *Mayer*, Benediktinisches Ordensrecht (1932) — sowie die allg. Hand- und Lehrbücher des kathol. Kirchenrechts, insbes. *Eichmann* und *Mörsdorf*, Lehrbuch des Kirchenrechts I (6. Aufl. 1949) § 36 (S. 192ff.) mit weiteren Literaturangaben.

B. Zum deutschen Recht: *Cuno*, Der Erwerb der jurist. Persönlichkeit seitens der Ordens- und ordensähnlichen Genossenschaften nach dem im Deutschen Reich geltenden Recht (1908)[1] — *Geiger*, Die Stellung der Klöster und Ordenspersonen im BGB: ArchKathKR 80 (1900) 493 — *Ebers*, Art. „Orden und Kongegrationen": HdWbRechtsw IV (1927) 280 — *Meurer*, Das kathol. Ordenswesen nach dem Recht der deutschen Bundesstaaten (1912) — *Hinschius*, Die Orden und Kongregationen der kathol. Kirche in Preußen (1874) — *Mayer*, Die Klöster in Preußen (1927) — *Hofmann*, Das Recht der Religionsgesellschaften in Bayern (2. Aufl. 1929) — *Utz*, Das Recht der kathol. Orden und Kongregationen in Bayern (1932) — *Meurer*, Bayer. Kirchenvermögensrecht (1919).

I. Entwicklung und Abgrenzung des Problems

1. Mit dem Aufkommen des koinobitischen Lebens seit den Tagen der großen Ordensväter Pachomius, Basilius, Martin von Tours und Benedikt ist dem Ordensstand die Bindung an ein bestimmtes *Kloster* und einen *klösterlichen Verband* wesentlich. Die einzelne Ordensperson wird zum Glied der höheren Einheit des Klosters, welches als collegium, corpus, consortium, fraternitas, societas, capitulum, conventus, congregatio bereits nach justinianischem Recht in seiner Rechtspersönlichkeit anerkannt, also ein vermögens- und prozeßfähiger Selbstverwaltungskörper ist[2]. Und zwar erlangt das Kloster den Charakter einer *juristischen Persönlichkeit* nicht erst durch spezielle kirchliche oder

---

[1] Das Werk von *Cuno* war dem Verf. leider nicht erreichbar.

[2] *Gillet* a. a. O. 30f.; *Lammeyer* a. a. O. 60—65; *Molitor* a. a. O. 16f.

staatliche Konzession, sie besitzt ihn vielmehr, vom Staat anerkannt, mit der zur Errichtung unerläßlichen bischöflichen Autorisation[3]. Von der justinianischen Gesetzgebung übernahmen sowohl das germanische[4] wie das klassische kanonische Recht den Grundsatz von der Rechtspersönlichkeit der Klöster; anläßlich der im Mittelalter einsetzenden Zentralisationsbewegung (benediktinische Reformkongregationen, Zentralisation der Zisterzienser und vor allem der Mendikantenorden) entstand auch die juristische Persönlichkeit des klösterlichen Gesamtverbandes[5].

Die durch die Reformation und Säkularisation einerseits, durch die Verselbständigung des Staatsrechts neben dem Kirchenrecht andererseits bedingte neuzeitliche Entwicklung führte dahin, daß die kirchenrechtliche und die staatsrechtliche Stellung der Klöster und der klösterlichen Verbände voneinander divergierten. Wir untersuchen daher gesondert die kirchliche und die staatliche Rechtsstellung der Klöster, wobei wir uns bei letzterer auf das Gebiet Deutschlandes beschränken. Einleitend sei zunächst der Kreis der kirchlichen Verbände umschrieben, von denen hier die Rede ist.

2. Folgende klösterliche Verbände stehen hier in Frage, gleichviel, ob sie männliche oder weibliche Mitglieder haben:

a) Die eigentlichen Orden, d. s. jene klösterlichen Verbände, deren Mitglieder verfassungsgemäß feierliche Gelübde ablegen, solche Gelübde nämlich, welche entgegenstehende Handlungen, soweit sie irritibel sind, verungültigen; insbesondere sind ihre Mitglieder vermögens- und eheunfähig. Es handelt sich um die Orden, die der Regel der hl. Benedikt, Augustin, Franziskus, Ignatius folgen unter Einschluß der Karmeliten, Regularkanoniker und Ritterorden. Ein großer Teil von ihnen hat einen männlichen und einen weiblichen Zweig. Sie sind entweder monastisch oder zentralistisch organisiert, je nachdem, ob das Kloster für sich selbständig und nur lose übergeordneten Verbänden eingeordnet ist (Abtei-Mönchskongregation) oder ob das einzelne Kloster Glied einer höheren Einheit ist (Kloster-Provinz-Gesamtverband). Alle Orden sind exemt, d. h. der hoheitlichen Kirchengewalt des Ortsbischofs weitgehend entzogen (c. 488 n. 2,6, c. 615).

b) Die Kongregationen, d. s. jene klösterlichen Verbände, deren Mitglieder verfassungsgemäß nur sog. einfache Gelübde ablegen, Gelübde nämlich, welche entgegenstehende Handlungen unerlaubt und strafbar, nicht aber ungültig machen; ihre Mitglieder sind vermögens-

[3] *O. Gierke*, Das deutsche Genossenschaftsrecht I (1868) 290—295, III (1881) 119.

[4] Wenn auch die Rechtspersönlichkeit der Klöster hier durch die Abhängigkeit von den Temporalherren teilweise verschwand: *Lammeyer* a. a. O. 180.

[5] *Lammeyer* a. a. O. 69ff., 119ff.

fähig, aber verfügungsbeschränkt. Diese um der besonderen Art ihrer Tätigkeit willen vor allem in der Klausurdisziplin weniger gebundenen Institute sind in der Neuzeit zahlreich entstanden und übertreffen der Zahl ihrer Mitglieder nach die Orden. Die Niederlassungen von Kongregationen, welche sich nicht auf ein einziges Haus beschränken, sind zentralistisch dem Verband der Kongregation oder einer Provinz derselben einverleibt. Nur vereinzelte Kongregationen sind gleich den Orden exemt (c. 488 n. 2, c. 618 § 1).

c) Die Gesellschaften ohne amtliche Gelübde (societates sine votis publicis), das sind Verbände, in denen die Bindung durch kirchenöffentliche Gelübde wegfällt und durch einfache Versprechen ersetzt ist. Ihre Mitglieder leben entweder gemeinschaftlich in einzelnen Häusern zusammen (cc. 673—681) oder erfüllen, von einem Zentrum aus geleitet, einzeln für sich die ihnen gestellten Aufgaben[6]. Wir bezeichnen diese Gesellschaften als klosterähnliche Verbände, da sie rechtlich wegen des Fehlens der Gelübde nicht zu den „religiosi" im strengen Sinn zählen (c. 488 n. 7), aber vom Recht selbst und in der kirchlichen Praxis den „religiosi" im weiteren Sinn zugezählt werden und demgemäß der Religiosenkongregation in Rom unterstehen[7]. Durch besonderes Privileg kann einzelnen dieser Verbände die Exemtion zugestanden sein[8].

II. Die Rechtsfähigkeit nach dem Codex Iuris Canonici

1. Die juristische Person kirchlichen Rechts

Sowohl Personengemeinschaften wie Sachgesamtheiten können nach kirchlichem Recht juristische Persönlichkeiten, d. h. nach Art einer natürlichen Person Träger von Rechten und Pflichten sein. Demnach unterscheidet man personae morales collegiales, sog. Körperschaften, und personae morales non collegiales, sog. Anstalten oder Stiftungen (c. 99). Diese sind entweder kraft göttlicher Anordnung gegeben, wie die Gesamtkirche und der Heilige Stuhl, oder sind kraft kirchlichen Rechts entstanden; in letzterem Falle sind sie entweder von gesetzeswegen mit ihrer Errichtung von selbst als juristischePersönlichkeiten ins Leben getreten (so z. B. das Kardinalskollegium, die Kapitel, die klösterlichen Verbände und Niederlassungen) oder sie sind durch spezielle Verleihung im Einzelfall geschaffen worden. Die kirchlichen Rechtspersönlichkeiten haben immer einen religiösen oder karitativen Zweck (c. 100 § 1). Körperschaften müssen aus mindestens drei natürlichen Personen bestehen (c. 100 § 2). Kirchliche Rechtspersönlichkeiten

---

[6] Constitutio Pii PP. XII. „Provida Mater Ecclesia" vom 11. 2. 1947 über die sog. „Instituta saecularia" in Acta Apostolicae Sedis (AAS) 39 (1947) 114—124.

[7] C. 251 § 1 und Constitutio cit., art. IV § 1.

[8] C. 680 und Constit. cit., art. VIII.

sind, wenn sie einmal errichtet wurden oder ins Leben traten, ihrer Natur nach immerwährend, so daß sie zu existieren nur aufhören entweder auf Grund ausdrücklicher kirchenbehördlicher Verfügung oder durch tatsächliches Erlöschen, welches erst eintritt, wenn die juristische Person 100 Jahre zu bestehen aufgehört hat; bei Körperschaften läuft diese Frist erst vom Zeitpunkt des Ausscheidens oder Todes des letzten Mitgliedes an (c. 102).

Juristische Persönlichkeiten sind Träger von Persönlichkeitsrechten (Name, Sitz, Präzedenz), Vermögensrechten (Recht zu Erwerb, Verwaltung und Besitz), besitzen Handlungs- und Parteifähigkeit, sind deliktsfähig und strafbar und genießen strafrechtlichen Schutz[9].

2. *Klösterliche und klosterähnliche Verbände als juristische Personen kirchlichen Rechts*

Ohne daß im kirchlichen Gesetzbuch mit ausdrücklichen Worten die Rechtspersönlichkeit dieser Verbände ausgesprochen wäre, ist diese, wenn wir mit *Köstler*[10] in der Vermögensfähigkeit das entscheidende Merkmal der kirchlichen juristischen Person erkennen wollten, für die klösterlichen Verbände ausgesprochen in c. 531: „Nicht nur der klösterliche Verband, sondern auch dessen Provinz und einzelne Niederlassung sind fähig, zeitliche Güter mit festen oder gesicherten Einkünften zu erwerben und zu besitzen, außer diese Fähigkeit wäre in den Regeln oder Konstitutionen ausgeschlossen oder beschränkt." Für die klosterähnlichen Verbände drückt es c. 676 § 1 aus: „Die Gesellschaft, ihre Provinzen und Niederlassungen sind fähig, zeitliche Güter zu erwerben und zu besitzen." Speziell für die klosterähnlichen Verbände ohne gemeinschaftliches Leben setzt die Constitutio „Provida Mater Ecclesia" Art. V § 1 fest, daß die Bischöfe sie gründen und zu juristischen Persönlichkeiten erheben können, was nach Analogie mit dem allgemeinen Ordensrecht so zu verstehen ist, daß die kanonische Gründung die Erhebung zur Rechtspersönlichkeit eo ipso beinhaltet.

Die Selbstverständlichkeit, mit der klösterliche und klosterähnliche Verbände sowie ihre Niederlassungen als juristische Persönlichkeiten betrachtet werden, kommt zum Ausdruck in c. 1557 § 2 n. 2: .. personae morales . . ., uti religiones exemptae, Congregationes monasticae etc."; in c. 536 § 1: „Persona moralis (sive religio, sive provincia, sive domus)"; in c. 1423 § 2: „monasteria, ecclesiae religiosorum aut alia persona moralis"; in c. 1579 § 2, wo die Parteifähigkeit zweier Provinzen klösterlicher Verbände vorausgesetzt ist. Hier sind weiter zu nennen alle Formulierungen des kirchlichen Gesetzbuches, in denen „religio",

---

[9] *Eichmann-Mörsdorf* a. a. O. I 195—198, 192.

[10] *Köstler* a. a. O. 413—429.

„provincia" oder „domus religiosa" als Träger von Rechten und Pflichten genannt, also auch sprachlich personifiziert erscheinen[11].

Daraus ist zu entnehmen, daß nach kirchlichem Recht sämtliche der denkbaren Einheiten der hier in Frage stehenden Verbände Rechtspersönlichkeiten sind, also der Gesamtverband wie das einzelne Kloster, sowie deren organisatorische Zwischenglieder, nämlich bei zentralistischen Verbänden die Provinz, bei monastischen die monastische Kongregation. Das ist auch wohl begründet. Wenn der CIC auch keine Definition der juristischen Persönlichkeit gibt, ist klar, daß in ihr ein handelndes Subjekt vom Recht anerkannt werden soll. Die klösterlichen und klosterähnlichen Verbände ebenso wie ihre Teileinheiten sind auf der Grundlage der Summe ihrer Mitglieder aufbauende Sozialgebilde[12] mit einem bestimmten Zweck, zu dessen Erfüllung normiert durch Regel und Satzung sowie organisch gegliedert, erfüllt von einem einheitlichen Willen und um deswillen von der Kirche als rechts- und geschäftsfähige Subjekte anerkannt.

In der Frage nach der *Art* der Rechtspersönlichkeit, ob diese nämlich hier im Ordensrecht Körperschaft (pers. mor. collegialis) oder Anstalt (p. m. non collegialis) sei, neigt die Doktrin der Ansicht zu, sie, da ihr Substrat eine Mehrheit natürlicher Personen ist, den Körperschaften zuzurechnen. Dagegen mögen Bedenken bestehen, da z. B. der Zusammenschluß zu Teil- und Gesamtverbänden streng genommene in Zusammenschluß nicht von physischen Personen, sondern von juristischen Personen ist, oder da die Mitglieder nicht gleichgestellte Glieder eines Kollegiums sind und in Provinzen und Gesamtverbänden kaum je zu kollegialem Handeln zusammenkommen. Man wird diese Bedenken jedoch beiseitestellen können in der Erkenntnis, daß diese Verbände des Ordensrechts Rechtssubjekte besonderer Art sind, auf die die vorgegebene Unterscheidung Körperschaft—Anstalt nur analog anwendbar ist. Jedenfalls überwiegen unstreitig die körperschaftlichen Momente[13].

3. *Der Erwerb der kirchlichen Rechtspersönlichkeit im Ordensrecht*

Wie wird die Niederlassung (Kloster, Abtei), die Provinz, die monastische Kongregation, der Gesamtverband zur juristischen Persönlichkeit? *Diese entsteht mit ihrer Errichtung von gesetzeswegen.* Wer im ein-

---

[11] Vgl. cc. 471 § 1, 495 § 1, 497 § 2, 517 § 1, 536 § 3, 548, 586 § 2, 587 § 1, 3, 613, 618 § 1, 635 n. 2, 637, 643 § 2, 671 n. 3, 5, 7, 672 § 2, 1423 § 2, 1425 § 1.

[12] *Eichmann-Mörsdorf* a. a. O. 192.

[13] *Molitor* a. a. O. 24—35; *Gillet* a. a. O. 241f.; *Eichmann-Mörsdorf* a. a. O. 195 Anm. 2; *Conte a Coronata,* Institutiones Iuris Canonici I (3. Aufl. 1948), n. 513 p. 614; n. 524 p. 623; *Vermeersch-Creusen,* Epitome Iur. Can. I (6. Aufl. 1937) n. 223 p. 191 spricht von „pers. mor. minus stricte collegiales". Anderer Meinung ist *Wernz-Vidal,* Ius Canonicum III (1933) n. 11 p. 14; schwankend *Schäfer* a. a. O. n. 146 p. 60; n. 268 p. 111, n. 280 p. 116, n. 328 p. 136, n. 333 p. 138.

zelnen zu errichten befugt ist, mag ganz verschieden sein. Immer aber ist es wesentlich, daß die betreffende Klostereinheit vom legitim Bevollmächtigten errichtet werde, damit ipso iure die juristische Persönlichkeit ins Leben trete, welche vom kirchlichen Gesetzgeber selber, hier also der „publica auctoritas“ des c. 99, für den Errichtungsfall bereitgehalten ist. Es ist unerheblich, ob beim Errichtungsakt der Wille zur Errichtung einer juristischen Persönlichkeit zum Ausdruck kommt. Diese ist von selbst einbeschlossen und kann gar nicht ferngehalten werden[14].

Im einzelnen ist zu unterscheiden:

a) Die Errichtung von Gesamtverbänden:

Ein *Orden* kann nur vom Hl. Stuhl errichtet werden[15].

Eine *Kongregation* kann auch vom Bischof nach eingeholter Erlaubnis des Hl. Stuhls (Religiosenkongregation) gegründet werden (c. 492 § 1). Mit dieser Errichtung entsteht eine sog. Kongregation bischöflichen Rechts. Die Errichtung ruft die Kongregation überhaupt erst ins Leben oder stellt die Approbation einer aus privater Initiative entstandenen Vereinigung und ihre Erhebung zur Kongregation bischöflichen Rechts dar. Diese Errichtung erfordert ihrer Natur nach ein förmliches Dekret (c. 100 § 1), wie das ausdrücklich im Dekret des Religiosenkongregation vom 30. 11. 1922 ad VII[16] eingeschärft wurde. Gleichzeitig schrieb das Dekret vor, daß die Bischöfe für Kongregationen, die vor Geltung des CIC entstanden und kein kirchliches Errichtungsdekret nachweisen können, nachträglich ein Errichtungsdekret ausfertigen (ad. II, III). — Natürlich kann der Hl. Stuhl auch seinerseits eine Kongregation errichten und wird es dann nicht unterlassen, dies durch ein förmliches Dekret zu tun. Normalerweise aber nimmt sich der Hl. Stuhl erst dann einer Kongregation an, wenn er sie durch Belobigung oder Gutheißung zur Kongregation päpstlichen Rechts erhebt (c. 488 n. 3); hier liegt dann keine Errichtung und dementsprechend auch keine Gründung einer neuen juristischen Person, sondern eine Veränderung in der rechtlichen Situation einer bereits bestehenden Rechtspersönlichkeit vor.

Gesellschaften ohne Gelübde, jedoch *mit* gemeinschaftlichem Leben werden in gleicher Weise wie die Kongregationen errichtet und als Rechtspersönlichkeiten ins Leben gerufen[17]. Für Gesellschaften ohne Gelübde und *ohne* gemeinschaftliches Leben, die sog. weltlichen Institute, gilt das nämliche[18].

[14] *Gillet* a. a. O. 240, 245, 249.
[15] c. 9 X III, 36; *Schäfer* a. a. O. n. 266—268 p. 110—111.
[16] AAS 14 (1922) 644ff.
[17] c. 674, SCRel 30. 11. 1922.
[18] Const. „Provida Mater Ecclesia“ art. V, VI § 2.

Jede *Veränderung* (Teilung, Zusammenlegung) und *Aufhebung* der vorgenannten klösterlichen Gesamtverbände, auch derjenigen, die durch die Bischöfe errichtet wurden, ist dem Hl. Stuhl vorbehalten (c. 493, 674)[19]. Das zum Erlöschen dieser juristischen Persönlichkeiten erforderliche Reskript der rechtmäßigen Autorität (c. 102 § 1) kann also nur vom Hl. Stuhl gefertigt werden. Sonst ist ein Erlöschen von Gesamtverbänden nur denkbar nach Ablauf von 100 Jahren nach dem Tod oder Austritt des letzten Mitglieds (c. 102 § 2)[20].

b) Die Errichtung von Teilverbänden

Sowohl die Errichtung der Provinzen in zentralisierten klösterlichen und klosterähnlichen Verbänden als auch die Zusammenfassung selbständiger Abteien zu monastischen Kongregationen, ebenso wie jede Veränderung (Teilung, Zusammenlegung) dieser Provinzen und monastischen Kongregationen oder ihrer Zirkumskription, schließlich auch die Aufhebung derselben ist Sache des Hl. Stuhles (Religiosenkongregation) (c. 494 § 1)[21]. Eine Ausnahme hiervon macht einzig die Errichtung von Provinzen in Kongregationen bischöflichen Rechts, die dem oder den beteiligten Ortsbischöfen zukommt[22], ein Fall, der allerdings in praxi kaum vorkommt.

c) Die Errichtung einzelner klösterlicher Niederlassungen

Es ist Sache des klösterlichen Verbandes, und zwar nach Maßgabe der Konstitutionen entweder des Gesamtverbandes oder der Provinz bzw. deren Obern und Kapitel, klösterliche Niederlassungen zu errichten (vgl. c. 495 § 1, einschlußweise in c. 497 § 1). *Conte*[23] nennt dieses Recht der Klostererrichtung „aliud e praecipuis iuribus a personalitate morali ipsius religionis profluentibus". Mit der Errichtung wird die Rechtspersönlichkeit der Niederlassung ins Leben gerufen, wenn sie nur in rechtsgültiger Weise erfolgt ist, d. h. unter Erfüllung der zur Gültigkeit erforderlichen Bedingungen, die das Recht stellt[24]: immer nämlich ist die schriftliche Zustimmung des Ortsbischofs einzuholen, dazu bei bestimmten Klassen von Klöstern auch die Zustimmung des Hl. Stuhles, nämlich bei exemten Klöstern, bei Nonnenklöstern, bei Klöstern im Bereich des Missionsgebiets (c. 497 § 1), bei Noviziatshäusern von Verbänden päpstlichen Rechts (c. 554 § 1). Die besonderen Satzungen der einzelnen Verbände können noch weitere Gültigkeitserfordernisse aufstellen[25]. Zum Nachweis der Errichtung erscheint es

---

19 *Schäfer* a. a. O. n. 269—273 p. 111—113, n. 313—320 p. 129—132.
20 *Schäfer* a. a. O. n. 274 p. 113, n. 320 p. 132.
21 *Schäfer* a. a. O. n. 324 p. 133.
22 *Schäfer* a. a. O. n. 322—323, p. 132 ff.
23 a. a. O. n. 522 p. 620.
24 *Schäfer* a. a. O. n. 329 p. 136, n. 333 p. 138.
25 Vgl. z. B. Constitutiones Fratrum S. Ord. Praedicatorum n. 267.

angebracht, daß sie beurkundet sei, doch ist ein schriftliches Dokument hierfür gemeinrechtlich nicht gefordert[26].

Nur eine Art Kloster ist von der Errichtung durch die Ordensoberen ausgenommen: die *Abtei*. Der CIC enthält darüber keine Bestimmung, aber es ist mindestens 1000jährige Praxis des Hl. Stuhls, für Mönchs- und Nonnenabteien das Errichtungsdekret zu erlassen[27].

Wenn gemeinrechtlich auch in Kongregationen bischöflichen Rechts die Errichtung Sache der Ordensoberen ist, so ist es jedoch möglich, daß sich hier der Bischof die Errichtung neuer Niederlassungen selbst vorbehält, da diese Kongregationen seiner hoheitlichen Kirchengewalt unbeschränkt unterstehen.

Mit der Errichtung wird die Niederlassung Rechtspersönlichkeit ungeachtet der Zahl ihrer Insassen[28], wenn sie nur unter einem eigenen Oberen Selbstverwaltungsrecht nach Maßgabe der einzelnen Ordenssatzungen hat. Dies trifft nicht zu bei Nebenhäusern von kanonisch errichteten Niederlassungen, sog. „domus stricte filiales", welche mit dem Hauptkloster eine rechtliche Einheit bilden und dem dortigen Oberen unterstehen[29].

Für die *Auflösung eines Klosters* und die damit verbundene Aufhebung seiner Rechtspersönlichkeit sind die Zuständigkeiten teilweise verändert. Nach der Rechtsregel: „Omnis res, per quascumque causas nascitur, per easdem dissolvitur"[30] würde man die gleichen Zuständigkeiten erwarten; doch zeigt sich, daß diese, wohl zum Schutz der Beständigkeit einer einmal errichteten Rechtspersönlichkeit, teilweise verändert sind. Niederlassungen exemter klösterlicher Verbände werden durch die nach Maßgabe der Konstitutionen zuständigen Oberen aufgelöst, wenn die Gutheißung des Hl. Stuhls vorliegt; nichtexemte Nonnenklöster durch den Ortsbischof; Niederlassungen nichtexemter Kongregationen und Gesellschaften päpstlichen Rechts durch den Generaloberen, wenn die Zustimmung des Ortsbischofs vorliegt; Häuser von Kongregationen und Gesellschaften bischöflichen Rechts durch den Ortsbischof nach Anhörung des betreffenden Oberen (c. 498, 674)[31]. Außer durch förmliche Auflösung kann die Rechtspersönlichkeit eines Klosters auch erlöschen durch Ablauf der Hundertjahrefrist (c. 102).

4. *Die Rechtspersönlichkeit der Bettelorden*

Wenn man in der Fähigkeit, irdische Güter zu erwerben und zu besitzen, das entscheidende Konstitutiv der kirchlichen juristischen Persönlichkeit sehen will, wie es zuletzt *Köstler* tat, ausgehend von der

---

[26] *Mayer*, Benedikt. Ordensrecht II (1932) 20.
[27] Ebd. 20f.
[28] *Schäfer* a. a. O. n. 333 p. 138.
[29] SCRel 30. 11. 1923/1. 2. 1924, AAS 16 (1924) 95f.; *Conte* a. a. O. n. 523 p. 621; *Mayer* a. a. O. 34ff.
[30] c. 1 X, V, 41.
[31] *Schäfer* a. a. O. n. 351—353 p. 151f.; *Conte* a. a. O. n. 526 p. 626f.

Korporationstheorie der mittelalterlichen Kanonisten[32], dann entsteht die Frage, ob die eigentumsunfähigen Mendikantenorden überhaupt Rechtspersönlichkeiten sein können. Tatsächlich steht aber kirchenrechtlich die Rechtspersönlichkeit der Mendikantenorden außer Frage. *Köstler*, der für seine Auffassung von c. 1495 § 2 ausgeht („personis moralibus ... ius est ad normam sacrorum canonum bona temporalia acquirendi, retinendi et administrandi"), hält aber trotzdem an der Rechtspersönlichkeit der Mendikanten fest mit der Begründung, daß sie für den Apostolischen Stuhl erwerben und ihrerseits nur Nutznießungs- und Verwaltungsrecht haben, immerhin aber auch das Recht auf die res usu consumptibiles[33] und den Erwerb von Almosen (c. 621 § 1), demnach also nicht mehr als eigentumsunfähig, sondern als beschränkt eigentumsfähig zu gelten haben. Besser aber wird man die Eigentumsfähigkeit nicht als Wesensstück der juristischen Persönlichkeit nach dem CIC bezeichnen, sondern mit *Gillet*[34] in der juristischen Persönlichkeit ein Nachbild der natürlichen Person sehen, ebenso wie diese Trägerin von Rechten, Pflichten und Verantwortlichkeit. Demgemäß ist das Charakteristikum der juristischen Person kirchlichen Rechts die Parteifähigkeit vor Gericht. Den eigentumsunfähigen Mendikantenorden fehlt daher keineswegs die wesentliche Voraussetzung der juristischen Persönlichkeit. In diesem Zusammenhang ist auf Art. 29b des Italienischen Konkordats hinzuweisen, in welchem der Staat sich verpflichtet, die Rechtspersönlichkeit derjenigen klösterlichen Niederlassungen anzuerkennen, denen kraft ihrer Regel die Fähigkeit zu erwerben und zu besitzen zukommt. Damit ist zunächst nichts darüber gesagt, daß die Kirche ihrerseits den Niederlassungen der Mendikantenorden die Rechtspersönlichkeit nicht zuerkennen wollte. Daß die Kirche aber auch für die Mendikanten die Rechtsfähigkeit vor dem Staat zu erlangen beabsichtigte, geht aus der Instruktion der Religiosenkongregation v. 6. 2. 1930[35] hervor, wo dem Nachweis der Erwerbs- und Besitzfähigkeit gleichgestellt wird ein „documento pontificio, che le Case autorizza a godere dell' uso di beni immobili."

III. Die Rechtsfähigkeit nach deutschem Recht

A. Gewährung der Rechtsfähigkeit

Selten hat die kirchliche Rechtsfähigkeit der klösterlichen und klosterähnlichen Verbände auch die bürgerliche Rechtsfähigkeit in den betreffenden Staaten unmittelbar zur Folge. Daß dies Wunsch der Kirche

---

[32] *Köstler* a. a. O. 422—423; vgl. *Gierke* a. a. O. III 291ff.

[33] c. 3 Extr. Joh. XXII, tit. 14.

[34] a. a. O. 258, 273, 275.

[35] AAS 22 1930 p. 141.

wäre, kann man aus den Konkordaten mit Polen (1925)[36], Litauen (1927)[37], Rumänien (1929)[38], Österreich (1934)[39] entnehmen. Für *Deutschland* wurde eine derartige Regelung auch in den verschiedenen Nachkriegskonkordaten nicht erreicht. Mindestens seit der Säkularisation hat in Deutschland die Ausstattung von Orden und ordensähnlichen Verbänden mit bürgerlicher Rechtsfähigkeit besondere, vom kirchlichen Bereich unabhängige Formalitäten zur Voraussetzung. Bis zur Weimarer Verfassung von 1919, dem entscheidenden Wendepunkt in der Geschichte der bürgerlichen Rechtsfähigkeit der Klöster, war die Erlangung der Rechtsfähigkeit durch die Länderrechte, nicht durch Reichsrecht geregelt, wie denn überhaupt das Wilhelminische Reich sich einzig in dem von 1872—1917 geltenden Reichsjesuitengesetz mit Orden und ordensähnlichen Kongregationen befaßte.

1. Die Rechtslage bis 1919

In der Gewährung der Rechtsfähigkeit an klösterliche Organisationen herrschten in den deutschen Ländern bis 1919 im wesentlichen 2 Systeme, das System der eo-ipso-Rechtsfähigkeit und das Konzessionssystem. Die Exponenten dieser Systeme sind die Länder Bayern und Preußen.

a) Das System der eo-ipso-Rechtsfähigkeit

In *Bayern*[40] hatten die Klöster in der Vorsäkularisationszeit durch das bayer. Landrecht juristische Persönlichkeit gewonnen: „Sie waren und sind ipso iure mit ihrer rechtmäßigen Organisation juristische Personen (Organisationstheorie); einer besonderen Verleihung (Verleihungstheorie) bedarf es nicht"[41]. Diese Übung wurde auch vom bayer. Konkordat v. 5. 6. 1817 (§ 17) und von der Verfassung des Königreiches Bayern v. 26. 5. 1818 (II. Verfassungsbeilage, kurz Religionsedikt genannt, §§ 76—78) mit der Maßgabe festgehalten, daß „geistliche Gesellschaften" — darunter waren Orden und Kongregationen begriffen —, sowohl als Verbände wie in den einzelnen Niederlassungen, der Genehmigung des Landesherrn (mittels des Kgl. Ministeriums des Innern für Kirchen- und Schulangelegenheiten) bedürfen. Nach dem Prinzip der ausschließlich staatskirchenrechtlichen Organisation setzte sich der Staat mehrfach gegen alle Versuche, die staatliche Mitwirkung bei der Niederlassung zu umgehen, zur Wehr[42]. Mit der staatlichen Organisationsgenehmigung waren ohne ausdrückliche Verleihung die Korporationsrechte einer *Körperschaft des öffentlichen Rechts* erlangt. Damit stand

---

36 Art. XVI, XVII, XXIV n. 1.
37 Art. XVII, XXII n. 1.
38 Art. IX n. 2.
39 Art. II, X § 2.
40 Zu den folgenden Ausführungen siehe *Utz* a. a. O.
41 *Meurer* a. a. O. 31.
42 *Meurer* a. a. O. 26.

die Rechtsfähigkeit außer Frage. Diese Rechtsordnung blieb in Bayern bis 1919 gewahrt und da, wie wir sehen werden, die vor 1919 gewonnenen Rechte einer Körperschaft des öffentlichen Rechts noch heute fortdauern, ist die alte Regelung für die Beurteilung der bürgerlichen Rechtsfähigkeit vieler bayer. klösterlicher Institute noch heute maßgebend.

Dieses System der eo-ipso-Rechtsfähigkeit auf Grund der staatsaufsichtlichen Niederlassungsgenehmigung, das übrigens auch nach französischem Recht bestand, galt bis 1919 im wesentlichen auch in *Oldenburg* und *Hessen*[43].

b) Das Konzessionssystem

Preußen war ursprünglich im Allgemeinen Landrecht[44] dem System der eo-ipso-Rechtsfähigkeit durch staatliche Zulassung gefolgt. Erst die Preuß. Verfassung von 1850 bestimmte in Art. 13, daß Klöster in Zukunft nur mehr durch ein Gesetz Rechtsfähigkeit erlangen könnten. Von 1820—1850 waren in Preußen rund 50 Klöster entstanden, die sonach Rechtsfähigkeit besaßen. Nach Erlaß der Verfassung wurden zwischen 1850—1874 fast 1000 Niederlassungen männlicher und weiblicher Orden und Kongregationen neu gegründet[45]. Dieses rapide Ansteigen erklärt sich aus dem durch die Verfassung bewirkten Wegfall der Regierungsgenehmigung für die Niederlassung. „Die Errichtung von Klöstern und klösterlichen Genossenschaften lag ganz in den Händen der Kirche"[46], die staatliche Rechtsfähigkeit war aber nicht mehr gegeben, sondern bedurfte eines (nur ein einziges Mal ergangenen) Gesetzes. Wenn nach *Hinschius*[47] noch nach 1850 zahlreiche Kongregationen trotz Art. 13 der Preuß. Verfassung die Rechtsfähigkeit auf dem Verwaltungsweg verliehen bekamen, so war nun doch das Konzessionssystem zum Durchbruch gelangt.

Durch Ges. v. 31. 5. 1875 wurden „alle Orden und ordensähnlichen Kongregationen der katholischen Kirche .... vom Gebiet der preußischen Monarchie ausgeschlossen" unter Belassung einzig der „Niederlassungen und ordensähnlichen Kongregationen, welche sich ausschließlich der Krankenpflege widmen". Mit der Auflösung gingen den Verbänden und ihren Niederlassungen die Korporationsrechte, welche sie bis dahin besessen hatten, verloren und lebten auch mit deren allmählichen Wiederzulassung durch die Gesetze v. 14. 7. 1880, 21. 5. 1886 und 29. 4. 1887 nicht wieder von selbst auf. Als vielmehr das Ges. v. 22. 5. 1888 an 17 Ordensniederlassungen in Preußen die Rechte einer juristischen Persönlichkeit verlieh, wurde es in der Debatte des Preuß. Herrenhauses dahingehend interpretiert, daß es „Korporationsrechte

[43] *Ebers* a. a. O. 280f.

[44] Teil II, Tit. 11, §§ 939, 940, 1057. *Meurer* a. a. O. 32.

[45] Hier und zum folgenden siehe *Mayer*, Die Klöster in Preußen (1927).

[46] *Mayer* a. a. O. 11.

[47] *Hinschius* a. a. O. Vgl. z. B. ArchKathKR 93 (1913) 341.

feststetze, wenn sie nicht bestanden, oder bekräftige, wenn sie bestanden"[48].

So blieb der Zustand bis 1919. § 4 des Ges. v. 29. 4. 1887 hatte nochmals hervorgehoben, daß die Klöster mit ihrer Niederlassungsgenehmigung noch keine Korporationsrechte besaßen. Die Rechtsfähigkeit konnte nur durch ein besonderes Gesetz verliehen werden und ein solches war nur ein einziges Mal für 17 Klöster ergangen, niemals für einen gesamten Verband. Den klösterlichen Verbänden und ihren Niederlassungen war aber auch keine Möglichkeit gegeben, nach den Regeln des Privatrechts rechtsfähig zu werden, was natürlich nicht ohne Folgen für ihre vermögensrechtliche Stellung war. Es blieb nichts anderes übrig, als ihr Eigentum entweder als Vermögen einzelner Mitglieder oder als Zustiftung zu anderen kirchlichen Gütern zu deklarieren[49].

Das Konzessionssystem war allmählich auch in anderen deutschen Ländern zum Sieg gelangt; so in *Württemberg*, wo die Niederlassungen genehmigungspflichtig waren, zur Verleihung der juristischen Persönlichkeit aber seit dem Ges. v. 30. 1. 1862 (§ 15) eine besondere landesherrliche Verordnung nötig war;[50] ferner in *Baden*, wo ursprünglich auf Grund des 1. Konstitutionsedikts v. 14. 5. 1807 (§ 21) die Rechtspersönlichkeit staatlich anerkannter kirchlicher Institute eo ipso gegeben war, in den 90er Jahren des vergangenen Jhs. es sich jedoch einbürgerte, die Körperschaftsrechte ausdrücklich durch Verordnung zu gewähren[51]. Auch 11 der kleineren *norddeutschen Staaten* verordneten in den Ausführungsgesetzen zum BGB, daß geistliche Gesellschaften nur durch landesherrliche Verleihung rechtsfähig werden könnten[52].

Im Bereich des Konzessionssystems war es bis 1918 unmöglich, auf andere Weise Rechtsfähigkeit zu erlangen. Klösterliche Verbände und ihre Niederlassungen waren auf ein Gesetz (in Preußen) oder eine Verordnung (in den übrigen Ländern) angewiesen. Wurde diese Konzession versagt, so blieb der klösterliche Verband oder das Kloster für den bürgerlichen Rechtsverkehr im Zustand eines nichtrechtsfähigenVereins (§ 54 BGB). Das Bestreben kirchlicher Kreise, den Klöstern durch das BGB die Lösung aus ihrer vereinsrechtlichen Sonderstellung zu verschaffen, hatte keinen Erfolg[53], im Gegenteil: Art. 84 EG BGB sanktionierte das Konzessionssystem, indem er verfügte:

---

[48] Urteil des Reichsgerichts v. 5. 3. 1898 (ArchKathKR 79 (1899) 134ff., bes. 142ff.).

[49] *Meurer* a. a. O. 38.

[50] Ebd. 33.

[51] *Meurer* a. a. O. 33f.

[52] Ebd. 35f.

[51] *Meurer* a. a. O. 33f.

[52] Ebd. 35f.

[53] *Geiger* a. a. O.

> „Unberührt bleiben die landesgesetzlichen Vorschriften, nach welchen eine Religionsgesellschaft oder eine geistliche Gesellschaft Rechtsfähigkeit nur im Wege der Gesetzgebung erlangen kann."

Auch das Reichsvereinsgesetz v. 19. 4. 1908 bestimmte in § 24, daß die Vorschriften des Landesrechts über kirchliche und religiöse Vereine sowie über geistliche Orden und Kongregationen unberührt bleiben. Auch wurden Beschränkungen der Rechtsfähigkeit, näherhin der Erwerbsfähigkeit klösterlicher Verbände, wie sie in den sog. Amortisationsgesetzen des Landesrechts bestanden, ebenso wie die Erwerbsbeschränkungen für Ordensangehörige mit lebenslänglichen Gelübden durch die Art. 86, 87 EG BGB weiterhin in Geltung belassen[54]. Nur bezüglich der zivilrechtlichen Stellung der *einzelnen Ordensmitglieder* war durch das BGB eine Änderung eingetreten. Während bis dahin in den einzelnen Ländern unterschiedlich die kanonischen Wirkungen der Gelübde, vor allem in vermögens- und eherechtlicher Beziehung, auch bürgerlichrechtlich festgehalten wurden, ist dies durch das BGB ausgeschlossen worden: „Indem das BGB eine Wirksamkeit der Gelübde für das bürgerliche Recht nicht mehr erwähnt, ist eine solche verneint; indem es Rechtsbeschränkungen der Ordensleute nicht mehr nennt,sind dieselben beseitigt. Die Ordensleute sind trotz ihrer Gelübde, die nur noch innerkirchliche Pflichten begründen, vor dem Recht und der Beurteilung des Staates vollkommen rechtsfähig und mithin vor allem vermögens- und erbfähig. Sie sind weiterhin ehefähig, sowie geschäfts-, wechsel-, testier-, partei- und prozeßfähig"[55].

2. Die Rechtslage von 1919 bis 1945

Bereits im Aufruf des Rates der Volksbeauftragten v. 12. 11. 1918 wurde mit Gesetzeskraft angeordnet, daß das Vereins- und Versammlungsrecht keiner Beschränkung unterliege[56]. Als dann am 11. 8. 1919 die neue Reichsverfassung mit dem souveränen Anspruch „Reichsrecht bricht Landesrecht" (Art. 13 I) in Kraft trat, da war durch die Art. 111 und 124 den die klösterlichen Verbände beschränkenden Landesgesetzen das Urteil gesprochen. Art. 111 WeimRV verfügte:

> „Alle Deutschen genießen Freizügigkeit im ganzen Reiche. Jeder hat das Recht, sich an einem beliebigen Ort des Reiches aufzuhalten und niederzulassen . . . Einschränkungen bedürfen eines Reichsgesetzes."

Und Art. 124 lautete:

> „Alle Deutschen haben das Recht, zu Zwecken, die den Strafgesetzen nicht zuwiderlaufen, Vereine oder Gesellschaften zu bilden. Dies Recht kann nicht durch Vorbeugungsmaßnahmen beschränkt werden. Für religiöse Vereine und Gesellschaften gelten die gleichen Bestimmungen.

---

[54] Vgl. ArchKathKR 78 (1898) 108—118.
[55] *Meurer* a. a. O. 42; auch *Utz* a. a. O. 139ff.
[56] RGBl 1918, 1302.

Der Erwerb steht jedem Verein gemäß den Vorschriften des bürgerlichen Rechts frei. Er darf einem Vereine nicht aus dem Grunde versagt werden, daß er einen politischen, sozialpolitischen oder religiösen Zweck verfolgt."

Mit dieser reichsrechtlich verbürgten Niederlassungs- und Vereinsfreiheit wurden die in allen deutschen Ländern bestehenden Vorschriften, daß eine klösterliche Niederlassung genehmigungspflichtig sei, außer Kraft gesetzt. Damit wurden (in Verbindung mit Art. 178 II WeimRV) aber auch alle entgegenstehenden reichsgesetzlichen Bestimmungen beseitigt, so § 61 II BGB, wonach die Verwaltungsbehörde gegen die Eintragung eines Vereins in das Vereinsregister Einspruch erheben kann, wenn der Verein einen religiösen Zweck erfüllt, § 43 III BGB, wonach einem Verein die Rechtsfähigkeit entzogen werden kann, wenn er einen solchen Zweck verfolgt, und Art. 84 EG BGB, wonach landesrechtliche Vorschriften, daß geistliche Gesellschaften die Rechtsfähigkeit nur im Wege der Gesetzgebung erlangen können, in Geltung geblieben waren; auch der die klösterlichen Verbände benachteiligende § 24 des Reichsvereinsgesetzes war damit gefallen. Und so war sowohl dem Konzessionssystem als auch dem System der eo-ipso-Rechtsfähigkeit das Ende bereitet worden. Die klösterlichen Verbände und ihre Teileinheiten hatten nun die Möglichkeit, nach Maßgabe des bürgerlichen Rechts sich um die Rechtsfähigkeit zu bemühen.

Aus dem neuen Verfassungsrecht des Reiches zogen die Ländergesetzgebungen und die Länderkonkordate nur einfach die Konsequenz (und haben insoweit keine materiell-rechtliche Wirkung), sorgten freilich z. T. auch für die Kontinuität der vor 1919 geschaffenen Rechtslage klösterlicher Verbände. So wurde in *Preußen* unter Bezugnahme auf Art. 111 und 124 WeimRV das bisherige staatliche Ordensrecht für nicht mehr anwendbar erklärt[57]. In *Bayern* bestimmte die Verfassung v. 14. 8. 1919 (§ 18 II):

„Bestehende ... geistliche Gesellschaften, dann ihre Anstalten, Stiftungen und sonstigen Einrichtungen bleiben rechtsfähig, soweit sie es bisher waren, neue können die Rechtsfähigkeit nach Maßgabe des geltenden Rechts erwerben."

Das Bayer. Konkordat v. 29. 3. 1924 besagt in Art. 2:

„Orden und religiöse Kongregationen können den kanonischen Bestimmungen gemäß frei gegründet werden. Sie unterliegen von seiten des Staates keiner Einschränkung in bezug auf ihre Niederlassungen, die Zahl und ... die Eigenschaften ihrer Mitglieder, sowie bezüglich der Lebensweise nach ihren kirchlich genehmigten Regeln. Soweit sie bisher die Rechte einer öffentlichen Körperschaft genossen haben, bleiben ihnen diese gewahrt; die übrigen erlangen Rechtsfähigkeit oder die Rechte einer öffentlichen Körperschaft nach den für alle Bürger oder Gesellschaften geltenden gesetzlichen Bestimmungen ...

---

[57] Erlaß des preuß. Ministeriums für Wissenschaft, Kunst und Volksbildung v. 31. 12. 1919: ArchKathKR 100 (1920) 94.

In Bezug auf den Erwerb, den Besitz und die Verwaltung ihres Vermögens sowie in der Ordnung ihrer Angelegenheiten unterliegen sie keiner besonderen staatlichen Beschränkung oder Aufsicht."

In *Württemberg* sagt das Ges. über die Kirchen v. 3. 3. 1924 (§ 10):

„Religiöse Genossenschaften erwerben die Rechtsfähigkeit nach den Vorschriften des bürgerlichen Rechts."

In *Baden* heißt es im Konkordat v. 12. 10. 1932 (Art. V):

„Das Eigentum und andere Vermögensrechte ... der Orden und religiösen Kongregationen, welche gegründet werden dürfen und die Rechte einer öffentlich-rechtlichen Körperschaft oder einer juristischen Person des privaten Rechts nach den für alle Bürger geltenden Bestimmungen besitzen oder erlangen können, werden nach Maßgabe der Verfassung des Deutschen Reiches gewährleistet."

Im Schlußprotokoll hierzu

„besteht Übereinstimmung darüber, daß die Gründung von Orden und religiösen Kongregationen in Baden gemäß der Verfassung des Deutschen Reiches der Willensbestimmung der zuständigen kirchlichen Stelle überlassen bleibt. Ihre Rechtsstellung aber richtet sich nach Art. V, Abs. 1 dieses Konkordats."

Sachlich dasselbe spricht das *Reichskonkordat* v. 20. 7. 1933 in Art. 13 aus:

„... die Orden und religiösen Genossenschaften ... behalten bzw. erlangen die Rechtsfähigkeit für den staatlichen Bereich nach den allgemeinen Vorschriften des staatlichen Rechts. Sie bleiben Körperschaften des öffentlichen Rechts, soweit sie solche bisher waren; den anderen können die gleichen Rechte nach Maßgabe des für alle geltenden Gesetzes gewährt werden."

Dazu Art. 15 I:

„Orden und religiöse Genossenschaften unterliegen in Bezug auf ihre Gründung, Niederlassung, die Zahl und ... die Eigenschaften ihrer Mitglieder, ihre Tätigkeit in der Seelsorge, im Unterricht, in Krankenpflege und karitativer Arbeit, in der Ordnung ihrer Angelegenheiten und der Verwaltung ihres Vermögens staatlicherseits keiner besonderen Beschränkung."

3. Die Rechtslage nach 1945

Die bisherige Rechtslage der klösterlichen Verbände ist seit 1919 in den Länderrechten nur wiederholt oder erläutert, wesentlich bestimmt ist sie durch die WeimRV und die von dieser verbürgten Niederlassungs- und Vereinsfreiheit. Diese Grundrechte bestimmten die Rechtslage der klösterlichen Verbände im ganzen Reich, mochten die Ländergesetzgebungen sich damit befassen oder nicht. Nachdem diese Grundrechte auch zu selbstverständlichen Beständen der neuen Länderverfassungen seit 1945 und des Grundgesetzes für die Bundesrepublik Deutschland von 1948 geworden sind[58], braucht auch die Frage nicht mehr stipuliert zu werden, inwieweit die genannten Länderrechte und Konkordate heute noch in Geltung sind. Diese Grundrechte bestimmen denn auch die Rechtslage von heute, die, wie folgt, zu umschreiben ist:

a) Klösterliche und klosterähnliche Verbände sowie ihre Niederlassungen stellen, bevor sie Schritte zum Erwerb der bürgerlichen Rechtsfähigkeit unternommen haben, *nichtrechtsfähige Vereine* im Sinn des § 54 BGB dar; sie sind keine juristischen Persönlichkeiten[59]. Da keinerlei Beschränkungen des Erwerbs der Rechtsfähigkeit mehr bestehen, können sie die bürgerliche Rechtsfähigkeit durch Eintragung in das Vereinsregister erwerben, die beim zuständigen Amtsgericht (Registergericht) gemäß §§ 55ff. BGB zu beantragen ist[60]. Der so entstandene *eingetragene Verein* besitzt bürgerliche Rechtsfähigkeit. Soweit die genannten Verbände bzw. ihre Niederlassungen erwerbstätig sind, können sie auch durch Gründung einer *Gesellschaft mit beschränkter Haftung* und deren Eintragung in das Handelsregister beim zuständigen Amtsgericht die bürgerliche Rechtsfähigkeit erlangen[61]. Auch weiterhin besteht die Möglichkeit, daß klösterliche Verbände und ihre Niederlassungen die Rechte einer *Körperschaft des öffentlichen Rechts* erwerben und damit zugleich privatrechtliche Rechtsfähigkeit erwerben. In der Doktrin ist es strittig, ob die Verleihung der öffentlichen Körperschaftsrechte der Gesetzgebung oder der Verwaltung zusteht[62]. In der Praxis Bayerns wird sie als Verwaltungsakt vom Kultusministerium geübt; so nach 1919[63] und nach 1945[64]. Soweit in Erfahrung zu bringen ist, ist in anderen deutschen Ländern die Verleihung der Rechte eine Körperschaft des öffentlichen Rechts an klösterliche Verbände oder Niederlassungen nicht üblich.

b) Soweit von den genannten Verbänden oder ihren Niederlassungen die *bürgerliche Rechtsfähigkeit vor 1919* erlangt war (juristische Persönlichkeit des privaten Rechts oder Körperschaft des öffentlichen Rechts), besteht sie weiter. Ausdrücklich ausgesprochen ist das nur in § 18 II der bayer. Verfassung v. 14. 8. 1919: „. . . geistliche Gesellschaften . . . bleiben rechtsfähig, soweit sie es bisher waren.“ Man kann jedoch

[58] Bremen Art. 17, 18, Wüttemberg-Baden Art. 15, Bayern Art. 109, 114, 146, Hessen Art. 6, 15, Rheinland-Pfalz Art. 13, 15, 44, Baden Art. 8, 19, Württemberg-Hohenzollern Art. 13, 121, Sachsen-Anhalt Art. 10, 16, Mecklenburg Art. 9, 14, Brandenburg Art. 6, GG Art. 9, 11.

[59] *Utz* a. a. O. 68f.

[60] ebd. 64ff.

[61] *Mayer* a. a. O. 36, *Eichmann-Mörsdorf* a. a. O. 200.

[62] *Utz* a. a. O. 61f., *Mayer* a. a. O. 36.

[63] *Hofmann* a. a. O. 13f.

[64] Verleihung an das Provinzialat der Unbeschuhten Karmeliten in München v. 31. 12. 1946.

die entsprechenden Feststellungen in den verschiedenen deutschen Konkordaten als Einverständnis der betreffenden Staaten auffassen; in der Doktrin ist der Fortbestand dieser erworbenen Rechte unbestritten und es ist mir weiterhin aus der neuesten Rechtsprechung an norddeutschen Gerichten bekannt, daß auch dort an der Kontinuität der vor 1919 von klösterlichen Verbänden erworbenen Rechtspersönlichkeit festgehalten wird.

c) Nachdem geistliche Gesellschaften ohne Ansehen der Besonderheit, die ihnen nach kan. Recht zukommt, staatsrechtlich unterschiedslos die Möglichkeit haben, sich nach dem allgemeinen Vereinsrecht zu organisieren, ist die vorstehende Darlegung über den Erwerb der bürgerlichen Rechtsfähigkeit nicht nur auf die Orden und Kongregationen, sondern auch auf die oben besprochenen klosterähnlichen Verbände anzuwenden.

B. Beschränkungen der Rechtsfähigkeit

Vor 1918 bestanden Beschränkungen der Rechtsfähigkeit durch die sog. Amortisationsgesetze, welche den Erwerb für die „manus mortua ecclesiastica" erschwerten. *Nach 1918* bestanden solche Gesetze noch in Bayern und Preußen. In Bayern kamen sie durch das Konkordat von 1924 Art. 2 II in Wegfall. In Preußen blieb jedoch durch Ges. v. 8. 4. 1924 insoweit eine Beschränkung der Erwerbsfähigkeit bestehen, als Schenkungen und Zuwendungen von Todeswegen an juristische Persönlichkeiten (nicht nur kirchliche) im Wert von mehr als 3000 Goldmark, ebenso wie der Grundstückserwerb im gleichen Wert der Staatsgenehmigung bedurfte. *Gegenwärtig* ist kein Amortisationsgesetz mehr in Geltung.

Was die Vermögensunfähigkeit der eigentlichen Mendikanten (Franziskaner und Kapuziner) angeht, so wurde sie bereits vor 1918 staatsrechtlich als kein Hindernis zum Erwerb der Rechtsfähigkeit betrachtet[65]. So hat Preußen in dem bereits erwähnten Ges. v. 1888 vier Klöster des Franziskanerordens zu juristischen Persönlichkeiten erhoben, Bayern am 8. 2. 1917 die Rechtspersönlichkeit der bayer. Kapuzinerprovinz anerkannt[66].

IV. Zusammenfassung

Die Frage der Rechtspersönlichkeit der Orden und ordensähnlichen Genossenschaften hat im *heutigen* Deutschland wohl eine durchaus befriedigende Lösung gefunden. Die genannten Verbände sind staatlicherseits weder bevorrechtet noch durch irgendwelche Ausnahmestellung

[65] *Meurer* a. a. O. 36f.

[66] *Mayer* a. a. O. 16; *Meurer*, Bayerisches Kirchenvermögensrecht III (1919) 169.

benachteiligt. Es entspricht durchaus der kirchlichen Auffassung von den beiderseitig selbständigen Sphären von Kirche und Staat, wenn auch der Erwerb der Rechtspersönlichkeit in beiden Sphären auf je eigene Art vor sich geht. Das Kloster steht nun einmal in Kirche und Welt zugleich. Wie das kan. Recht auch sonst die Zuständigkeit des Staates im bürgerlichen Bereich anerkennt (vgl. c. 581 § 2, c. 1016), so kann auch die besprochene ordensrechtliche Regelung in Deutschland volle Zustimmung finden.

RECHTSETHNOLOGIE UND ORIENTALISCHE RECHTE

DIE PRIVATRACHE UND DER EINGRIFF DES STAATES

Von Dr. Hermann Trimborn
apl. Professor an der Universität Bonn

Literatur: *Max Prinz zu Wied*, Reise nach Brasilien in den Jahren 1815—1817 (1820/21) — *Holub*, Eine Culturskizze des Marutse-Mumbunda-Reiches in Süd-Central-Afrika (1879) — *Roth*, The Aborigines of Tasmania (1890) — *Kohler*, Das Recht der Marshallinsulaner: ZeitschrVglRechtsw 14 (1891) 443ff. — *Howitt*, The Native Tribes of South-East Australia (1904) — *Merker*, Die Masai (1904) — *Krahmer*, Das transkaspische Gebiet (1905) — *Tessmann*, Die Pangwe II (1913) — *Kohler*, Das Recht der orientalischen Völker, in: Kohler- Wenger, Allg. Rechtsgeschichte, 1. Hälfte (1914) — *Wenger*, Das Recht der Griechen und Römer, in: Kohler-Wenger, Allg. Rechtsgeschichte, 1. Hälfte (1914) — *Cooper*, Analytical und critical bibliography of the tribes of Tierra del Fuego and adjacent territory: Smiths. Inst. Bureau of Amer. Ethnology, Bull. 63 (1917) — *Bieber*, Kaffa, II (1923) — *Vedder*, Die Bergdama (1923) — *König*, Der Rechtsbruch und sein Ausgleich bei den Eskimo: Anthropos 20 (1925) — *Schmidt* und *Koppers*, Völker und Kulturen, 1. Teil (1924) — *Trimborn*, Straftat und Sühne in Alt-Peru: Zeitschr. f. Ethnologie 1925 — *Bernatzik*, Gari-Gari (1930) — *Thurnwald*, Papuanisches und melanesisches Gebiet südlich des Äquators einschließlich Neuguinea, in: Schultz-Ewerth und Adam, Das Eingeborenenrecht, II (1930) — *Trimborn*, Mikronesien, in: Schultz-Ewerth und Adam, Das Eingeborenenrecht, II (1930) — *Menghin*, Weltgeschichte der Steinzeit (1931) — *Jensen*, Die staatliche Organisation und die historischen Überlieferungen der Barotse am oberen Zambesi: 50. Jahresber. d. Museums f. Länder- und Völkerkunde (1932) — *Wintzer*, Das Recht Altmexikos: ZeitschrVglRechtsw 45 (1932) — *Thurnwald*, Die menschliche Gesellschaft in ihren ethno-soziologischen Grundlagen: Werden, Wandel und Gestaltung des Rechtes, (1934) — *Adam*, Ethnologische Rechtsforschung, in: Preuß, Lehrbuch der Völkerkunde (1937) — *Aufenanger* und *Höltker*, Die Gende in Zentralneuguinea (1940) — *Schebesta*, Die Bambuti-Pygmäen vom Ituri, II (1. Teil 1941, 2. Teil 1948) — *Vicedom* und *Tischner*, Die Mbowamb, II (1943) — *Birket-Smith*, Geschichte der Kultur (1946).

I. Ethnologische Rechtsforschung als Weg zur Frühgeschichte des Rechts

Zu den großen Gemeinsamkeiten aller Menschen gehört es, daß sie nie dauernd in individueller oder familienhafter Vereinzelung, sondern in sozialen Gemeinschaften leben. Frühformen öffentlicher Verbände sind deshalb auch bei den primitivsten Völkerschaften ebenso durchgängig anzutreffen wie ein als Wirkungsweise dieser öffentlichen Verbände aufzufassendes Recht. Dieses Recht der urtümlicheren Menschheit unterscheidet sich allerdings von den uns geläufigen Rechtssystemen dadurch, daß ihm begriffliche Fixierung oder gar Kodifizierung fehlt, daß es also fast kaum gesetztes Recht, sondern Gewohnheitsrecht ist, das sich durch Übung von einer Generation auf die andere vererbt. Solche gewohnheitsrechtlichen Ordnungen ermangeln auch der uns selbstverständlich gewordenen Systematik, z. B. der Scheidung in „Zivilrecht", „Strafrecht" und „Öffentliches Recht", weil es im Bewußtsein der Menschen noch nicht zu einer hinreichenden Differenzierung der dabei leitenden Gedanken gekommen ist. Nichtsdestoweniger ist es auch den frühesten Gesellschaften immanent, daß unvermeidliche Spannungen zwischen der Willkür des Einzelnen und den ihr gesetzten Schranken des gemeinen Wohls, wie und wo man diese auch ziehen mag, naturnotwendig zu „Rechtsbrüchen" und diese wiederum zu einer darauf reagierenden Sühne führen. Auch Rechtsbruch und Sühne ziehen sich deshalb, wenn auch in unterschiedlichsten Formen, wie ein roter Faden durch die Geschichte des Menschengeschlechts.

Die ethnologische Rechtsforschung als Teilgebiet der Völkerkunde begnügt sich nun nicht damit, die schillernde Vielfalt der Tatsachen auf dem Gebiete des Rechts zu registrieren und zu deuten, sondern versucht auch, das Nebeneinander einzelner Formen im Raum umzusetzen in eine Folge der Erscheinungen in der Zeit. Seitdem die Völkerwissenschaft ihren Beruf als geschichtliche Disziplin erfaßt hat, ist sie deshalb dazu übergegangen, nach Methoden zu suchen, um die an und für sich ohne zeitliche Perspektive gebotenen Zustände primitiverer Völker in eine geschichtliche Ordnung zu bringen; sie geht dabei von der ein wenig axiomatischen, aber eigentlich nie bezweifelten Grundeinstellung aus, daß sich uns in den Verhältnissen dieser primitiveren Menschheit ältere Phasen der universalen Entwicklung erhalten haben. Zu diesem Zwecke ordnet sie die Vielfältigkeit der Erscheinungen bestimmten „Kulturkreisen" zu, die sie außerdem mit prähistorischen Tatbeständen zu parallelisieren sucht und die dergestalt als zeitliche Horizonte des universalgeschichtlichen Prozesses gelten. Im Rahmen einer solchen allgemeinen Geschichte der Frühmenschheit müßte sich dann aus ethnographischem Material heraus auch eine Frühgeschichte des Strafrechtes schreiben lassen — über das die prähistorischen Funde schweigen —, die von den urtümlichsten bekannten Völkerstämmen, den Vertretern einer relativen „Urkultur", bis zu den archaischen Hochkulturen an der Schwelle der geschriebenen Geschichte reicht. Eine solche *Frühgeschichte des Rechts* schließt auch die Entwickelung des Verhältnisses zwischen Rache und Staatseingriff ein.

II. Der Rechtszustand in der wildbeuterischen Phase

1. Der älteste erschließbare Rechtszustand ist nun bei jenen Völkern zu suchen, die wirtschaftlich auf einer „*wildbeuterischen*" *Phase* vor der Erfindung bzw. Übernahme erzeugender Wirtschaftsweisen (des Bodenbaus und der Viehzucht) stehen geblieben sind, also bei den „Sammlern und Jägern" in ihren milieubedingten Schattierungen. In die Tiefe des geschichtlichen Raumes zurückprojiziert, würde sich hierin, mit allen Vorbehalten, der allgemeine Kultur- und Rechtszustand in jenen unendlichen Zeiten spiegeln, welche die Prähistorie das Paläolithikum nennt.

Wir denken dabei z. B. an die kleinwüchsigen Völkertrümmer in tropischen Urwaldgebieten: die Bambuti des Kongobeckens, die Semang und Senoi von Malakka, die Kubú auf Sumatra, die Bewohner der Andaman-Inseln und die Negritos der Philippinen; der Umwelt nach zählen hierzu auch die Wedda auf Ceylon sowie die Makú, die Botokuden und andere urwaldbewohnende Stämme in Südamerika. Subtropische Steppen und Wüsten bewohnen die Buschmänner Südwestafrikas und die Ureinwohner Australiens; eine subarktische Meeresküste war Lebensraum der Stämme des Feuerlands. Ihre nördlichen Nachbarn, die Patagonier, gehören ebenso diesem Wildbeutertum an wie im amerikanischen Nordkontinent die Zentralkalifornier als „höhere" Sammler und die Prärieindianer als „höhere" Jäger.

2. Ein *gemeinsames* Kennzeichen all dieser Völker ist ihre „parasitäre" Wirtschaftsweise, welche die von der Natur gebotenen animalischen und vegetabilischen Nahrungsmittel ohne Eigenerzeugung entgegennimmt. In einer Wechselwirkung mit diesem Typus der Nahrungsbeschaffung steht die fehlende oder doch sehr beschränkte Seßhaftigkeit dieser Stämme, welche, von Ausnahmefällen unter besonders günstigen Umweltsbedingungen abgesehen, innerhalb ihres Gruppengebietes unstet umherschweifen müssen. Nichtsdestoweniger fehlt es selbst bei diesen urtümlichen Völkerschaften nicht an einem sozialen Verband, den wir „Horde" nennen. Eine Mehrzahl von Einzelfamilien mit generationenhaft wechselnder, aber zwingender Mitgliedschaft, stellt diese Horde über das familienhafte Prinzip hinaus bereits eine echte politische Körperschaft dar, die innerhalb ihres gegen die Räume benachbarter Gruppen abgegrenzten Hordengebietes eine Frühform öffentlicher Gewalt und staatlicher Raumbeherrschung übt.

3. Es wäre völlig abwegig, zu verkennen, daß es auch schon bei diesen Völkern eine *kollektive Reaktion* der Gemeinschaft gegenüber dem Rechtsbrecher gibt. Sie ist ursprünglich meist von dem Gedanken getragen, daß aus dem rechts- und sittenwidrigen Verhalten ein in seiner ursächlichen Verknüpfung vielleicht nur magisch erfaßbarer Schaden für die Gemeinschaft entspringt, und setzt deshalb eben bei solchen Vergehen

ein, aus denen nach dem Glauben der betreffenden Menschen eine solche Schadenswirkung erwächst. Gruppenweises Einschreiten erfolgt im australischen Kimberley bei Verletzung der geheiligten Ordnung, z. B. Geschlechtsverkehr zwischen Personen, die in einem sozialverwandtschaftlichen Verhältnis stehen und deren Verbindung als Blutschande gilt; diese müssen von der lokalen Horde, und zwar von allen Männern, durch Speerwurf getötet werden[1]. Von den Bambuti-Pygmäen schildert *Schebesta* einen Fall der Verzauberung, in dem die Sippe das Giftordal über den Schuldigen verhing[2]. Bei den Bergdama Südwestafrikas konnten zwei junge Männer bestimmt werden, welche die Todesstrafe an einem hordenfremden Jagdfrevler oder Dieb vollzogen[3]. Und vor allem „die Friedlosigkeit ist eine Maßnahme, die schon Wildbeuter vornehmen"[4].

Wenn eine solche kollektive Reaktion auch nur in besonderen Fällen erfolgt, ist es doch wichtig, das Einschreiten der Gruppe vor Augen zu halten, um bestätigt zu finden, daß schon in der frühesten aus ethnographischen Tatbeständen erschließbaren Menschheitsphase die Sühnung der Rechtsbrüche eine Funktion der sozialen Gemeinschaft war.

4. Die Mehrheit der Rechtsbrüche aber wird dadurch nicht erfaßt. Vielmehr bleibt die Sühne der meisten, gerade uns geläufigen Delikte der *Initiative Einzelner* aufgetragen, der Rache, hinter der als psychologische Triebkraft der Drang nach Vergeltung steht. Wer z. B. einen anderen tötet, hat zu vergegenwärtigen, daß ihn die Rache der Angehörigen trifft, welche nicht eher ruhen werden, bis sie des Täters habhaft geworden sind und auch ihn getötet haben. Das heißt, die Vollziehung der Sühne ist in den meisten Fällen dem Geschädigten selbst oder seinen Angehörigen überlassen. Wie sehr wir uns also bewußt sein müssen, daß es auch schon bei diesen Völkern in besonders gearteten Fällen ein Einschreiten seitens der Gruppe gibt, muß doch als eigentlich typisch für diese Phase der Rechtsentwicklung bezeichnet werden, daß die Sühne für Missetaten den Einzelnen anheimgestellt bleibt: so die Rache für Tötung, Körperverletzung und Ehebruch, während Eigentumsvergehen angesichts der geringen Entfaltung persönlicher Habe an Bedeutung zurückstehen. Diese Rache ist nahezu ausnahmslos blutig. Wurde doch selbst bei friedlicheren Völkerschaften, wie bei den Andamanesen, die Tötung eines Menschen mit blutiger Rache geahndet[5], so wie es auch bei den Ona des Feuerlandes wenige über 30 Jahre alte Individuen gab, die noch nicht aus Rache getötet hatten[6]. Außer in voller, auf Tötung des Rechtsbrechers gerichteter Form begegnet sie aber auch als gemin-

---

[1] Persönliche Mitteilung des Erforschers Dr. *Petri* in Frankfurt a. Main.
[2] *Schebesta* II 2. Teil 529/30.
[3] *Vedder* 149.
[4] *Thurnwald* (1934) 124.
[5] *Schmidt-Koppers* 179.
[6] *Cooper* 174.

derte Blutrache in Gestalt von Körperverletzungen oder Verstümmelungen, ja bis zur Prügel abgeschwächt, so wenn bei australischen Stämmen der Täter Verwundungen durch Bumerang- oder Speerwürfe zu erdulden hat[7].

Nur eine Abwandlung dieses Racherechts stellt es auch dar, wenn der Ausgleich des Rechtsbruchs in Form eines Zweikampfes erfolgt. Wie bei den Botokuden Zweikämpfe zwischen benachbarten Stämmen zum Ausgleich von Übergriffen auf Jagdgebiete[8], Keulenschläge bei den Tasmaniern rechtens waren[9], kennen wir von den friedfertigeren Eskimo auch Faust- und Ringkämpfe, teils sogar zum wechselseitigen Absingen von Spottliedern abgeschwächt[10]. Wir dürften kaum fehl in der Annahme gehen, daß wir in solchen Fällen eine stärkere Einschaltung der Rechtsgemeinde vor uns haben, die den Austrag der Rache nach den Regeln und in den Schranken gewohnheitsrechtlicher Übung überwacht.

5. Charakteristisch ist für diese Frühform der Sühne ferner, daß der Racheakt dazu neigt, an die *äußere Verwirklichung* eines Schadens anzuhaken, während psychologische Unterscheidungen zwar nicht unbekannt, aber meistens doch unentwickelt sind und gar nicht oder doch geringer veranschlagt werden. Selbst wenn der Schadenstatbestand unbewußt oder unfreiwillig oder in Notwehr verwirklicht wurde, muß der Täter, welcher ihn ursächlich herbeiführte, mit einer Vergeltung des Geschädigten rechnen, wenn vielfach auch die Möglichkeit einer milderen Büßung besteht. So tritt bei den Bambuti des Kongo bei versehentlicher Tötung auf der Jagd eine Haftung auch ohne Verschulden ein[11].

6. Dabei wird nun *weder* die *Ausübung* der Rache *noch* die *Haftung* für den Schaden *streng persönlich* aufgefaßt. Mit der mangelhaften Ausbildung individualistischen Denkens, damit, daß diese Völker stärker als wir in Gruppenzusammengehörigkeiten denken, hängt es zusammen, daß die Mitgliedschaft in einer sozialen Gemeinschaft genügt, um zur Vergeltung zu berechtigen oder gar zu verpflichten — wenn auch bestimmte Verwandte bevorzugte Rächer sind —, und ebenso genügt, um solidarisch für den Schaden zu haften. Ob es nun die Familie im engeren Sinne, ob es die Horde, der Totemclan oder die Sippe oder die Siedlungsgemeinde ist, welche als Rechtsgemeinschaft gilt — in jedem Falle werden bei den Völkern dieser Kulturstufe Racherecht wie Schadenshaftung gern solidarisch aufgefaßt. Zur Rache verpflichtet war

---

[7] *Howitt* 342.

[8] *Max zu Wied* I 368/70; II 43.

[9] *Roth* 73.

[10] *König* 276ff.

[11] *Schebesta* II, 1. Teil, 273.

jedes vollinitiierte Mitglied der Horde im australischen Kimberley[12]; bei den Zwergstämmen des Ituriwaldes haftete die Sippe für Diebstahl an Sippenfremden und Ehebruch[13]; und um zwei andere Beispiele aus etwas jüngeren Zuständen dafür herauszugreifen, richtete sich noch auf Neuguinea die Blutrache gegen die ganze Dorfschaft des Täters[14], und von dem Truk-Archipel hören wir, daß jede einzelne Insel einen solchen Rechtsschutzverband bildete[15].

Obwohl es zumeist an eigenen Organen der öffentlichen Gewalten fehlt, welche die Sühne vollziehen, haben wir es doch auch hier bereits mit einem Straf-Recht zu tun; nur erscheinen eben in Ermangelung eigener Organe des öffentlichen Willens Einzelne mit der Vergeltung betraut, die sich bei Ausübung ihrer Rache der Billigung des allgemeinen Rechtsbewußtseins erfreuen. Wesentlich aber ist ferner, sich beider Wurzeln des Strafrechts bewußt zu bleiben, die mit völlig verschiedenen seelischen Motivierungen (Vergeltung und Schadensabwehr) sowohl in einem ursprünglichen Racherechte wie in einem daneben bestehenden „öffentlichen" Einschreiten der Gemeinschaft zutage liegen.

III. Der Rechtszustand in der Phase erzeugender Wirtschaftsweisen

Eine Änderung in diesen Zuständen ist offenbar erst infolge des Auftretens *erzeugender Wirtschaftsweisen* vor sich gegangen, mit der Erfindung bzw. Übernahme des Bodenbaus und mit dem Aufkommen und der Ausbreitung der Viehzucht der Hirtenvölker, deren Anfänge — historisch gesehen — in *Menghins* Miolithikum (Jungpaläolithikum) zu datieren sind[16]. In diesen Lebenskreisen ist von wirtschaftlichen Impulsen her eine folgenschwere Umgestaltung auch des gesamten sozialen Gefüges erfolgt. Im Aufbau der Gesellschaft treten bei den Pflanzervölkern das Dorf, bei den Hirtenvölkern die patriarchalische Sippe als die Gemeinschaften in den Vordergrund, die das Leben der Gruppe und der Einzelnen bestimmen. Beide Lebenskreise haben *gemeinsam*, daß Handel und Verkehr einen unverhältnismäßigen Aufschwung erfahren, in beiden macht sich ein Zug zu kommerziellem Denken bemerkbar und in beiden, vor allem aber im Schoße der Hirtenkulturen, setzt eine bei den Sammler- und Jägerstämmen nicht denkbare Differenzierung der privaten Besitzverhältnisse ein.

Die *gesellschaftlichen* Verhältnisse der urtümlichen Pflanzerkulturen können wir am ehesten in den Urwald- und Savannengebieten der Südkontinente (Südamerikas, Afrikas, Ozeaniens) studieren, während

---

[12] Persönliche Mitteilung Dr. *Petris*.
[13] *Schebesta* II, 2. Teil, 531.
[14] *Thurnwald* (1930) 654.
[15] *Trimborn* (1930) 528.
[16] *Menghin* 504.

das Hirtentum dem Kulturbild weitester Teile Eurasiens sein Gepräge gegeben hat und auch in die offenen Landschaften Afrikas ausstrahlte. Beide Lebensformen repräsentieren ein „mittleres" Kulturniveau zwischen dem älteren Wildbeutertum und den jüngeren Hochkulturen, und in beiden ist ein Übergang zu gleichen oder doch ähnlichen Anschauungen auch in der Rechtsentwicklung zu beobachten.

2. Wesentliche Züge des *primitiven Strafrechtes* sind allerdings auch in den Bodenbau- und Hirtenkulturen erhalten geblieben. Auch hier wird die Sühne vorwiegend als Schadensvergeltung aufgefaßt, und auch hier hakt diese Vergeltung gern an den äußeren Schaden an, ohne vordergründige Bewertung der Schuld; auch hier ist die Haftung solidarisch, wobei einerseits die Dorfgemeinde, andererseits die patriarchalische Sippe als Rechtsschutzgemeinden in den Vordergrund treten. Schließich wird auch in den Bodenbaukulturen wie bei den Viehzüchtervölkern die Vergeltung ganz überwiegend von den Einzelnen geübt.

3. Daneben aber tritt nun ein *neues* strafrechtliches Moment auf den Plan: es ist der Gedanke der *Komposition* oder Buße. Wir verstehen darunter die Möglichkeit, eine an und für sich verwirkte körperliche Sühne, eine Blutrache, durch Vermögenshingabe abzuwenden. Hat doch der Kompositionsgedanke mit der Ausbreitung der Bodenbau- und der Hirtenkulturen einen Siegeszug um die Erde gehalten, aber auch einen Siegeszug inhaltlicher Natur, indem mehr oder weniger alle Arten von Rechtsbrüchen von dieser Möglichkeit erfaßt worden sind. So hören wir von den Palau-Inseln, deren Gesittung auf melanesisch-indonesischem Pflanzertum ruht: „Wohl in allen Fällen, sowohl bei Mord wie bei anderen Begebenheiten, wenn Rache zu befürchten ist, heilt das Palau-Universalmittel, das Geld, allen Schaden"[17]. Das Strafrecht nimmt also damit weniger einen „öffentlichen" als, wie wir sagen würden, „zivilrechtlichen" Charakter an[18]. Bei den Pangwe in Kamerun war bei ernster Körperverletzung eine blutige Talion mit 100 Speeren ablösbar[19]; bei den Nuer des oberen Nilgebiets waren selbst die schwersten Verbrechen: Viehraub, Ehebruch und Entjungferung durch Leistung von Kühen ablösbar[20]; bei den Masai Ostafrikas wurde die Blutrache meist durch Komposition abgelöst, und fahrlässige Tötung wurde hier stets durch Buße gesühnt[21].

4. Die Entstehung solcher Kompositionensysteme können wir uns erklären aus der reichhaltigeren *Entfaltung von Zahlungsmitteln*, zu welcher es in diesen Kulturen erzeugender Wirtschaft gekommen ist, vor allem aber aus der Ansammlung privater Vermögen, wie sie be-

[17] *Trimborn* (1930) 531.
[18] *Adam* 287.
[19] *Tessmann* II 230.
[20] *Bernatzik* 28/9.
[21] *Merker* 206, 207.

sonders dank den oft stattlichen Viehherden möglich wurde; denn allererst in diesen Bodenbau- und Hirtenkulturen konnte der Einzelne oder die Sippe mit einem anderen Gute einstehen als mit Leib und Leben. Den Siegeszug des Kompositionsgedankens, die nahezu restlose Erfassung aller Rechtsbrüche durch die Möglichkeit der Buße, müssen und können wir aber auch nur verstehen auf Grund der viel stärker kommerziellen Denkweise dieser Völker, die wir ja vielfach dahin tendieren sehen, alle Werte des Lebens in Geld auszudrücken, wie sich das vielerorts in so ungünstiger Weise im Bereich des Familienlebens zeigt.

Indessen ist doch nicht immer bei allen Missetaten eine Ablösung der Rache durch Komposition erfolgt. Auf Yap z. B. wurde die Annahme einer Buße für Tötung verweigert, weil man in diesem Falle auf dem alten Rechte der Rache bestand[22]. Auf Neuguinea erkennen die Gende bei vergossenem Frauen- und Kinderblut eine Buße von Schweinen und anderen Wertsachen an, während bei der Ermordung von Männern meist noch die Blutrache durchgreift[23]. Letztere herrscht auf der nämlichen Insel auch noch bei den Mbowamb, fallweise aber in eigenartiger Konkurrenz mit der Buße: ertappter Diebstahlsversuch führt neben Prügel oder Verwundung zu einem Sühnegeschenk, welch letzteres regelmäßig auch bei allen absichtslosen Vergehen zur Anwendung kommt[24]. Und während bei den Turkmenen Blutrache nurmehr selten, Komposition in Geld oder Vieh die Regel war, hatte die Vergewaltigte doch das Recht, den Täter straffrei zu töten[25]. Auch ist zu berücksichtigen, daß die Höhe der Bußen nicht immer fixiert war, so daß also nicht selten ein Feilschen erforderlich war, wobei vielfach eine Einigung nicht zustande kam. In allen Fällen, wo entweder grundsätzlich die Annahme einer Buße verweigert wurde oder wo selbst bei grundsätzlicher Bereitschaft eine Einigung nicht erfolgte, nahm das alte Racherecht seinen Lauf. Es spielte deshalb auch in diesen jüngeren Kulturen noch eine Rolle, wurde im ganzen aber hier doch mehr subsidiärer, ersatzweiser Natur.

5. Sicher ist es als eine Errungenschaft zu betrachten, daß nicht mehr jeder noch so geringfügige Rechtsbruch eine blutige Sühne zu finden brauchte. Andererseits dürfen charakteristische *Schattenseiten* der Kompositionensysteme nicht verkannt werden. Denken wir nur daran, daß die Höhe der Buße eigentlich nie von der Leistungsfähigkeit des Rechtsbrechers, vielfach aber vom Stande des Verletzten abhing, so liegt auf der Hand, daß eine ungleiche Behandlung des armen und des reichen Täters eintreten mußte, welche für dasselbe Vergehen eine gleiche Buße zu zahlen hatten.

[22] *Trimborn* (1930) 531.
[23] *Aufenanerg* und *Höltker* 120.
[24] *Vicedom* udd *Tischner* 141—3.
[25] *Krahmer* 68ff.

IV. Der Rechtszustand in der Phase der frühen Hochkulturen

1. Die Entfaltung der Bodenbau- und der Hirtenkulturen hat also zwar eine weitgehende Ablösung der Blutrache durch die Buße zur Folge gehabt und stellt auf diese Weise auch rechtshistorisch einen bedeutsamen Einschnitt dar; zu dem Problem der *Beziehung zwischen Rache und Staatseingriff* hat diese Entwicklung aber *keine* neuen Aspekte gebracht, indem (von Sonderfällen des gruppenweisen Einschreitens abgesehen) der größte Teil der Rechtsbrüche nach wie vor einem Ausgleich zwischen den Einzelnen überlassen blieb. Eine grundsätzliche Weiterentwicklung dieses Verhältnisses ist einem jüngeren Kulturtypus vorbehalten gewesen, der frühen (völkerkundlichen) Hochkultur.

2. Solche „*Halbhochkulturen*" sind an verschiedenen Stellen der Erde ins Leben getreten. Und zwar liegt diesem Typus überwiegend eine befruchtende Synthese von pflanzerischen und viehzüchterischen Völkern zugrunde, indem das bewegliche Element der Hirten von der Lenkung riesiger Herden zur Führung von Menschen überging, in die von bodenbauenden Stämmen besetzten Gebiete eindrang und sich dort als eine Herrenschicht über der Masse der bäuerlichen Bevölkerung etablierte. Eine Ausnahme hiervon stellen die amerikanischen Hochkulturen der Inka und Azteken in Peru und Mexiko dar, während die viehzüchterische Verwurzelung des Polynesiertums allenfalls aus vorgeschichtlichem Material zu ertasten ist. In der eurasiatischen Landmasse tritt der angedeutete Vorgang erstmals im Zweistromlande auf und strahlte vielleicht von hier nach Indien, Indonesien, dem vorderen Orient und nach Ägypten aus. Auch in Afrika können wir ihn an lebenden Beispielen studieren, wo hamitische Hirten sowohl in der „neusudanischen" wie in der „rhodesischen "Hochkultur die Träger einer solchen, über das Niveau der negerischen Pflanzervölker hinausgreifenden Ordnung geworden sind.

3. Diese Hochkulturen sind auf dem Gebiete des *gesellschaftlich-politischen* Lebens durch straff organisierte *Staaten* gekennzeichnet, die unter despotischer Führung standen und deren Leitung mittels eines hier aufkommenden „Beamtentumes" geschah. An diesem Punkte der universalgeschichtlichen Entwicklung tritt also erstmals der Staat in unserem modernen Sinne einer arbeitsteiligen Ordnung auf den Plan, verbunden mit einem neuartigen Gliederungsprinzip der Gesellschaft: dem weitgehend, wenn auch nicht ausschließlich in dem Verhältnis von Siegern und Besiegten begründeten Aufkommen sozialer Stände. Es bildet sich damit eine völlig andere Auffassung über das Verhältnis der Gemeinschaft zum Einzelnen und über das Wesen und die Funktionen der öffentlichen Gewalt heraus, die auf das Verhalten gegenüber dem Rechtsbruch tiefgreifend einwirken mußte, und dieser Staat verfügte auch über ganz andere Möglichkeiten und Mittel, dem Rechtsbrecher

zu begegnen. Alle diese beginnenden Hochkulturen zeichnen sich ferner durch das Aufdämmern eines Individualismus aus, für den es in den primitiveren Kulturen keine Entfaltungsmöglichkeit gab, in denen allen der Einzelne sich nicht so sehr im Gegensatz zur Gemeinschaft empfindet, vielmehr als ihr Korrelat.

4. Indem aber das Individuum zur Gesamtheit in Gegensatz tritt, Einzelinteresse und Gemeinschaftsinteresse häufiger und bewußter als vordem auseinandergehen, unterscheidet nun auch der Staat zwischen den *privaten Belangen* seiner Untertanen und den *Belangen des Staates* selbst. So können wir schon auf den noch reichlich primitiven, aber bereits von der polynesischen Herrenkultur erfaßten Marshall-Inseln sehen, daß zwischen der öffentlichen Strafe und dem privaten Schadenersatz unterschieden wird[26]. Es bereitet sich also in diesen Halbhochkulturen eine Trennung von „*Privatrecht*" und „*Strafrecht*" vor, eine Scheidung des dem Einzelnen zustehenden Schadensersatzes und der öffentlichen Strafe. Dem Staate kommt es eben nicht mehr auf die Vergeltung des einem Einzelnen entstandenen Schadens an, dessen Geltendmachung später auf den Weg eines „zivilprozessualen" Verfahrens verwiesen wird; er ist vielmehr auf die öffentlichen Interessen bedacht, so wie er sie entsprechend seiner gesellschaftlichen Struktur erfaßt, der Zweck des Strafrechtes ist jetzt vorwiegend der einer Abschreckung des Täters und vor allem anderer Untertanen vor weiteren Verwirklichungen des mißbilligten Erfolges. Daß das Strafrecht der jungen Staaten der Hochkultur einen solchen Abschreckungszweck verfolgt, wird uns allenthalben deutlich belegt; bei den Azteken z. B. geschah die Hinrichtung einer Ehebrecherin darum in aller Öffentlichkeit, um so vor Wiederholungen dieses Rechtsbruches abzuschrecken, an dessen Unterdrückung der Staat mit seiner Familienschutztendenz interessiert war[27].

5. Die *Strafe* ist also nunmehr auch als psychische Motivation gedacht und appelliert an das Bewußtsein der Untertanen. Denn während die Funktion der Gemeinschaftssühne als einer Abwehr magischen Schadens allgemach verklingt (eine Abwehrreaktion, in der das Moment einer Abschreckung nur latent wirksam war), richtet das Strafrecht der Hochkultur sich bewußt mehr und mehr psychologisch aus. Damit tritt aber auch der Gesichtspunkt des angerichteten Schadens hinter einer Bewertung des *Täter-Bewußtseins* zurück: zu dem früher, wenn auch nicht ausschließlich, so doch vordergründig gewerteten äußeren Tatbestand gesellt sich immer planvoller ein innerer Tatbestand.

6. Im Rahmen einer solchen psychologischen Einstellung ist *kein* Raum mehr für die alte *solidarische Haftung*; deshalb sehen wir die jungen Staatswesen der Hochkultur allenthalben bemüht, mit dieser

[26] *Kohler* (1891) 443—9.

[27] *Wintzer* 424.

Solidarhaftung aufzuräumen, welche in rein „privatrechtlicher" Beziehung weiterbestehen mag. So finden wir im Gegensatz zum Fortbestand solidarischer Haftung auf den mikronesischen Nachbarinseln auf Yap bereits die Haftung auf den *schuldigen* Rechtsbrecher beschränkt[28]. Auch in dem äthiopischen Kaiserreich Kaffa traf die Strafe für gewöhnlich nur den Täter selbst[29]. Ein anderes instruktives Beispiel aus dem aztekischen Recht: war früher bei Hochverrat die gesamte Familie des Täters hingerichtet worden, so hatte man späterhin auf Grund einer psychologischen Ausrichtung für diese solidarische Haftung kein Verständnis mehr; man unterstellte ihr deshalb den inneren Tatbestand der Mitwisserschaft, welche häufig fingiert, aber notwendig war, um vor einer veränderten Rechtsmentalität die solidarische Haftung zu rechtfertigen; noch später, zur Zeit der Conquista, war das ganze Institut vollkommen abgeschwächt und zu einer Haftung wegen versäumter Anzeigepflicht verblaßt[30].

7. Dem Strafrecht der Hochkulturen kommt es also vorwiegend nicht mehr auf die tatsächliche Herbeiführung eines Schadens an, sondern vor allem darauf, ob der mißbilligte äußere Erfolg *schuldhaft* bewirkt wurde. Deshalb bilden sich jetzt alle jene Einrichtungen heraus, welche uns sehr geläufig sind und die insgesamt dahin zielen, der psychologischen Verumständung im Täterbewußtsein gerecht zu werden; es entwickelt sich in allen Hochkulturen der *Schuldbegriff*. Bestraft wird, wenigstens der Tendenz nach, nurmehr die bewußte und gewollte Missetat, während früherhin vielfach auch der unfreiwillige und unbewußte Rechtsbruch Vergeltung fand. Nur auf Grund einer solchen Einstellung ist z. B. eine Strafbarkeit des Versuches möglich, wobei ja ein äußerer Schaden keineswegs eingetreten zu sein braucht. Und weil diese psychologische Auffassung der Strafe eine Geburt der Hochkultur ist, finden wir auch die Strafbarkeit des Versuches allererst auf solche Rechtsbrüche angewandt, die ebenfalls Schöpfungen der staatlichen Hochkultur sind, bei Hoch- oder Landesverrat, bei Fahnenflucht, Meineid oder Majestätsbeleidigung — und indem der neuartige Versuchstatbestand sich oft noch hinter einem delictum sui generis versteckt! So war es z. B. im peruanischem Inkareich[31]. Bei den vom Staate verfolgten Delikten der Zauberei und des Hoch- oder Landesverrats genügte in Kaffa der nachgewiesene Vorsatz zur Verhängung der auf das Verbrechen selber gesetzten Strafe[32], und ebenso wurde — unabhängig vom angerichteten Schaden und dessen Ersatz — der Rückfall-Diebstahl mit offenbarer Tendenz zur Abschreckung schwerer bestraft[33]. Lediglich eine vorzugsweise Bewer-

[28] *Trimborn* (1930) 528.
[29] *Bieber* 256.
[30] *Wintzer* 437, 477.
[31] *Trimborn* (1925) 232ff.
[32] *Bieber* 248.
[33] *Bieber* 250.

tung des psychologischen Tatbestandes konnte auch zu einer Herausbildung des *Anstiftungsbegriffes* führen. Der Gedanke der Anstiftung ist deshalb außerhalb der Hochkultur unbekannt. Ebenfalls findet eine Berücksichtigung der *Notwehr* als einer besonders gelagerten psychischen Verumständung grundsätzlich erst in den Hochkulturen statt. Und während auf den primitiveren Stufen der Sühne, nämlich sowohl im Zeichen der Blutrache wie in dem der Komposition, der Geschädigte auch auf eine Vergeltung verzichten kann, wird eine solche *Zustimmung des Verletzten* oder seiner Angehörigen nunmehr unerheblich. Der Staat, welcher den Schutz öffentlicher Interessen verfolgt, kümmert sich nicht darum, ob der Einzelne sich mit seinem Schaden abfindet, ob er dem Täter verzeiht. Begnügen wir uns, um den fundamentalen Gegensatz primitiver und hochkultureller Rechtsmentalität zu kennzeichnen, mit dem einzigen Beispiel, daß bei den Azteken eine Ehebrecherin auch dann hingerichtet wurde, wenn ihr der Ehemann verzieh[34].

8. Während aber in der ferneren Rechtsentwicklung eine Zustimmung des Verletzten zum Rechtsbruche nurmehr hinsichtlich der Geltendmachung eines privaten Schadensersatzes erheblich bleibt, bildet sich auf dem Gebiete der öffentlichen Sühne als Gegenstück ein *Begnadigungsrecht* der Häuptlinge oder Könige aus. Im südafrikanischen Reich der Barotse am Sambesi beispielsweise wurde das Begnadigungsrecht von einem eigens dafür bestellten Hofbeamten geübt[35]. Überhaupt ist ja in allen Hochkulturen im Zuge einer veränderten Auffassung des Rechtsbruches wie infolge der arbeitsteiligen Organisierung und Intensivierung der öffentlichen Gewalt die Ausübung der Strafe den Einzelnen entzogen und mehr oder weniger ausschließlich in die Hände *öffentlicher Organe* gelegt worden. Die unmittelbare Ausübung der Rechtspflege wird in diesen Kulturen zu einer der prägnantesten Funktionen der sich in den Personen der Herrscher oder in ihren Organen manifestierenden Staatsgewalt. Zu einem *Instanzenzuge*, speziell zur Möglichkeit einer Appellation, ist es dabei nicht allenthalben gekommen; eine solche war in ganz Polynesien unbekannt, wurde aber auf Nauru und Ponape geübt[36]. In Kaffa bestanden nicht weniger als fünf Instanzen der Rechtsprechung mit der Möglichkeit der Berufung von der ersten bis zur vierten Instanz[37]; im Barotse-Reich wurde von den Dorfrichtern über die Mittelinstanz der Bezirksgerichte bis an den König appelliert[38]. Keine Appellation gab es im Inkareiche, wohl aber in Mexiko[39].

Dieses von den Herrschern selber oder von ihren Beamten, also unmittelbar von Staatsorganen geübte Strafrecht ist auch erstmalig zu

[34] *Wintzer* 427.
[35] *Jensen* 84.
[36] *Trimborn* (1930) 536/7.
[37] *Bieber* 264/5.
[38] *Jensen* 87.
[39] *Kohler* (1914) 51, 52.

Beweisregeln im Strafverfahren gelangt. Allerdings reicht das Gottesurteil, das Ordal, mindestens in die Pflanzerkultur zurück. Hochkulturellen Ursprunges ist dagegen der Zeugenbeweis, vor allem aber die Prozeßmethode der Folterung, die in engstem gedanklichen Zusammenhange mit der psychologischen Einstellung des Strafrechtes steht: man begnügt sich nicht mehr mit einer Feststellung der kausalen Herbeiführung eines Schadens, sondern will darüber hinaus ein Geständnis der Schuld. Typisch ist es deshalb, wenn bei der Barotse der Dieb nur bestraft wurde, wenn mehrere Zeugen gegen ihn aussagten oder der Schuldige selber gestand[40].

9. Dem Beweismittel der Folterung entspricht auf dem Gebiete der Straf*arten* ein *drakonischer* Zug, eine ausgesprochene Strenge der in den Hochkulturen verhängten Strafen.

a) Zunächst greifen diese Ordnungen einen Grundsatz auf, der sich bereits auf früheren Stufen findet: das Prinzip der *Talion*, „Auge um Auge, Zahn um Zahn"; dem Täter soll das gleiche Übel zugefügt werden, welches er angerichtet hat — ein Grundsatz, dem sichtlich das Motiv einer entsprechenden Rache zugrunde liegt; folgerichtig wurde auf Yap das Haus des Brandstifters angezündet[41]. Nun hat aber diese Richtschnur ja eine inhaltliche Grenze; als Schulbeispiel kann der Meineid dienen, bei welchem es sinnlos wäre, den Täter dadurch zu strafen, daß man ihn wieder belügt. In solchen Fällen, wo das Prinzip der Talion als unanwendbar versagte, hat man zu dem *ergänzenden Symbolismus* gegriffen: man straft in einer Weise, die in einem symbolischen Zusammenhange mit der Art des Rechtsbruches steht; bei Meineid etwa, indem dem Täter die Zunge herausgerissen wird, bei Diebstahl, indem man ihm eine oder beide Hände abhackt, auf Ponape z. B. bei geschlechtlichen Vergehen derart, daß man den Täter entmannt[42]. Später allerdings sehen wir den Grundsatz der Talion durchgängig preisgegeben, und zwar eben aus dem Gesichtspunkt der Abschreckung heraus, weil nämlich die Androhung eines gleichen Übels keineswegs ausreichend gegen eine Verübung der Tat zu motivieren braucht.

b) Später ist der Staat allenthalben zu *anderen Arten* der Strafe übergegangen und griff auch hierbei teilweise wieder auf frühere Bräuche zurück: auf die volle oder geminderte Blutrache, welche er als *Todesstrafe* oder als *Körperstrafen* übernahm, auf die Komposition, welche zur *Geldstrafe* wurde. Daneben aber wurden neue Strafarten eingeführt: vielleicht als letzte Abschwächung der schweren Leibesstrafen die *Freiheitsstrafen* und, im Zusammenhange mit der Herausbildung einer Ständegliederung, *Ehrenstrafen*, z. B. in der Form der Ausstoßung aus

---

40 *Holub* 73.
41 *Trimborn* (1930) 535.
42 *Trimborn* (1930) 529.

dem Adel. Die Komposition hat also ein zweifaches Schicksal erfahren: einmal wurde sie zur Geldstrafe des öffentlichen Strafrechts, in der Hauptsache aber entwickelte sie sich zum privatrechtlichen Schadensersatz; auf den Marshall-Inseln finden wir einen solchen Dualismus einer an den Häuptling zu zahlenden Geldstrafe und einer an den Geschädigten zu leistenden Buße[43], auch im Kaiserreich Kaffa lief neben dem Schadenersatz der Krankheitskosten bei Körperverletzung eine Buße einher[44].

10. Die mit der Prozeßmethode der Folterung mit den gräßlichsten Todes- und Verstümmelungsstrafen vorgehende staatliche Strafrechtspflege hat aber auch zu *segensreichen Neuerungen* geführt. Man denke allein daran, daß durch Abschaffung der Solidarhaftung nurmehr der wirklich schuldige Täter haftete. Und dieser über einen starken Beamten- und Soldatenapparat verfügende Staat fiel auch der exzessiven Rachsucht der Geschädigten oder ihrer Angehörigen in den Arm. Schließlich ist es bereits in diesen völkerkundlichen Hochkulturen zur höchsten Krönung des Strafrechts gekommen: allenthalben hat der Souverän seine vornehmste Aufgabe darin erkannt, daß im Einzelfalle auch Gnade vor Recht ergehen könne.

V. Die geschichtliche Position der frühen Hochkultur

1. Besinnen wir uns noch einmal auf die geschichtliche Position dieser Herren- und Hochkultur, so bietet „das Zusammenspiel von Ackerland und Steppe, von Bauern und Nomaden die Erklärung für den Ursprung der höheren Kultur"[45]. Ihre Wiege ist das nördliche Zweistromland gewesen, wo man die älteste Dorfkultur des 5. Jahrtausends ergraben hat. Später ist diese Kultur auch nach Süden ausgestrahlt und über die Uruk-Phase bis zur städtischen Kultur der Sumerer weiterentwickelt worden. Die älteste Hochkultur Ägyptens und nicht viel später die „Indus-Kultur" schließen sich dem mesopotamischen Vorgange an. Diesen und allen anderen hochkulturellen Impulsen lag der Einbruch der Steppe (mit ihren in die Weite führenden Dürrezeiten, aber auch mit ihren überlegenen Erfindungen wie Eisen und Pferd) zugrunde, den wir späterhin in den semitischen und indoeuropäischen, den türkischen und mongolischen Wanderungen und Reichsbildungen fassen können und der damit die Grundlage aller Hochkultur von Westeuropa bis Südostasien war! Auch die Frage der selbständigen Entwicklung der chinesischen Gesittung ist inzwischen in negativem Sinne entschieden worden, so daß heute nurmehr der autochthone Charakter

[43] *Trimborn* (1930) 529.

[44] *Bieber* 286.

[45] *Birket-Smith* 474.

der amerikanischen Hochkulturen zur Diskussion steht. Die Ausstrahlungen dieser Bewegungen schufen aber auch in den Savannenlandschaften Afrikas, den Wanderstraßen der Hirtenvölker („neusudanische" und „rhodesische" Kultur), und in der polynesisch-mikronesischen Inselwelt jene frühen Hochkulturen, an deren lebenden Beispielen wir vom Entdeckungszeitalter bis in die Gegenwart hinein einen Kulturtyp und damit auch eine Rechtsgesinnung studieren konnten (s. o.), deren älteste Phasen in den fortgeschritteneren Gebieten moderner Hochkultur verschüttet und mangels schriftlicher Überlieferungen weitgehend verschlossen sind.

2. Die Entfaltung dieser (im modernen Sinne) staatlich gearteten Hochkultur bedeutet den entscheidendsten Umbruch, den es in der Rechtsentwicklung der Menschheit auch bezüglich des hier gestellten Problems gegeben hat. Allerdings ist es eine Entwicklung mit verfließenden Übergängen und mehr eine markante Akzentverlagerung als ein abrupter Einschnitt. Walteten in urtümlicheren Phasen Rache und Buße als Ausgleichshandlungen vor, neben denen aber seit jeher auch die Gemeinschaftssühne bekannt gewesen ist, so wird in den Hochkulturen der Staatseingriff vorherrschend; dieser führt unter fortschreitender Zurückdrängung der privaten Rache zu einem staatlichen *Strafmonopol*, das gleichzeitig eine ständig verfeinerte Ausrichtung nach der psychologischen Seite erfährt.

3. Uraltes Menschheitsgut, wie Rache und Buße klingen darüber allmählich ab, behaupten sich aber teils bis in rezente Zeiten hinein mit Einzelheiten, die als *heterogene Relikte* in der veränderten Umwelt der modernen Rechtssysteme stehengeblieben sind. Dabei flackert die Rache sogar in neueren Zeiten hier und da zu beherrschender Geltung auf (Albanien, Korsika), immer dann, wenn der Arm der öffentlichen Gewalt zu schwach ist, dem Gekränkten zu seinem Recht zu verhelfen. Aber selbst in den hochkulturellen Rechtssystemen hat die private Initiative mehr oder weniger offen oder verschleiert ihre letzte Zuflucht gefunden. Ein solches Rechts-Survival repräsentieren vereinzelte Fälle erlaubter Selbsthilfe: im römischen Rechte die straflose Tötung des nächtlichen oder sich mit Waffen zur Gegenwehr setzenden Diebes[46], und so wenn noch im heutigen deutschen Rechte der in flagranti ertappte Täter vorläufig festgenommen werden darf[47]. In noch schwächerer Form hat die Initiative des Einzelnen sich in der „Privatklage" des deutschen Strafrechts bei den Rechtsbrüchen der Körperverletzung, der Beleidigung, des Hausfriedensbruches u. a. erhalten[48]. Und eine andere Form der Abschwächung stellen Beispiele dar, in denen der Sühneanspruch

[46] *Wenger* 265.

[47] § 127 StPO.

[48] § 374 StPO; §§ 123, 185ff., 223ff. StGB.

des Staates von einer Zustimmung des Geschädigten zu dem Rechtsbruch tangiert wird: wenn nach dem drakontischen Gesetze Athens dem tödlich Verletzten und seinen Verwandten ein Verzeihungsrecht zusteht, das den Mörder vor staatlicher Gerechtigkeit schützt[49], oder wenn nach deutschem Rechte die Bestrafung des Ehebruches nur auf Antrag geschieht und diesem mittelbar durch Verzeihung der Boden entzogen wird[50].

---

[49] *Wenger* 277.

[50] § 172 StGB in Verbindung mit § 49 EheG.

GRUNDZÜGE DES ISLAMISCHEN INTESTATERBRECHTS

Von Dr. Erich Pritsch
Honorarprofessor an der Universität Bonn
Senatspräsident b. Obersten Gerichtshof f. d. Brit. Zone

Literatur: v. Tornauw, Das moslimische Recht aus den Quellen dargestellt (1855) — *Hamilton*, The Hedaya or Guide (2. Aufl. 1870) — *Querry*, Droit musulman I und II (1871 und 1872) — *Baillie*, The Mohummudan Law of inheritance according to Aboo Huneefa and his followers (1874) — *Perron*, Précis de jurisprudence musulmane selon le rite malékite par Khalîl ibn Ishâk (2. Aufl. 1877) — *v. Tornauw*, Das Erbrecht nach den Verordnungen des Islams: ZeitschfVglRechtsw 5 (1881) 116ff. — *van den Berg*, De beginselen van het Mohammedaansche recht volgens de imâms Aboe Hanifat en Sjâfe'î (3. Aufl. 1883) — *Baillie*, A Digest of Moohummudan Law I (2. Aufl. 1887) — *Luciani*, Traité des successions musulmanes (ab intestat) (1890) — *Grady*, A manual of the Mohammedan law of inheritance (2. Aufl. 1890) — *Abd ul Kadir Muhammed*, Der überfließende Strom in der Wissenschaft des Erbrechts der Hanefiten und Schafeiten (1891) — *Rumsey*, Al Serajiyyah, or the Mohammedan law of inheritance (2. Aufl. 1890) — *Clavel*, Droit musulman (1895) — *van den Berg*, Principes du droit musulman selon les rites d'Abou Hanifah et de Châfi'î (1896) — *Sachau*, Muhammedanisches Recht nach schafiitischer Lehre (1897) — *Marçais*, Les parents et alliés successibles en droit musulman (Thèse 1898) — *Syed Ameer Ali*, Mahommedan Law II (3. Aufl. 1908) — *Peltier*, Le livre des testaments du „Çahîh" d'El-Bokhâri (1909) — *Juynboll*, Handbuch des islamischen Gesetzes (1910) — *Boulos*, La succession en droit musulman (Thèse 1925) — *Bergsträsser*, Grundzüge des islamischen Rechts (1935) — *Peltier* und *Bousquet*, Les successions agnatiques mitigées (1935) — Enzyklopädie des Islam und Handwörterbuch des Islam (1941). Beiträge Farā'iḍ (Juynboll), Mīrāth (Schacht), Waṣīya (Schacht).

I. Allgemeiner Teil

§ 1. Vorbemerkungen

Der *Nachlaß* umfaßt im islamischen Recht nur die Aktiva, nämlich das Vermögen des Erblassers, das nach Abzug der Begräbniskosten und der vom Erblasser hinterlassenen Schulden verbleibt. Eine Haftung der Erben für Nachlaßschulden kommt daher bei ungeteiltem Nachlaß nicht in Frage.

Erben sind nur die scheriatrechtlich als solche bestimmten Personen; der Erblasser selbst kann keinen Erben einsetzen. Durch letztwillige Verfügung darf er — abgesehen von der Ernennung eines Testamentsvollstreckers (waṣī) oder eines Vormunds für seine minderjährigen Kinder (walī al-māl) — nur Vermächtnisse anordnen; Testament und Vermächtnis haben daher dieselbe Bezeichnung (waṣīya). Letztwillig verfügen darf der Erblasser in dieser Weise höchstens über ein Drittel des Nachlasses und nicht zu Gunsten von Erben; hiergegen verstoßende Verfügungen werden jedoch wirksam, wenn sie von den Erben bestätigt werden. Den Erben fällt nur das zu, was nach Auszahlung der Vermächtnisse vom Nachlaß übrig bleibt.

§ 2. Die islamische Erbfolge im allgemeinen

Das islamische Erbrecht ist verwickelt und unübersichtlich, weil es nicht einheitlich geregelt ist. Der Koran enthält in Sure 4 Vers 12—16 und 175 erbrechtliche Vorschriften; diese stellen sich aber nur als Abänderungen und Ergänzungen einer als Grundlage vorausgesetzten Erbfolgeordnung dar, ohne dieser organisch angepaßt zu sein. So stehen zwei verschiedene Erbrechtsquellen nebeneinander: der *Koran*, dessen Vorschriften als göttliches Recht primäre Geltung für die ganze Islamwelt haben, und eine *außerkoranische Quelle*, die ihren Ursprung in vorislamischem Herkommen hat und subsidiär geltendes Recht enthält. Das diesen beiden Quellen entfließende Recht zu einem einheitlichen Ganzen zu verschmelzen, ist das Bemühen der islamischen Erbrechtswissenschaft (ʿilm al-farāʾiḍ).

Während das koranische Erbrecht allen Richtungen des Islam gemeinsam ist, besteht hinsichtlich des subsidiär geltenden ein grundlegender Unterschied zwischen den beiden Hauptrichtungen des Islam, den Sunniten und dem Gros der Schiiten: Das subsidiäre Erbsystem der *Sunniten* beruht auf streng agnatischer, das der *Schiiten* dagegen auf kognatischer Grundlage. Dadurch erhält auch das Verhältnis dieser subsidiären Erbfolgeordnung zum koranischen Recht bei Sunniten und Schiiten wesentlich verschiedenen Charakter. Das koranische System steht dem kognatischen Prinzip der Schiiten näher als dem agnatischen der Sunniten, verbindet sich daher mit dem subsidiären Erbsystem bei jenen leichter als bei diesen. So ergibt das sunnitische Intestaterbrecht auch äußerlich ein wesentlich anderes Bild als das schiitische.

Die erbrechtlichen Vorschriften der Sure 4 enthalten Reformen, die der Prophet Muhammed in ein damals geltendes Erbrecht einführte, und zwar inhaltlich Milderungen eines streng agnatischen Rechts. Um diese Reformen zu verstehen, ist daher die Kenntnis der dabei vorausgesetzten agnatischen Erbfolgeordnung notwendig.

§ 3. Das vorislamische Erbrecht der Araber

Daß in der zur Zeit Muhammeds politisch nicht geeinten Halbinsel Arabien ein einheitliches Erbrecht gegolten habe, kann nicht angenommen werden. Es ist vielmehr wahrscheinlich, daß hier erhebliche regionale Verschiedenheiten bestanden haben, daß z. B. die erbrechtliche Stellung der Frauen in der Handelsstadt Mekka wesentlich gehobener war als bei einem Beduinenstamm oder in der Ackerbauer- und Pflanzerstadt Yathrib (Medina). Stellt man die Frage, welches Erbfolgesystem Muhammed reformiert hat, so spricht alles dafür, daß es das Recht der Stadt war, in der er nach seiner Auswanderung aus Mekka lebte und seine Herrschaft und Glaubensgemeinschaft begründete; man kann daher mit großer Wahrscheinlichkeit davon ausgehen, daß es sich bei den koranischen Vorschriften um eine Reform des *Erbrechts von Medina* handelt.

Diese medinische Erbfolgeordnung können wir in ihren Grundzügen aus dem der sunnitischen Regelung subsidiär zugrundeliegenden Erbsystem in Verbindung mit Angaben der islamischen Überlieferung rekonstruieren. Die Rekonstruktion ergibt folgendes Bild:

Das Erbfolgesystem entspricht einer streng *vaterrechtlichen* Ordnung. Erbfähig waren nur die Agnaten (ʿaṣaba, ʿaṣabāt), d. h. die durch Männer verwandten Männer, und auch diese nur, soweit sie waffenfähig waren. Kinder und Frauen waren von der Erbfolge ausgeschlossen. Die Frauen des Erblassers waren ursprünglich wohl ein Teil des Nachlasses; hierauf deutet das in Sure 4 Vers 23 und 26 ausgesprochene Verbot der Vererbung von Frauen hin. Es ist aber möglich, daß das starre agnatische Prinzip schon vor Muhammed eine gewisse Milderung erfahren hat, daß insbesondere letztwillige Verfügungen zu Gunsten weiblicher Verwandter üblich geworden waren.

Die Erbfolgeordnung wird gekennzeichnet durch die scharfe *Scheidung* zwischen Verwandten in *gerader Linie* (Aszendenten und Deszendenten) und *Seitenverwandten* (Brüder, Oheime, Großoheime usw. nebst Deszendenten); die Seitenverwandten kommen erst zum Zuge, wenn Verwandte der geraden Linie fehlen. Diese Scheidung war eine Eigentümlichkeit der alten Familienorganisation; sie findet sich ebenso in der Reihenfolge der Berufung zum Bluträcher eines Getöteten (walī ad-dam) und zum Geschlechtsvormund bei der Verheiratung einer Frau (walī an-nikāḥ); auch in diesen Fällen gehen die Verwandten der geraden Linie denen der Seitenlinie vor. Das zugrundeliegende Prinzip des Vorzugs der Verwandtschaft in gerader Linie (baʿḍīya) vor der Verwandtschaft in Seitenlinie (kalāla) beruht auf der Vorstellung, daß der Erzeugte ein „Teil" (baʿḍ) seines Erzeugers ist; daher wird die Abstammung des einen vom andern als baʿḍīya, d. h. als das Verhältnis eines Teils (zum Ganzen) bezeichnet. Diese Anschauung kommt auch in den juristischen Benennungen für Deszendenz (ǧuzʾ „Teil") und Aszendenz (aṣl „Ursprung") zum Ausdruck. Dagegen ist kalāla eine Abteilung von der Wurzel k l l, deren Grundbedeutung die des Ganzen, Vollständigen, dann auch des Erschöpft- oder Stumpfseins ist; vielleicht bedeutet kalāla ursprünglich den Zustand des Nichtvorhandenseins einer Person, die als „Teil" des Erblassers oder als deren „Teil" der Erblasser angesehen werden kann, und erst im übertragenen Sinne die Verwandtschaft, die bei einem solchen Zustande übrig bleibt.

Innerhalb der Verwandten in *gerader* Linie gehen die Deszendenten des Erblassers seinen Aszendenten vor. Innerhalb der Seitenverwandten gilt das Parentelsystem, d. h. es erben zunächst die Deszendenten des Vaters des Erblassers, dann die des väterlichen Großvaters, dann die des Vaters des väterlichen Großvaters usw. Innerhalb der einzelnen Ordnungen gilt das Prinzip der Gradesnähe; Repräsentation eines vorverstorbenen Erben durch seine Abkömmlinge findet nicht statt; daher wird nicht in stirpes, sondern in capita geteilt.

Hiernach ergibt sich die nachstehende Erbfolgeordnung als im Koran vorausgesetzt:

A. *Verwandte in gerader Linie* (ba'ḍīya):

I. *Deszendenten* (ǧuz'):

1. Söhne, 2. Sohnessöhne, 3. Söhne der Sohnessöhne;

II. *Aszendenten* (aṣl):

1. Vater, 2. väterlicher Großvater, 3. Vater des väterlichen Großvaters;

B. *Verwandte der Seitenlinie* (kalāla):

I. *Deszendenten des Vaters:*

1. Brüder, 2. Söhne der Brüder, 3. Söhne der Brudersöhne usw.;

II. *Deszendenten des väterlichen Großvaters:*

1. Söhne des Großvaters, 2. Söhne der Söhne des Großvaters usw.;

III. *Deszendenten des Vaters des väterlichen Großvaters:*

1. Söhne des Urgroßvaters, 2. Söhne der Söhne des Urgroßvaters usw.

II. Das koranische Erbrecht

§ 4. Allgemeines

Entsprechend dem *Ziel* der koranischen Erbrechtsreform, die *Härten* des strengen Agnatenerbrechts zu *mildern*, wurde vor allem das Erbrecht der nächsten weiblichen Verwandten des Erblassers (Töchter, Mutter, Schwestern), dann aber auch das seiner halbbürtigen Brüder von Mutterseite (fratres uterini) und das des überlebenden Ehegatten gesichert; ferner wurde dem Vater ein Erbrecht auch für den Fall gewährt, daß Deszendenten des Erblassers vorhanden waren.

§ 5. *Quotenerben*

Die durch den Koran neu zu Erben berufenen Personen wurden nicht organisch in die bestehende agnatische Erbfolgeordnung eingegliedert, sondern im wesentlichen in der Art berücksichtigt, daß bestimmte Erbportionen (farḍ, Mehrzahl furūḍ oder farā'iḍ) für die einzelnen Erben festgesetzt wurden, die danach als *Quotenerben* (aṣḥāb al-farā'iḍ, ḏawu'l-farā'iḍ) bezeichnet werden. Man kann diese festen Quoten mit dem Quotenerbrecht des überlebenden Ehegatten in den europäischen Rechten (der Quart der mulier inops et indotata des justinianischen Rechts, Nov. 53, 6; 117, 5) vergleichen. Die Vermutung von *Peltier-Bousquet*[1], daß sich hierin der Einfluß mekkanischer Rechtsübung geltend gemacht habe, hat viel für sich; ihre Auffassung jedoch, daß die Quotenerben im juristischen Sinne nicht als Erben, sondern als „légataires de plein droit" anzusehen seien, dürfte islamischer Anschauung kaum entsprechen[2].

Der Umstand, daß für eine verhältnismäßig große Zahl von Personen feste Erbquoten bestimmt sind, im Verein mit der Tatsache, daß diese Quoten nicht hinreichend aufeinander abgestimmt sind und beim Zusammentreffen mehrerer Quotenerben bisweilen zu unmöglichen oder unbilligen Ergebnissen führen, bildet eine Hauptursache für die *Unübersichtlichkeit* des islamischen Erbrechts.

Die einzelnen Quotenerben sind nach Sure 4:

1. *Deszendenten:* Töchter, wenn kein Sohn vorhanden ist, und zwar erhalten eine Tochter allein $^1/_2$, mehrere Töchter zusammen $^2/_3$ des Nachlasses (Vers 12).
2. *Aszendenten* (Vers 12):
   a) männliche: Der Vater erhält beim Zusammentreffen mit erbberechtigten Deszendenten des Erblassers $^1/_6$;
   b) weibliche: Die Mutter erhält, wenn Deszendenten oder mehr als ein Bruder oder eine Schwester des Erblassers vorhanden sind, $^1/_6$, andernfalls $^1/_3$.
3. *Seitenverwandte:*
   a) Vollbürtige Schwestern (sorores germanae) und halbbürtige Schwestern von Vaterseite (sorores consanguineae) erhalten, falls Deszendenten, agnatische Aszendenten oder Brüder des Erblassers nicht vorhanden sind: eine Schwester allein $^1/_2$, mehrere Schwestern zusammen $^2/_3$ (Vers 175);
   b) Halbbürtige Geschwister von Mutterseite (fratres uterini, sorores uterinae) erhalten, falls Deszendenten oder agnatische Aszendenten des Erblassers nicht vorhanden sind: ein Bruder oder eine Schwester allein $^1/_6$, mehrere Geschwister zusammen $^1/_3$ (Vers 15).

[1] 103ff.

[2] Irreführend ist die Bezeichnung „Pflichtteil" (*Bergsträsser* 92).

4. *Der Ehegatte* (Vers 13, 14):

   a) Sind Kinder oder Sohneskinder des Erblassers vorhanden, so erhalten der Witwer $^1/_4$, die Witwe (od. mehrere Witwen zusammen) $^1/_8$;

   b) sind Kinder oder Sohneskinder des Erblassers nicht vorhanden, so erhalten der Witwer $^1/_2$, die Witwe (oder mehrere Witwen zusammen) $^1/_4$.

Die Vorschriften des Koran über die Quotenerben wurden von den islamischen Schriftgelehrten (fuqahā) in gewisser Hinsicht weiter *entwickelt*. Es wurden danach entsprechend ausgedehnt die Quotenerbrechte

1. der *Töchter* auf die Sohnestöchter, die Töchter der Sohnessöhne usw., wenn keine Söhne, Sohnessöhne usw. vorhanden sind;
2. des *Vaters* auf den Vater eines verstorbenen Vaters und entferntere agnatische Aszendenten, die nicht durch einen näheren agnatischen Aszendenten ausgeschlossen sind;
3. der *Mutter*

   a) auf die beiden Großmütter, doch wird die Großmutter mütterlicherseits durch die Mutter, die Großmutter väterlicherseits durch die Eltern ausgeschlossen;

   b) auf entferntere weibliche Aszendenten, sofern sie nicht durch einen erbfähigen männlichen Aszendenten mit dem Erblasser verwandt sind.

§ 6. Resterben

Da die Quotenerbrechte unmittelbar auf göttlicher Satzung beruhen, gehen sie allen anderen Erbrechten vor. So werden die Agnaten, die nach vorislamischem Recht allein erbfähig waren, zu bloßen *Rest*erben, d. h. sie werden grundsätzlich auf den Teil des Nachlasses beschränkt, der nach Verteilung der koranischen Erbquoten übrig bleibt. Der Begriff der ʿaṣaba erleidet dadurch einen grundlegenden Bedeutungswandel: er bezeichnet in der Terminologie des islamischen Erbrechts nicht mehr die Agnaten, sondern die Resterben, die nach den Quotenerben zum Zuge gelangen. Zugleich hat sich der Begriff der ʿaṣaba dadurch erweitert, daß zu den alten agnatischen Resterben (ʿaṣaba bi nafsihi, agnati proprio iure) auf Grund koranischer Vorschriften weibliche Resterben hinzugekommen sind, die ihr Recht aus fremdem Recht ableiten und nun ebenfalls als ʿaṣaba (Resterben alieni iuris) bezeichnet werden. Diese Resterben abgeleiteten Rechts zerfallen in zwei Gruppen: die „Resterben *durch andere*" (ʿaṣaba bi'l-ġairi) und die „Resterben *neben anderen*" (ʿaṣaba maʿa'l-ġairi).

1. Als „*Resterben durch andere*" kommen nach Sure 4 Vers 12 und 175 Töchter, vollbürtige Schwestern (sorores germanae) und halbbürtige Schwestern von Vaterseite (sorores consanguinae) in Frage, nach den Fuqahā auch Sohnestöchter. Als Quotenerbinnen erscheinen nach dem oben (§ 5) Ausgeführten Töchter, wenn keine Söhne, Sohnestöchter, wenn keine Söhne oder Sohnessöhne, Schwestern, wenn keine Brüder des Erblassers vorhanden sind. Sind dagegen Söhne des Erblassers da, so erben Töchter nicht eine feste Quote, sondern je einen halben Sohnesteil (Vers 12); ebenso erben beim Vorhandensein von Brüdern des Erblassers Schwestern je einen halben Bruderteil (Vers 175); nach den Fuqahā erben Sohnestöchter neben Sohnessöhnen oder entfernteren agnatischen Abkömmlingen des Erblassers je den halben Anteil eines Sohnessohns. Diese weiblichen Verwandten des Erblassers werden also Resterbinnen mit halbem Recht nur durch männliche Resterben, mit denen sie konkurrieren, und zwar

a) Töchter durch Söhne,
b) Sohnestöchter durch Sohnessöhne oder entferntere agnatische Deszendenten,
c) sorores germanae durch fratres germani,
d) sorores consanguineae durch frates consanguinei.

2. Als „*Resterben neben anderen*" erscheinen Schwestern (sorores germanae et consanguineae) des Erblassers, wenn sie mit Töchtern oder Sohnestöchtern zusammentreffen. Erhielten in einem solchen Falle nicht nur die Töchter (Sohnestöchter), sondern auch die Schwestern ihre koranischen Erbquoten, so ständen sie besser da als Brüder des Erblassers, die beim Zusammentreffen mit Töchtern oder Sohnestöchtern nur Resterben sind. Deshalb werden nach einer alten Tradition die Schwestern unter Verlust ihres Quotenerbrechts ebenfalls zu Resterben; sie kommen also erst nach den Töchtern oder Sohnestöchtern, die ihre Quoten ($^1/_2$ oder $^2/_3$) erhalten, zum Zuge.

§ 7. Verhältnis der Frauenanteile zu den Mannesanteilen

Aus den koranischen Vorschriften geht hervor, daß im allgemeinen, insbesondere soweit die Abstammung von einem Manne maßgebend ist, ein Frauenteil auf den halben Anteil eines Mannes bemessen wird (so bei den Töchtern, den sorores germanae und consanguineae, aber auch bei der Witwe), während da, wo die Abstammung von der Mutter entscheidet, der Erbanteil der Frau dem des Mannes gleich ist (so bei den uterinen Geschwistern und bei der Mutter des Erblassers im Verhältnis zu seinem Vater). Ob der Grundsatz „*2 Frauen = 1 Mann*" arabischen oder fremden Ursprungs oder eine Erfindung Muhammeds ist, läßt sich mit unseren heutigen Hilfsmitteln nicht feststellen. Für die erste Annahme könnte der Umstand sprechen, daß der gleiche Gedanke sich auch sonst im islamischen Recht findet; so ist bei Tötung oder Verwundung einer Frau nur das halbe Wergeld (diya) zu zahlen, und hinsichtlich der Beweiskraft ihrer Aussagen stehen zwei weibliche Zeugen einem männlichen Zeugen gleich. Im übrigen ist der Satz, daß der Erbanteil der Frau dem halben Erbteil eines Mannes entspricht, im Vorderen Orient weit verbreitet; er findet sich vor allem im sassanidischen Persien und bei den heutigen Parsen, im armenischen Recht, in einigen christlich-syrischen Rechtsbüchern und auf einzelnen griechischen Inseln. Wenn überhaupt ein fremder Ursprung dieses Prinzips in Frage kommt, dürfte in erster Linie an eine Entlehnung aus dem persischen Recht zu denken sein. Verfehlt ist jedenfalls die Ansicht *Carusis*[3], daß das Prinzip aus dem „syrischen Recht" stamme; auch eine Entlehnung aus dem griechischen Rechtskreise ist ganz unwahrscheinlich[4].

§ 8. Vermehrung und Kürzung der Quoten

Die Starrheit der koranischen Erbportionen kann zu Schwierigkeiten führen, wenn ihre Summe das Ganze des Nachlasses nicht erreicht oder es übersteigt. So ergeben sich zwei Fälle, in denen eine besondere Regelung notwendig ist:

1. Erschöpfen die Anteile der Quotenerben den Nachlaß *nicht* und sind Resterben nicht vorhanden, so wächst der Rest den Quotenerben im Verhältnis ihrer Anteile zu, doch wird der überlebende Ehegatte hierbei nur berücksichtigt, wenn auch keine uterinen Verwandten (§ 12) des Erblassers vorhanden sind. Ein solcher Zuwachs (radd) tritt immer ein, wenn der Erblasser nur von einem Quotenerben beerbt wird; aber auch beim Vorhandensein mehrerer Quotenerben kann es vorkommen, daß die Gesamtheit ihrer Anteile den Nachlaß nicht erschöpft. Hinterläßt der Erblasser z. B. 2 Witwen, seine Mutter und 2 Töchter, so betragen die koranischen Quoten der beiden Witwen zusammen $^1/_8$, der Mutter $^1/_6$ und der beiden Töchter zusammen $^2/_3$, insgesamt also $^{23}/_{24}$. Zu verteilen bleibt danach noch $^1/_{24}$. Die beiden Witwen scheiden hierbei aus, erhalten also nur zusammen $^1/_8$ oder jede von ihnen $^1/_{16}$. Die verbleibenden $^7/_8$ des Nachlasses sind unter die Mutter und die beiden Töchter im Verhältnis ($^1/_6 : {}^2/_3 =$) $1:4$ zu verteilen: damit entfallen auf die Mutter $^7/_{40}$, auf die beiden Töchter $^7/_{10}$ oder auf jede von ihnen $^7/_{20}$.
2. Machen die Anteile der Quotenerben *mehr* als das Ganze des Nachlasses aus, so ist das Verfahren bei Sunniten und Schiiten verschieden:
   a) Bei den *Sunniten* werden die Quoten anteilsmäßig soweit gekürzt, daß ihre Summe dem Ganzen des Nachlasses entspricht; es findet

[3] Rivista italiana per le scienze giurid. 60, 82ff.

[4] Vgl. zu dem ganzen Problem meine Bemerkungen in Z Savigny, Rom. Abt., 47, 450ff.

also eine Quotenminderung (ʿaul) statt. Hinterläßt der Erblasser z. B. seine Eltern, eine Witwe und zwei Töchter, so ergeben sich folgende Quoten: Vater $^1/_6$, Mutter $^1/_6$, Witwe $^1/_8$, die beiden Töchter $^2/_3$, zusammen $^{27}/_{24}$. Hier wird der Nachlaß nicht in 24, sondern in 27 Teile geteilt; es erhalten dann der Vater $^4/_{27}$, die Mutter $^4/_{27}$, die Witwe $^3/_{27}$, die beiden Töchter zusammen $^{16}/_{27}$ oder jede von ihnen $^8/_{27}$.

b) Bei den *Schiiten* geht die Kürzung ausschließlich zu Lasten derjenigen Erben, deren Quoten veränderlich sind. Das sind in dem angeführten Beispiel die Töchter; also werden nur ihre Anteile gekürzt. Es erhalten demnach: Vater und Mutter je $^1/_6$, die Witwe $^1/_8$, die beiden Töchter zusammen $^{13}/_{24}$ oder jede Tochter $^{13}/_{48}$.

c) Eine Ausnahmeregelung findet beim Zusammentreffen von Töchtern (Sohnestöchtern) mit Schwestern des Erblassers statt; hier werden die Schwestern als „Resterben neben anderen" behandelt (siehe § 6 zu 2).

III. Das Erbsystem der Sunniten

Bei den Sunniten stehen das System der *Quotenerben* und das System der *Resterben* unverbunden *nebeneinander*. Es sind also zuerst die koranischen Erbquoten zu berechnen; der verbleibende Rest des Nachlasses ist auf die zum Zuge kommenden Resterben zu verteilen. Das System der Resterben (ʿaṣaba) zerfällt in zwei Gruppen, die „natürlichen" und die „künstlichen" Resterben.

§ 9. Die natürlichen Resterben (*ʿaṣabat an-nasabīya*)

I. Das System der *natürlichen* Resterben besteht aus den (agnatischen) Resterben proprio iure und den (koranischen) „Resterben durch einen andern" (§ 6), während die „Resterben neben einem anderen" hier nicht erscheinen, weil sie ihrem Wesen nach Quotenerben sind und nur in einem Sonderfalle wie Resterben behandelt werden. Soweit es sich um die Resterben proprio iure handelt, ist das vorislamische agnatische Erbsystem mit gewissen Änderungen übernommen worden. Es ergibt sich hier folgendes Schema (die „Resterben durch einen andern" sind in runde Klammern gesetzt):

A. *Verwandte in gerader Linie* (baʿḍīya):

I. *Deszendenten des Erblassers* (ǧuzʾ al-maiyit):

1. Söhne (und Töchter),
2. Sohnessöhne (und Sohnestöchter),
3. Söhne (und Töchter) der Sohnessöhne usw.

II. *Aszendenten des Erblassers* (aṣl al-maiyit):

1. Vater,
2. Vater [und Söhne][5] des Vaters,
3. Vater des väterlichen Großvaters [und Söhne des Vaters][5] usw.

B. *Verwandte der Seitenlinie* (kalāla):

I. *Deszendenten des Vaters* (ǧuz' abi'l-maiyit):

1. Brüder (und Schwestern) des Erblassers:
   a) vollbürtige,
   b) halbbürtige von Vaterseite;
2. Söhne der
   a) vollbürtigen Brüder,
   b) halbbürtigen Brüder von Vaterseite;
3. Söhne der Söhne der
   a) vollbürtigen Brüder,
   b) halbbürtigen Brüder von Vaterseite usw.

II. *Deszendenten des väterlichen Großvaters* (ǧuz' ǧadd al-maiyit):

1. Brüder des Vaters
   a) vollbürtige,
   b) halbbürtige von Vaterseite;
2. Söhne der
   a) vollbürtigen Vaterbrüder,
   b) halbbürtigen Vaterbrüder von Vaterseite;
3. Söhne der Söhne der
   a) vollbürtigen Vaterbrüder,
   b) halbbürtigen Vaterbrüder von Vaterseite usw.

III. *Deszendenten des Vaters des väterlichen Großvaters* (ǧuz' abī ǧadd al-maiyit) usw.

II. Für die *Berufung* der einzelnen *Resterben* gelten folgende Grundsätze:

1. Es gehen vor
   a) die Verwandten der geraden Linie denen der Seitenlinie (s. jedoch unten zu III 2),
   b) innerhalb der geraden Linie die Deszendenten den Aszendenten,
   c) innerhalb der Seitenlinie die Parentel des Vaters der des Großvaters, die Parentel des Großvaters der des Großvaters, die Parentel des Urgroßvaters der des Ur-Urgroßvaters usw.

---

[5] Vgl. unten zu III 2.

2. Der dem Erblasser dem Grade nach näher Verwandte schließt die entfernteren Verwandten aus; weibliche Deszendenten des Erblassers, soweit sie erbberechtigt sind (Töchter, Sohnestöchter, Töchter der Sohnessöhne usw.), schließen jedoch entferntere männliche Deszendenten des Erblassers nicht aus.
3. Innerhalb der Seitenlinie gehen die vollbürtigen Abkömmlinge (germani) den halbbürtigen von Vaterseite (consanguinei) vor.
4. Ein weiblicher Resterbe erhält die Hälfte des Anteils eines konkurrierenden männlichen Resterben.
5. Eine Repräsentation vorverstorbener Erben findet nicht statt; es wird daher in capita, nicht in stirpes geteilt.

III. Gegenüber dem ursprünglichen, streng vaterrechtlich-agnatischen System finden sich folgende *Abweichungen*, die, von der logischen Geschlossenheit der alten Erbordnung aus gesehen, systemwidrig sind:

1. Der Grundsatz der ausschließlichen Erbfähigkeit des männlichen Geschlechts ist durchbrochen durch die auf koranischer Vorschrift beruhende oder aus ihr abgeleitete teilweise Zulassung weiblicher Resterben mit halbem Anteil. Während diese Zulassung in der Gruppe der Deszendenten des Erblassers (unter Beschränkung auf die Töchter des Erblassers und seiner agnatischen Abkömmlinge) folgerichtig durchgeführt ist, beschränkt sie sich in der Seitenlinie auf die Schwestern (sorores germanae et consanguineae) des Erblassers.
2. Die hanefitische Rechtsschule hält an dem altarabischen Grundsatz fest, daß die gerade Linie der Seitenlinie vorgeht; die anderen sunnitischen Schulen (Malikiten, Schafiiten, Hanbaliten) weichen davon insofern ab, als sie die Brüder des Erblassers (aber nicht deren Deszendenten) nicht erst nach Erschöpfung der Aszendentenlinie, sondern bereits neben dem Großvater (und einem entfernteren agnatischen Aszendenten) zu gleichen Teilen mit diesem als Resterben berufen. Diese systemwidrige Sondervorschrift erklärt sich wohl als Kompromiß zwischen zwei einander entgegengesetzten Auffassungen[6], nämlich der altarabischen vom Vorrang der geraden Linie und einer anderen, die das Parentelprinzip folgerichtig durchzuführen suchte und demgemäß die zur Parentel des Vaters gehörenden Brüder des Erblassers vor dem Großvater erben lassen wollte.
3. Vaterrechtlicher Anschauung entspricht der Grundsatz, daß für die Rechtsstellung eines Erben lediglich die Abstammung von seinem Vater, nicht die von seiner Mutter maßgebend ist, so daß zwischen vollbürtiger Abstammung von Vater und Mutter und halbbürtiger Abstammung lediglich vom Vater kein rechtlicher Unterschied zu machen ist. Von diesem Grundsatz sind die Fuqahā unter dem Einfluß

---

[6] *Juynboll* 245 Anm. 1.

des kognatischen Prinzips insofern abgewichen, als sie in der Seitenlinie den vollbürtigen Abkömmlingen (germani) von Aszendenten des Erblassers den Vorrang vor den halbbürtigen Abkömmlingen von Vatersseite (consanguinei) einräumen.

§ 10. Die künstlichen Resterben (ʿaṣabat as-sababīya)

Durch die Freilassung (ʿatq) eines Sklaven wird zwischen dem Patron (maulā) und dem Freigelassenen ein Rechtsverhältnis (walā al-ʿatq) begründet, das dem Patron (oder der Patronin) ein Resterbenrecht nach dem Freigelassenen mit dem Range nach den Rechten der natürlichen Resterben gibt. Ist der Patron verstorben, so ist an seiner Stelle der ihm dem Grade nach am nächsten verwandte seiner Resterben proprio iure berufen. Über die Ausgestaltung dieses — heute keine Rolle mehr spielenden — Erbrechts im einzelnen gehen die Meinungen der Rechtsschulen auseinander; so erkennen die Malikiten es nur unter bestimmten Voraussetzungen an.

Die Hanefiten kennen außerdem noch ein durch Klientelvertrag (muwālāt) beim Übertritt zum Islam begründetes Patronatsrecht (walā al-muwālāt), das dem Patron ein Erbrecht im Range nach den uterinen Verwandten (§ 12) gibt.

§ 11. Die weiteren Erbklassen

Bei den Hanefiten erscheinen als *weitere Erbklassen*, die beim Nichtvorhandensein von Quoten- und Resterben zum Zuge kommen (jedoch werden die uterinen Verwandten nicht durch den überlebenden Ehegatten ausgeschlossen, dieser erhält vielmehr nur die ihm nach dem Koran zustehende Quote):

1. die *uterinen Verwandten*, soweit sie nicht Quotenerben sind;
2. der *Erbe kraft Anerkenntnisses* (iqrār), d. h. eine Person, die der Erblasser als seinen Blutsverwandten (z. B. Sohn oder Bruder) anerkannt hat;
3. der *Universallegatar*, d. h. eine Person, welcher der Erblasser (in unzulässiger Weise) sein ganzes Vermögen vermacht hat;
4. der *Fiskus* (bait al-māl).

Im einzelnen bestehen über diese Erbrechte und ihre Rangfolge Meinungsverschiedenheiten zwischen den Schulen. So erkennen die Schafiiten nur die uterinen Verwandten und den Fiskus als weitere Erben an, wobei jene erst nach dem Fiskus für den Fall berufen werden, daß die Staatskasse nicht gesetzmäßig verwaltet wird; sind auch uterine Verwandte nicht vorhanden, so darf nach schafiitischer Lehre jeder Muslim den Nachlaß in Besitz nehmen und so verwenden, wie ein gerechter Richter ihn für öffentliche Zwecke verwenden würde. Auch die Malikiten räumen dem Fiskus grundsätzlich den Vorrang ein, während die Hanbaliten in dieser Frage mit den Hanefiten übereinstimmen.

§ 12. Die uterinen Verwandten (ḏawu'l-arḥām)

Das Erbrecht der uterinen Verwandten, d. h. der durch Frauen mit dem Erblasser verwandten Personen, wurde unter dem Einfluß des kognatischen Prinzips durch eine Anordnung des abbasidischen Kalifen al-Muʿtaḍid (892—902) vom Jahre 896 eingeführt, der damit zu Gunsten dieser Verwandten auf das Erbrecht des Fiskus verzichtete; diese Neuerung ist deshalb bemerkenswert, weil sie eine Änderung des als ius divinum geltenden Scheriatrechts durch einen weltlichen Gesetzgeber darstellt. Nach einer abweichenden Anordnung des Kalifen al-Muqtadir vom Jahre 923 stellte im Jahre 966 der Buyide Muʿizz ad-daula (932 bis 967) das Erbrecht der uterinen Verwandten wieder her [7].

Über die Verteilung des Nachlasses unter die sämtlichen uterinen Verwandten bestehen verschiedene Theorien:

I. Der Nachlaß wird unter die *sämtlichen uterinen Verwandten* ohne Unterschied des Geschlechts und der Gradesnähe in capita geteilt. Nach dieser Theorie, die heute nicht mehr vertreten wird, würden z. B. eine Tochtertochter und die Tochter einer Sohnestochter, die miteinander konkurrieren, den Nachlaß je zur Hälfte erhalten.

II. Theorie der *Verwandtschaftsnähe* (qarāba): Von den uterinen Verwandten wird nur derjenige, der dem Erblasser dem Grade nach am nächsten steht, berufen. Hier würde beim Zusammentreffen einer Tochtertochter mit der Tochter einer Sohnestochter die erste als die dem Erblasser näher verwandte den ganzen Nachlaß erhalten.

III. Malikiten, Schafiiten und Hanbaliten vertreten überwiegend die sog. Theorie der „*Repräsentation*" (tanzīl): Jeder uterine Verwandte tritt an die Stelle desjenigen Quoten- oder Resterben, durch den er mit dem Erblasser verwandt ist, und erhält den Anteil dieses Erben. Nach dieser Theorie wäre beim Vorhandensein einer Tochtertochter und der Tochter einer Sohnestochter der Nachlaß nach folgender Berechnung zu verteilen: Beide Erbinnen treten an die Stelle ihrer Mutter, die Tochtertochter also an die Stelle einer Tochter, die Tochter der Sohnestochter an die Stelle einer Sohnestochter. Tochter und Sohnestochter erhalten als Quotenerbinnen zusammen $^2/_3$ des Nachlasses. Im Verhältnis beider zueinander geht die Tochter der Sohnestochter vor; sie erhält also ihre koranische Quote von $^1/_2$ ($= ^3/_6$), die Sohnestochter den Rest von $^1/_6$. Der verbleibende Teil des Nachlasses ($^1/_3$) fällt beiden Erbinnen als Zuwachs (§ 8 zu 1) im Verhältnis ihrer Anteile (3 : 1) zu;

[7] *Mez,* Die Renaissance des Islam (1922) 107 Anm. 1.

die Tochter erhält also $^1/_3 + ^3/_{12} = ^3/_4$, die Sohnestochter $^1/_6 + ^1/_{12} = ^1/_4$. Demgemäß erhält die Tochtertochter $^3/_4$, die Tochter der Sohnestochter $^1/_4$ des Nachlasses.

IV. Die Hanefiten gruppieren die nach Ausscheiden der Quotenerben verbleibenden uterinen Verwandten nach Analogie des agnatischen Systems:

I. *Verwandte der geraden Linie:*

1. Deszendenten der a) Töchter, b) Sohnestöchter, c) Töchter der Sohnessöhne usw.;
2. Aszendenten: a) Vater der Mutter und dessen Aszendenten, b) Väter der Großmütter und ihre Aszendenten usw.;

II. *Verwandte der Seitenlinie:*

1. Deszendenten der Eltern:
   a) Töchter der fratres germani (der Söhne, Sohnessöhne usw. der fratres germani) nebst Deszendenz;
   b) Töchter der fratres consanguinei (der Söhne, Sohnessöhne usw. der fratres consanguinei) nebst Deszendenz;
   c) Deszendenten der fratres uterini;
   d) Deszendenten der Schwestern;
2. Deszendenten der Großeltern:
   a) Töchter der patrui germani (der Söhne, Sohnessöhne usw. der patrui germani) nebst Deszendenz;
   b) Töchter der patrui consanguinei (der Söhne, Sohnessöhne usw. der patrui consanguinei) nebst Deszendenz;
   c) patrui uterini und deren Deszendenz;
   d) Vaterschwestern und deren Deszendenz;
   e) Muttergeschwister und deren Deszendenz;
3. Deszendenten entfernterer Aszendenten entsprechend.

Innerhalb jeder Erbklasse entscheidet Gradesnähe (daher würde beim Zusammentreffen einer Tochtertochter und der Tochter einer Sohnestochter auch hier die Tochtertochter das Ganze erhalten). Innerhalb des gleichen Grades geht der Deszendent (oder Aszendent) eines Quoten- oder Resterben dem Deszendenten (oder Aszendenten) eines anderen Verwandten vor (daher schließt die Tochter der Sohnestochter den Sohn der Tochtertochter aus, weil die Sohnestochter Quotenerbin ist, die Tochtertochter aber nicht). Im übrigen sind die Einzelheiten der Regelung sehr verwickelt und vielfach streitig.

§ 13. Das Verhältnis von Quoten- und Resterben

I. Bei der Scheidung zwischen Quotenerben und Resterben ist zu beachten, daß einzelne Erben teils als *Quoten-*, teils als *Rest*erben erscheinen, nämlich der Vater (Vater des Vaters usw.) als Quotenerbe, wenn der Erblasser männliche Deszendenten hinterlassen hat, sonst als Resterbe (jedoch muß er mindestens das ihm als Quote zustehende Sechstel des Nachlasses erhalten), die Töchter (Sohnestöchter, Töchter der Sohnessöhne usw.) und die Schwestern (sorores germanae et consanguineae) als Quotenerbinnen, wenn keine Söhne, Brüder usw. vorhanden sind, sonst als „Resterbinnen durch andere" (§ 6 zu 1).

II. Da das System der Quotenerben, die den Resterben vorgehen, nicht auf das der Resterben abgestimmt ist, entstehen verschiedentlich merkwürdige oder unbillige Ergebnisse. Hinterläßt der Erblasser z. B. seine Mutter, einen Sohn und den Sohn eines halbbürtigen Bruders seines Vaters von Vaterseite, so erhält die Mutter als Quotenerbin $^1/_6$, der Sohn als Resterbe die übrigen $^5/_6$; hinterläßt der Erblasser aber statt des Sohnes eine Tochter, so erhält diese als Quotenerbin $^1/_2$, die Mutter $^1/_6$, während der Rest von $^1/_3$ an den Vetter des Erblassers als Resterben fällt. Sind nur ein frater germanus und ein frater consanguineus des Erblassers vorhanden, so wird dieser durch jenen ausgeschlossen; sind aber ein frater germanus und ein frater uterinus vorhanden, so erhält der frater uterinus als Quotenerbe $^1/_6$, der frater germanus als Resterbe nur $^5/_6$; der frater uterinus wird also besser behandelt als der frater consanguineus. Solche Fälle werden zum Teil unter Berufung auf einzelne Traditionen abweichend von den allgemeinen Grundsätzen geregelt, wobei die Schulmeinungen verschiedentlich auseinandergehen.

IV. Das Erbsystem der Schiiten

§ 14. Allgemeines

Die *Schia* (šīʿat ʿAlī, „Partei Alis") ist eine Gruppe islamischer Sekten, deren Gemeinsamkeit darin besteht, daß sie Ali, den Vetter und Schwiegersohn Muhammeds, für den rechtmäßigen Nachfolger des Propheten halten. Die wichtigste dieser Sekten ist die sog. Zwölfer-Schia, deren Glaubenslehre persische Staatsreligion geworden ist. Auf Grund der Auffassung, daß Muhammeds Tochter Fatima und ihr Gatte Ali (im Gegensatz zu Muhammeds Oheim Abbas) die allein berechtigten Erben des Propheten seien, wird von diesen Schiiten das agnatische Prinzip abgelehnt und der rein kognatische Standpunkt vertreten. Sie haben daher nicht das altarabische Agnatensystem mit seiner Zurücksetzung der uterinen Verwandten und seiner scharfen Trennung von dem System der koranischen Quotenerben übernommen, sondern wohl unter Berücksichtigung der vorislamischen Familienorganisation aus den erbrechtlichen Vorschriften des Koran ein einheitliches Erbsystem abgeleitet, das aufgelockerter und weniger verwickelt ist als das sunnitische. Sie unterscheiden zwischen den Erben kraft Blutsverwandtschaft (nasab) und den Erben aus besonderem Grunde (sabab).

§ 15. Die Erben kraft Blutsverwandtschaft

I. Die Verwandtschaftserben zerfallen in *drei Klassen* (ṭabaqāt), wobei zwischen den als Quotenerben (ḏawū farā'iḍ) berufenen und den bloßen Verwandtschaftserben (ḏawū qarāba) kein grundsätzlicher Unterschied gemacht wird:

1. Eltern und Abkömmlinge des Erblassers;
2. entferntere Aszendenten, Geschwister des Erblassers und deren Abkömmlinge;
3. sonstige Seitenverwandte von Vater- und Mutterseite. — Auch hier ist die charakteristische altarabische Erbenfolge (1. Deszendenten, 2. Aszendenten, 3. Seitenverwandte) noch erkennbar, sie ist aber dadurch verändert, daß die Eltern des Erblassers aus der zweiten Klasse in die erste, die Deszendenten der Eltern aus der dritten Klasse in die zweite aufgerückt sind. Diese Verschiebung ist wohl deshalb notwendig geworden, weil der Koran vorsieht, daß die Eltern des Erblassers als Quotenerben neben seinen Abkömmlingen zum Zuge kommen, und man für nötig gehalten hat, den zugrundeliegenden Gedanken, daß Großeltern zugleich mit ihren Enkeln erben, auf das Verhältnis zwischen Großeltern und Geschwistern des Erblassers auszudehnen.

II. Für die *Berufung der Erben* gelten folgende Grundsätze:

1. Die Erben der ersten Klasse schließen die der zweiten und dritten Klasse, die Erben der zweiten Klasse schließen die der dritten Klasse aus.
2. In der ersten Klasse erben Eltern und Deszendenten des Erblassers, in der zweiten Klasse erben entferntere Aszendenten des Erblassers und Deszendenten seiner Eltern nebeneinander. In der dritten Klasse schließen die Deszendenten der Großeltern die der Urgroßeltern, die Deszendenten der Urgroßeltern die der Ur-Urgroßeltern usw. aus.
3. Ein dem Erblasser dem Grade nach näher verwandter Deszendent des Erblassers oder eines Aszendenten des Erblassers schließt grundsätzlich jeden entfernteren Deszendenten aus. In der zweiten Klasse schließt auch ein dem Erblasser dem Grade nach näher verwandter Aszendent jeden entfernteren Aszendenten aus.
4. Von miteinander konkurrierenden Erben werden zunächst die Quotenerben befriedigt; der Rest fällt an die bloßen Verwandschaftserben.
5. Im übrigen gilt folgendes:

a) Erben gleichen Grades und gleichen Geschlechts erhalten gleiche Anteile. Treffen männliche und weibliche Erben gleichen Grades zusammen, so erhalten die weiblichen je den Anteil eines männlichen Erben, uterine Verwandte teilen jedoch untereinander zu gleichen Anteilen ohne Unterschied des Geschlechts; daher teilen untereinander z. B. die Eltern des Vaters im Verhältnis 2 : 1, die Eltern der Mutter dagegen im Verhältnis 1 : 1.

b) Deszendenten zweiten und entfernteren Grades erben in stirpes, ebenso Aszendenten zweiten und entfernteren Grades. Treffen z. B. Kinder eines Sohnes mit Kindern einer Tochter zusammen, so erhalten die Kinder des Sohnes zusammen $^2/_3$, die Kinder der Tochter zusammen $^1/_3$; treffen Großeltern väterlicherseits und mütterlicherseits zusammen, so erhalten die Eltern des Vaters $^2/_3$, die Eltern der Mutter $^1/_3$. Das gleiche gilt bei Deszendenten von Aszendenten des Erblassers; so erhalten beim Zusammentreffen von Vater- und Muttergeschwistern jene zusammen $^2/_3$, diese zusammen $^1/_3$.

c) Vollbürtige Deszendenten von Aszendenten des Erblassers (Geschwister, Elterngeschwister) schließen halbbürtige gleichen Grades von Vaterseite (consanguinei) aus, dagegen werden solche von Mutterseite (uterini) als Quotenerben weder durch vollbürtige (germani) noch durch halbbürtige von Vaterseite (consanguinei) ausgeschlossen.

§ 16. Die Erben aus besonderem Grunde

Als besondere Berufungsgründe kennt das schiitische Erbrecht:

1. das *Eheverhältnis* (zauǧīya): Der überlebende Ehegatte erhält stets die ihm nach dem Koran zustehende Quote, wird also nicht durch die Verwandtschaftserben ausgeschlossen;
2. ein *Schutzverhältnis* (walā), von dem es drei Arten gibt; danach sind, wenn der Erblasser weder einen Verwandten noch einen Ehegatten hinterlassen hat, in nachstehender Reihenfloge berufen:
   a) auf Grund des Patronatsverhältnisses (walā al-ʿatq) der Patron nach seinem Freigelassenen, jedoch anders als nach ṣunnitischem Recht (§ 10) nur unter gewissen Voraussetzungen, nämlich wenn er zur Freilassung nicht verpflichtet war und auch nach der Freilassung für Delikte des Freigelassenen haftete;
   b) der Garant für das Wohlverhalten (einschließlich der Haftung für die Schulden) eines andern (ḍāmin al-ǧarīra), ursprünglich wohl eines Fremden;
   c) der Imam (das religiöse Oberhaupt der Schiiten), der es unter arme und bedürftige Gemeindegenossen des Erblassers zu verteilen hat; üblicherweise erfüllt diese Aufgabe der Ortsgeistliche.

DIE REZEPTION DES EUROPÄISCHEN RECHTS IN CHINA

Von Dr. Karl Bünger
Tübingen

I. Vorbemerkung

Im Jahre 1949 hat die in Peking neu gebildete und inzwischen von einer Reihe von Staaten anerkannte chinesische Regierung die von der jetzt auf Taiwan residierenden Kuomintang-Regierung (National-regierung) erlassenen Gesetze insgesamt außer Kraft gesetzt[1].

Damit ist China das erste der orientalischen Länder, das seinen Willen kundgetan hat, das rezipierte europäische Recht — zumindesten in seiner heutigen individualistischen Ausprägung, in der es rezipiert wurde — wieder abzustoßen. China ist auch das letzte der orientalischen Länder gewesen, — angefangen von der Türkei über Persien, Indien, Siam und Indochina bis nach Japan — das sich zur Rezeption des europäischen Rechtes bequemt hatte.

Wir müssen damit rechnen, daß der Schritt der Pekinger Regierung nicht nur aus dem Gesichtspunkt eines innen- und außenpolitischen Frontwechsels zu werten ist, sondern daß ihm das Problem der Rezeption europäischen Rechts in den alten orientalischen Kulturländern zugrundeliegt. Dieses Problem stellt sich jetzt, nachdem diese Länder ihre nationale Freiheit zu erwerben beginnen, fast in allen von ihnen. Die Diskussion darüber kommt in Gang. Die Fragen der Zweckmäßigkeit und Angemessenheit, ja der Möglichkeit einer derartigen Rezeption werden aufgeworfen und vom politischen und fachwissenschaftlichen Gesichtspunkt aus erörtert. Dahinter steht der größere Prozeß der geistigen Auseinandersetzung zwischen dem Osten und dem Westen, die erst jetzt, nachdem der machtpolitische Vorstoß des Westens abklingt, möglich ist. Denn das rezipierte Recht ist ein nicht unwichtiges und nicht unwirksames Gefährt zum Austausch sozialer, politischer und

---

[1] Die Aufhebung der früheren Gesetze findet sich in Art. 17 der Allgemeinen Richtlinien des Politischen Volksrates vom 29. 9. 1949, die das Grundgesetz der neuen Regierung in Peking sind, mit folgenden Worten- „Sämtliche Gesetze und Verordnungen sowie das Justizsystem der reak: tionären Kuomintang-Regierung, die das Volk unterdrücken, werden aufgehoben". Jedoch soll nach Zeitungsmeldungen die Aufhebung der bisherigen Gesetze bereits früher durch einen formellen Akt erfolgt sein. Übersetzung der verfassungsrechtlichen Gesetze der Pekinger Regierung wird in ZauslÖffRuVR XIII erfolgen.

kultureller Güter. Es kann Vorteil bringen, es kann aber auch ein trojanisches Pferd sein.

Wohin die allgemeine Richtung in den orientalischen Ländern geht, und ob sich überhaupt eine allgemeine Richtung ausbilden wird, ist heute noch nicht zu erkennen. Zu der gleichen Zeit, zu der China jene weitgehende Maßnahme traf, wurde in Japan, das sich infolge der Besatzung in einer völlig anderen Lage befindet, ein nicht weniger radikaler Schritt getan. In Japan wurden die letzten Reste des alten traditionellen Rechts, die sich bei der Rezeption erhalten hatten, nämlich das Familienrecht und die konstitutionell verankerte Staatsidee beseitigt. Im Familienrecht ist durch eine Revision des japanischen BGB der Familienverband (Hausverband), der als Kern der gesamten sozialen Struktur des Landes angesehen wurde, zerschlagen. Gleichzeitig wurde mit deutlichem Blickpunkt auf die alte Familienordnung in Art. 13 der neuen Verfassung verkündet, daß alle Personen als Individuen zu respektieren und ihre Rechte auf Freiheit und Glück oberstes Anliegen der Gesetzgebung und Regierung seien.

Dies zeigt, in wie verschiedener Weise die Gesetzgebung in den orientalischen Ländern in Bewegung geraten ist.

Der Vorgang in China bringt einen Abschnitt in der revolutionären Umgestaltung des Rechtes zum Abschluß und eröffnet einen neuen. Damit ist der Zeitpunkt gekommen, den bisherigen Ablauf der Rezeption zusammenhängend zu betrachten und zu werten. Juristische Einzelheiten sind von geringerem Interesse geworden, nachdem das Recht formell außer Kraft gesetzt worden ist. Dafür rücken andere Fragen in den Vordergrund: Welches waren die Motive und die treibenden Kräfte bei der Rezeption? In welcher Weise vollzog sie sich und wie war das Ergebnis? Wie war insbesondere die Anteilnahme und die Reaktion der Bevölkerung bei dem Vorgang? Ist es nach formeller Rezeption auch zu einer tatsächlichen „Geltung" des rezipierten Rechtes gekommen?

Uns scheinen die Fragen nicht nur Anliegen des Rechtshistorikers zu sein, sondern ebenso den in der Praxis stehenden Rechtspolitiker anzugehen. Es handelt sich um Erfahrungstatsachen für den Gesetzgeber, Staatsmann und Diplomaten; Erfahrungstatsachen, die vielleicht nur für China gelten, die möglicherweise aber auch für andere orientalische Länder oder gar für die Beurteilung der Möglichkeiten und Aussichten der Übernahme fremder Institutionen rechtlicher und politischer Art schlechthin nicht ohne Wert sind.

II. Außenpolitische Motive und Epochen der Rezeption

Die Geschichte der Rezeption in China weist deutlich drei Epochen auf, die mit innen- und außenpolitischen Ereignissen in Zusammenhang stehen.

1. *Die Reformbewegung während der kaiserlichen Zeit.* Sie ist durch das Bestreben gekennzeichnet, die notwendigen Neuerungen mit dem Alten zu verbinden und die soziale und politische Struktur unangetastet zu lassen.

2. *Die Zeit der politischen Zerrissenheit von 1911—1927.* Während ihr steht die Regierung weiterhin unter starkem außenpolitischen Druck, besonders seitens Japans. An den Entwürfen für die neuen Kodifikationen wird zwar gearbeitet, aber man gelangt zu keinen kräftigen Entschlüssen. Nur wenige neue Gesetze werden verkündet und auch sie werden nur örtlich sehr beschränkt angewendet.

3. *Die Regierung der Kuomintang* geht seit 1928 mit größter Energie an die Rechtsform, und es gelingt, in wenigen Jahren ein großes Gesetzgebungswerk abzuschließen und formell in Kraft zu setzen. Die Entwicklung jedoch wird durch den Ausbruch des chinesisch-japanischen Krieges im Jahre 1937 unterbrochen.

4. *Nach dem zweiten Weltkrieg* beginnt sich 1946 eine neue, vierte Epoche abzuzeichnen: Es machen sich Bestrebungen geltend, eine neue Rechtsreform einzuleiten, und zwar die Beseitigung des kontinentaleuropäischen Einflusses zugunsten einer Rezeption anglo-amerikanischer Rechtsnormen. Jedoch kommen diese Bestrebungen infolge der Entwicklung des Bürgerkrieges nicht zur Entfaltung.

Während der ganzen Dauer der Reformbewegung stehen außenpolitische Motive im Vordergrund. Sie lösen die Reformbewegung aus und sie geben ihr immer neue Impulse bis zur formellen Beendigung des Gesetzgebungswerkes, die wir etwa in das Jahr 1935 legen können. Die Berücksichtigung innerpolitischer Verhältnisse und veränderter sozialer Verhältnisse und Anschauungen spielen zu Beginn gar keine Rolle. Erst während der Regierung der Kuomintang machen sich derartige Gedanken geltend und wirken sich auf gewissen Rechtsgebieten auch praktisch aus. Aber auch während dieser Zeit stehen außenpolitische Erwägungen im Vordergrund. Sie haben die formelle Rezeption vorangetrieben. Es ist die Frage, ob nicht gerade dieses Motiv letzten Endes ein Hemmschuh des wirksamen Gelingens der Rezeption gewesen ist.

Der Verlauf der Rezeption während der vier Epochen war kurz folgender:

1. Die Reformarbeiten während der kaiserlichen Zeit

Der Gedanke einer Reform des bestehenden Rechts wird durch die Kritik von ausländischer Seite ausgelöst. Diese Kritik setzt erst mit der Aufnahme regerer Handelsbeziehungen zu Beginn des 19. Jahrhunderts ein. Vorher überschritt die Kritik nicht den Rahmen, in dem jedes Recht von Fremden kritisiert wird. Die Berichte der europäischen Reisenden heben zwar die Besonderheiten und Merkwürdigkeiten der chinesischen Rechtspraxis hervor, kommen aber insgesamt zu einem günstigen, ja mitunter zu einem begeisterten Urteil. In der Tat war der damalige chinesische Rechtszustand im Vergleich zu den zeitgenössischen europäischen Verhältnissen als human und „aufgeklärt" zu bezeichnen. Auch noch *G. T. Staunton*, der erste Europäer, der ernsthaft und gründlich versucht hat, sich ein Bild von dem chinesischen Recht zu verschaffen, kommt in seinem 1810 veröffentlichten Werk[2] zu günstigen Urteilen.

Die später aufkommende Kritik seitens der Ausländer war nicht ohne wirtschaftliche und politische Hintergründe, die hier nicht zu erörtern sind. Sie nahm besonders zwei Erscheinungen als Angriffspunkte: Die Art der Strafjustiz, besonders die Beurteilung fahrlässiger Handlungen im chinesischen Recht, und das Fehlen handelsrechtlicher Normen.

Die erste dieser Schwierigkeiten wurde durch die Gewährung der Konsulargerichtsbarkeit an die Fremdmächte über ihre eigenen Staatsangehörigen umgangen. Die zweite war schwieriger zu lösen, da die zivilrechtlichen Ansprüche gegen chinesische Handelspartner nicht von der Konsulargerichtsbarkeit gedeckt wurden, also vor chinesischen Gerichten geltend gemacht werden mußten. Jedoch wurde auch diese Frage für die Mehrzahl der Streitfälle dadurch zur Zufriedenheit der Ausländer geregelt, daß sie schließlich einseitig sog. Gemischte Gerichte an den wichtigsten Handelsplätzen einrichteten, die auch die Gerichtsbarkeit über Chinesen beanspruchten. Derartige Gerichte gab es jedoch nicht überall, und es ergaben sich auch Schwierigkeiten bei der Vollstreckung der Urteile der Gemischten Gerichte außerhalb der fremden Niederlassungen und Konzessionen.

So nimmt es nicht Wunder, daß trotz der sog. Exterritorialität die Forderung nach einer Rechtsreform von ausländischer Seite erhoben wurde. Das geschah, als der Handel mit China immer größeren Umfang annahm, erstmalig, soweit ich sehe, im Jahre 1867. Die Forderung beschränkte sich zunächst auf die Einführung eines modernen Handelsrechts[3].

---

[2] *Staunton*, Ta Tsing Leu Lee; Penal Code of China (1810). Vgl. auch *E. Alabaster*, der sich als zweiter Europäer eingehender mit dem chinesischen Recht befaßte, in seinem Werk Notes and commentaries on Chinese criminal law (1899) LXII: „The (Chinese) Code is infinitely more exact and satisfactory than our own system, and very far from being the barbarous cruel abomination it is generally supposed to be."

[3] Vgl. z. B. die Eingabe der China Association, London, an das Foreign Office vom 17. 3. 1899 und das ihr beiliegende „Memorandum on the need of a code of Chinese mercatile law" des Sekretärs der Vereinigung. In dem Memorandum wird u. a. dargelegt, daß der britische Gesandte R. Alcock im Jahre 1870 auf Grund von Vorstellungen der Britischen Handelskammer das chinesische Auswärtige Amt um den Erlaß eines Handelsgesetzbuches ersucht habe (urged), und daß nach dem Bericht des Gesandten der Erlaß eines solchen Gesetzes „in harmony with European principles of legislation

Die chinesische Regierung reagierte noch mehrere Jahrzehnte lang nicht auf diese ausländischen Wünsche. Erst nach dem verlorenen Kriege mit Japan im Jahre 1895 wurde der Gedanke von Rechtsformen auch von hohen chinesischen Beamten an ihre Regierung in dringender Form herangetragen. Jedoch wurden die ersten Reformbestrebungen im Jahre 1898 von der Kaiserin Tz'u-hsi niedergeschlagen[4]. Es bedurfte noch weiterer Einbußen an Prestige und Souveränität, um die chinesische Regierung von der politischen Notwendigkeit von Reformen zu überzeugen, die Japan schon lange vorher mit Erfolg ergriffen hatte. Erst nach der Lostrennung der sog. Pachtgebiete aus der chinesischen Staatsverwaltung, nach der sog. Boxerexpedition, nach den sich daran anschließenden schweren Verträgen, nach der Abgrenzung von sog. Interessensphären und als die Möglichkeit einer Aufteilung Chinas drohte, schenkte die kaiserliche Regierung den Reformvorschlägen Gehör.

Hinzu aber kam Folgendes: In dem Handelsvertrage vom 5. 2. 1902 versprach Großbritannien als erste der Fremdmächte, China bei einer Rechtsreform nach dem Muster „westlicher Nationen" zu helfen und auf seine exterritorialen Rechte zu verzichten, sobald dies nach dem Stand der chinesischen Gesetzgebung und anderer Erwägungen angemessen erschiene[5]. Dieser Zusage schlossen sich die Vereinigten Staaten[6], Japan und andere Mächte an.

Nunmehr erschien der chinesischen Regierung ein unmittelbarer Vorteil von der Durchführung einer Rechtsreform zu winken. Es bestand nämlich die Aussicht, der Fesseln der fremden Verträge und Vorrechte ledig zu werden, wieder außenpolitische Bewegungsfreiheit zu erlangen und gleichzeitig der wachsenden Kritik und den revolutionären Strömungen im Innern des Landes den Wind aus den Segeln zu nehmen.

Es wurde ein Handelsministerium errichtet und eine Kodifikations-Kommission ernannt. Auch wurden Kommissionen zum Studium der fremden Staats- und Rechtsinstitutionen ins Ausland gesandt. Die Ausarbeitung von Zivil-, Handels- und Strafgesetzbüchern, von Prozeßordnungen und von einer Konkursordnung wurden in Angriff genommen. Im Jahre 1904 wurden die ersten Texte veröffentlicht, und zwar bezeichnenderweise Allgemeine Bestimmungen über Kaufleute sowie

---

erwartet werden könne. Die Dokumente sind abgedruckt in dem Blaubuch „Further correspondence resp. the affairs of China (1899)", 49ff. und bei *Keeton,* The development of extraterritoriality in China (1928) II 364ff.

[4] S. hierzu *Otto Franke,* Ostasiatische Neubildungen (1911) 20ff., 72ff.

[5] Art. XII des Vertrages, abgedruckt in *MacMurray,* Treaties and agreements with and concerning China (1921) I 351 und in *Hertslet's Treaties* (1908) I 182.

[6] Art. XV des Handelsvertrages v. 8. 10. 1903 (*MacMurray* I 431, *Hertslet* I 575), gleichlautend mit der Bestimmung des chines.-englischen Vertrages.

Verordnungen über Handelsgesellschaften, Bergrecht, Eisenbahnen u. ä. m., die sich im wesentlichen an deutsche Vorbilder hielten. Jedoch wurden diese ersten modernen Gesetze tatsächlich nicht in Kraft gesetzt.

Die gesetzgeberische Arbeit dieser Zeit führte zu keinen greifbaren Erfolgen. Die Kräfte, die die Rechtsreform zu verschleppen versuchten, setzten sich durch. Deutlich ist auch in den ausgearbeiteten Entwürfen das Bestreben, die bestehende soziale Ordnung möglichst weitgehend unangetastet zu lassen.

2. Die Zeit der inneren Kämpfe 1911—1927

Nach der erfolgreichen Revolution im Jahre 1911 und der Bildung einer republikanischen Regierung erhielt die Rechtsreform einen neuen Anstoß. Eine neue Kodifikations-Kommission wurde gebildet. Ihr stand Wang Chung-hui vor, der in Deutschland, England und Amerika studiert und eine englische Übersetzung des deutschen BGB veröffentlicht hatte. Der Kommission gehörten ferner seit 1916 zwei japanische Gelehrte und der Franzose G. Padoux, der vorher die siamesische Regierung bei Kodifikationsarbeiten beraten hatte, und seit 1921 auch der Franzose J. Escarra an.

Dem politischen Programm der neuen Regierung entsprechend wurden die aus der kaiserlichen Zeit stammenden Entwürfe einer neuen Überarbeitung unterworfen. Man ließ sich dabei weniger als vorher von dem Bestreben, die traditionelle Sozialordnung zu erhalten, leiten. Man folgte vielmehr völlig den ausländischen Vorbildern. Jedoch wurden, abgesehen von einem neuen Strafgesetzbuch, nur wenige neue Gesetze verkündet. Man ließ sich Zeit.

Den Anstoß zu rascherem Vorgehen gaben erst wiederum außenpolitische Ereignisse. Auf der Friedenskonferenz von Versailles im Jahre 1919 forderte die chinesische Delegation die Aufhebung der exterritorialen Vorrechte, sobald die im Entwurf vorliegenden Kodifikationen in Kraft gesetzt und in den Städten, in denen Fremde wohnten, moderne Gerichte eingerichtet worden seien. Sie berief sich dabei ausdrücklich auf die oben angeführten Zusagen in den Verträgen von 1902 und 1903 und auf die inzwischen gemachten Fortschritte, insbesondere die Verkündung einer modernen Verfassung und eines neuen Strafgesetzbuches. Jedoch drang die chinesische Delegation mit ihrer Forderung nicht durch, und dies trug mit dazu bei, daß China den Versailler Vertrag nicht unterschrieb.

Erneut wurde die Frage auf der Washingtoner Konferenz in den Jahren 1921/22 erörtert, und man beschloß, eine Kommission zur Untersuchung und Berichterstattung über „die Praxis der Exterritorialität in China und die Gesetze, das Gerichtssystem und die Methoden der

Rechtsanwendung Chinas" einzusetzen[7]. Die Kommission nahm mit großer Verzögerung erst im Januar 1926 ihre Sitzungen in Peking auf[8].

Der Fehlschlag auf der Versailler Konferenz und die in Washington beschlossene Entsendung einer Untersuchungskommission waren für die chinesische Regierung Anlaß, einige der gesetzgeberischen Arbeiten zum Abschluß zu bringen. Jedoch wurden — außer dem bereits früher erlassenen Strafgesetzbuch — im wesentlichen nur Prozeß- und Gerichtsverfassungsgesetze verkündet. Aber auch sie wurden zunächst nur für einen örtlich beschränkten Bereich in Kraft gesetzt, und zwar für die Provinzen in der Mandschurei. Diese zunächst überraschende Maßnahme findet ihre Erklärung darin, daß sich in der Mandschurei mehrere tausend Russen befanden, die nach dem Ende des ersten Weltkrieges unter die chinesische Jurisdiktion gekommen waren. Hier bot sich also für die chinesische Regierung eine Gelegenheit zu beweisen, daß sie willens und fähig war, modernes Recht einzuführen und in zufriedenstellender Weise auf Ausländer anzuwenden. Diese Gelegenheit versuchte sie noch vor Eintreffen der Untersuchungskommission auszunutzen.

Die Kommission der exterritorialen Mächte, die in Peking tagte, erstattete einen Bericht und machte eine Reihe von Empfehlungen[9]. Soweit sie sich an die Adresse Chinas richteten, liefen sie auf die Vollendung der geplanten und der Kommission großenteils in Übersetzungen vorgelegten Kodifikationen nach europäischem Muster, ihre Inkraftsetzung und die Einrichtung moderner unabhängiger Gerichte hinaus. Entmutigt von dem Ergebnis der Konferenz, von der sie sich ein greifbareres Ergebnis erwartet hatte, und gehindert durch die zunehmenden innenpolitischen Kämpfe, gelang es der chinesischen Regierung nicht mehr, das Reformwerk wesentlich weiterzuführen.

3. Das Gesetzgebungswerk der Kuomintang-Regierung

Inzwischen hatte sich aber in Canton eine neue Regierung gebildet, und sie widmete sich mit größter Energie der Vollendung der Rechtsreform. Und zwar tat sie dies bereits, bevor es ihr im Jahre 1927 gelang, die Pekinger Regierung zu verdrängen. Die Männer dieser Regierung erkannten von vornherein die Notwendigkeit der Rechtsreform für die Erlangung ihres außenpolitischen Zieles: die Beseitigung der ungleichen Verträge. Dieses Ziel wurde der Partei von ihrem Gründer, Sun Yat-sen,

---

[7] Der Beschluß ist abgedruckt bei *Keeton* II 5ff.

[8] Nach *Keeton* I 7 wünschte zunächst China Zeit für die Fertigstellung der Übersetzungen der Gesetzesentwürfe zu gewinnen; nach dem Mai 1923 aber sei die Verzögerung auf die Beilegung des Gold-Franc-Streites mit Frankreich zurückzuführen, der mit der Exterritorialität in keinerlei Zusammenhang gestanden habe.

[9] Bericht und Empfehlungen sind enthalten in: Report of the Commission on Extra-territoriality in China (1926). Cmd. 2774.

bei seinem Tode im Jahre 1925 in seinem Testament in eindringlicher Weise aufgetragen[10]. Dieses kurze Dokument, das in jedem chinesischen Amtsgebäude zu hängen pflegte, bezeichnet in seinem ersten Satze als Ziel der nationalen Revolution die Freiheit und Gleichberechtigung Chinas. Das Ziel war also in erster Linie ein außenpolitisches und es konnte nach Lage der Umstände nur auf dem Wege über eine Rechtsreform erlangt werden.

Damit wollen wir jedoch nicht sagen, daß sich die Reformarbeiten der Kuomintang nur in dem engen Rahmen dessen bewegten, was zur Erlangung des außenpolitischen Zieles unbedingt erforderlich war. Wir werden vielmehr unten in Abschnitt IV sehen, daß die Rezeption fremden Rechts darüber hinausging. Mit der Kuomintang kam zu dem außenpolitischen Motiv für die Rechtsrezeption in verstärkter Weise das innerpolitische Motiv, die soziale Struktur des Landes revolutionär umzugestalten.

Nachdem sich die Regierung der Kuomintang, die eine strenge Einparteienregierung war und die im Ausland unter dem Namen Nationalregierung bekannt ist, im Jahre 1928 in Nanking konsilidiert und die Anerkennung der ausländischen Mächte gefunden hatte, erließ sie innerhalb weniger Jahre ein umfassendes Gesetzgebungswerk. Die Gesetze wurden formell in Kraft gesetzt und von den Gerichten angewandt. Wir werden darüber noch kurz sprechen.

Die Arbeit war im Jahre 1931 mit der Verkündung des Zivilgesetzbuches zum größten Teil beendet. Was danach folgte, waren meist Neufassungen bereits früher in Eile erlassener Gesetze, die noch einmal geringe Änderungen erfuhren und miteinander in Einklang gebracht wurden.

Als das Werk vorlag, trat sogleich seine außenpolitische Zielsetzung auf deutlichste in Erscheinung. Was die chinesische Regierung in den Jahren 1927—1931 in langwierigen Verhandlungen mit den exterritorialen Mächten nicht erreicht hatte, glaubte sie im Jahre 1931 durch einen einseitigen Schritt erlangen zu können. Am 4. 5. 1931 verkündete eine Regierungserklärung, daß alle Ausländer vom 1. 1. 1932 ab der chinesischen Gerichtsbarkeit und den chinesischen Gesetzen unterlägen. Gleichzeitig wurden in einer Verordnung nähere Bestimmungen über die rechtliche Behandlung der Fremden getroffen[11].

Die Maßnahme erwies sich als verfrüht. Die exterritorialen Mächte verweigerten ihr die Anerkennung. Durch die gewaltsame Losreißung

[10] Der Wortlaut des Testaments ist häufig abgedruckt. Vgl. z. B. zuletzt *Herrfahrdt*, Sun Yatsen, der Vater des neuen China (1948) 231.

[11] Die Dokumente sind abgedruckt bei *Millard*, The end of exterritoriality in China (1931) 3 u. 12ff. Eine eingehende Darstellung dieses Vorganges und der vorangegangenen diplomatischen Schritte findet sich bei *Christopher*, Conflict in the Far East (1950) 163—180.

der Mandschurei durch die Japaner im Jahre 1931 und die sich daran anschließenden militärischen und diplomatischen Verwicklungen wurde die chinesische Regierung so geschwächt, daß sie ihre Forderung gegen die Fremdmächte nicht durchsetzen konnte. Es verblieb bei dem bisherigen Zustand. Erst mehr als zehn Jahre später, als die Regierung in Chungking saß und der japanisch-chinesische Krieg sich zu dem ostasiatischen Kriege als einem wohl zu unterscheidenden Teile des Weltkrieges erweitert hatte, erlangte China den Verzicht auf die exterritorialen Vorrechte[12]. Zu jener Zeit aber hatte der Verzicht nichts mehr mit der Rechtsreform zu tun. Er wurde aus anderen politischen Erwägungen heraus gewährt[13].

So kann man sagen, daß die Rechtsreform nach westlichem Muster ihr Ziel, nämlich die Beseitigung der ungleichen Verträge unmittelbar nicht erreicht hat. Die Erfüllung des chinesischen Wunsches wurde durch andere Faktoren herbeigeführt.

4. Die Entwicklung nach dem Kriege (1945—1947)

Während des ostasiatischen Krieges, 1937—1945, war die gesetzgeberische Tätigkeit der chinesischen Nationalregierung gering. Sie beschränkte sich im wesentlichen auf den Erlaß von Gesetzen und Verordnungen kriegswirtschaftlichen Inhalts und solcher Maßnahmen, die eine vorübergehende Änderung der regulären Gesetzgebung mit Rücksicht auf die kriegerischen Verhältnisse für angebracht oder notwendig erscheinen ließen.

Auch nach dem Ende der Kämpfe im Jahre 1945 kam es nicht zu größeren gesetzgeberischen Arbeiten, mit zwei Ausnahmen: Die Verfassung vom 1. 1. 1947[14] und ein neues Gesetz über Handelsgesellschaften vom 12. 4. 1946[15]. Über letzteres wird noch zu sprechen sein.

Jedoch taucht bald dach Kriegsende — vielleicht auch schon vorher, worüber aber der Berichterstatter nichts weiß — ein grundsätzliches Problem auf, das in Kreisen der Juristen und Politiker lebhaft erörtert wurde: Sollte China seine gesetzgeberische Politik ganz ändern und das kontinental-europäische Rechtssystem zugunsten des anglo-ameri-

[12] Vgl. den chinesisch-amerikanischen Vertrag v. 11. 1. 1943 über die Aufgabe der exterritorialen Rechte. Gleichzeitig schloß auch Großbritannien einen entsprechenden Vertrag mit der chinesischen Regierung in Chungking ab. Texte bei *Goodrich* and *Carroll*, Documents on American Foreign Relations, V (1944) 485ff.

[13] Wenige Tage vorher hatte Japan der in Nanking gebildeten Regierung des Wang Ching-wei vertraglich die Aufgabe der japanischen Gerichtsbarkeit in China zugestanden.

[14] Deutsche Übersetzung in ZauslÖffRuVR 13 (1950).

[15] Englische Übersetzungen von *C. C. Chang*, The Company Law of China (2. Aufl. 1946) und von *Ao Sen*, Chinese Company Law (1946), französische Übersetzung von *A. Bonnichon* und *L. C. Suen*, Loi sur les sociétés (1946).

kanischen Systems aufgeben? Anlaß zum Aufwerfen dieser Frage war die Unterstützung, die China während des Krieges von den Vereinigten Staaten erhalten hatte, und das Bestreben, sie auch weiterhin zu erhalten. Man erwartete in China, daß man in Zukunft in erster Linie mit den anglo-amerikanischen Ländern und in zweiter Linie mit Rußland Handel treiben werde. Die mechanistische, um nicht zu sagen zynische Betrachtung des Rechtes als eines beliebig auswechselbaren Instruments hatte sich in den vergangenen Jahren in den Köpfen der jungen Politiker und Juristen bereits so festgesetzt, daß man überhaupt nicht erwog — was näher gelegen hätte — ob nicht nunmehr nach der Befreiung des Landes von den ungleichen Verträgen die Zeit gekommen sei, die Gesetzgebung daraufhin zu untersuchen, ob sie auch den Bedürfnissen der Masse des eigenen Volkes entspreche. Als ein Dokument, wie man zu jener Zeit dachte, mag ein Aufsatz von *Yu Kwei* dienen[16]. Es heißt darin:

„The modern Chinese law is not a product of evolution; it was borrowed — merits and demerits in their entirety — from the Continental system. Hence I do not see any particularly good reason for China to adhere to it to the end. ... It may be pointed out that the system referred to is unquestionably on the decline as a result of the war, and the influence of the Anglo-American law will henceforth make itself more and more felt. ... No doubt her (Chinas) dealings with Great Britain, the United States, and Sovjet Russia will be more frequent. With a view to adjusting her foreign relations, it seems wise for her to remold her laws a little, especially commercial laws, and put them, if possible, on the same track as they are going.“ [17]

•

Es ist das große Verdienst von *Roscoe Pound*, vor dem Unterfangen weiterer derartiger Experimente gewarnt zu haben. Er kam im Februar 1946 als Berater des chinesischen Justizministeriums nach Nanking, wo er bis 1948 blieb. Sein Verdienst in dieser Angelegenheit ist um so höher zu werten, als er der Ansicht ist und ihr offen Ausdruck gab, daß das anglo-amerikanische Recht dem kontinental-europäischen Recht überlegen sei; trotzdem, so sagte er, sei es in China vorzuziehen, das nun einmal eingeführte Recht, das, weil kodifiziert, zu einer Rezeption auch gut geeignet sei, beizubehalten und die Anstrengungen lieber auf eine Verbesserung der praktischen Rechtspflege zu verwenden[18]. Die Ansicht von Roscoe Pound setzte sich durch; es dürfte schwerlich einen anderen

[16] *Yu Kwei*, Some judicial problems facing China: Washington Law Review 23 (1948) 363—374. Der Artikel erschien zuerst im August 1945 in chinesischer Sprache, also genau bei Kriegsende in Ostasien.

[17] *Yu Kwei*, l. c., 372f.

[18] Ich zitiere aus dem Gedächtnis nach den Meldungen, die s. Zt. in chinesischen Zeitungen erschienen. Vgl. zu den Ansichten von *Roscoe Pound* über die Lage der chinesischen Rechtspflege seinen Aufsatz Progress of the law in China: Washington Law Review 23 (1948) 345—362.

Mann gegeben haben, dessen Wort in China zu damaliger Zeit dieses Gewicht gehabt hätte.

So blieb die bisherige Linie in der Gesetzgebung beibehalten. Nationalistische Tendenzen, die sich überall in China bemerkbar machten, stießen nicht merkbar bis zur Gesetzgebungspolitik vor. Von der Belebung oder besser Aufnahme rechtshistorischer Studien, etwa gar mit dem Ziel, ihre Ergebnisse praktisch bei der Gesetzgebung zu verwerten, war nichts zu spüren.

Jedoch setzten sich, wie wir schon bemerkten, jene Bestrebungen, die auf eine Aufnahme anglo-amerikanischen Rechts drängten, bei der Neufassung des Gesetzes über die Handelsgesellschaften vom 12. 4. 1946, das an die Stelle des bisherigen Gesetzes vom 26. 12. 1929 trat, durch. Das lag indessen in einem besonderen Umstand begründet. Die Neufassung des Gesetzes ist nur in Zusammenhang mit dem chinesisch-amerikanischen Freundschafts-, Handels- und Schiffahrtsvertrag vom 4. 11. 1946 zu verstehen, über den zu der gleichen Zeit verhandelt wurde, als das Gesetz einer Neubearbeitung unterzogen wurde. Es ging bei beiden Rechtsakten, dem Gesetz und dem Vertrag, um die Schaffung der rechtlichen Grundlagen für den erwarteten regen Handelsverkehr zwischen den beiden Ländern. So nehmen denn in beiden Dokumenten die Fragen der Anerkennung und Registierung der ausländischen Handelsgesellschaften einen gewichtigen Raum ein.

Die Neufassung des Gesetzes kann vom juristisch-technischen Gesichtspunkt aus betrachtet nur bedauert werden. Es ist mir kein modernes chinesisches Gesetz bekannt, daß derart grobe Unstimmigkeiten enthält. Äußerlich versucht es, sich ein anglo-amerikanisches Gewand umzulegen, wenn es mit einem Abschnitt über Definitionen beginnt. Diese Definitionen haben aber nichts mit dem Gesetz zu tun; sie stehen mit den Begriffen, wie sie dann später im Gesetz verwendet werden, in Widerspruch, und zwar fast ohne Ausnahme und durch das ganze Gesetz hindurch. Ferner ist keine Rücksicht auf die sonstige zivil- und handelsrechtliche Nomenklatur genommen; feststehende Ausdrücke werden mit anderen ausgewechselt, neue allgemeine Begriffe eingeführt, die mit denen der übrigen Gesetzgebung nicht übereinstimmen, u. dgl. m. Unzählige Unklarheiten und Streitigkeiten ergeben sich daraus. Man kann sich die Neufassung des Gesetzes nur erklären, wenn man annimmt, daß seine Autoren keine Kenntnisse von dem geltenden chinesischen Recht hatten und sich auch nicht die Mühe machten, sich während der Arbeit diese Kenntnisse in geringem Maße anzueignen. Der Vorgang wird von den beteiligten Personen denn auch mit der großen Hast, mit der die Arbeit habe abgeschlossen werden müssen, und mit den involvierten politischen Rücksichtnahmen erklärt.

Wir können aus dem bemerkenswerten Vorfall aber nicht schließen, daß eine Synthese zwischen den kontinental-europäischen Rechtssätzen und denen des anglo-amerikanischen Rechts nicht möglich wäre. Vielmehr ist nur der Versuch unter den gegebenen Umständen gescheitert.

III. Das Ergebnis: Das Gesetzgebungswerk und seine Geltung

1. Betrachten wir das Gesetzgebungswerk der Kuomintang-Regierung insgesamt, so kommen wir zu einem günstigen Urteil. Es ist höchst vollständig auf allen Gebieten des öffentlichen und privaten Rechts und braucht auch hinsichtlich der Sorgfalt der technischen Ausarbeitung einen Vergleich mit den Gesetzen westlicher moderner Staaten nicht zu scheuen. Dabei wollen wir die Schwierigkeiten, die sich einem solchen Werk entgegenstellten, nicht unerwähnt lassen. Es war nötig, für die meisten der eingeführten juristischen Begriffe neue chinesische Ausdrücke zu prägen. Hier konnte China auf die Vorarbeit zurückgreifen, die Japan bei der Rezeption des westlichen Rechts geleistet hatte, indem es die in Japan geprägten neuen Ausdrücke übernahm. Das ist häufig geschehen. Aber China hat auch teilweise eigene neue Ausdrücke geschaffen.

Einige Lücken in der Gesetzgebung sind von ausländischer Seite bemängelt worden, und zwar im Patent- und im Urheberrecht. Hier besteht im wesentlichen nur ein Schutz für Chinesen, nicht für Ausländer. Dies aber ist eine bewußte politische Maßnahme eines Landes, das industriell unentwickelt ist und daher kein Interesse an einem gegenseitigen Schutz dieser Rechte hat.

Zwei Punkte seien bei dieser Gesamtbeurteilung des Rechtes noch hervorgehoben.

Obwohl gerade das Handelsrecht am Anfang der chinesischen Reformbewegung stand, läßt sich doch gerade auf diesem Gebiete am meisten aussetzen. Mancherlei Fragen sind unklar und widerspruchsvoll gelöst. Das beruht offenbar auf einem rein äußerlichen Grunde. Während zunächst der Erlaß eines Handelsgesetzbuches geplant war, beschloß man im Jahre 1928 aus einer theoretischen Überlegung heraus und mit der falschen Behauptung, in China habe es keinen gesonderten Kaufmannsstand mit eigenen Gebräuchen und Traditionen gegeben[19], Zivil- und Handelsrecht nicht zu trennen. Gegen die Vereinigung der zunächst getrennt geplanten Normen in dem Zivilgesetzbuch ist nichts einzuwenden. Leider vergaß man aber, die handelsrechtlichen Normen im ZGB mit den daneben bestehen gebliebenen früheren handelsrechtlichen Gesetzen in Einklang zu bringen. Hieraus ergeben sich nunmehr mannigfache Schwierigkeiten.

[19] Siehe *Foo Ping-sheung*, Vorwort zu The Civil Code of the Republic of China (1931) XVI.

Rezipiert wurde, wie wir schon bemerkten, kontinental-europäisches Recht, anglo-amerikanisches Recht dagegen nur in geringem Umfange. Im Zivil- und Handelsrecht ist der Einfluß des deutschen Rechts am größten, allerdings häufig auf dem Umwege über das japanische Recht. Mitunter hat man die Formulierungen des schweizerischen ZGB vorgezogen; auf dem Gebiete des Eherechts, besonders des ehelichen Güterrechts, ist man der Regelung der Schweiz gefolgt. Vorschriften aus anderen Gesetzbüchern, wie den Zivilgesetzbüchern von Brasilien, Siam, Frankreich und Sowjet-Rußland sowie dem französisch-italienischen Obligationsrechts-Entwurf, finden sich nur selten.

Festzustellen ist, daß nirgends eine Rezeption en bloc erfolgt ist, etwa wie in der Türkei. Im ganzen ist die Rezeption eine eklektische zu nennen.

Die Rezeption des deutschen Rechts ist ohne irgendwelche deutsche Mitwirkung von amtlicher oder privater wissenschaftlicher Seite erfolgt, ja ohne daß auf den Vorgang in der amtlichen deutschen Berichterstattung hingewiesen worden ist und ohne daß die deutsche Wissenschaft während der Rezeption Kenntnis von dem Vorgang genommen hätte. Dies sei aus verschiedenen Gründen erwähnt.

Es ist gesagt worden: „Er (der französische Code civil) ist vielleicht die beste Privatrechtskodifikation, die je gemacht wurde. Aber nicht deswegen hat er eine solche Verbreitung erlangt, sondern weil er das Gesetzbuch des französischen Empire war . . ." und allgemein: „Die Rezeption eines Rechtssystems (ist) keine Qualitätsfrage; mit anderen Worten, man rezipiert ein fremdes Recht nicht, weil man es für das beste hält. Vielmehr ist die Rezeptabilität eines fremden Rechtssystems eine Machtfrage . . ."[20].

Für die Rezeption in China müssen wir zum mindesten eine Ausnahme von diesem allgemeinen Urteil in Anspruch nehmen. Weder hat eine deutsche Mitwirkung bei der Rezeption stattgefunden, noch hat zu jener Zeit, als das chines. ZGB geschaffen wurde, der Glanz des deutschen Reichs, als das deutsche BGB geschaffen wurde, in China noch nachgewirkt; dafür haben die Ereignisse des ersten Weltkrieges und der sich daran auschließende Wechsel in der Gesamtbeurteilung Deutschlands gesorgt, besonders in einem so nüchtern und unromantisch denkenden Volke wie den Chinesen. Die Rezeption des deutschen Rechts in China erfolgte vielmehr deshalb, weil man es für qualitativ gut, technisch am weitesten durchgebildet und für leicht rezeptabel hielt. Gerade die eklektische Rezeption, bei der der Einfluß der deutschen Normen überwiegt, spricht dafür, daß man den Wunsch hatte, die Auswahl nach dem zu treffen, „was man für das beste hielt". Wäre man nach äußeren Gesichtspunkten wie Macht verfahren, so hätte man in jener Zeit wohl ein anderes Rechtssystem gewählt.

[20] *Koschaker*, Europa und das römische Recht (1947) 136 u. 138.

Aber noch aus einem anderen Grunde erwähnen wir das Fehlen einer deutschen Mitwirkung. In der Rezeption kann sich eine politische Einflußnahme zeigen, die Deutschland in jener Zeit, als die Rezeption erfolgte, fern lag. Viel näher liegt bei den Verhältnissen und der allgemeinen chinesischen Einstellung zu jener Zeit die Annahme, daß das deutsche Recht gewählt wurde, weil es das Recht eines Landes war, das seine weltpolitische Rolle ausgespielt hatte und nicht mehr in der Reihe der in China bevorrechtigten Mächte stand; und daß man wegen des Gegenarguments dem Recht anderer, mächtigerer Staaten vorsichtig gegenüber stand. In der Rezeption kann sich eine politische Einflußnahme verbergen, und der Vorgang der Rezeption in China ist, wie wir gesehen hatten, tatsächlich mit machtpolitischen Tendenzen verknüpft gewesen. Man kann zudem zweifeln, ob die Rezeption in China dem Lande mehr Gutes als Schlechtes gebracht hat. Und die Diskussion darüber, ob allgemein die orientalischen Länder gut daran tun, europäisches Recht zu rezipieren oder das bereits rezipierte beizubehalten, ist in unseren Tagen eigentlich erst ernsthaft zur Debatte gestellt worden. Daher unsere vorstehende Feststellung[21].

Über den Mangel an der Berücksichtigung der eigenen Rechtstradition und der Bedürfnisse des eigenen Volkes bei der Rezeption in China werden in den folgenden Abschnitten noch einige Bemerkungen am Platze sein.

2. Bei der Gesamtbetrachtung einer Rezeption durch Gesetzgebungsakt ist eine Haupfrage: Wie weit findet das rezipierte Recht praktisch

[21] *Escarra*, einer der Berater der chinesischen Kodifikationskommission, bemerkt (Le droit chinois (1936) 177): „L'absence du code civil dans l'énumération faite au texte ne doit pas être interprétée à faux. On peut bien penser que les conseillers francais de la commission n'ont pas oublié le rôle, à tout jamais glorieux, de leur pays en matière de codification." Er knüpft daran gewisse Erklärungen, u. a.: „Un code daté de 1804 est un modèle difficile à proposer à une nation soucieuse de connaître les plus récentes productions de la science juridique occidentale." Auch diese Bemerkung aus dem Kreise der Kodifikationskommission spricht für unsere obige Annahme. — Ich glaube, daß es heute angesichts der Entwicklung in den orientalischen Ländern zumindestens zweifelhaft geworden ist, ob ein europäisches Land es überhaupt als ein Aktivum ansehen soll, wenn sein Recht dort rezipiert worden ist (ganz abgesehen von Gefühlen des Stolzes o. ä., die unseren sachlicheren Zeit nicht mehr recht zu Gesicht zu stehen scheinen). Ist es überhaupt wünschenswert, mit dem eigenen Recht „auf das juristische Ausland Einfluß zu nehmen?" (Vgl. *Koschaker* l. c., 139). Es scheinen andere Faktoren viel wirksamer und dauerhafter zu sein, um ein gutes Verhältnis zwischen einzelnen Nationen herbeizuführen. Eine Rezeption scheint bei aufkommendem Nationalismus, wie er jetzt überall in orientalischen Ländern sich zeigt, später sogar zu Mißstimmungen führen zu können. Einige Bemerkungen zu diesem Fragenkomplex, wenn auch wohl mit dem Gesagten nicht übereinstimmend, bei *Vesey-Fitzgerald*, The future of oriental legal studies (1949).

Anwendung, wie weit steht es nur auf dem Papier? Wie weit „gilt" es tatsächlich und wie weit ist also die Rezeption gelungen?

Die Frage ist für China ein beliebtes Diskussionsthema geworden, um so mehr, als wir keine genauen Unterlagen für seine Beurteilung haben[22]. Wir wollen die Frage aufspalten:

a) Wie weit ist das moderne Recht von den chinesischen Gerichten angewandt worden? Diese Frage kann im großen und ganzen zufriedenstellend beantwortet werden. Das gilt insbesondere von jenen Gegenden und großen Städten, in denen sich die Ausländer aufzuhalten pflegen. Über die Verhältnisse im Innern des Landes kann man sich jedoch nur sehr mangelhaft unterrichten. Aber das Gesagte hat wohl auch für sie zu gelten, soweit moderne Gerichte eingesetzt sind, woran es aber vielfach noch fehlt[23].

b) Eine andere Frage ist, wie weit das Recht von Verwaltungsbehörden korrekt befolgt wird. Dies kann nur mit Einschränkungen für große Gebiete der Staatsverwaltung bejaht werden. Zum Beispiel ist die moderne Steuergesetzgebung nur an wenigen Orten und auch an ihnen nur mit erheblichen sachlichen und personellen Ausnahmen durchgeführt worden.

Als ein weiteres Beispiel wollen wir die Registrierung von Handelsgesellschaften nennen. Sie sind doppelt zu registrieren: für fiskalische Zwecke in einer Art Gewerberegister und ferner im Handelsregister. Auf die Vornahme der ersteren Registrierung sieht die lokale Verwaltung schon aus steuerlichen Gründen. Mit der Eintragung im Handelsregister liegt es jedoch sehr im argen. Selbst in den großen Handelsstädten, wo die Rechts- und Verwaltungsreform am weitesten vorgeschritten ist, sind nur wenige chinesische Firmen registriert, und zahlreich sind die offenen Verstöße gegen Vorschriften wie die, daß es nichtregistrierten Gesellschaften sowie Einzelkaufleuten untersagt ist, die Bezeichnung „Handelsgesellschaft" (chinesisch kung-sse) zu führen.

Ähnlich liegt es mit der Registrierung der ausländischen Handelsgesellschaften, obwohl nach dem Gesetz ihr Betrieb erst eröffnet werden darf, nachdem die Registrierung erfolgt ist. Die Registrierung ist auch Voraussetzung für die Anerkennung ihrer Rechtspersönlichkeit und den Ausschluß der persönlichen Haftung ihrer Geschäftsführer und Gesellschafter (Aktionäre). Als im Jahre 1946 das neue Gesetz über die Handelsgesellschaften erging, schien es so, als sollte mit den schon lange vorher formell bestehenden Vorschriften Ernst gemacht werden. Die ausländischen Firmen beeilten sich daher, die Registrierung anzumelden. Aber

---

[22] Einige Daten hat verdienstvollerweise *Escarra* kürzlich zusammengestellt: Le droit chinois moderne et son application par les tribunaux: Sinologica (Basel), I, 97—107.

[23] Auch *Escarra* l. c. 107 bemerkt: „Il serait inexact et injuste de prétendre qu'il ne s'agit là que de dispositions sur le papier."

nach mehr als einem Jahre war nach Auskunft eines leitenden Beamten der Registrierungsbehörde noch keine der Registrierungen genehmigt worden und tatsächlich erfolgt; und seitdem dürfte auch keine andere Wendung in der Angelegenheit eingetreten sein. Der tatsächliche Geschäftsbetrieb wurde durch diesen Mangel aber nicht behindert, außer durch das Vorhandensein eines gewissen Risikos hinsichtlich der persönlichen Haftung.

Ähnlich liegt es auf dem Gebiete des Grundstücksrechts. Selbst in großen Städten wie Peking spielt sich die Übertragung und Belastung der Grundstücke noch nach den alten Formen ab, d. h. durch einfache Übergabe der Eigentums- und Steuerpapiere (Landtitel). Eine Registrierung findet allenfalls aus steuerlichen Gründen im Kataster statt, nicht aber in den bei den Gerichten geführten Grundbüchern, die nach dem Grundbuchsystem eingeführt werden sollten.

c) Die dritte Frage schließlich, wie weit sich nämlich die privaten und Handelskreise dem neuen Recht bei ihren Handlungen tatsächlich anpassen, ist sehr pessimistisch zu beurteilen. Hier herrschen durchaus noch die alten Vorstellungen und Gebräuche oder schlechthin Anarchie. Zu bemerken ist aber, daß Streitigkeiten höchst selten zu einem gerichtlichen Austrag gebracht werden. Die private Beilegung durch Mittelsmänner, innerhalb der noch immer mächtigen Gilden oder innerhalb der Familie durch die älteren Verwandten herrscht noch durchaus vor. Hier ein genaues und klares Bild zu erhalten, ist um so schwieriger, als es sich ja häufig um nachgiebiges, dispositives Recht handelt, und weil die Möglichkeit der privaten Schiedsgerichtsbarkeit und eines Schlichtungsverfahrens vom modernen chinesischen Gesetz anerkannt wird.

Insgesamt ist also zu sagen, daß dem rezipierten Recht insoweit der Erfolg versagt worden ist. Vielleicht wäre hier allmählich eine Änderung eingetreten, wenn die Zeiten ruhig geblieben wären. Aber sicherlich hätte dieser Vorgang nur nach längeren Zeiträumen erreicht werden können. Hier liegen die Verhältnisse also anders als beispielsweise in Japan.

IV. Die Abkehr vom Alten

a) Bruch mit der Tradition

Die Rezeption, wie sie sich in der modernen chinesischen Gesetzgebung zeigt, ist revolutionär und ein radikaler Bruch mit dem Überkommenen gewesen. Sie hat alle Rechtsgebiete erfaßt, und man hat alte Institutionen und Rechtsanschauungen nur ganz vereinzelt berücksichtigt.

Wir können den Bruch mit der Tradition nur kurz andeuten[24]:

[24] Es verbietet sich im Rahmen dieses Referats, auf das frühere Recht und die klassische chinesische Rechts- und Staatsidee, wie sie bis 1911

1. Das rezipierte Recht traf auf ein altes Recht, das nach der Menge der Rechtsnormen und der technischen Durcharbeitung höchst ausgebildet war.

2. Das chinesische Recht konnte auf eine ungebrochene Tradition zurückblicken, die in der europäischen Rechtsgeschichte nicht ihresgleichen hat. Dieses Recht war von den anderen großen ostasiatischen Staaten übernommen worden, China selbst hatte aber bisher kein fremdes Recht rezipiert[25].

3. Das gewachsene chinesische Recht war Ausdruck einer eigenartigen staatlichen und sozialen Ordnung, und es war den Bedürfnissen und dem Charakter des Volkes, des Staates und der politisch tragenden Schichten[26] auf den Leib zugeschnitten.

4. Das rezipierte Recht weicht besonders in folgenden Punkten von dem überkommenden Recht ab[27]: a) Es beruht auf einer individualistischen Grundauffassung, während in China die Einheit der Familie noch ungebrochen war (siehe hierüber näheres weiter unten). b) Es hat die Beziehungen zur Moral in einem Maße abgebrochen, das in China wie auch in anderen orientalischen Ländern abstoßend wirken mußte. c) Und schließlich hat es den sozialen Gedanken nur rudimentär ausgebildet; der soziale Gedanke aber, von dem behauptet wird, daß er „in der Gestalt des Schutzes des Schwachen im alten Orient zu Hause ist“[28], ist schon in den ältesten Rechtsdokumenten Chinas hervorragend ausgebildet nachweisbar[29] und hatte bis in die letzte Zeit vor der Rezeption seine maßgebende Stellung behalten.

Daß man seit der Regierung der Kuomintang bewußt eine revolutionäre Änderung anstrebte, zeigen folgende Ausführungen gelegentlich eines Beschlusses über die Justizreform aus dem Jahre 1926:

> "The judicial system, as it exists, is not in accordance with the Party and revolutionary spirit, and the present judges are mostly anti-Revolutionists. Under the circumstances, reforms are impossible unless there are introduced some fundamental changes. . . .

---

ungebrochen bestanden hat, einzugehen. Wir können auch nicht einmal auf Vorarbeiten verweisen, da selbst die wenigen vorhandenen Untersuchungen noch gewissermaßen in der Luft schweben; denn sie beruhen auf zufälligen Beobachtungen, ohne das der vorhandene Rechtsstoff bisher dogmatisch und historisch durchgearbeitet oder auch nur gesichtet worden wäre.

[25] Vielleicht beruht der größere Erfolg der Rezeption in Japan gerade auf der Tatsache, daß Japan schon einmal eine Rezeption hat über sich ergehen lassen, nämlich die des chinesischen Rechts.

[26] Wir denken hierbei z. B. an die alten höchst originell ausgebildeten Normen gegen amtliche Unterschleife, denen gegenüber die nunmehr geltenden europäischen Normen als höchst primitiv und unbrauchbar in der Praxis erscheinen.

[27] Wir können hier natürlich nur einige Punkte herausgreifen, die uns besonders wichtig erscheinen.

[28] *Koschaker* a. a. O. 32.

[29] Beispielsweise im Chou-li, also aus dem ersten Jahrtausend v. Chr., und im Li-chi, das ebenfalls noch vor unserer Zeitrechnung redigiert ist.

1. To renew the judicial conceptions. Before, the universally recognised judicial conceptions were the "Independence of the Judiciary" and "Judges are non-partisans". These are now admitted as antagonistic to the principles of the Party and the spirit of the revolution. If the judiciary is independent, then the administration of justice and the policies of the government may run opposite courses . . . .

3. To alter the laws. The codes of our country[30] have been formulated directly after the Japanese codes and indirectly after the old German codes. In a word, they are non-revolutionary codes. These codes are to protect the privileged classes, the system of private ownership which has its source in plundering, the agnatic and absolute family system, all those programmes for the suppression of revolution. It is disgraceful and monstrous to retain these codes under the regime of the Nationalist Government. . . ."[31]

Später ist dieses Programm von der Komintang nicht völlig durchgeführt worden. Aber die Sprache und die Argumentation zeigen doch deutlich die außerchinesische Herkunft des revolutionären Programms. Hinweise auf humanitäre und moralische Werte, wie sie der chinesischen Tradition entsprochen hätten, fehlen. Dafür finden wir bekannte revolutionäre Ideen aus Europa.

b) Die Reform des Familienrechts

Am bedeutsamsten und folgenschwersten ist die Rezeption auf dem Gebiet des Familienrechts zu werten. Denn hier berührt sie die soziale Struktur schlechthin und darüber hinaus das Staatswesen, wie wir sehen werden.

An die Stelle einer Familienordnung, die mit dem Ausdruck patriarchalisch nur unvollkommen gekennzeichnet ist, trat eine Auffassung, die das Individuum in den Mittelpunkt rückte. Diesen Punkt behielt die Kuomintang, obwohl sie ihr Programm auf anderen Gebieten im Laufe der Zeit änderte, auch späterhin bei. Man lese die Erwägungen der endgültigen Kodifikations-Kommission hierzu[32], wo die schlechten Seiten der alten Familienordnung mit „Parasitentum" und die Ahnenverehrung als ein bedauerliches Moment bezeichnet werden. Dementsprechend wurde bewußt das „Haus-System", d. h. der Familienverband, zur Bedeutungslosigkeit zerschlagen (vgl. Art. 1122—1128 chines. ZGB). Der Hausälteste hat keine Gewalt mehr über das Vermögen oder die erwachsenen Mitglieder des Hauses. Man vermeidet

[30] Gemeint sind die Entwürfe, die die Kuomintang von der Kodifikationstätigkeit der früheren Regierungen vorfand, nicht etwa schon in Kraft gesetzte Gesetzbücher.

[31] Der vollständige Text sowie weitere derartige Dokumente finden sich bei *Keeton* l. c. II 379ff.

[32] *Foo Ping-sheung* (Fu Ping-ch'ang), der Vorsitzende der Kodifikationskommission für Zivilrecht, im Vorwort zu der englischen Übersetzung von *Hsia* u. a., The Civil Code of the Republic of China (1931) XXVff.

sogar, von väterlicher Gewalt zu sprechen. Statt dessen heißt es ganz modern: „Die Rechte und Pflichten der Eltern, die Kinder zu schützen, zu unterhalten und zu erziehen". Mann und Frau werden rechtlich in der Familie gleichgestellt.

Bei diesem revolutionären Eingriff in das Familiensystem zeigt sich ein grundlegender Unterschied zu der früheren Rechtsreform in Japan. Hier ließ man in dem modernen Recht den Familienverband und die Befugnisse des Hausältesten bestehen. Erst nach dem Ende des zweiten Weltkrieges, während der Besatzung durch die Sieger, wurde in Übereinstimmung mit programmatischen Vorschriften der neuen Verfassung[33] der Hausverband in Japan rechtlich zerschlagen. Dabei wurde von vielen Seiten mit großem Ernst auf die Folgen für die soziale Struktur des Landes und die Moral in Familie, dem sozialen Leben und im Staatsleben hingewiesen[34].

Derartige Erwägungen wurden in China seitens der Kuomintang nicht angestellt. Dabei war die Familienstruktur in China von mindestens ebenso großer Bedeutung für das staatspolitische Leben der Nation wie in Japan. Man mag dagegen halten, daß dies in dem Augenblick hinfällig wurde, als China von einer Monarchie zu einer Republik überging. Jedoch wäre dies nur teilweise zutreffend. Auch nach der Beseitigung der Monarchie blieben in China die Elemente der Familienverfassung im staatspolitischen Leben erhalten[35]. Sie sind auch unter der Kuomintang bei dem Verhalten der Staatsorgane und der Einstellung der Bevölkerung zu ihr deutlich erkennbar. Auch blieben die staatspolitisch tragenden Schichten weiterhin familienmäßig und nach den alten Formen aufgebaut. Die Herrschaft von Chiang Kai-shek und der Sippe der Sung ist ein Beispiel an höchster Spitze.

An die Stelle der politisch-sozialen Struktur konnten bei der beabsichten Spielart einer Demokratie nur politische Parteien treten, die es aber in China noch nicht gab und deren Bildung sogar erschwert wurde. So mußte die Zerschlagung des Familienzusammenhangs auch das politische Leben der Nation auf das stärkste beeinflussen.

---

[33] Art. 13 der Verfassung von 1947 bestimmt, daß jedermann als Individuum zu respektieren ist und sein Leben, Freiheit und Glück höchste Beachtung bei der Gesetzgebung und Regierung zu finden habe. Art. 24 kündigt an, daß Familien- und Erbrecht vom "Standpunkt der Würde des Individuums" zu regeln seien. Vgl. *K. Steiner*, The revision of the Civil Code of Japan: Far Eastern Quarterly IX (1950) 176.

[34] Siehe die bei *Steiner* l. c. angeführten Stimmen.

[35] Übrigens war das in Rom bei dem Übergang zur Republik ebenso der Fall. Über die Beziehungen zwischen Hausgewalt und Staatsgewalt im römischen Altertum siehe den Aufsatz mit diesem Titel von *Wenger* in Miscellanea F. Ehrle II 1—55 (Studi e Testi 38), 1923. Es bestehen auffallende Ähnlichkeiten zwischen Rom und den chinesischen Verhältnissen bis ins 20. Jahrhundert.

Nicht geringer mußte der Zerfall der Familie auf die Moral in allen Lebensgebieten wirken. Die Moral ist in China auf einigen wenigen Begriffen aufgebaut, wie Filialität und Respekt vor dem Alter. Die Moral war in der Familie verankert, wurde hier gelernt und geübt und von dort aus auf das öffentliche Leben übertragen. Entfiel diese Stätte der Pflege, so mußte das bis in das Staatswesen hinein nachwirken. Schließlich erkannte das auch die Kuomintang und schuf die Bewegung Neues Leben (New Life Movement). Hinter diesem Namen aber verbergen sich wesentliche Elemente der alten chinesischen Ethik, die wir gemeinhin als konfuzianisch bezeichnen. Der späte Versuch trug jedoch kaum Früchte, wobei wir die Gründe für das Scheitern übergehen. Jedenfalls setzte ein zunehmender Zerfall des Beamtenethos ein. Individualistischer Ehrgeiz und Gewinnstreben fanden keine moralische Schranken mehr. Das war der Grund für die Abkehr der Masse des Volkes von der Regierung und für ihre politische und militärische Niederlage.

c) Reste früherer Rechtsinstitutionen

Wir hatten bereits bemerkt, in wie geringem Umfange alte Rechtsnormen und -gedanken in das moderne Recht übernommen worden sind. Dabei bestand durchaus die Möglichkeit dazu, ohne das Gesamtbild der Kodifikation als einer modernen, dem europäischen System ebenbürtigen und auch vergleichbaren Gesetzgebung zu zerstören, wenn man auf ein solches Bild Wert legte. Wir wollen einige Stellen anführen, wo man alte Institutionen erhalten hat.

Aus dem Verfassungsrecht ist vor allem die Teilung der Gewalten in dem organisatorischen Aufbau der Regierung zu nennen. Neben die von Europa übernommenen drei Gewalten (Gesetzgebung, Exekutive und Justiz) setzte man zwei weitere: Prüfungswesen und Zensorat. Man kann so zu fünf höchsten Staatsämtern[36]. Die beiden hinzugenommenen Gewalten gehen auf sehr alte chinesische Institutionen zurück. Sie haben sich im Laufe der Geschichte im Staatswesen aufs beste bewährt und sie atmen, wenn wir uns eines modernen Begriffes bedienen wollen, wahrhaft demokratischen Geist. Das System der Staatsprüfungen, das jedermann den Zutritt zum Staatsdienst eröffnete, wurde für so ausgezeichnet gehalten, daß es im Abendland, z. B. in England, nachgeahmt wurde, eines der wenigen Beispiele für die Übernahme chinesischer staatlicher Institutionen in Europa. Für die Gewalt der Kontrolle (Zensorat) finden wir in den heutigen europäischen Staaten ein Gegenstück in den Rechnungskammern, die die amtliche Rechnungsführung nachzuprüfen haben; jedoch ist das nur ein kleiner Ausschnitt aus den Funktionen, die dem heutigen chinesischen Zensorenamt obliegt.

[36] Vgl. die chines. Verfassung v. 1. 1. 1947, ZauslÖffRuVR. Bd, 13 (1950).

Im bürgerlichen Recht finden wir vor allem das Institut des Tien (Diän), eine Art Nutzpfand, das Parallelen in alten orientalischen wie in europäischen Rechten hat[37]. Aus dem Familienrecht haben wir bereits den Hausverband genannt, der jedoch rechtlich seiner Bedeutung völlig entkleidet ist.

Im Schuldrecht finden wir an einzelnen Stellen rudimentär den alten chinesischen Gedanken wieder, daß der Gläubiger auf die wirtschaftliche Lage des Schuldners Rücksicht zu nehmen hat, daß er ihn also nicht ins Elend stürzen darf. Im modernen europäischen Recht pflegt die Rücksichtnahme auf die wirtschaftliche Lage des Schuldners im Urteilsverfahren ausgeschlossen und dem Zwangsvollstreckungsverfahren vorbehalten zu sein. Im modernen chinesischen ZGB finden wir den alten Gedanken, allerdings abgemildert, auch im materiellen Recht wieder: Das Gericht kann einem Schuldner Teilleistungen und Zahlungsaufschub gewähren, wenn dies bei Berücksichtigung der finanziellen Verhältnisse des Schuldners und des Gläubigers angemessen erscheint (Art. 318 chines. ZGB)[38]. Es ist interessant, daß sich die chinesischen Kodifikatoren in diesem Zusammenhang ausdrücklich den Satz anführen: summum jus, summa injuria[39].

Aus dem Strafrecht können wir auf die Vorschrift hinweisen, daß alte Personen über 80 Jahren milder bestraft werden können[40]. Wir haben es hier mit dem Relikt einer früher genau ausgestalteten Gesetzgebung zu tun, die ebenso wie für junge Personen auch für alte eine abgestufte strafrechtliche Verantwortlichkeit kannte, die bis zur völligen Straflosigkeit (bei Personen über 90 Jahren) ging. Diese Regelung, die sich weit zurückverfolgen läßt, ist nachweisbar Ausfluß des moralischen Satzes von der Ehrfurcht und dem Mitleid mit dem Alter.

Schließlich sind noch die Vorschriften im Zivil- und Handelsrecht zu nennen, in denen ausdrücklich auf bestehende Gewohnheiten verwiesen wird. Hier sowie in den Fällen, wo sich der Gesetzgeber einer ausdrücklichen Regelung enthalten hat, bot sich der Rechtsprechung die Möglichkeit, altem Rechtsgut wieder zur Geltung zu verhelfen. Hiervon hat sie aber nur in geringem Umfange Gebrauch gemacht.

---

[37] S. hierüber *Bünger*, Altchines. Rechtsgedanken im modernen chines. Grundstücksrecht, Sinica VII (1933) 176—182 (Festgabe f. Otto Franke).

[38] Vgl. ähnlich Art. 218, der die Herabsetzung des Schadensersatzes für leichte Fahrlässigkeit zuläßt, wenn der Schuldner andernfalls in finanzielle Not geraten würde (vgl. Schweizer OR Art. 44 II). In diesem Zusammenhang werden in der chines. Literatur auch die Art. 442, 836 und 846 zitiert, denen aber ähnliche Gedanken in europäischen Gesetzbüchern zur Seite stehen.

[39] *Foo Ping-sheung* 1c, XXI.

[40] Art. 18 III chines. StGB v. 1. 1. 1935. Deutsche Übersetzung von *Chang* und *Herrfahrdt*, Das chinesische Strafgesetzbuch (1938).

Ein solcher Fall ist, daß man der Nebenfrau, deren Existenz das Gesetz ignoriert, die aber im früheren chinesischen Recht eine feste Rechtsstellung hatte, wenigstens zu einem Unterhaltungsanspruch verholfen hat[41].

Die geringe Berücksichtigung des bisher geltenden Rechts wird auf verschiedene Gründe zurückzuführen sein. Neben dem außenpolitisch motivierten und dem parteipolitisch festgelegten Wunsch, möglichst modern und „fortschrittlich" zu erscheinen, dürften auch rein äußerliche Gründe mitgesprochen haben, nämlich der Ausbildungsgang und die Kenntnisse der Redaktoren der modernen Gesetzbücher. Die Personen, die an der Kodifikation teilnahmen, rekrutierten sich ausschließlich aus jenen Kreisen von chinesischen Juristen, die vorwiegend oder ausschließlich im Ausland studiert hatten, oder die zwar in China studiert, dies aber an einer Hochschule getan hatten, die nur Kurse über modernes ausländisches oder chinesisches Recht boten. Sie hatten weder eine praktische Erfahrung in dem alten Recht sammeln können, noch waren sie auch nur theoretisch mit ihm bekannt geworden[42]. Von der Unkenntnis der heutigen chinesischen Juristen, auch der angesehensten und gebildetsten unter ihnen, über die Geschichte ihres eigenen Rechts kann sich nur der eine Vorstellung machen, der dies gesprächsweise hat feststellen können[43]. Diese Unkenntnis liegt wiederum teilweise an dem Mangel einer geeigneten Literatur und dem Mangel der Fertigkeit, die alte Sprache mühelos zu lesen und zu verstehen. Handbücher über die chinesische Rechtsgeschichte in chinesischer Sprache gibt es erst seit kurzem, und sie sind weder gründlich noch instruktiv.

So kommt es auch, daß man den Bedürfnissen der großen Masse der Bevölkerung bei der modernen Gesetzgebung wenig oder gar keine Aufmerksamkeit geschenkt hat. Die Gründe hierfür liegen teilweise auch in anderen Verhältnissen begründet, deren Erörterung uns zu sehr ins Politische führen würde.

---

[41] S. hierüber *Bünger*, Die Familie in der chines. Rechtsprechung, Sinica X (1935) 22—31.

[42] Von den sechs Mitgliedern der letzten Zivilrechts-Kodifikationskommission, die das Vorwort zu der englischen Übersetzung des chines. ZGB unterzeichnet haben (vgl. *Hsia* 1,c., VII), ist keines vor 1894 geboren. Alle haben ihre Ausbildung auf ausländischen Hochschulen erhalten. Keiner von ihnen dürfte das alte Recht durch Studium oder in der Praxis intimer kennengelernt haben.

[43] Gelegentlich kommt das auch in ausländischen Veröffentlichungen angesehenster chinesischer Juristen, die sich auf das Glatteis ihrer eigenen Rechtsgeschichte haben verleiten lassen, zum Ausdruck. Wir ersparen es uns, Beispiele dafür anzuführen.

V. Zusammenfassung

Das Ergebnis unserer Betrachtungen können wir folgendermaßen zusammenfassen:

1. Die Rezeption ist in erster Linie durch außenpolitische Rücksichten ausgelöst und später vorangetrieben worden.

2. Daneben haben sich doktrinäre politische Lehren ausgewirkt.

3. Die Rezeption erfolgte im Wege der Gesetzgebung, und zwar autoritär von einer jeweils zahlenmäßig geringen Schicht, die die politische Macht in Händen hatte. Die Wissenschaft hinkte dem Vorgange nach, keinesfalls war sie bei der Rezeption führend. Nach den Bedürfnissen oder Wünschen der Masse der Bevölkerung wurde dabei nicht gefragt.

4. Das traditionelle chinesische Recht wurde inhaltlich und dem Geiste nach kaum berücksichtigt.

5. Die Rezeption war eklektisch. Am stärksten hat auf dem Gebiete des Privatrechts das deutsche Recht als Vorbild gedient, jedoch ohne eine deutsche Mitwirkung.

6. Die Auswahl der übernommenen Normen erfolgte nach dem Gesichtspunkt der — wenn auch nur vermeintlichen — Qualität. Man wählte also jeweils das, was man für das Beste hielt.

7. Nicht festzustellen ist, daß die Rezeption eine soziale Revolution plötzlich ausgelöst hat. Diese vollzieht sich vielmehr unabhängig von der Rechtsrezeption und wird genährt von allgemeinen politischen Strömungen. Allenfalls kann die Rezeption dahin gewertet werden, daß sie gewisse äußere Hemmnisse für die soziale Revolution beseitigt hat.

8. Nennenswerte Widerstände gegen die Rezeption des fremden Rechts seitens einer nationalistischen Bewegung haben sich nicht gezeigt.

9. Der Rezeption ist der Erfolg versagt geblieben. Denn:

a) Dem rezipierten, durch Gesetz formell in Kraft gesetzten Recht blieb auf den Gebieten des öffentlichen und privaten Rechts überwiegend die tatsächliche Geltung versagt.

b) Die Rezeption hatte, auch als sie formell vollendet war, nicht den unmittelbar mit ihr angestrebten außenpolitischen Erfolg, nämlich die Beseitigung der ungleichen Verträge. Dieses Ziel wurde vielmehr erst später und mit anderen Mitteln unter besonderen Umständen erreicht.

c) Die Rezeption hatte auch nicht den Erfolg, die sich infolge der politischen Revolution (Sturz der Monarchie) ergebenden sozialen und politischen Schwierigkeiten zu vermeiden, zu lösen oder zu erleichtern. Dabei lassen wir aber dahingestellt, ob das rezipierte Recht überhaupt ungeeignet dafür war, ob also bei der Rezeption überhaupt ein Mißgriff gemacht worden ist, oder ob der Versuch bei günstigeren außenpolitischen Umständen und einer von inneren Kämpfen freien Entwicklung hätte gelingen können.

10. Die Art und Weise der Rezeption hat zu einer mechanistischen Auffassung des Rechts in China geführt, die zu der früheren chinesischen Rechtsauffassung und zu der früheren, moralisch fundierten positiven Rechtsordnung in China in Widerspruch steht und weitere Neuerungen als beliebig und jederzeit möglich und wahrscheinlich erscheinen lassen.

Unsere Ausführungen besagen nicht, daß der Prozeß der Rezeption westlichen Rechts in China nunmehr endgültig zum Ende gekommen ist. Gewisse Überlegungen sprechen vielmehr für seinen Fortgang, wenn auch auf einem beschränkten Gebiete.

RECHTSPHILOSOPHIE

DER RECHTSBEGRIFF DER MENSCHLICHEN PERSON UND DIE THEORIEN DER MENSCHENRECHTE

Von Dr. Helmut Coing

ord. Professor an der Universität Frankfurt a. M.

Das gestellte Thema umschließt drei Aufgaben. Die erste besteht darin, die *juristischen Lehren* über die menschliche Person und über ihre Rechte als Mensch darzustellen; die zweite darin, den *sachlichen Zusammenhang* aufzuzeigen, der zwischen diesen Lehren besteht. Das aber wird am besten dadurch geschehen, daß wir die Frage aufwerfen, inwieweit ein solcher *Zusammenhang in der Geschichte des Rechtsdenkens* erkannt und für die Rechtstheorie fruchtbar gemacht worden ist. Das ist die dritte Aufgabe. Die erste Aufgabe ist rechts*dogmatischer*, die zweite rechts*philosophischer*, die dritte rechts*historischer* Natur. Erst die Beantwortung dieser drei Fragen kann den Gegenstand erschöpfen. Dabei beschränke ich mich, soweit die dogmatische und geschichtliche Betrachtung in Frage steht, dem Brauche entsprechend, im wesentlichen auf das deutsche Recht und seine Entwicklung.

I. Die juristischen Lehren über die menschliche Person und über ihre Rechte als Mensch

Der juristische Begriff der menschlichen Person und die Lehre von den Menschenrechten gehören verschiedenen Teilen des Rechtssystems an. Der juristische Personbegriff ist im *Privatrecht* entwickelt worden und wird in der deutschen Rechtslehre auch in erster Linie als privatrechtliche Lehre behandelt; die Lehre von den Menschenrechten hat sich in erster Linie im *politischen* Recht ausgewirkt. Diese Rechte zu bestätigen und zu schützen, ist seit der französischen Erklärung der Menschen- und Bürgerrechte von 1789 und den ersten 10 Amendments zur Nordamerikanischen Verfassung eine Grundaufgabe des Verfassungsrechts der Staaten, die eine Verfassung besitzen. Sie werden daher auch in Deutschland im Zusammenhang mit den öffentlichen Grundrechten behandelt.

1. Der Begriff der *Rechtspersönlichkeit* wird in der deutschen *Privatrechts*dogmatik herkömmlicherweise im Zusammenhang mit der Lehre vom subjektiven Recht erörtert. Versteht man unter einem subjektiven Recht eine Macht, die dem Einzelnen von der Rechtsordnung verliehen ist, um sie seinen Interessen gemäß zu verwenden, so impliziert dieser Begriff, daß es ein Subjekt gibt, dem diese gewährte Macht zusteht und das von ihr Gebrauch macht; dieses Subjekt wird in der „Rechtsperson" gefunden. „Der Begriff des (subjektiven) Rechts als einer von der Rechtsordnung verliehenen, zur Befriedigung menschlicher Interessen dienlichen Macht, setzt ein Subjekt voraus, dem diese Macht verliehen ist, *ein Rechtssubjekt*, oder, *was in der Rechtssprache gleichbedeutend ist, eine Person*" sagt das führende Lehrbuch des bürgerlichen Rechts[1]. Dementsprechend wird das Wesen der Rechtspersönlichkeit in der Fähigkeit erblickt, subjektive Rechte und rechtliche Pflichten zu haben. Sie wird als eine, vom Recht dem Menschen beigelegte Eigenschaft angesehen, welche mit der Rechtsfähigkeit identisch ist. *Person im rechtlichen Sinne ist der Mensch, der rechtsfähig ist.* Nach § 1 BGB kommt diese Eigenschaft allen Menschen, ohne Rücksicht auf die Staatsangehörigkeit zu. Der Mensch erwirbt sie mit der Vollendung der Geburt; er behält sie bis zu seinem Tode. Auch die Todeserklärung zerstört sie nicht; sie begründet nur die Rechtsvermutung, daß der für tot Erklärte zu einem bestimmten Zeitpunkt gestorben sei, ohne seine Rechtsfähigkeit aufzuheben, wenn die Vermutung falsch ist. Ebensowenig berührt eine Entmündigung, aus welchen Gründen sie auch erfolgen möge, die Rechtspersönlichkeit in diesem Sinne.

In gleichem Sinne wird der Begriff der Rechtsperson im *öffentlichen* Recht gebraucht. „Persönlichkeit ist die Fähigkeit, in rechtlich geordneten Verhältnissen zu anderen Personen zu stehen. Sie ist gleichbedeutend mit Rechtsfähigkeit, insofern darin die Kehrseite, die Pflichtfähigkeit, stillschweigend mitbegriffen wird"[2]. Ähnlich bezeichnet *Georg Jellinek* die Eigenschaft als Subjekt öffentlicher Rechte als konstitutiv für die Anerkennung als Person[3].

Nicht als Bestandteil der Rechtspersönlichkeit wird die Fähigkeit, wirksame Rechtsgeschäfte ohne Mitwirkung Anderer abzuschließen, die sog. *Geschäfts- oder Handlungsfähigkeit*, aufgefaßt. Sie erscheint vielmehr als eine besondere, dem Menschen vom Recht unter bestimmten Voraussetzungen zugesprochene Fähigkeit. Das gleiche gilt von den Fähigkeiten, bestimmte, besonders geartete Rechtsakte vorzunehmen, wie der Testierfähigkeit, der Ehefähigkeit usw. Wohl kommen auch diese Eigenschaften nach deutschem Recht grundsätzlich allen Menschen in gleicher Weise zu; aber diese Fähigkeiten werden in der Rechtslehre

[1] *Enneccerus-Nipperdey*, BGB Allg. Teil (13. Bearb. 1931) § 76 I.
[2] *Otto Mayer*, Deutsches Verwaltungsrecht (3. Aufl.) II 322.
[3] Allg. Staatslehre (3. Aufl.) 408.

im allgemeinen nicht systematisch mit der Lehre von der menschlichen Person verknüpft, sondern erscheinen als Voraussetzungen des gültigen Rechtsgeschäfts im allgemeinen oder im besonderen (Testament, Ehe) und werden (einer bis ins 18. Jahrhundert zurückreichenden Tradition entsprechend) auch im Zusammenhang mit den Lehren von den Rechtsgeschäften behandelt und dargestellt. Ebenso wird der Begriff der Deliktsfähigkeit als der Fähigkeit, eine unerlaubte Handlung mit haftungsbegründender Wirkung zu begehen oder der strafrechtlichen Verantwortung (als der Eigenschaft, für seine Taten strafrechtlich verantwortlich zu sein) in der Dogmatik im allgemeinen nicht mit dem Personenbegriff verknüpft. Alle diese Eigenschaften werden als besondere rechtliche Fähigkeiten und nicht unter dem zentralen Begriff der Rechtsperson des Menschen betrachtet.

Diese relativ enge Auffassung des Personenbegriffs, die übrigens nicht unwidersprochen geblieben ist, hat ihre Parallele darin, daß ein *allgemeines Persönlichkeitsrecht*, verstanden als ein subjektives Recht des einzelnen Menschen, von seinen Mitbürgern in seiner Würde als sittliche Person und seinem Eigenwert als individuelle Persönlichkeit geachtet zu werden, in Doktrin und Rechtsprechung bisher nicht anerkannt ist[4]. Inwieweit hier durch die jetzige Umgestaltung vor allem des öffentlichen Rechts eine Änderung eintreten wird, ist noch nicht zu übersehen[5]. Es sind aber eine Reihe von Persönlichkeitsgütern (z. B. Leben, körperliche Integrität, Gesundheit, Bewegungsfreiheit und Name) durch Sondervorschriften (z. B. § 823 I, § 12 BGB) gesetzlich geschützt, und darüber hinaus hat die Judikatur aus der allgemeinen Bestimmung des § 826 BGB einen Persönlichkeitsschutz abgeleitet. Auf Einzelheiten ist in unserem Zusammenhang nicht einzugehen. Die enge Verbindung des Problems des Persönlichkeitsrechtes mit der allgemeinen Lehre von der rechtlichen Persönlichkeit des Menschen hat namentlich *Walter Schönfeld* hervorgehoben[6]; in der Rechtslehre im allgemeinen tritt sie weniger hervor.

2. Die *Lehre von den Menschenrechten* beruht ursprünglich auf der Vorstellung, daß dem Menschen als solchem gewisse grundlegende subjektive Rechte, insbesondere gegenüber dem Staat zukommen und daß diese Rechte überpositiv sind, vom positiven Recht also anerkannt

---

[4] Vgl. *Enneccerus-Nipperdey* a. a. O. 215, 283. Dort weitere Literatur. Aus der Judikatur grundlegend RGZ 56/271.

[5] Vgl. dazu *Coing*, Das Grundrecht der Menschenwürde, der strafrechtliche Schutz der Menschlichkeit und des Persönlichkeitsrecht des bürgerlichen Rechts: SJZ 2 (1947) 641ff.

[6] *Schönfeld*, Rechtsperson und Rechtsgut im Lichte des Reichsgerichts. Vorarbeit zu einer künftigen Wirklichkeitslehre des deutschen Rechts: Festgabe der Juristischen Fakultäten für das Reichsgericht (1929) II 191—272, insbes. 214, 246, 256/57.

und bestätigt, aber nicht eigentlich geschaffen werden können. Die geschichtlichen Grundlagen dieser Lehre liegen teils im Christentum, teils in der humanistischen Tradition und der Aufklärung. Die christliche Religion hat durch die Auffassung, daß alle Menschen Gottes Geschöpfe seien und daß alle Menschen durch Christus erlöst seien, dem Menschen eine einzigartige Würde verliehen, die in der christlichen Moral durch das Liebesgebot eine weitere Grundlage erhielt. Sie hat daher die schon in der Antike von der Stoa entwickelte Lehre[7] von der ursprünglichen Freiheit und Gleichheit aller Menschen durch die Jahrhunderte bewahrt; diese ist der italienischen mittelalterlichen Rechtslehre vertraut[8] und hat auch im Sachsenspiegel (III, 42) Ausdruck gefunden. Zum Gedanken der Menschenrechte verdichtete sich diese mehr ethisch gefärbte Vorstellung aber erst unter dem Einfluß der Lehren der Calvinistischen Linken, insbesondere des Independentismus, in ihrem Kampf mit dem englischen Staat und seiner Staatskirche. Hier entstand der Gedanke von „native rights"; sie erscheinen z. B. im Agreement of the People 1647, einem Verfassungsentwurf aus den Reihen der Cromwell-Armee. Als das wichtigste derartige Recht erscheint demgemäß die Gewissensfreiheit[9]. Die Menschenrechte erscheinen hier als von Gott verliehene Rechte, die eben wegen dieses göttlichen Ursprungs für den positiven Gesetzgeber unantastbar sind. Dies ist auch die Theorie der amerikanischen Declaration of Independence, wenn sie sagt: „We hold these truths to be self-evident, that all men are created equal, that they are endowed by their Creator with certain unalienable rights, that among these are Life, Liberty and the pursuit of Happiness". Diese Auffassung konnte sich dann von ihrem spezifisch christlichen Entstehungsgrund ablösen und sich mit dem Deismus der Aufklärung verbinden.

Rein wissenschaftlich und ohne unmittelbaren Rückgang auf christliche Lehren hat die Aufklärung in ihrem Naturrecht die Lehre von den Menschenrechten entwickelt, wobei sie stoisches Gedankengut wieder lebendig gemacht hat[10]. Danach kommen dem Menschen im vorgesellschaftlichen Naturstande gewisse Urrechte zu, welche die durch Staatsvertrag gegründete politische Gemeinschaft anerkennen und schützen muß. Bei *Locke* wird der Schutz der Menschenrechte geradezu zum einzigen Staatszweck[11]. Als Menschenrechte erscheinen hier Freiheit, Gleichheit und Eigentum. Diese Theorie wird dann häufig wiederholt,

[7] Vgl. dazu *Barth-Goedekemeyer*, Die Stoa (6. Aufl.) 102, 248.

[8] Vgl. etwa die Bemerkungen des *Bartolus* zum ius naturale primaevum in seinem Commentar zum Institutionentitel I, 2.

[9] Vgl. *Georg Jellinek*; Die Erklärung der Menschen- und Bürgerrechte 35ff.; zu den religiösen Grundlagen *Troeltsch*, Die Soziallehren der christlichen Kirchen 733—773.

[10] Vgl. dazu *Troeltsch*, Soziallehren 765 Anm. 416.

[11] Vgl. On Civil Government II Nr. 4 und Nr. 124.

so etwa bei *Christian Wolf*[12], freilich ohne die politische Energie, die den angelsächsischen Denker auszeichnet.

Eine neue Begründung gibt *Kant* den Menschenrechten auf Grund seiner Lehre von der sittlichen Persönlichkeit des Menschen. Für ihn ist die Freiheit das einzige und grundlegende Urrecht der Menschen. Von den Wirkungen seiner Lehre wird später noch genauer zu reden sein.

Praktische Wirksamkeit haben diese Lehren in Anknüpfung an alte Rechtsüberlieferungen in England und dann in Amerika gewonnen. Die französische Revolution macht den Versuch, von ihnen ausgehend eine neue Rechtsordnung aufzubauen. Damit werden die Menschenrechte Bestandteile des *positiven* Rechts; sie werden zu verfassungsmäßig garantierten Grundrechten. Gleichzeitig hat sich ihre Zahl in der Überführung in das praktische Rechtsleben einer freien Gesellschaft vergrößert. Pressefreiheit und Vereinigungsfreiheit etwa treten hinzu und unter dem Einfluß des Sozialismus das Recht auf die Sicherung vor wirtschaftlicher Not und auf Bildung. Die Festlegung der so verstandenen Menschenrechte als Grundrechte in den einzelnen Staaten haben auch die Arbeiten der UN zum Ziel.

Eine einheitliche Begründung der Grundrechte hat die moderne Rechtstheorie nicht entwickelt. Ich glaube, man wird der Auffassung der Juristen der Gegenwart am meisten gerecht, wenn man sagt, daß sie den Schutz der Menschenrechte als eine Forderung der Kulturtradition der zivilisierten Nationen empfinden und lehren.

3. In der *modernen Theorie* stehen die beiden Lehren von der Rechtspersönlichkeit einerseits, den Grundrechten andererseits, jedenfalls soweit die deutsche Rechtswissenschaft in Frage steht, dogmatisch wie historisch unabhängig und ohne engere Beziehung nebeneinander. Trotzdem liegt der Gedanke nahe, sie in Beziehung zu setzen; denn beide haben die grundsätzliche Stellung des Menschen in der Rechtsordnung zum Gegenstand. Dieser Zusammenhang bedarf einer systematischen Untersuchung, auf die eine kurze Untersuchung der Problemgeschichte hinführen soll.

II. Das Verhältnis der Lehren von der Rechtsperson und von den Menschenrechten in der Geschichte des Rechtsdenkens

1. Die Lehre von der *Rechtsperson* ist im Rahmen der *romanistischen Rechtstradition* entstanden. In den antiken römischen Quellen ist freilich persona kein Rechtsbegriff spezifischen Gehalts. Persona wird etwa gleichbedeutend mit Mensch gebraucht[13] und ist ein farbloser Allgemeinbegriff; man stellt etwa gegenüber ein ius quod ad personas pertinet

---

[12] Institutiones Juris Naturae et gentium 1750 §§ 69/70, 77, 107, 114.

[13] So z. B. bei *Gaius*, Institutiones I, 9, ebenso die Justinianischen Institutionen.

dem ius quod ad res vel ad actiones pertinet (so Gaius I, 8). In späten Quellen begegnet es auch im Sinne von „eine Rolle haben" (z.B. C.Th. 3. 17. 1; Rubr. Cod. Just. 3. 6) oder „im Rechtssinne existent sein" (z. B. Theophilus, Institutionen-paraphrase III. 29. 3). Niemals hat es in den antiken Rechtsquellen den heutigen Sinn von Rechtspersönlichkeit. Das hat *Schloßmann* nachgewiesen[14].

Erst in der kirchlichen Lehre, insbesondere in der Christologie, erhält das Wort eine spezifische, den modernen Persönlichkeitsbegriff vorbereitende Bedeutung. So sagt *Boëthius*: (De persona et duabus naturis c. III): „Persona est naturae rationalis individua substantia"[15].

2. An dem Sprachgebrauch der antiken Rechtsquellen hält die *mittelalterliche Jurisprudenz* fest. Die Glosse gibt zu persona keine Definition, die von dem römischen Gebrauch abwiche[16]. Das Gleiche gilt von dem Postglossator *Bartolus*.

Der *moderne* Rechtsbegriff der Person entsteht in der *systematischen Jurisprudenz des 16. Jahrhunderts*[17]. *Cuiacius*, ebenso übrigens *Grotius* haben allerdings noch den alten Sprachgebrauch. Aber *Donellus* setzt den Begriff persona mit der Lehre von den drei status des Menschen im römischen Recht: dem status libertatis, civitatis, familiae in Beziehung. Er bezeichnet (Commentaria de Jure civili II, 9) den Status als ius personae und als causa der persona im Rechtssinne. Nur kraft des Status ist man persona. Damit nimmt der Begriff persona eine technisch-juristische Bedeutung an; er bezeichnet den Menschen, der einen Status hat und daher am Rechtsleben teilnimmt. Ähnlich formuliert der Marburger Rechtslehrer *Vultejus* (1583—1634) in seiner „Jurisprudentiae Romanae" libri duo § 366/67[18]: „Persona ... est homo habens caput civile, quod positum est in tribus, in libertate, in civitate, in familia". Allgemeiner formuliert *Althusius*: Persona est homo, iuris commercium habens[19]. Auch er behandelt dabei aber die römische Statuslehre.

Diese Lehre wird dann während der ganzen Zeit des sog. Usus modernus Pandectarum festgehalten[20]. Es gilt der Satz: „Quicumque nullo horum trium statuum gaudet iure romano non persona, sed res habetur"[21].

---

[14] Persona und πρόσωπον im Recht und im christlichen Dogma (1906).

[15] Vgl. *Schloßmann* a. a. O. 111ff.

[16] Charakteristisch namentlich die Glosse zu „alienum tantum in C 5. 71. 12, wo personae im Sinne von Mensch gebraucht wird. Auch die für die Würde des Menschen üblicherweise angeführte Stelle C 1. 2. 12 gibt der Glosse zu keiner anderen Interpretation Veranlassung. Ebenso Glosse zu personae in Inst. 1. 2. 12.

[17] Irrig *Schloßmann* 6.

[18] Für die Bedeutung des Werkes spricht, daß noch 1748 eine (9.) Aufl. veranstaltet wurde.

[19] Jurisprudentia Romana 1588 I, 3; ähnlich Dicaeologica I, 4.

[20] Sie findet sich z. B. noch bei *Vangerow*, Pandekten I, 54.

[21] Vgl. *Heineccius*, Elementa Iuris civilis, 1727, § 76.

Die römische Statuslehre wird dabei ergänzt durch die Lehre vom sog. status naturalis. Mit diesem Ausdruck bezeichnen die Zivilisten des Usus modernus die physischen und psychischen Eigenschaften des Menschen, die für die Rechtsstellung des Menschen nach römischem Recht von Bedeutung sind, wie z. B. Alter, Geschlecht, geistige Gesundheit usw. Auch diese Lehre taucht, soviel ich sehe, zuerst bei den Systematikern des 16. Jahrhunderts auf[22] und wird noch von *P. A. Feuerbach*, der sie in seinen „Zivilistischen Versuchen" (1803) als in den antiken Quellen nicht begründet kritisiert hat, als herrschende Lehre bezeichnet. Mit dem naturrechtlichen Gedanken einer naturgegebenen oder geforderten Rechtsfähigkeit steht sie in keinem Zusammenhang. Ebenso wenig wird mit dem Personbegriff die Lehre von der Handlungs-(Geschäfts-)Fähigkeit, die in diesen Jahrhunderten ebenfalls entwickelt wird, verbunden. *Althusius* und *Vultejus* entwickeln sie bei der Lehre vom *Vertrage*[23]. Sie sprechen von den Voraussetzungen des Vertrages, entwickeln als solche die voluntas der Vertragsparteien und behandeln dann die natürliche Willensfähigkeit und ihre natürlichen und rechtlichen Einschränkungen. Dieses Schema wird auch von den späteren Naturrechtlern beibehalten. *Grotius* z. B. handelt gelegentlich seiner Lehre von der Promissio davon[24]; ähnlich gehen *Pufendorf* und *Thomasius* vor. Auch wird die Handlungsfähigkeit nicht als eigentlich rechtliche, von der Rechtsordnung zugesprochene Qualität erkannt; wenn etwa *Darjes*, ein Schüler *Ch. Wolfs*, allgemein von einer facultas promittendi atque consentiendi tam physica quam moralis redet, ist damit deutlich eine natürliche, keine rechtliche Fähigkeit gemeint[25].

3. Die Naturrechtslehre der *Aufklärung* hat den in der Pandektenwissenschaft entwickelten Person-Begriff aufgenommen und ihm den heute noch üblichen Inhalt gegeben. Sie löst den Begriff zunächst von der spezifisch römischen Statuslehre und setzt an ihre Stelle einen allgemeineren Begriff des status. So definiert *Pufendorf* (De Jure Naturae et gentium I. i. 12) Person als „homo consideratus cum statu suo", versteht aber unter status nicht mehr allein den status libertatis usw., sondern überhaupt jede allgemeine rechtliche Eigenschaft, die die Rechtsstellung des Menschen beeinflußt, etwa die Beamteneigenschaft und den Adel. Dem folgt *Thomasius*. Für ihn ist status jede „qualitas hominem afficiens secundum quam ipsius ius variat" (Institutiones Jurisprudentiae divinae libri tres I. i. 86). Die moderne Lehre findet sich dann bei *Chr. Wolf* (Institutiones Juris Naturae et gentium 1750,

---

[22] Vgl. etwa *Vultejus*, Jurisprudentia Romana, § 80, § 366.

[23] Vgl. *Althusius*, Jurisprudentia Romana, Kap. IV. De requisitis personarum in acquirendo.

[24] De jure belli ac pacis II. 11. 5.

[25] Institutiones Iurisprudentiae privatae 1749, p. 101; ähnlich *Höpfner*, Naturrecht (1785) § 66 „physisches Vermögen, einzuwilligen".

§ 96) „Homo persona moralis est, quatenus spectatur tamquam subjectum certarum obligationum etque iurium certorum. Atque hinc status eius moralis dicitur qui per obligationes et iura determinatur". *Wolf* hat also hinter den *einzelnen* Status die *allgemeine Rechtsfähigkeit* als das entscheidende Kriterium erkannt, das den Menschen zur Rechtsperson macht; er kennt nicht einzelne spezifische Status, sondern den allgemeinen Status moralis, der den Menschen als Träger von Rechten und Pflichten nach bürgerlichem Recht in der Gesellschaft kennzeichnet. An dieser Auffassung halten die späteren Naturrechtslehrer fest, und auch die Zivilrechtler übernehmen sie. So lehrt *Thibaut* (System des Pandektenrechts (2. Aufl. 1805, § 207): „Derjenige, welcher in irgendeiner Rücksicht als Subjekt eines Rechts betrachtet wird, heißt insofern Person, besonders insofern man ihn als Subjekt bürgerlicher Rechte betrachtet". Und das Preußische Allgemeine Landrecht definiert 1794: „Der Mensch wird, insofern er gewisse Rechte in der bürgerlichen Gesellschaft genießt, eine Person genannt" (I. 1 § 1).

Es ist für unseren Problemzusammenhang interessant, daß es gerade die Naturrechtslehre gewesen ist, die den modernen Begriff der Rechtsperson entwickelt hat. Das legt es nahe, die Frage aufzuwerfen, ob *dieser Begriff nicht in Zusammenhang mit der Lehre von den Menschenrechten entstanden ist.* Tatsächlich ist das aber nicht der Fall. Beide Lehren stehen bei den Naturrechtslehrern des 18. Jahrhunderts unverbunden nebeneinander, ja sogar in einem gewissen Gegensatz. Man stellt dem Status nach positivem Recht, dem status adventitius (so z. B. *Pufendorf*, *Heineccius*) oder moralis (*Wolf*), den *status naturalis* gegenüber. Dieser bezeichnet — im Gegensatz zur Lehre des Zivilrechts — hier nicht körperliche und seelische Eigenschaften des Menschen, sondern die Eigenschaft des Menschen, Träger natürlicher Rechte und Pflichten im vorgesellschaftlichen Zustand zu sein. In der oben zitierten Stelle fährt *Wolf* fort: „Vocaturque idem (scl. status) naturales quatenus obligationes et iura per quae determinatur naturalis sunt, seu vi legis naturae eidem competent". Als Inhaber des Status naturalis ist der Mensch also Subjekt von Rechten und Pflichten des natürlichen Rechts. Der Personbegriff folgt nicht aus dem natürlichen Recht, sondern der Mensch als (bürgerliche) Rechtsperson steht im Gegensatz zum Menschen als Pflicht und Rechtssubjekt des Naturrechts. Der Gedanke, daß der Mensch ein Recht darauf habe, im positiven Recht als Person anerkannt zu werden, taucht nicht auf.

Das Recht, Person zu sein, erscheint demgemäß auch nicht unter den Menschenrechten, soweit sie von den Naturrechtslehrern dieser Zeit gelehrt werden. *Donellus* hatte vier Rechte gelehrt, welche von der Natur jedem Menschen zugeteilt sind: Leben, körperliche Unversehrtheit, Freiheit und Ehre[26]. Er faßt sie privatrechtlich als Rechte der Person

[26] Commentaria de Jure civili II, 8.

an sich selbst auf; auf ihre soziale und politische Bedeutung geht er nicht ein. Im Zusammenhang mit der Lehre von Status naturalis erscheinen dann Freiheit und Gleichheit bei *Pufendorf* und *Thomasius*; am ausgesprochensten ist die Lehre bei *Wolf* entwickelt; er nennt Freiheit, Gleichheit, Eigentum und das Recht zur Selbstverwirklichung ausdrücklich als subjektive Rechte, die dem Menschen von Natur zustehen[27]. Das entspricht also den Lehren von *Locke*. Was bei den deutschen Naturrechtslehrern allerdings fehlt, ist die scharfe Betonung der *politischen* Bedeutung der Menschenrechte, die für das angelsächsische Denken so charakteristisch ist. Es ist für diesen Sachverhalt bezeichnend, daß sie hinsichtlich der Aufgaben der Regierung an der alten Lehre von der Salus publica als Staatszweck festhalten, nicht etwa die Regierung auf die Wahrung der Menschenrechte zu beschränken suchen. Im Hinblick auf unser Problem hat die Naturrechtslehre des 18. Jahrhunderts zwar sowohl den Gedanken der Rechtspersönlichkeit wie den der Menschenrechte entwickelt, aber ohne beide in eine engere Verbindung zu bringen.

4. Neue Impulse erhalten beide Lehren erst aus dem ethischen Personbegriff, den die *klassische deutsche Philosophie* unter dem hervorragenden Einfluß *Kants* entwickelt. *Savigny*, *Stahl* und *Puchta* sowie sowie die eigentlichen Schüler *Kants* in der Rechtswissenschaft stehen unter ihrem Einfluß. Sie stellen wohl den bedeutendsten Beitrag dar, den die deutsche Rechtslehre zu unserem Problem geliefert hat.

Die *kantische* Philosophie begründet die Personwürde des Menschen aus seiner sittlichen Freiheit. „Person ist dasjenige Subjekt, dessen Handlungen einer Zurechnung fähig sind. *Die moralische Persönlichkeit ist also nichts anderes als die Freiheit eines vernünftigen Wesens unter moralischen Gesetzen* ... woraus denn folgt, daß eine Person keinen anderen Gesetzen als denen, die sie (entweder allein oder zugleich mit anderen) sich selbst gibt, unterworfen ist“[28]. Dem Menschen, wie er empirisch in Erscheinung tritt, und von dem das Naturrecht bis dahin ausgegangen war, wird der Mensch als sittliches Vernunftwesen gegenübergestellt, in dem sich das eigentliche Wesen des Menschen offenbart, „der Mensch nach der Eigenschaft seines Freiheitsvermögens, welches ganz übersinnlich ist, also auch bloß nach seiner Menschheit ... homo noumenon“[29]. Der Mensch als Vernunftswesen liegt jenseits aller möglichen Erfahrung; sein Wesen ist Freiheit[30]; diese, als Unterordnung unter das Sittengesetz, ist der Schlußstein des ganzen Systems der Ethik[31]. Damit

[27] Institutiones Iuris naturae et gentium, § 69, 70, 77, 107, 114.

[28] *Kant*, Metaphysische Anfangsgründe der Rechtslehre. Einleitung in die Metaphysik der Sitten IV; Akademie Ausgabe VI, 223.

[29] Ebenda 239.

[30] Ebenda VI, 221.

[31] Vorrede zur Kritik der praktischen Vernunft. Ak. Ausgabe V. 3.

ist in Deutschland eine neue Ansicht vom Menschen, man kann fast sagen, ein neues Lebensgefühl, hergestellt. Gegenüber der einfachen empirischen Auffassung des bisherigen Rationalismus (einschließlich der Naturrechtslehre) ist dem Menschen seine metaphysische Würde wieder in Erinnerung gerufen, die darin begründet ist, daß er mit seiner Vernunft das ewige vor aller Erfahrung bestehende Sittengesetz erfassen kann. Indem *Kant* gegenüber dem monistischen Empirismus der Aufklärung ein dualistisches System errichtet, der Welt der Erscheinungen die Welt des Sittlichen gegenüberstellt, hebt er den Menschen, jeden Menschen, weit über die Natur und die sozialen Bedingungen seines Lebens hinaus; das hat der ganzen klassischen Epoche im deutschen Geistesleben eine eigentümlich hochgestimmte Lebensauffassung gegeben. Ihr Humanismus ist von dem Gedanken getragen, daß jedem einzelnen Individuum die ganze Menschheit aufgegeben sei. „Humanität ist der Charakter unseres Geschlechts; er ist uns aber nur in Anlagen angeboren und muß uns eigentlich angebildet werden" (*Goethe*).

Diese Auffasssung von der Person konnte nicht ohne Wirkung auf die rechtliche Betrachtung bleiben. Sie mußte zu einer neuen Auffassung vom Naturrecht und insbesondere vom subjektiven Recht führen. Beruht die sittliche Würde des Menschen auf seiner sittlichen Freiheit, so muß es als sein vornehmstes Recht erscheinen, diese Freiheit im sozialen Leben zu betätigen. Ist der Mensch in sich selbst sittlicher Zweck, so muß es Aufgabe der Rechtsordnung sein, ihn davor zu bewahren, zum bloßen Mittel und Instrument anderer Menschen erniedrigt zu werden. Die Freiheit wird daher das ursprüngliche und einzige Urrecht des Menschen. So lehrt es *Kant* selbst: „Freiheit ist dieses, einzig, ursprüngliche, jedem Menschen kraft seiner Menschheit zustehende Recht"[32]. Ein Jahr zuvor hatte *Fichte* geschriebens „Das Urrecht ist . . . das absolute Recht der Person, in der Sinnenwelt nur Ursache zu sein (schlechthin nie Bewirktes)"[33]. Dieses Urrecht wird die Grundlage aller anderen Menschenrechte (der Gleichheit, des Eigentums) wie auch der positiven subjektiven Rechte. Denn auch deren Sinn kann nur darin liegen, die Betätigung der menschlichen Freiheit zu ermöglichen. Diese Konsequenz zieht mit allem Nachdruck *Hegel*. Für ihn ist das subjektive Recht Ausdruck der Freiheit der Person. „Das (subjektive) Recht ist zuerst das unmittelbare Dasein, welches sich die Freiheit auf unmittelbare Weise gibt"[34]. Es ist die „äußere Sphäre der Freiheit", welche sich die Person gibt[35]. Die Person legt ihren Willen in die kraft des subjektiven Rechts beherrschten Gegenstände

[32] Metaphysische Anfangsgründe der Rechtslehre. Einteilung der Rechtslehre. Akademie-Ausgabe VI, 237.

[33] Grundlagen des Naturrechts (1796) 131.

[34] Philosophie des Rechts § 40.

[35] Ebenda § 41.

der äußeren Welt[36]; das subjektive Recht erscheint als Willensherrschaft über die Sache.

Ebenso wird aber der Begriff der Rechtsperson mit einem neuen Inhalt erfüllt. Die klassischen Philosophen übernehmen den juristischen Personbegriff. Aber er erhält im Lichte ihrer Gedanken eine neue Dignität. Die Rechtspersönlichkeit als die Fähigkeit, subjektive Rechte zu haben, wird *jetzt notwendiges* Attribut des Menschen als sittlicher Person. Auch das folgt aus seiner Freiheit. Ist der Mensch zum autonomen Handeln berufen und bedarf er hierzu subjektiver Rechte, so muß ihm die Rechtsordnung auch die Möglichkeit geben, Rechte zu erwerben; mit anderen Worten: sie muß ihn als Rechtspersönlichkeit anerkennen. In diesem Sinne sagt *Hegel*: „Die Persönlichkeit enthält überhaupt die Rechtsfähigkeit"[37].

In der klassischen Philosophie werden also der Begriff der Rechtsperson und die Lehre von den Menschenrechten miteinander verbunden. Beide beruhen auf der sittlichen Persönlichkeit des Menschen. Weil der Mensch berufen ist, sittliche Person zu sein, muß er Rechtsperson sein und Rechte haben, um seine sittliche Freiheit in freiem Tun zu verwirklichen. Die sittliche Personwürde ist es, auf der die Notwendigkeit beider Rechtsbegriffe beruht; in ihr haben sie ihren Zusammenhang und ihre Begründung.

5. Auf diesen Gedankengängen beruht die Rechtslehre der klassischen Zeit, in der dieser Zusammenhang klar hervortritt.

a) Das gilt zunächst für die unmittelbar von *Kant* beeinflußten Juristen. So lehrt *Hufeland* (Lehrsätze des Naturrechts, 1795) das Recht an der Person als das subjektive Recht, aus dem alle anderen folgen; ähnlich bezeichnet *Hugo* die Rechtsfähigkeit als das Urrecht, welches die Grundlage aller Rechte ist[38]. Besonders deutlich ist die Fortwirkung der kantischen Ideen bei *Rotteck*. Für ihn folgt aus der ethischen Persönlichkeit des Menschen der naturrechtliche Anspruch, Rechtsperson zu sein und die Menschenrechte zu genießen[39], und dieser Gedanke wird im Sinne der kantischen Staatsphilosophie auch gegenüber dem Staate festgehalten. Verwandt sind die Lehren von *Ahrens*, einem in Brüssel lehrenden Schüler des Rechtsphilosophen *Krause*, der in seiner Rechtsphilosophie westeuropäisches Denken mit Gedankengängen der deutschen Klassiker verbindet[40] und ebenfalls den Gedanken der Rechtspersönlichkeit mit dem der politischen und privaten Menschenrechte in Zusammenhang setzt.

---

[36] Ebenda § 44.
[37] *Hegel*, Philosophie des Rechts § 36.
[38] Naturrecht § 135.
[39] Naturrecht I 123/25.
[40] Naturrecht 1846.

b) Aber auch die historische Rechtsschule steht im Banne dieser Gedanken. *Savigny* und *Puchta* machen sie zum Ausgangspunkt ihrer privatrechtlichen Dogmatik und überführen sie damit aus der Rechtsphilosophie in das praktische Recht. *Savigny* entwickelt auf dieser Grundlage seine Lehre von der Rechtspersönlichkeit und vom subjektiven Recht. Das Recht ist ihm die Regel, welche den Lebensraum sittlich freier Wesen gegeneinander abgrenzt. Das bestimmt sein Verhältnis zum Sittlichen. „Das Recht", sagt er, „dient der Sittlichkeit, aber nicht, indem es ihr Gebot vollzieht, sondern indem es die freie Entfaltung ihrer jedem einzelnen Willen inwohnenden Kraft sichert"[41]. In der sittlichen Freiheit gründet die Rechtspersönlichkeit aller Menschen. „Alles Recht ist vorhanden um der sittlichen, jedem einzelnen Menschen inwohnenden Freiheit willen. Darum muß der ursprüngliche Begriff der Person, des Rechtssubjekts, zusammenfallen mit dem Begriff des Menschen, und diese ursprüngliche Identität beider Begriffe läßt sich in folgender Formel ausdrücken: Jeder einzelne Mensch ... ist rechtsfähig"[42]. Die Freiheit ist aber auch „die Grundlage und Voraussetzung aller wahren (subjektiven) Rechte"[43]. *Savigny* zieht aus diesen Prämissen die notwendigen dogmatischen Folgerungen. Wegen der Einheit von ethischer und juristischer Persönlichkeit kann ihm die Rechtspersönlichkeit von Verbänden nur eine fiktive sein[44]. Weil das Recht die Sphären freier Personen abgrenzt, muß das Wesen des subjektiven Rechtes die „Willensherrschaft" sein[45]. Noch schärfer hat *Savigny*'s Schüler *Puchta* diese Lehren formuliert. Auch ihm ist die Persönlichkeit das „Grundprinzip des Rechts[46] und jeder Mensch, weil freies Willenssubjekt notwendig Rechtssubjekt[47]. Das Persönlichkeitsrecht als die „vollständige Macht über die ganze Bestimmung der Person", das *Savigny* übrigens ablehnte, ist ihm das erste Recht des Menschen. Alle subjektiven Rechte dienen der Entfaltung der Freiheit, wie umgekehrt die Personqualität des Menschen seine vollständige Unterwerfung unter die Willkür eines anderen ausschließt. Ähnlich begründet in der Rechtsphilosophie *Stahl*'s und in *Trendelenburg*'s ethisch begründetem Naturrecht die sittliche Persönlichkeit die juristische und die subjektiven Rechte.

Eines freilich unterscheidet die Denker der historischen Schule und die ihnen nahestehenden Rechtsphilosophen von den Anschauungen *Kant*'s, *Fichte*'s und *Humboldt*'s. Sie lehnen nicht nur die abstrakten

---

[41] System des heutigen römischen Rechts, I 331/32.
[42] Ebenda II 2.
[43] Ebenda I 336.
[44] Ebenda II 2 und 236.
[45] Ebenda I 333; I 7.
[46] Institutionen (2. Aufl.) 19/20.
[47] Ebenda 11.

Menschenrechte ab, sondern sie führen den Gedanken der Autonomie nicht im politischen Bereich durch. Der sittliche Freiheitsgedanke wird ihnen — im Gegensatz zu *Kant* und *Rotteck* — nicht zur Forderung nach politischer Freiheit. Das liegt — von der politischen Situation ihrer Zeit einmal abgesehen — teils am fortwirkenden Einfluß *Hegel*'s, dem der Staat als Träger der objektiven Sittlichkeit die Vollendung des Sittlichen überhaupt war, teils ist es eine Auswirkung des Organismusgedankens, nach dem der Einzelne im Bereich des Staates in erster Linie Glied eines größeren Ganzen ist (so z. B. bei *Puchta* und *Trendelenburg*).

6. In der zweiten Hälfte des 19. Jhs. tritt dann mit fortschreitendem *Positivismus* die Einsicht in die von der Klassik gelehrten Zusammenhänge zwischen ethischer Person, Rechtsperson und Menschenrechten zurück. Wohl wird der Begriff der Rechtspersönlichkeit wiederholt[48], wohl *Savigny*'s Definition der subjektiven Rechtes als einer Willensherrschaft festgehalten; aber die Erkenntnis ihres Begründungszusammenhangs in der sittlichen Persönlichkeit geht verloren[49]. Erst recht gilt das für die Verbindung beider Lehren mit den Menschenrechten und der politischen Freiheit. Im Gegenteil, je weniger die sittliche Notwendigkeit subjektiver Rechte empfunden wurde, umso mehr wurde betont, daß es die staatliche Rechtsordnung ist, welche sie verleiht. Das zeigt sich z. B. in der Definition *Windscheid*'s, nach der subjektive Rechte „dadurch bestehen, daß die Rechtsordnung für einen von ihr erlassenen oder zu erlassenden Befehl den Willen einer Person als maßgebend erklärt hat". Die Akzentverschiebung gegenüber *Savigny*, erst recht gegenüber *Kant* ist deutlich. Es ist der Übergang zu der Auffassung, für die das subjektive Recht überhaupt nur ein Reflex des objektiven Rechtes ist. Nur aus dieser Entwicklung ist der Angriff *Ihering*'s[50] auf *Savigny*'s Lehren vom subjektiven Recht verständlich. *Ihering* spottet darüber, sie mache das Privatrecht zur Arena des Willens und das subjektive Recht zum Selbstzweck, weil sie die Zweckbestimmung des Rechts, die Interessen, denen es diene, vergessen habe[51]. Diese Kritik zeigt deutlich, wie vollständig *Savigny*'s Gedanke, daß alle subjektiven Rechte letzten Endes der Entfaltung der sittlichen Persönlichkeit dienen sollten, vergessen war. *Otto v. Gierke*, in dem dieser Zusammenhang noch lebendig war und der deshalb in seinem deutschen Privatrecht das allgemeine Persönlichkeitsrecht

---

[48] Die Handlungsfähigkeit wird nach dem Zeugnis *Iherings* nur von *Brinz* mit dem Personbegriff verknüpft.

[49] Das zeigt eine Durchsicht der führenden Pandektenlehrbücher: *Vangerow* 1845, *Arndts* 1852, *v. Keller* 1861, *Regelsberger* 1894, *Dernburg* 1892.

[50] Geist des römischen Rechts III, 1 (5. Aufl.), § 60f.

[51] Ebenda S. 330 und 336.

zum Fundament aller privaten und öffentlichen Rechte machte[52], stand einsam da[53]. Nur in einem Zusammenhang lebte die Erinnerung daran weiter, daß die Rechtspersönlichkeit nicht einfach ein beliebiger technischer Rechtsbegriff ist; das war der Streit um die Natur der juristischen Personen. Germanisten und Romanisten nahmen immer wieder auf das wahre Wesen der menschlichen Person Bezug, um die Richtigkeit ihrer Auffassung zu erweisen[54].

Die deutsche Rechtstheorie der *Gegenwart* ist durch Versuche gekennzeichnet, die philosophischen Grundlagen des rechtlichen Persönlichkeitsbegriffes wieder zu gewinnen. So hat *Schönfeld* in einer tiefgreifenden Abhandlung in Anknüpfung an *Hegel*'sche Gedanken darauf hingewiesen, daß der Personbegriff im Gegensatz zu dem des Rechtssubjekts kein rechtstechnischer und daher beliebiger, sondern ein „Substanzbegriff" sei, der auf die dem Recht vorgegebene sittliche Persönlichkeit gehe, deren Wesen Freiheit sei[55]. *Gerhart Husserl*[56] hat ebenfalls hervorgehoben: „Das Recht findet in den Gliedern der Gemeinschaft, die zur Rechtsgemeinschaft gestaltet wird, Personen bereits vor. Nicht darum handelt es sich, personale Wesen zu schaffen, sondern außerrechtlich geschaffene Personen durch das Recht personal zu qualifizieren"[57]. *Husserl* geht dabei allerdings nicht von einem sittlichen Personbegriff aus, sondern sieht das Wesen der Person in der „Fähigkeit zu sozialer Machtbetätigung"[58]. *Husserl* hat dementsprechend eine Erweiterung des juristischen Personenbegriffes auf die Handlungsfähigkeit gefordert[59]. Was freilich auch bei diesen Gelehrten nicht betont wird, ist der enge Zusammenhang zwischen dem Begriff der Rechtsperson und den öffentlichen politischen Menschenrechten. Insofern wiederholt sich bei ihnen jene Beschränkung auf das Privatrecht, jene Abgrenzung gegen das politische Recht, die schon die Gedankengänge *Savignys* und seiner Schüler eingeengt hat.

---

[52] Deutsches Privatrecht I, 702: Der Anspruch „als Person zu gelten", ist „das einheitliche subjektive Grundrecht, das alle besonderen subjektiven Rechte fundamentiert und in sie alle hineinreicht".

[53] Im öffentlichen Recht lehrt zwar *Georg Jellinek*, daß die Anerkennung als Person die Basis aller öffentlichen Rechte ist; aber seinem ethischen Relativismus fehlt die ethische Kraft der klassischen Lehre. Vgl. Allgemeine Staatslehre (3. Aufl.) 419.

[54] Charakteristisch dafür das Werk von *Hölder*, Natürliche und juristische Personen (1905).

[55] Vgl. oben S. 193 Anm. 6.

[56] ArchZivPr 127 (1927) 129.

[57] a. a. O. 140.

[58] a. a. O. 182.

[59] a. a. O. 133, 182/183.

III. Der sachliche Zusammenhang zwischen der Lehre von der Rechtspersönlichkeit und der Lehre von den Menschenrechten

Der Überblick über die Problemgeschichte hat die systematischen Zusammenhänge, die zwischen den beiden Rechtstheorien unseres Themas bestehen, deutlich werden lassen. Wir können uns darauf beschränken, sie noch einmal hervorzuheben.

„Personae quarum causa (ius) statutum est" (Inst. 1. 2. 12). Das Recht ist um des Menschen willen da. Der Mensch ist dem Recht vorgegeben; das Recht hat ihm zu dienen. Der Mensch aber besitzt eine eigene Würde; er ist berufen, sein Leben selbst und für sich verantwortlich zu gestalten. Das ist die Auffassung der christlichen Religion. Es ist die Auffassung jeder höheren Ethik. Es ist die Auffassung aller zivilisierten Nationen. Ja, schon die biologische Struktur des Menschen scheint auf seine Freiheit zu weisen[60].

Auf diese Grundeigenschaft des Menschen muß jede Rechtsordnung Rücksicht nehmen, die sich nicht mit Sittlichkeit und Kultur in Widerspruch setzen will. Daraus folgt, daß sie ihm einen Raum freier, selbstverantwortlicher Entfaltung zusichern muß.

Dies führt zu zwei Forderungen.

Die Rechtsordnung muß zunächst dem einzelnen Menschen die Möglichkeit gewähren, subjektive Rechte überhaupt zu haben, sie zu erwerben und darüber zu verfügen. Sie muß ihm also *Rechtspersönlichkeit* zuerkennen. Der Begriff der Rechtspersönlichkeit wird dabei zweckmäßigerweise so erweitert, daß er sowohl Rechtsfähigkeit wie (privatrechtliche und öffentlich-rechtliche) Handlungsfähigkeit umschließt. Denn die Rechtsfähigkeit ist sozusagen nur ein Minimum an Rechtspersönlichkeit; die volle Rechtspersönlichkeit muß die Fähigkeit, rechtswirksam handeln zu können, und die deliktische Verantwortlichkeit für das eigene Handeln umfassen.

Die Rechtsordnung muß weiter dem einzelnen Menschen seiner Natur entsprechend bestimmte näher umschriebene Freiheiten und Rechte zusprechen, insbesondere auch gegenüber dem Staat und der politischen Gemeinschaft selbst. Dies sind die *Menschenrechte.* Sie sichern die menschliche Freiheit und ihre Entfaltung in bestimmten, den natürlichen Eigenschaften des Menschen entsprechenden Beziehungen. Sie verwirklichen, wozu die Anerkennung als Rechtspersönlichkeit die allgemeine Möglichkeit gibt.

Beide Forderungen aber beruhen auf demselben Grund: der verpflichtenden sittlichen Würde des Menschen.

---

[60] Vgl. etwa *Bergson,* Les deux sources de la morale et de la réligion 22.

DER SCHUTZ DER MENSCHENRECHTE IN DEUTSCHLAND

Von Dr. Wilhelm Grewe

ord. Professor an der Universität Freiburg i. Br.

Literatur: Zu I: *Koellreutter*, Deutsches Verfassungsrecht (2. Aufl. 1936) 84ff. — *E. R. Huber*, Verfassungsrecht des Großdeutschen Reiches (2. Aufl. 1939) 38ff., 359ff.

Zu II: *Eckhardt*, Die Grundrechte vom Wiener Kongreß bis zur Gegenwart, 1913.

Zu III: *Partsch*, Grundfreiheiten und Besatzungsrecht. Ordo I (1948) S. 214ff. — *Eb. Schmidt*, Einführung in die Geschichte der deutschen Strafrechtspflege (1947) — *A. Voigt*, Geschichte der Grundrechte (1948) — *W. Apelt*, Geschichte der Weimarer Verfassung (1946) 290ff. — *Anschütz*, Die Verfassung des Deutschen Reiches (11. Aufl. 1929) 445ff.

Zu IV: *W. Grewe*, Ein Besatzungsstatut für Deutschland (1948) 178ff. — *ders.*, Die verfassungsrechtlichen Grundlagen der Bundesrepublik Deutschland: DRZ 4 (1949) 269, 392ff. — *v. Mangoldt*, Das Bonner Grundgesetz (1950) — *ders.*, Grundrechte u. Grundsatzfragen des Bonner Grundgesetzes: ArchÖffR 75 (1949) 273 — *Carr*, Federal Protection of civil Rights (1947) — *W. Abendroth*, Die Verfassung der Deutschen Demokratischen Republik im Vergleich zum Bonner Grundgesetz: ArchÖffR 76 (1950) 8ff.

I.

Es bedarf keiner näheren Darlegung, daß das Problem der Menschenrechte, ihres Schutzes und ihrer Sicherung in Deutschland einer besonderen Situation begegnet: der Situation eines Landes, in dem die Menschenrechte über ein Jahrzehnt gesetzlich suspendiert waren und tatsächlich mißachtet wurden.

Es war eine der ersten gesetzgeberischen Maßnahmen des *nat.-soz. Regimes*, durch eine VO des Reichspräsidenten „zum Schutze von Volk und Staat" vom 28. 2. 1933 die wichtigsten verfassungsmäßigen Freiheitsrechte, welche die WeimRV dem Einzelnen gewährleistete, „bis auf weiteres" außer Kraft zu setzen. Mit den Art. 114, 115, 117, 118, 123, 124 und 153 WeimRV beseitigte diese auf die Diktaturgewalt des Reichspräsidenten nach Art. 48 WeimRV gestützte VO auf äußerlich legalem Wege das Kernstück der rechtlichen Sicherung bürgerlicher Freiheit: die Freiheit der Person, die Unverletzlichkeit der Wohnung, das Postgeheimnis, die Versammlungsfreiheit, die Koalitionsfreiheit und die Gewährleistung des Eigentums. Indem diese VO den Weg freilegte, um die politischen Gegner des Regimes in sog. „Schutzhaft" zu nehmen und ihr Vermögen zu beschlagnahmen, wurde sie ein wichtiges Werkzeug zur Vollendung und Festigung der „Machtergreifung". Trotz ihres angeblich „vorläufigen" Charakters ist sie bis zum Ende des Hitler-Regimes nicht wieder aufgehoben worden. Daß sie „zur Abwehr kommunistischer Gewaltakte" erlassen war, hinderte nicht, daß man sie auch gegen Personen anwendete, die mit dem Kommunismus nicht die entfernteste Verbindung besaßen.

Eine Anzahl weiterer, verfassungsmäßig garantierter Grund- und Freiheitsrechte blieb zunächst formell unangetastet, so z. B. die Gleichheit vor dem Gesetz (Art. 109), der Grundsatz „nulla poena sine lege" (Art. 116), die Gewährleistung der Wahlfreiheit und des Wahlgeheimnisses (Art. 125) sowie die Glaubens- und Gewissensfreiheit (Art. 135). Aber es zeigte sich bald, daß sie praktisch ihre Wirksamkeit verloren hatten. Man fand Mittel und Wege, das formell noch geltende Recht zu umgehen, soweit man es nicht vorzog, es offen und unverhüllt zu verletzen.

Aus der Praxis des Hitler-Regimes sollte für alle Zeiten eine wichtige Lehre gezogen werden: die Achtung und Wahrung der Menschenrechte kann durch die bloße Existenz von Gesetzen und Verfassungsbestimmungen nicht gesichert werden. Entscheidend ist, ob zugleich wirksame Rechtsschutzverfahren bestehen, ob diese Verfahren ohne Gefahr für Leib und Leben in Anspruch genommen werden können und ob sie in den Händen sachlich und korrekt entscheidender, unabhängiger Rechtspflegeorgane liegen. Sind diese Voraussetzungen nicht gegeben, so bleiben alle verfassungsmäßigen Verbriefungen und feierlichen Proklamationen von Menschenrechten eine Farce. Leider ist diese Einsicht bereits heute wieder von außerordentlich aktueller Bedeutung.

II.

In den letzten Jahren ist vielfach verkannt worden, daß Deutschland über eine bis zum Jahre 1933 sich erstreckende *gesicherte Tradition* des Schutzes der Menschenrechte verfügt. Gewisse obrigkeitliche Züge des deutschen Staatswesens, die sich erst nach 1919 allmählich lockerten, haben dem ausländischen Beobachter häufig die Einsicht verdeckt, daß Deutschland schon in den Zeiten der konstitutionellen Monarchie ein Rechtsstaat gewesen ist, in dem die Rechte des Einzelnen einen wirksamen Schutz genossen. Es ist außerhalb Deutschlands weithin unbekannt, daß gerade der preußische Staat, was man auch immer gegen seine Politik einwenden mag, über ein vorzüglich organisiertes und von liberalen Prinzipien bestimmtes Rechts- und Gerichtswesen verfügte, das gegen polizeiliche Willkür und jede Art von Rechtsbruch wirksame Verteidigungsmöglichkeiten bot.

Nachdem die — niemals in Kraft getretene — Reichsverfassung von 1849 einen umfassenden Katalog von Freiheitsrechten aufgestellt hatte, waren die Verfassungen der deutschen Einzelstaaten weitgehend diesem Vorbild gefolgt. Insbesondere enthielt die der liberalen belgischen Verfassung von 1831 nachgebildete preußische Verfassungsurkunde vom 31. 1. 1850 einen Grundrechtskatalog, der die wichtigsten Menschenrechte verbürgte. Die von Bismarck entworfene Reichsverfassung von 1867/1871 enthielt zwar keine Grundrechtsverbürgungen; doch glaubte man, darauf im Hinblick auf die entsprechenden Garantien der einzelnen Landesverfassungen verzichten zu können. Erst die Verfassung von Weimar vom 11. 8. 1919 hat darüber hinaus auch reichsverfassungsrechtlich die Grundrechte verbürgt.

Von einem modernen rechtspolitischen Standpunkt aus wird man diese Grundrechtsbestimmungen des früheren deutschen Verfassungsrechtes vielleicht in mancher Hinsicht kritisieren können und wird sie ergänzungsbedürftig finden. Doch darf bei dieser Kritik nicht übersehen werden, daß ähnliche Mängel in nicht geringerem Maße auch im öffentlichen Rechte anderer Länder bestanden und daß die Vorkehrungen zum Schutze der Menschenrechte in Deutschland mindestens dem durchschnittlichen Standard des damaligen europäischen Rechtes durchaus entsprachen.

III.

Die *militärische Besetzung* Deutschlands durch die westlichen Alliierten und die Sowjetarmee im Jahre 1945 hat das Problem der Menschenrechte in Deutschland in eine neue Beleuchtung gerückt und in mehrfacher Hinsicht kompliziert.

Auf der einen Seite gehörte der Schutz der Menschenrechte zu den grundlegenden Zielen der Besatzungsmächte, die sich in der Atlantic Charter und in der Charter der Vereinten Nationen auf die Verfolgung dieser Ziele festgelegt hatten. Auf der anderen Seite liegt es im Wesen eines militärischen Besatzungsregimes, daß es mit Eingriffen in die persönliche Freiheit und mit Beschränkungen der sonstigen Freiheitsrechte verbunden ist.

Aus diesem Zwiespalt wird man es erklären müssen, daß die offiziellen Verlautbarungen und Proklamationen der Besatzungsbehörden sich nur in sehr vorsichtigen und zurückhaltenden Formulierungen über den Schutz der Menschenrechte äußerten. General Eisenhower beschränkte sich in seiner Proklamation Nr. 1, die beim ersten Betreten deutschen Bodens durch die alliierten Armeen erlassen wurde, darauf, zu verkünden, die siegreichen Armeen kämen nicht als Unterdrücker, sondern um die grausamen, harten und ungerechten Rechtssätze und Einrichtungen, die vom Nationalsozialismus geschaffen wurden, aufzuheben. Dagegen enthielt die Proklamation keine positiven Zusicherungen über die Gewährleistung der Menschenrechte. Andere Äußerungen leitender Persönlichkeiten der Besatzungsbehörden ließen deutlich erkennen, daß die Besatzungsmächte nicht bereit waren, eine gegen ihre eigenen Maßnahmen rechtlich geschützte Sphäre absoluter Menschenrechte anzuerkennen. Eine positive Haltung zur Frage des Schutzes der Menschenrechte wurde von den Besatzungsbehörden nur insoweit eingenommen, als von allen deutschen Behörden, den neuen Landesregierungen und Landesverfassungen die Respektierung der Menschenrechte und wirksame Vorkehrungen zu ihrem Schutze verlangt wurden.

Diese zwiespältige Politik hatte zunächst psychologische Folgen, die sich für den Aufbau eines demokratischen Verfassungslebens in Deutschland nachteilig auswirkten. Die verfassunggebenden Versammlungen der Länder sahen sich, z. T. unter der unmittelbaren Einwirkung der Besatzungsbehörden, veranlaßt, umfassende und weitreichende Grundrechtskataloge in die neuzuschaffendenVerfassungen aufzunehmen. Der einzelne Bürger sah sich jedoch, in Widerspruch zu diesen feierlich verkündeten Grundsätzen, auf Schritt und Tritt in seiner persönlichen Freiheit einschneidenden Beschränkungen ausgesetzt. Die Beschränkungen ergaben sich in erster Linie aus zwei verschiedenen Ursachen: einmal aus der beispiellosen Not- und Mangellage, die in den ersten Jahren nach Beendigung des Krieges in Deutschland herrschte. Ohne wesentliche Einschränkungen des Rechtes der Freizügigkeit, der Wohnungs-, Arbeits- und Eigentumsfreiheit ließ sich unter diesen Bedingungen schlechterdings kein geordnetes öffentliches Leben aufrechterhalten. Zum anderen ergaben sich erhebliche Einschränkungen der Freiheitsrechte aus der Politik der Besatzungsmächte, die sich nicht an die Vorschriften der deutschen Verfassungen gebunden fühlten[1]. Für den einfachen Mann bedeutete diese Unstimmigkeit zwischen Verfassungsversprechen und Lebenswirklichkeit eine Ungereimtheit, die in seinen Augen die Träger des neuen Verfassungslebens diskreditierte.

Glücklicherweise hat sich in den drei westlichen Besatzungszonen seit geraumer Zeit eine Entwicklung angebahnt, welche die Kluft zwischen Verfassungsnorm und Verfassungswirklichkeit verringert hat. Die Linderung der Not- und Mangellage, die seit der Währungsreform vom Sommer 1948 zu verzeichnen ist, hat in mancher Hinsicht zu einer Lockerung der Freiheitsbeschränkungen geführt (z. B. Wiederherstellung der vollen Gewerbefreiheit in der brit.-am. Doppelzone, Beseitigung der Arbeitskarte, die alle arbeitsfähigen Personen zur Registrierung nötigte und den Bezug der Lebensmittelkarte vom Nachweis einer Beschäftigung abhängig machte; faktische Erleichterungen der Freizügigkeit). Der Ausbau der Verwaltungsgerichtsbarkeit schuf verbesserte Möglichkeiten des Schutzes gegen bürokratische Willkür. Auch in der

[1] Eine eingehende Darstellung der hieraus folgenden Diskrepanzen findet sich bei *Partsch*, Grundfreiheiten und Besatzungsrecht: Ordo 1 (1948) 214ff.

Politik der westlichen Besatzungsmächte bahnte sich eine gewisse Wandlung an.

In der brit. Besatzungszone ergingen am 1. 1. 1947 die beiden Militärregierungsverordnungen Nr. 68 und 72, die u. a. das angelsächsische Habeas corpus-Prinzip zum Schutze der persönlichen Freiheit gegen willkürliche Verhaftungen einführten. In der US-Zone deutete sich die hierin zum Ausdruck kommende Änderung der Besatzungspolitik zuerst in den neuen Richtlinien an, die der am. Militärgouverneur General Lucius D. Clay im Juli 1947 von seiner Regierung erhielt[2]. Unter Betonung der Absicht, in Deutschland eine politische Organisation zu schaffen, deren Ziel es sei, die grundlegenden bürgerlichen und menschlichen Rechte des Einzelnen zu sichern (Ziff. 6c), wurde hier dem Militärgouverneur vorgeschrieben: „Da die Wiederherstellung eines Rechtszustandes in Deutschland ein Hauptziel der Besetzung ist, haben Sie von allen unter Ihrer Kontrolle stehenden Stellen zu fordern, daß sie sich aller Maßnahmen der Willkür und Bedrückung enthalten" (Ziff. 11d). Zugleich wurden die am. Truppen durch eine Direktive angewiesen, die in den neuen Landesverfassungen garantierten staatsbürgerlichen Rechte der deutschen Bevölkerung zu respektieren. Im Januar 1948 wurde durch die am. MilRegVO 23 das Habeas corpus-Prinzip eingeführt. Eine Armee-Verordnung vom 9. 3. 1948 (Nr. 96) traf darüber hinaus Vorschriften, die weitere Rechtsgarantien bei Verhaftungen, Haussuchungen und Beschlagnahmungen durch amerikanische Militärbehörden vorsahen.

In der franz. Besatzungszone zeichnete sich eine ähnliche Wendung mit den Verordnungen des Oberbefehlshabers Nr. 176 über strafbare Handlungen, die sich gegen die Interessen der Besatzungsmacht richten, und Nr. 177 über die Gerichte der franz. MilReg in Deutschland (beide vom 29. 9. 1948) ab. In der Begründung zu der erstgenannten Verordnung hieß es, die MilReg halte es für angebracht, „zu einer liberalen Auffassung bei der Bestrafung und zu einem Strafgesetz zurückzukehren, das in seinem Geist und und teilweise in seinem Wortlaut mit dem französischen und dem deutschen Strafgesetzbuch übereinstimmt". Insbesondere wurde der Grundsatz „nulla poena sine lege" als auch für das Besatzungsstrafrecht verbindlich erklärt. Die zweite VO beabsichtigte, „die Garantien für die persönliche Freiheit und die Achtung des Rechtes auf Verteidigung" zu verwirklichen. Das Recht der Untersuchungshaft, der Beschlagnahme und Durchsuchung wurde eingehend geregelt. Offen blieb die Frage, ob sich diese Vorschriften auch auf die administrative Internierung durch die Sureté beziehen sollten.

Gewisse Mängel und Unvollkommenheiten, die auch diesen verschiedenartigen Regelungen noch anhafteten, brauchen hier nicht erörtert zu werden. Es genügt in diesem Zusammenhang die Feststellung, daß die drei westlichen Besatzungsmächte im Laufe der Jahre 1947/48

---

[2] „Die Neue Zeitung" v. 18. 7. 1947.

eine wesentliche Änderung ihrer Politik im Hinblick auf einen verbesserten Schutz der Menschenrechte der deutschen Bevölkerung gegenüber den Besatzungsorganen vollzogen haben. Dagegen blieb eine entsprechende Entwicklung in der sowjetischen Besatzungszone aus. Auf die besondere Entwicklung in dieser Zone wird noch zurückzukommen sein. Die schwierigsten Probleme des Schutzes der Menschenrechte im heutigen Deutschland sind durch diese Sonderentwicklung der Sowjetzone bedingt.

IV.

Unter praktischen Gesichtspunkten läßt sich die Problematik der Menschenrechte im heutigen Deutschland etwa folgendermaßen gruppieren:

1. Wie weit genügt das im Gebiet der Bundesrepublik Deutschland geltende Besatzungsstatut dem völkerrechtlichen Mindeststandard eines wirksamen Schutzes der Menschenrechte gegenüber den Organen der Besatzungsmächte?

2. Wie weit verbürgen die deutschen Landesverfassungen und das Grundgesetz der Bundesrepublik Deutschland den im Gebiet der Bundesrepublik ansässigen Personen einen wirksamen Schutz ihrer Menschenrechte gegen Übergriffe der Staatsgewalt und ihres unter den heutigen sozialen Bedingungen so mächtigen bürokratischen Apparates?

3. Wie weit besteht ein solcher Schutz auch gegen Übergriffe gesellschaftlicher Gruppen und mächtiger Einzelpersonen?

4. Gibt es irgendeinen praktisch wirksamen Schutz der Menschenrechte gegen die Besatzungsmacht, gegen die Staatsgewalt und gegen die politisch privilegierten Parteien und die von ihnen beherrschten Massenorganisationen in der sowjetisch besetzten Zone?

Im Folgenden kann zu diesen vier Fragen nur in knapper, skizzenhafter Form Stellung genommen werden.

1. Das *Besatzungsstatut* vom 10. 4. 1949 befaßt sich nur in einem einzigen Punkte mit dem rechtlichen Schutze der individuellen Freiheitssphäre. Dieser Punkt (Nr. 6) lautet wie folgt:

> „Subject only to the requirements of their security, the Occupation Authorities guarantee that all agencies of the Occupation will respect the civil rights of every person to be protected against arbitrary arrest, search or seizure, to be represented by counsel, to be admitted to bail as circumstances warrant, to communicate with relatives, and to have a fair and prompt trial."

Diese Bestimmung verwirklicht nur einen Bruchteil dessen, was die Ministerpräsidenten der westdeutschen Länder in ihren Koblenzer Leitsätzen vom 7. 7. 1949 vorgeschlagen hatten. Nicht „die allgemeinen Menschenrechte sowie die bürgerlichen Rechte und Freiheiten", wie es diesem Vorschlag (Ziff. 13) entsprochen hätte, wurden gewährleistet, sondern lediglich die Habeas corpus-Rechte und die mit ihnen unmittelbar verknüpften Rechtsschutzgarantien, und dieses noch unter dem Vorbehalt der Sicherheit der Besatzungsmächte.

Es darf als ein schon im vorigen Jh. gesicherter völkerrechtlicher Grundsatz bezeichnet werden, daß gewisse fundamentale Menschenrechte nicht nur im innerstaatlichen Verfassungsleben, sondern auch im internationalen Verkehr der Staaten und Völker als unverbrüchlich und unantastbar zu gelten haben. Man bezeichnete sie mit den Stichworten: Leben, Freiheit, Rechtssicherheit (droit à la vie, à la liberté, à la légalité — life, liberty and state). Diese Formel umschloß nicht nur den Schutz der persönlichen Freiheit gegen willkürliche Verhaftung und Internierung, sondern darüber hinaus den Schutz der religiösen Gewissensfreiheit und der weltanschaulichen Meinungsfreiheit gegen religiöse und geistige Unterdrückung; Schutz des Eigentums gegen Plünderung, willkürliche Enteignung und Konfiskation, Anerkennung einer staatsfreien Sphäre gegenüber einer allumfassenden polizeistaatlichen Reglementierung des Lebens; Gewährleistung gesetzmäßiger Verwaltung und unabhängiger Justiz („due process of law").

Im Sinne einer weiteren Normalisierung des Besatzungsregimes in Deutschland bleibt zu hoffen, daß im Verlauf der vorgesehenen Überprüfung des Besatzungsstatuts eine Anpassung seiner Bestimmungen an diesen völkerrechtlichen Mindeststandard des Schutzes der Menschenrechte vorgenommen werden wird. Es hätte nahe gelegen, die von der Generalversammlung der Vereinten Nationen am 10. 12. 1948 beschlossene „Allgemeine Erklärung der Menschenrechte" als Modell zu wählen. Hier bietet sich nach wie vor eine ausgezeichnete Gelegenheit, die praktische Bedeutsamkeit dieser Erklärung an einem konkreten Beispielsfall zu erweisen.

2. Das *Bonner Grundgesetz* vom 23. 5. 1949 (GG) bekennt sich in sehr nachdrücklicher Weise zu „unverletztlichen und unveräußerlichen Menschenrechten als Grundlage jeder menschlichen Gemeinschaft, des Friedens und der Gerechtigkeit in der Welt" (Art. 1 II). Dem Beispiel anderer Verfassungen folgend, unterscheidet zwar auch das GG zwischen Menschenrechten und Bürgerrechten. Jedoch läßt es in hohem Maße das Bestreben erkennen, überall dort, wo es sich nicht um engstens mit der Staatsangehörigkeit zusammenhängende Rechte handelt, die Grundrechte als allgemeine Menschenrechte auszugestalten[3].

In diesem Sinne ist jür jedermann, der sich im Gebiet der Bundesrepublik Deutschland aufhält, verbürgt: der allgemeine Schutz der Menschenwürde (Art. 1 I), das Recht auf freie Entfaltung der Persönlichkeit, auf Leben, körperliche Unversehrtheit und Freiheit der Person (im engeren Sinne) (Art. 2). Gleichheit vor dem Gesetz, Gleichberech-

[3] *v. Mangoldt*, Grundrechte u. Grundsatzfragen des Bonner Grundgesetzes: ArchÖffR 75 (1949) 273.

tigung der Geschlechter, Gleichbehandlung ohne Rücksicht auf Abstammung, Rasse, Sprache, Heimat, Herkunft, Glauben, religiöse oder politische Anschauungen (Art. 3). Freiheit des Glaubens, des Gewissens, des religiösen und weltanschaulichen Bekenntnisses sowie der ungestörten Religionsausübung, Freiheit von Kriegsdienstzwang mit der Waffe, soweit er gegen das eigene Gewissen verstößt (Art. 4). Recht der freien Meinungsäußerung, insbesondere Pressefreiheit und Freiheit der Berichterstattung durch Rundfunk und Film. Freiheit von Kunst und Wissenschaft, von Forschung und Lehre (Art. 5). Schutz der Ehe und Familie, der Mutterschaft, Recht der Eltern auf Pflege und Erziehung der Kinder, soziale Gleichstellung unehelicher Kinder (Art. 8). Bestimmungsrecht der Erziehungsberechtigten über die religiöse Kindererziehung, Recht zur Errichtung privater Schulen (Art. 7). Vereinigungsfreiheit zur Wahrung und Förderung der Arbeits- und Wirtschaftsbedingungen (Art. 9 III). Brief- und Postgeheimnis (Art. 10). Freiheit von Arbeitszwang und Zwangsarbeit (Art. 12 II und III). Unverletzlichkeit der Wohnung (Art. 13). Gewährleistung des Eigentums und Erbrechts (Art. 14). Asylrecht politisch Verfolgter (Art. 16 II S. 2). Petitionsrecht (Art. 17). Außer diesen allgemeinen Menschenrechten, die im eigentlichen Grundrechtsteil verbürgt sind, enthalten die Bestimmungen über die Rechtspflege weitere Garatien der persönlichen Freiheit im gerichtlichen Verfahren (Anspruch auf rechtliches Gehör, Gewährleistung der Grundsätze nulla poena sine lege und ne bis in idem — Art. 103 — Aburteilung durch den gesetzlichen Richter — Art. 101 — richterliche Kontrolle jeder Freiheitsentziehung — Art. 104).

Demgegenüber ist der Kreis der nur den „Deutschen" (im Sinne des GG, Art. 116) gewährleisteten Grundrechte verhältnismäßig eng; es sind Versammlungsfreiheit (Art. 8), Vereinsfreiheit (Art. 9), Freizügigkeit (Art. 11), freie Berufswahl (Art. 12), Schutz gegen die Entziehung der deutschen Staatsangehörigkeit und gegen Auslieferung an das Ausland (Art. 16).

Dieser Katalog der Menschen- und Bürgerrechte erleidet jedoch noch eine Reihe von *Modifikationen*. Die volle Verwirklichung der Gleichberechtigung der Geschlechter bedarf einer Umgestaltung des Bürgerlichen Gesetzbuches und anderer Gesetze, die nur schrittweise vollzogen werden kann. Das dem Art. 3 II entgegenstehende Recht bleibt daher einstweilen, spätestens bis zum 31. 3. 1953, in Kraft (Art. 117 I). Auch die volle Freizügigkeit ließ sich nicht sofort verwirklichen; die bestehenden gesetzlichen Einschränkungen mußten vorerst aufrechterhalten werden (Art. 117 II). Andere Grundrechte bleiben durch das bestehende Besatzungsrecht und durch die Gesetze zur politischen Säuberung (Art. 139) eingeschränkt. Politisch Verfolgten, die durch die Besatzungsmächte nicht geduldet werden, kann kein Asylrecht gemäß Art. 16 gewährt werden. Deutsche, die durch eine Besatzungsmacht an das

Ausland ausgeliefert werden, können sich nicht auf das grundgesetzliche Auslieferungsverbot berufen. Das gegen den Grundsatz nulla poena sine lege verstoßende Kontrollratsgesetz Nr. 10 (Verbrechen gegen die Menschlichkeit) gilt fort. Gegen einen Entscheid im Verfahren der politischen Säuberung kann der Rechtsweg vor den ordentlichen oder den Verwaltungsgerichten nicht beschritten werden. Auf der anderen Seite ist der Kreis der Grundrechte dadurch erweitert worden, daß man gewisse Vorschriften der WeimRV zum Schutze der Religionsfreiheit und des religiösen Lebens als fortgeltend erklärt hat (Art. 140 mit Verweisung auf die Art. 136, 137, 138, 139 und 141 WeimRV).

Die Wirksamkeit aller im Grundgesetz verbürgten Menschen- und Bürgerrechte ist dadurch verstärkt worden, daß sie nach der ausdrücklichen Bestimmung des Art. 1 III sowohl Gesetzgebung wie Verwaltung und Rechtsprechung als unmittelbar geltendes Recht binden. Sie können daher nicht mehr, wie manche Grundrechte der WeimRV, als bloße Programmsätze für eine künftige Gesetzgebung aufgefaßt werden. Soweit gesetzliche Einschränkungen eines Grundrechts zugelassen sind, darf doch in keinem Falle ein Grundrecht „in seinem Wesensgehalt angetastet werden" (Art. 19 II). Durch den Ausbau der Verwaltungsgerichtsbarkeit und die Gewährleistung des Rechtsweges in jedem Falle, in dem jemand durch die öffenltiche Gewalt in seinen Rechten verletzt wird (Art. 19 IV), ist auch verfahrensmäßig ein Höchstmaß praktischer Sicherung der Grundrechte erstrebt worden (wobei zu beachten ist, daß diese Rechtswegklausel nicht *nur* bei der Verletzung von Grundrechten eingreift).

Einzelne Verfassungen der deutschen *Länder* gehen in der Verbürgung von Menschen- und Bürgerrechten über diesen Katalog des Grundgesetzes hinaus, insbesondere im Hinblick auf die Garantie „sozialer Grundrechte". Diese Garantien sind durch das Grundgesetz nicht hinfällig geworden; sie bleiben im jeweiligen Geltungsbereich der betreffenden Verfassung auch künftig bestehen.

Eine detaillierte Würdigung dieses Systems verfassungsrechtlichen Schutzes der Menschenrechte ist im Rahmen dieses Berichts nicht möglich. In summarischer Zusammenfassung wird man sagen dürfen, daß die „klassischen" Menschenrechte im Gebiet der Bundesrepublik Deutschland in sehr weitgehendem Maße den Schutz genießen, den eine Rechtsordnung als solche zu bieten vermag. Die Gerichte sind sich der Aufgaben bewußt, die ihnen bei der Verbürgung dieses Schutzes zufallen. Die staatliche Verwaltungsbürokratie empfindet die rechtsstaatlichen Schranken, die ihr gezogen sind, häufig als unbequem und erweist sich daher nicht immer geneigt, eine besonders peinliche Respektierung der Menschenrechte walten zu lassen, wie sie gerade nach den Erfahrungen der jüngsten Vergangenheit angezeigt wäre. Doch zeigt sich in der Bevölkerung stellenweise bereits ein wachsamer Sinn, der solchen

Neigungen entgegenwirkt. Ein Beispiel dafür ist die Gründung von Gesellschaften zum Schutze der Bürgerrechte, die sich in jüngster Zeit in mehreren deutschen Städten vollzogen hat.

3. Die verfassungsmäßig gewährleisteten Menschen- und Bürgerrechte sind herkömmlicherweise gegen die Staatsgewalt gerichtet. In den Vereinigten Staaten ist man schon vor etwa 10 Jahren darauf aufmerksam geworden, daß es an der Zeit sein könnte, für einen Schutz der Menschenrechte auch insoweit zu sorgen, als sie von anderen *Mitmenschen* bedroht sind, von Privatpersonen und privaten Gruppen: mächtigen Unternehmern, tyrannischen Klassengenossen, wirtschaftlichen und politischen Terrororganisationen. Schutzobjekte der Menschenrechte in diesem besonderen Sinne sind vor allem die Angehörigen unbeliebter Minderheiten, in den USA z. B. Neger, Amerikaner japanischer Abstammung, Mitglieder gewisser Sekten wie der Zeugen Jehovas, manche Kategorien entwurzelter landwirtschaftlicher oder industrieller Wanderarbeiter[4]. Auch in Deutschland wird man ein besonderes Schutzbedürfnis für gewisse Bevölkerungsgruppen nicht leugnen können. Das gilt heute in erster Linie für die zahlenmäßig ungeheuer große Gruppe der Flüchtlinge, die gerade in verhältnismäßig wohlhabenden, vom Kriege wenig getroffenen Landschaften oft mit unverhohlener Feindschaft aufgenommen und einer entwürdigenden Behandlung ausgesetzt werden. Auch das Problem des Antisemitismus ruft nach einer solchen Erweiterung der Menschenrechte und einer Entfaltung ihrer Schutzfunktion nach allen Richtungen hin. Nicht, daß es heute in Deutschland noch oder wieder einen nennenswerten Antisemitismus gäbe. Man wird sagen dürfen, daß das deutsche Volk von diesem mörderischen Massenwahn 1945 weitgehend geheilt war. Unglücklicherweise sind gerade in dieser Frage von den Besatzungsbehörden schwere psychologische Fehler begangen worden, die den antisemitischen Affekten der hierfür anfälligen Bevölkerungsgruppen neue Nahrung gegeben haben. Wie gering oder weniger gering man auch immer die praktische Bedeutung dieses Problems im heutigen Deutschland einschätzen mag — in jedem Falle sollte auch im Hinblick auf die jüdischen Bürger von vornherein ein Mindestmaß absoluter Menschenrechte gegen Bedrohungen jeglicher Art geschützt sein. — Es wäre endlich nicht ausgeschlossen, daß sich ein ähnliches Schutzbedürfnis später einmal, wenn die schützende Hand der Besatzungsmächte nicht mehr auf ihnen ruht, für die Displaced Persons ergeben wird, soweit sie in Deutschland bleiben werden.

Das bürgerliche Recht, das Strafrecht, das Polizeirecht und andere Rechtsvorschriften bieten dem Einzelnen mannigfachen Schutz gegen Übergriffe seiner Mitmenschen. Gleichwohl zeigt es sich immer wieder, daß dieses System rechtlich organisierten Schutzes beträchtliche Lücken aufweist. Die neueren Verfassungen haben dieses Problem nicht gesehen.

---

[4] Vgl. hierüber *Carr*, Federal Protection of Civil Rights (1947).

Es wird eine wichtige Aufgabe der Rechtslehre und der Rechtsprechung sein, zu prüfen, wie weit den verfassungsmäßig verbürgten Menschenrechten gleichwohl im Wege der Auslegung und der analogen Anwendung zu jener umfassenden Bedeutung und Wirksamkeit verholfen werden kann, die sie zu einer Verteidigungswaffe nicht nur gegen den Staat und seine Bürokratie, sondern auch gegen jene Glieder der Gesellschaft machen würde, denen die Achtung der Menschenrechte anderer keine selbstverständliche moralische Menschenpflicht bedeutet.

4. Die Frage des Schutzes der Menschenrechte in der *sowjetisch* besetzten Zone Deutschlands bezeichnet den praktisch wichtigsten und schwierigsten Aspekt des ganzen Problems im heutigen Deutschland. Zugleich ist hier mit einer juristischen Analyse des in dieser Zone geltenden Rechtssystems nur wenig auszurichten. Denn es gehört zum Wesen des modernen totalitären Despotismus, daß er keine Bedenken trägt, wohlklingende Freiheitsproklamationen und Rechtsverbürgungen zu verkünden. Was diese Erklärungen aber in der Wirklichkeit bedeuten, ob sie sich nicht als eine zynische Verhöhnung des Unterdrückten und Unfreien erweisen, das ist nur in einer sorgfältigen politisch-soziologischen Analyse der tatsächlichen Lebensverhältnisse zu ergründen, die im allgemeinen ohne wesentliche Irrtümer und Verzeichnungen nur von demjenigen unternommen werden kann, der diese Verhältnisse aus eigenster Anschauung kennt. Es kann nicht die Aufgabe dieses Referates sein, einen solchen Tatsachenbericht zu liefern. Da der eiserne Vorhang, der mitten durch Deutschland geht, einstweilen noch eine Reihe von Durchschlupflöchern offen läßt, weiß man im Westen Deutschlands genug, um von tiefer Sorge über die Entwicklung in jener östlichen Zone erfüllt zu sein.

So wenig die Analyse des geschriebenen Rechtes mithin ein annähernd vollständiges Bild der Rechtswirklichkeit zu geben vermag, so aufschlußreich ist sie doch bereits. Die Verfassung der „Deutschen Demokratischen Republik" gewährt in ihren Art. 6—49 eine große Anzahl herkömmlicher Menschen- und Bürgerrechte. Dieser Grundrechtsteil lehnt sich weitgehend an Formulierungen der Weimarer Verfassung an und ist umfangreicher als der Grundrechtsteil des Bonner Grundgesetzes. Gleichwohl wird schon aus dem Texte der Verfassung deutlich, wie fragwürdig der durch diese Grundrechte gewährte Rechtsschutz ist. Denn die richterliche Unabhängigkeit wird zwar in sachlicher Hinsicht anerkannt, sodaß die Richter formal keinen Weisungen unterworfen sind (Art. 127). Doch fehlt jegliche Garantie ihrer persönlichen Unabhängigkeit. Sie können durch die „Volkskammer" bzw. durch die Landtage der einzelnen Länder abberufen werden, und soweit sie durch die Landesregierungen ernannt werden, sogar durch diese! (Art. 132). Auf eine wissenschaftliche Vorbildung der Richter wird verzichtet (Art. 128 bis 130). Ein richterliches Prüfungsrecht hinsichtlich der Verfassungsmäßigkeit von Gesetzen besteht nicht. Diese Aufgabe liegt vielmehr einem Verfassungsausschuß der Volkskammer ob (Art. 66 II). Zweifel an der Verfassungsmäßigkeit von Gesetzen können nur von mindestens einem Drittel der Mitglieder der Volkskammer, von deren Präsidium, von dem Präsidenten der Republik, von der Regierung der Republik sowie von der Länderkammer geltend gemacht werden (Art. 66 IV). Der Schutz der Bürger gegen rechtswidrige Maßnahmen der Verwaltung ist nur zum Teil der Verwaltungsgerichtsbarkeit übertragen. Im Gegensatz zu der umfassenden Zuständigkeit der westdeutschen Verwaltungsgerichte sind die Verwaltungsgerichte der sowjetischen Zone durch eine gesetzliche Enumeration auf bestimmte Zuständigkeiten beschränkt. Im übrigen, insbesondere auch hinsichtlich der Feststellung der Verfassungswidrigkeit von Regierungs- und Verwaltungsmaßnahmen, ist die Verwaltungskontrolle der Volkskammer übertragen (Art. 66 VIII, Art. 138 I). Praktisch ist diese, einstweilen nicht aus Wahlen hervorgegangene Körperschaft ein nahezu allmächtiges und durch rechtliche Schranken nur wenig gebundenes Organ der herrschenden Parteien. Die Verfassung erklärt sie ausdrücklich zum „höchsten Organ der Republik" (Art. 50). Eine Verfassung solcher Art muß schon aus sich heraus, ohne Berücksichtigung des konkreten politischen Milieus, in dem sie gelten soll, lebhafte Zweifel im Hinblick auf das Bestehen eines wirksamen Schutzes der Menschenrechte erwecken. Wenn für den Schutz der Menschenrechte keine unabhängigen, nur dem Recht verpflichteten Organe mit ausreichenden Machtbefugnissen zur Verfügung stehen, so bleiben alle Proklamationen und verfassungsmäßigen Statuierungen solcher Menschenrechte mehr oder minder bedeutungslos.

DIE FÜR DAS WIRTSCHAFTSLEBEN WESENTLICHEN RECHTE

Von Dr. Hans Carl Nipperdey
ord. Professor an der Universität Köln

A. Das Problem

Die Frage nach den für das Wirtschaftsleben wesentlichen Rechten ist die Frage nach dem *Wirtschaftsverfassungsrecht* eines Volkes, Europas und der Welt. Die Frage wird hier für Deutschland (Gebiet der Bundesrepublik Deutschland) behandelt.

Der Begriff des Wirtschaftsverfassungsrechts ist der deutschen Rechtswissenschaft und Rechtspraxis im allgemeinen unbekannt. *Verfassungsrecht* ist ein umschriebener Begriff, namentlich in den Ländern, in denen es eine geschriebene Konstitution gibt. Auch der Begriff des *Wirtschaftsrechts* ist zwar umstritten, aber doch seit etwa drei Jahrzehnten einigermaßen umrissen und ein Lehrfach an den deutschen Universitäten. Dagegen ist das Wirtschaftsverfassungsrecht kein anerkannter und bekannter Begriff. Namentlich hat man auch nicht etwa die Artikel der Weimarer Verfassung und der neuen Verfassungen der deutschen Länder nach 1945, die Programmpunkte oder Regeln über das Wirtschaftsleben in ihrem Grundrechtsteil enthalten, als Wirtschaftsverfassungsrecht bezeichnet.

Man versteht unter *Verfassungsrecht* das Recht, das die Grundlagen des staatlichen Zusammenlebens eines Volkes enthält und aus Rechtsnormen höchsten Grades besteht, die vom Parlament nur unter erschwerenden Voraussetzungen, unter Umständen sogar überhaupt nicht geändert werden können. Man weiß aber namentlich aus der angelsächsischen Welt, daß es auch ungeschriebenes Verfassungsrecht gibt, das man als Gewohnheitsrecht, vielleicht sogar als Naturrecht bezeichnen mag, das praktisch mindestens die gleiche Festigkeit gegen Änderungen besitzt wie viele geschriebene Konstitutionen und zum Teil seit Jahrhunderten unverändert besteht. Man sollte in Deutschland sich von der Vorstellung freimachen, daß nur das Verfassungsrecht ist, was in der Verfassungsurkunde festgelegt ist. Auch in diesem Land gibt es ungeschriebene Verfassungssätze.

Gibt es nun ein *Wirtschaftsverfassungsrecht?* Gibt es Rechtsgrundsätze ersten Ranges, die die immanenten *Prinzipien eines Wirtschaftssystems*, eines wirtschaftlichen Lebens *rechtssatzmäßig* aussprechen und sichern? Prüft man Rechtswissenschaft, Rechtsprechung und Gesetzgebung auf diese Frage, so ist das Ergebnis ein sehr mageres. Das gilt für die beiden großen, einander gegenüberstehenden Wirtschaftsauffassungen. Bei der Planwirtschaft sollte man — das ist das Wesen des Planes — Rechtsprinzipien erwarten. Aber einmal ist eine vollendete Generalplanungswirtschaft nur in konsequent kommunistischen Ländern durchgeführt, deren Rechtsordnung und Rechtspraxis sich einer genaueren Erkenntnis entzieht. Bei der Planwirtschaft der leichten Hand, wie wir sie in England und einigen europäischen Ländern, bis zu einem gewissen Grad natürlich auch in Deutschland haben, ist kaum mehr vorhanden als etwa die Anerkennung der allgemeinen Grundsätze des Rechtsstaates mit seiner Dreiteilung der Gewalten, dem Vorbehalt des Gesetzes, nach dem Eingriffe des Staates in private Rechte nur auf gesetzlicher Grundlage zulässig sind, und schließlich gewisse organisatorische Elemente, wie Wirtschaftsräte, Wirtschaftskammern, ihre Besetzung und ihre Funktionen. Auch findet sich zuweilen in der Verfassung ein Bekenntnis zur staatlichen Planung im Sinne einer sinnvollen Lenkung des wirtschaftlichen Lebens, des Schutzes vor Ausbeutung und der Gewährleistung des Ertrages seiner Arbeit an jeden Bürger. Aber wie geplant werden soll, nach welchen Methoden, mit welchen Mitteln, das legt man begreiflicherweise lieber nicht fest. Hier gelten die „Prinzipien" der Opportunität und der Zweckmäßigkeit.

Nicht anders *scheint* es bei der Wettbewerbswirtschaft, der Marktwirtschaft zu stehen, die in Deutschland, in Europa und in der Welt noch immer die durchaus beherrschende Rolle spielt und auf sehr weiten Gebieten des wirtschaftlichen Lebens auch in Westdeutschland von der maßgebenden Oppositionspartei anerkannt wird. Von ihr allein soll im folgenden gesprochen werden. In der Wettbewerbswirtschaft — und gerade in ihr — scheint es — das war bis vor kurzem die allgemeine Meinung — an verfassungsmäßigen Rechtsgrundsätzen ganz zu fehlen. Es vollziehe sich in dieser Wirtschaftsordnung der *Automatismus des Wettbewerbs*, und der Regulator sei der freigebildete Preis. Er bedürfe keiner Regelung. Der Staat solle sich aus der Wirtschaft heraushalten. (Daß dieses manchesterliche System z. Z. in vielen Ländern und insbesondere im internationalen Verkehr nur mit großen Einschränkungen besteht, ist allgemein bekannt. Wir haben weitgehend keinen freien internationalen Handel, können nicht frei reisen, und es besteht die Devisenzwangswirtschaft.) Betrachtet man nun aber die Marktwirtschaft näher, so ist seit einiger Zeit, namentlich von *Böhm*, dem unvergeßlichen *Walter Eucken*, dem *Verf.* dieser Zeilen und anderen darauf hingewiesen worden, daß die Annahme, die Marktwirtschaft sei an keine grundlegenden Rechtsprinzipien gebunden, unzutreffend ist. Man hat zwar immer eine etwas dunkle Vorstellung gehabt, daß etwa Gewerbefreiheit und Vertragsfreiheit für eine Wettbewerbswirtschaft notwendig seien. Aber die einzelnen Prinzipien wurden in ihrer Tragweite nicht erkannt.

Hier sitzt eine schwere Unterlassungssünde, ein Versagen der deutschen Rechtswissenschaft, Rechtsprechung und Rechtspolitik, aber ebenso von Volkswirtschaftslehre und Wirtschaftspraxis. Man hat nicht erkannt oder nicht erkennen wollen, daß die sog. freie Wirtschaft, wie sie der klassischen Nationalökonomie vorschwebt, und deren Anhänger heute nach den Erfahrungen mit Zwangswirtschaft und Bürokratie und mit dem Blick auf das gelobte Land der Vereinigten Staaten mehr denn je davon überzeugt sind, daß es trotz vieler Mängel für weite Teile der Wirtschaft das beste, den Bedürfnissen aller Menschen am meisten gerecht werdende System ist, ich sage, man hat nicht erkannt, daß dieser Automatismus nicht nur notwendige wirtschaftliche, sondern auch *notwendige rechtliche Voraussetzungen und Sicherungen* haben muß, wenn er funktionieren soll. Denn dieser auf Gewerbefreiheit, Wettbewerbsfreiheit, Leistungswettbewerb, Vertragsfreiheit und Vereinigungsfreiheit — um nur einige dieser Prinzipien zu nennen — beruhende Automatismus kann durch menschliches Eingreifen auf das empfindlichste gestört werden. Und zwar kann diese Störung eben nicht nur vom Staate her erfolgen, etwa durch Eingriff in die Gewerbefreiheit, durch Lizenzierungsgesetze oder gar numerus clausus, der die Zahl der Anbieter und damit die freie Konkurrenz ungebührlich beschränkt, sondern vor allem durch die Beteiligten selbst, die, gestützt auf Vertragsfreiheit und Vereinigungsfreiheit, durch Kartelle, Preisabreden, durch wettbewerbsfremde Kampfmethoden, durch Schaffung von Monopolen und Oligopolen die Funktion des Preises, den wirtschaftlichen Prozeß zu steuern, ausschalten, den freien Markt beseitigen und damit das System selbst völlig denaturieren.

Daraus ergibt sich das erste Postulat: Soll in einer Wirtschaft das System der Marktwirtschaft Geltung haben, so darf der Staat sich nicht schlechthin zurückhalten, sondern er muß die *Freiheiten, auf denen das System beruht, rechtssatzmäßig garantieren.* Diese Sicherung braucht nicht notwendig in Verfassungsrechtssätzen, durch Gesetze und Strafbestimmungen zu geschehen. In vielen Fällen würde es genügen, wenn die Gerichte in klarer Erkenntnis dessen, worauf es ankommt, solche Rechtsgrundsätze als Verfassungsgrundsätze der Wirtschaftsordnung proklamieren und ihre Durchbrechung nicht dulden würden.

Ein weiterer Fehler, dessen sich die deutsche Jurisprudenz gegenüber der Marktwirtschaft schuldig gemacht hat, besteht darin, daß sie das *Verhältnis der Freiheitsrechte zueinander* nicht klar erkannt und voneinander abgegrenzt hat. So ist das Problem des restraint of trade bei uns zwar unter dem Gesichtspunkt der Bekämpfung gewisser Auswüchse nach Maßgabe des § 138 BGB behandelt, aber in seiner grundsätzlichen Bedeutung nicht gesehen worden. Daß die Rechtsprechung in dieser Richtung angesichts des außerordentlich massiven Gruppenegoismus, der die momentanen Vorteile von Kartellierung, Sperren usw. in äußerst geschickter Weise betonte und dadurch den für die Masse der Wirtschaftssubjekte eintretenden Schaden verschleierte, einen schweren Stand hatte, ist einleuchtend. Trotzdem mußte erkannt werden, daß man das System der Marktwirtschaft diskreditierte und es seiner inneren Glaubwürdigkeit beraubte, wenn man mit dem Eintreten für Unternehmerinitiative und Konkurrenzwirtschaft ein Kartellsystem vereinbaren zu können glaubte. Die deutsche Jurisprudenz ist nicht zu der entscheidenden Erkenntnis vorgestoßen, daß gewisse wirtschaftsverfassungsrechtliche Grundprinzipien (so Wettbewerbsfreiheit, Vereinigungsfreiheit und Vertragsfreiheit) in *Gegensatz* zueinander treten, sich gegenseitig aufheben können, ja daß z. B. die Vertragsfreiheit, schrankenlos angewandt, zu ihrer eigenen Aufhebung führen kann. La liberté du contrat se dévore elle même. Es gilt, das *richtige Zusammenspiel* der Freiheitsprinzipien zu erkennen. Es ist wichtig, die *richtige Rangordnung* dieser Grundsätze zu erfassen und den grundlegenden Satz aufzustellen, daß keines der Ordnungsprinzipien (Freiheitsgrundsätze) so weit gehen darf, daß es sich selbst oder einen der anderen Grundsätze aufhebt oder wesentlich beeinträchtigt. Es muß erkannt werden, daß namentlich die Vertragsfreiheit und die Wettbewerbsfreiheit immanente Grenzen in sich tragen, wenn sie tragende Prinzipien bleiben sollen.

B. *Die Grundsätze*

Es soll im folgenden der Versuch gemacht werden, einige dieser grundlegenden Rechtsprinzipien, von der jede Marktwirtschaft getragen sein muß, herauszustellen, wenn diese Wirtschaftsordnung funktionieren soll. Ich möchte zunächst acht solcher *wirtschaftsverfassungsrechtlichen Ordnungsprinzipien* als notwendig bezeichnen:

1. Privateigentum
2. Gewerbefreiheit
3. Wettbewerbsfreiheit
4. Leistungswettbewerb
5. Monopolkontrolle
6. Vertragsfreiheit
7. Vereinigungsfreiheit
8. Gewährleistung eines menschenwürdigen Daseins für alle in Freiheit von Furcht und Not.

1. *Privateigentum*

Keine Marktwirtschaft ist denkbar ohne die *Gewährleistung des Privateigentums*. Art. 14 des Bonner Grundgesetzes (GG) entspricht im wesentlichen der Eigentumsgarantie und der Regelung des Enteignungsrechts des Art. 153 der Weimarer Reichsverfassung (WeimRV). Die Verfassung hält fest an dem Prinzip des Privateigentums und des privaten Erbrechtes. Dabei ist anerkannt, daß der Eigentumsbegriff im weiten

Sinne auszulegen ist. Der Begriff umfaßt ebenso wie der englische Begriff property außer dem sachenrechtlichen Eigentum alle vermögenswerten Rechte einschließlich der Anwartschaften. Das Eigentum ist *institutionell garantiert*, aber es besteht auch die *Gewährleistung des konkreten Privatvermögens*. Zugleich legt die deutsche Verfassung Grundsätze der herrschenden Auffassung von der Sozialgebundenheit des Eigentums fest. So sind die Sätze, daß Inhalt und Schranken des Eigentums durch die Gesetze bestimmt werden, daß Eigentum verpflichtet und sein Gebrauch zugleich dem Wohle der Allgemeinheit dienen soll und daß eine Enteignung, soweit sie zum Wohle der Allgemeinheit erforderlich ist, gegen Entschädigung, deren richtige Festsetzung der Beurteilung der ordentlichen Gerichte unterliegt, erfolgen muß, die notwendigen Komponenten der Eigentumsgarantie. Das Grundgesetz hat sich zu dem Prinzip bekannt, daß es *eine entschädigungslose Enteignung nicht mehr gibt*. Eine dem Art. 153 II S. 2, 2. Halbsatz WeimRV entsprechende Bestimmung („soweit nicht ein Reichsgesetz etwas anderes bestimmt") enthält das Grundgesetz nicht. Das Gesetz, auf Grund dessen die Enteignung erfolgt, muß „Art und Ausmaß" der Entschädigung regeln. Nur das *Wie*, nicht das *Ob* steht zur Entscheidung des Enteignungsgesetzgebers. Es ist auch daran festzuhalten, daß als Enteignung nicht nur die totale Entziehung dinglicher Rechte, sondern auch die *Entziehung oder Beschränkung* aller subjektiven Privatrechte vermögensrechtlicher Art einschließlich der Forderungsrechte zu verstehen ist. Aus diesem umfassenden Enteignungsbegriff sind aber auszuscheiden alle Eingriffe, durch die auf gesetzlicher Grundlage allgemein der Inhalt und die Schranken von Rechten und rechtlichen Befugnissen bestimmt, durch die bestimmte Vermögensrechte sämtlicher Staatsbürger oder Gruppen bestimmter Staatsbürger gleichmäßig einer gleichmäßigen Beschränkung unterworfen werden, die also nicht einen Einzeleingriff in Rechte bestimmter Personen oder einen bestimmt begrenzten Personenkreis darstellen, ihnen somit kein besonderes Opfer zugunsten der Allgemeinheit auferlegen.[1] Ob mit dieser letzten Formel in der sehr schwierigen Frage der Abgrenzung von Enteignung und Inhaltsbeschränkung des Eigentums schon das letzte Wort gesprochen ist oder ob sich nicht noch eine klarere und praktikablere Differenzierung finden läßt, mag an dieser Stelle dahingestellt bleiben. Jedenfalls hat die deutsche Verfassung dieses erste und maßgebende Grundprinzip einer Ordnung der Marktwirtschaft, auf der alles Weitere basiert, klar und folgerichtig erkannt. Gesetzgebung, Verwaltung und Rechtsprechung haben die Aufgabe, diese Gewährleistung des Eigentums anzuerkennen und durchzuführen.

---

[1] RGZ 107/375; 109/319; 111/327; 118/166; 129/146; 135/308; 139/177; 150/174; 156/305; OGHZ 98.

2. *Gewerbefreiheit*

Aus der Stein- und Hardenberg'schen Reform ist die Gewerbefreiheit über die Preußische Gewerbeordnung von 1845 und die Gewerbeordnung des Norddeutschen Bundes von 1869 in die Reichsgewerbeordnung § 1, dann über Art. 4 der Bismarck'schen Verfassung in Art. 151 der WeimRV übernommen worden. Das Grundgesetz erwähnt sie als solche nicht ausdrücklich, jedoch ist sie nach richtiger Ansicht in den Artikeln 2 und 12 GG enthalten (Freie Entfaltung der Persönlichkeit, freie Wahl des Berufes). Die *Freiheit des Handels und Gewerbes* in dem Sinn, daß jedem der Betrieb und die Fortsetzung eines Gewerbes gestattet wird, ist ein *Grundelement der Wettbewerbswirtschaft.* Sie ermöglicht den Einsatz der persönlichen Tatkraft für die Bedarfsbefriedigung und setzt den Lebenswillen des Einzelnen bewußt zur Erzielung immer höherer Leistung im Dienste der fortschrittlichen Gestaltung der Lebensverhältnisse ein. Eine theoretisch nicht begrenzte Zahl von Anbietern ist das hervorragendste Steuerungsmittel, um den Bedarf aller zu den volkswirtschaftlich denkbar günstigsten Bedingungen, d. h. bester Versorgung zum denkbar günstigsten Preis zu decken und so den 8. Grundsatz zu verwirklichen. Im Deutschland von heute ist die Gewerbefreiheit für die Eingliederung der Flüchtlinge aus dem Osten in das Wirtschaftsleben gleichfalls unentbehrlich. Nun galt allerdings niemals absolute Gewerbefreiheit. Sie war reichsgesetzlich garantiert, aber auch reichsgesetzlich beschränkbar. Außerdem erstreckte sich der Grundsatz nicht auf die Art und Weise der Ausübung des Gewerbes. Wichtig war, daß landesrechtliche Erschwerungen und Beeinträchtigungen der Zulassung ebenso unzulässig waren wie schlechthin polizeiliche Untersagungen und daß allgemein die verwaltungsgerichtliche Nachprüfung einsetzen konnte.

a) Die erste Forderung ist daher: Wiederherstellung dieses Zustandes. Gewerbefreiheit und denkbare Beschränkung nur durch Bundesgesetze, nicht durch Landesgesetze. Es wird zu prüfen sein, inwieweit aus Art. 12 GG eine allgemeine, auch durch Gesetze nicht beschränkbare Gewerbefreiheit folgt, so daß nur die Ausübung des Gewerbes geregelt werden kann.

b) Seit der zweiten Hälfte des 19. Jahrhunderts, besonders dann aber in der ersten Hälfte dieses Jahrhunderts sind wegen angeblichem Mißbrauch der Gewerbefreiheit zahlreiche Beschränkungen eingeführt worden, die insbesondere seit 1933, aber auch nach 1945 immer mehr verschärft wurden, so daß schließlich an die Stelle der Gewerbefreiheit fast überall das Konzessionssystem getreten war. Das Bekenntnis der Verfassungen zur Gewerbefreiheit stand auf dem Papier. Der Gedanke war jetzt der: Es soll nur der Gewerbefreiheit haben, der nach der Meinung des Staates in der Lage ist, sie ohne Schaden für die Gesamtheit auszuüben. Gewerbetreibender soll nach dieser Ansicht nur der sein, der

α) die erforderliche persönliche Zuverlässigkeit,
β) die erforderliche fachliche Eignung hat
γ) und bei dem die Bedürfnisfrage zu bejahen ist oder wenigstens festgestellt wird, daß keine Überbesetzung des betreffenden Gewerbezweiges vorliegt.

Hier scheiden sich nun in der Tat die Geister. Mag man bei gewissen Gewerben, bei denen Sicherheit, Wohlfahrt und Gesundheit es im öffentlichen Interesse erfordern, die Schranken der Sachkunde und persönlichen Zuverlässigkeit bestehen lassen, als allgemeines Prinzip ist das Konzessionssystem untragbar. Es ist schwerfällig, kostspielig, bürokratisch, bevormundend, hemmt die Initiative und negiert weitgehend den natürlichen Auslese- und Ausmerzungsprozeß des wirtschaftlichen Lebens, dem es überlassen werden kann, ungeeignete Kräfte auszuschalten; insbesondere ist das Erfordernis des volkswirtschaftlichen Bedürfnisses, vom Staate geprüft, ein ungeeignetes Prinzip und ein Fremdkörper in der Wettbewerbswirtschaft, vom numerus clausus gar nicht zu reden. Hier muß sich auch die Wirtschaft selbst gegen den Zunftgeist, gegen Bequemlichkeit und Saturiertheit, gegen die Absperrung neuer Konkurrenz entscheiden. Wer hier nicht Farbe bekennt, darf sich nicht als Anhänger der Wettbewerbswirtschaft gebärden. Es war kein Ruhmesblatt für die deutschen Landesgesetzgeber nach 1945, daß sie die Bedeutung der Gewerbefreiheit als verfassungsrechtliches Grundelement der Marktwirtschaft nicht erkannt haben und erst durch die grundlegenden Erlasse der amerikanischen Militärregierung zu der richtigen Erkenntnis gezwungen werden mußten. Es wäre verhängnisvoll, wenn jetzt wieder eine rückläufige Bewegung einsetzen würde und an die Stelle der in diesem Punkt entscheidenden Prinzipientreue wieder vorübergehend Opportunitätsgesichtspunkte die Oberhand gewinnen würden. Der Gesetzgeber möge sich darüber klar sein, daß er mit jeder Einschränkung der Gewerbefreiheit vielleicht zwar nicht gegen einen geschriebenen Verfassungsrechtssatz, wohl aber gegen einen ungeschriebenen Rechtsgrundsatz des Wirtschaftsverfassungsrechts verstößt.

3. Wettbewerbsfreiheit (Konkurrenzfreiheit)

a) Nach der in Deutschland herrschenden Rechtsauffassung richtet sich das Grundrecht der Gewerbefreiheit nur gegen den Staat[2]. Nur die Freiheit vom Staat, nicht die Freiheit gegenüber Verbänden und anderen

[2] Über das außerordentlich wichtige Problem, ob die Grundrechte, wie man bisher annahm, nur die Staatsgewalt oder auch die einzelnen Rechtsgenossen binden und in welchem Umfang, ist an anderer Stelle zu behandeln; vgl. vorläufig *Nipperdey*, RdA 1950, 121ff.

Rechtsgenossen sei garantiert. Daher sollen Einschränkungen der gewerblichen Betätigungsfreiheit durch vertragliche oder verbandsmäßige Abmachungen nicht gegen die Gewerbefreiheit verstoßen. Sie können höchstens bei übermäßiger Bindung oder bei gemeinschädlichen Zwecken nach § 138 BGB nichtig sein. Damit haben das Reichsgericht, der Staatsgerichtshof in seiner Entscheidung vom 29. 6. 1925 und die Rechtswissenschaft ein grundlegendes Problem des Verfassungsrechts der Marktwirtschaft verkannt. Das ist um so unverständlicher, als ein Blick auf das angelsächsische Recht und das Prinzip der Unzulässigkeit des restraint of trade die große Bedeutung der Frage für unser wirtschaftliches Leben hätte zeigen müssen. Es ist hier nicht unsere Aufgabe, die Entwicklung im englischen und amerikanischen Recht, die oft geschildert worden ist, bis zur World Trade Charter von 1946 darzulegen. Entscheidend ist, daß die bisherige deutsche Auffassung unhaltbar ist. Sie verkennt in verhängnisvoller Weise das Wesen der Wettbewerbswirtschaft. Es gibt nur zwei Wege. Entweder muß erkannt werden, daß die Gewerbefreiheit auch gegenüber den privaten Rechtsgenossen ein Grundrecht ist und somit die Wettbewerbsfreiheit umfaßt. Legt man aber die Gewerbefreiheit in dem gekennzeichneten engen Sinn aus, dann ist es notwendig, als ein *entscheidendes drittes Prinzip der Wirtschaftsverfassung die Wettbewerbsfreiheit* anzuerkennen. Sie ist das allerwichtigste Grundrecht der Wirtschaftsverfassung und absolut unentbehrlich für das Funktionieren der Marktwirtschaft. Nur der freie Wettbewerb, der nicht durch vereinbarte Kontingentierung des Absatzes, durch vereinbarte Produktionsbeschränkungen, Mindestpreise, andere Preisbindungen, Gebietsverteilung usw. gehemmt ist, entspricht der Spielregel dieses Wirtschaftssystems. Nur wenn diese Spielregeln eingehalten werden, kann der Gesamtheit, insbesondere der Masse der Konsumenten zugemutet werden, zu diesem System Vertrauen zu haben und es anzuerkennen. Nur dann hat sie Gewähr, das denkbar geeignetste Produkt zu den denkbar günstigsten Bedingungen zu erhalten. Es kommt hinzu, daß gerade durch Kartellierung wirtschaftliche Machtfaktoren entstehen, denen der Kontrahent preisgegeben ist, er kann nicht zur Konkurrenz ausweichen. Der Automatismus der Marktwirtschaft funktioniert nicht. Konkurrenzbeschränkende Kartelle und Konventionen sind daher zunächst regelwidrig und mit dem Grundprinzip der Konkurrenzfreiheit unvereinbar.

b) Die Schwierigkeiten, diesen Standpunkt durchzusetzen und den Beteiligten klarzumachen, sind erheblich. Der deutsche Bundeswirtschaftsminister, aus dessen Ministerium bereits zahlreiche *Entwürfe eines Gesetzes mit gesetzlichem Zwang zum freien Wettbewerb* hervorgegangen sind, weiß davon ein Lied zu singen. Juristisch taucht hier zum erstenmal der Gegensatz von Grundprinzipien des Wirtschaftsverfassungsrechts auf. Die Beteiligten berufen sich auf Vertragsfreiheit und

Vereinigungsfreiheit für ihre Abreden. Diese Freiheiten können aber zur Beseitigung der Wettbewerbsfreiheit führen und beseitigen damit trotz der Regel des § 137 BGB praktisch die Vertragsfreiheit selbst. Der kartellierte Fabrikant ist nicht in der Lage, mit seinem Abnehmer zu den Bedingungen zu kontrahieren, die nach seiner Kalkulation möglich wären, sondern er muß sich an die Kartellabrede halten. Hier gilt das oben gekennzeichnete Prinzip der *Rangordnung*. Die *Wettbewerbsfreiheit geht* innerhalb der Verfassungsprinzipien der Wirtschaftsordnung der *Vertragsfreiheit und der Vereinigungsfreiheit vor.*

Es ist immer schwer, ein richtiges Prinzip durchzusetzen, wenn die Interessenten es nicht wollen und für ihre Meinung mancherlei einleuchtende Gründe anführen können. Die Gründe für die Kartellierung sind bekannt: Krisenmilderung, stabilere Verhältnisse, unentbehrlich für Wirtschaftszweige mit hohen fixen Kosten und großem Anlagekapital, ausbaufähige Möglichkeiten der Rationalisierung durch Erfahrungsaustausch, Qualitätssteigerung, Typisierung, Spezialisierung, Erhaltung leistungsfähiger Mittelbetriebe usw. Alle diese Gesichtspunkte müssen gegenüber der *Sicherung der Wettbewerbsfreiheit* zunächst zurücktreten. Nicht weil die Militärregierungen und jetzt die Hohen Kommissare drängen, sondern aus der Erkenntnis der *Verfassungsprinzipien der Wirtschaftsordnung* steht die Bundesregierung auf dem richtigen Standpunkt, daß wir angesichts des bisherigen Versagens von Rechtswissenschaft und Rechtsprechung ein *Gesetz gegen Wettbewerbsbeschränkungen* brauchen. In der Tat fordert die Steigerung der volkswirtschaftlichen Leistung und die bestmögliche Versorgung der Verbraucher die Beseitigung von Wettbewerbsbeschränkungen. Man kann über Einzelheiten der Entwürfe und namentlich des letzten Entwurfes verschiedener Meinung sein, so z. B. darüber, ob es richtig ist, die Preisbindung der Markenartikel vom Gesetz auszunehmen. Die Grundprinzipien sind richtig. Marktabsprachen, Beschlüsse und andere Formen des Zusammenwirkens im Markte, deren Zweck oder Wirkung in einer Beschränkung des Wettbewerbs bestehen, sind verboten und nichtig. Solche Wettbewerbsbeschränkungen liegen insbesondere vor, wenn sie zum Gegenstand haben: die Bindung von Preisen, Kalkulationen oder Geschäftsbedingungen, den Ausschluß von Personen von Marktgebieten oder geschäftlichen Tätigkeitsbereichen, die Aufteilung solcher Marktgebiete oder geschäftlicher Tätigkeitsbereiche, die ungerechtfertigt unterschiedliche Behandlung von Personen, insbesondere deren Ausschluß vom üblichen Geschäftsverkehr durch Sperren, die Begrenzung der Erzeugung, des Angebots oder der Nachfrage, die Festsetzung von Quoten oder Kontingenten, gleichgültig welcher Art, die Ausdehnung von Erfinder- oder sonstigen Urheberrechten über den gesetzlich gewährten Schutz hinaus, den Ausschluß von Personen von der Lizenzerteilung, unbeschadet des Rechtes des Patentinhabers zur Erteilung ausschließlicher Lizenzen, die Unterdrückung von Fertigungsverfahren oder die Verhinderung technischer Fortentwicklung.

Man wird weiter zustimmen können, daß der Entwurf entsprechend der rule of reason des englischen Rechts Ausnahmebewilligungen durch die Monopolkommission in bestimmten Fällen zuläßt, wenn die bestmögliche Versorgung des Marktes in besonderen Fällen durch freien Wettbewerb nicht erreicht wird und mit anderen Mitteln nicht sichergestellt werden kann oder dies zur Vermeidung von unzumutbaren wirtschaftlichen Nachteilen für die Beteiligten erforderlich ist und den Interessen der Gesamtwirtschaft nicht zuwiderläuft oder es zur Schaffung gleicher Wettbewerbsbedingungen gegenüber Wettbewerbern, die den Beschränkungen dieses Gesetzes oder einer entsprechenden Regelung eines anderen Staates nicht unterliegen, notwendig erscheint.

Schließlich ist es richtig, wenn der Monopolkommission das Recht gegeben wird, auf Antrag Ausnahmen vom Verbot der Wettbewerbsbeschränkungen zuzulassen, wenn es sich um gemeinsame Maßnahmen zur wirtschaftlichen, organisatorischen und technischen Rationalisierung handelt und die Ausnahmebewilligung im Interesse der Gesamtwirtschaft liegt. Von besonderer Bedeutung sind die Verfahrensvorschriften, insbesondere das Feststellungsverfahren, ob eine Wettbewerbsbeschränkung vorliegt.

Das geplante Gesetz zur Sicherung des Wettbewerbs wird zwar im staatsrechtlichen Sinn ein einfaches Bundesgesetz sein, seiner Bedeutung nach hat es in seinen *Grundprinzipien verfassungsrechtlichen Charakter* und kann endlich zu der dringend notwendigen Gewährleistung der Wettbewerbsfreiheit führen.

4. *Leistungswettbewerb*

Das 4. Grundprinzip des Wirtschaftsverfassungsrechts ist der mit der Wettbewerbsfreiheit eng zusammenhängende *Grundsatz des Leistungswettbewerbs*. Dabei handelt es sich nicht etwa nur um eine Frage des Rechts des Unlauteren Wettbewerbs, sondern gleichfalls um ein verfassungsrechtliches Grundelement, ohne das eine funktionierende Marktwirtschaft nicht möglich ist. Ich habe das unterdessen allgemein anerkannte Prinzip in meiner Schrift: „Wettbewerb und Existenzvernichtung“ 1930 herausgearbeitet. Die Bedeutung des Grundsatzes ist eine dreifache:

a) Als *Leistungswettbewerb* bezeichnen wir die Wettbewerbshandlungen, die in der Ausdehnung des eigenen Geschäftsbetriebes, genauer in der Förderung der Absatztätigkeit mit den Mitteln der echten eigenen Leistung bestehen (Qualität, günstige Preisstellung, faire Werbung). Er ist die natürliche, aber grundsätzlich auch die einzig zulässige und geschützte Form des Wettbewerbs. Leistungswettbewerb mit der Schädigung des Konkurrenten als Folge, nicht als Mittel, ist das notwendige Ergebnis des Nebeneinanderbestehens mehrerer Gewerbebetriebe. Die Schädigung des Mitbewerbers, wenn sie einzig die Folge der Entfaltung der eigenen Leistungsfähigkeit im Kampf um den freien Entschluß des Kunden, die Folge erfolgreicher Absatztätigkeit ist, ist zugelassen, auch wenn der Mitbewerber dadurch vom Markt völlig verdrängt wird. An diesem Leistungswettbewerb hat die Masse aller in der Marktwirtschaft ein entscheidendes Interesse.

b) Unzulässig und rechtswidrig ist dagegen der *leistungsverfälschende Wettbewerb*, d. h. der Wettbewerb, der gegen die Grundsätze der Wahrheit und Klarheit des eigenen Angebotes verstößt, der Rechtsgrundsätze, die für alle gelten, mißachtet, der mit persönlicher Reklame, Anlocken, Anreißen, Ausnutzung fremden Rufes, Nachbau usw. arbeitet, also eben gerade nicht nur die eigene echte Leistung einsetzt. Die umfangreiche Judikatur an der Hand der Bestimmungen des UWG, insbesondere auch der Generalklausel des § 1, beruht auf dieser Erkenntnis.

c) Unzulässig und rechtswidrig ist aber auch in der Regel — und das rührt wieder an die Grundprinzipien des Wirtschaftsverfassungsrechts — der Wettbewerb, den ich unter der Zustimmung von Rechtswissenschaft und Praxis als „*Behinderungswettbewerb*“ bezeichnet habe. Es handelt sich um solche Wettbewerbshandlungen, bei denen die Schädigung des Konkurrenten nicht die Folge, sondern das Mittel des Wettbewerbs ist, die nur eine Behinderung des Mitbewerbers herbeiführen, um dadurch erst freie Bahn für den eigenen Absatz zu schaffen. Es ist das durch die Behinderung verursachte Nichtkönnen des Konkurrenten, das die Abnehmer zutreiben soll. Hierhin gehören nicht nur Anschwärzung, Bestechung, Geheimnisverrat, Abspenstigmachen von Angestellten, sondern auch Sperre von Rohstoffen usw., Boykott und alle sperrähnlichen Maßnahmen einschließlich des Organisationszwanges, Knebelverträge. Denn dieser Behinderungswettbewerb ist nicht nur kein Leistungswettbewerb, er führt darüber hinaus dazu, die natürliche Form des Wettbewerbs, das Werben um den freien Kunden unter Einsatz der Vorteile der eigenen Leistung auszuschalten. Während es das Ziel des Leistungswettbewerbs ist, durch die eigene Leistung die freie Entschließung des Kunden in einem für den Anbieter günstigen Sinn zu beeinflussen, ist es das Ziel des Behinderungswettbewerbs, diesen Kampf um den freien Kunden, das „Um die Wette Bewerben“ zu verhindern, auszuschließen und damit eine der wesentlichen Voraussetzungen des freien Marktes zu beseitigen. Es liegt also nicht nur ein Verstoß gegen das Prinzip des Leistungswettbewerbs, sondern ein Verstoß gegen das Prinzip der Wettbewerbsfreiheit überhaupt vor. Außerdem kann der Behinderungswettbewerb zur Monopolisierung führen und damit die Konkurrenzwirtschaft beeinträchtigen. Hinsichtlich der richtigen Bewertung des Behinderungswettbewerbs hat die Jurisprudenz wiederum weitgehend versagt. Nur die übermäßige Beeinträchtigung des Wettbewerbs, die Existenzgefährdung wurde nach Maßgabe der §§ 138, 826 BGB, § 1 UWG beanstandet. Die frühere Kartellverordnung legalisierte Sperren und sperrähnliche Maßnahmen durch ein Genehmigungsverfahren. Auch der § 8 des oben erwähnten Entwurfes des Wettbewerbsgesetzes ist in dieser Richtung noch zu beanstanden. Das Kernproblem, daß Behinderungswettbewerb gegen die Grundlagen der Marktwirtschaft verstößt, ist nicht hinreichend erkannt worden. Nur unter ganz besonderen Ausnahmefällen, wenn ausnahmsweise die Behinderung das richtige Mittel zum richtigen Zweck ist, z. B. um eine akute Marktverstopfung zu beseitigen, darf die Behinderung im Wettbewerb zugelassen werden.

Die bisher besprochenen 4 Grundsätze: Privateigentum, Gewerbefreiheit, Wettbewerbsfreiheit und Leistungswettbewerb sind Grundpfeiler der Wirtschaftsverfassung. Sie hängen auf das engste zusammen, sie ergänzen und durchdringen sich. Nur sie garantieren den Mechanismus der Marktwirtschaft. Der Einbruch in diese Prinzipien muß auf die Dauer perniziös wirken. An diese Grundsätze müssen Gesetzgebung, Verwaltung und Rechtsprechung des Staates ebenso gebunden sein wie jeder einzelne und alle Organisationen, die im wirtschaftlichen Leben tätig sind.

5. *Monopolkontrolle*

Die bisher genannten Grundsätze verfolgen das gemeinsame rechtliche Ziel, durch freien Leistungswettbewerb einer erheblichen Zahl von Wettbewerbern die beste und billigste Versorgung aller zu sichern. Werden sie *streng* durchgeführt, so lassen sich auf einem sehr weiten Sektor der Wirtschaft Monopole, Oligopole und monopolähnliche Gebilde vermeiden. Jedoch bleiben Monopole usw. möglich. Sie *können* entstehen, auch wenn die genannten Grundsätze eingehalten werden. Es gibt natürliche Monopole, es gibt insbesondere auf Grund des Patentrechts rechtliche Monopole. Es gibt schließlich den erfolgreichen Leistungswettbewerb des überlegeneren rationalisierten Großbetriebes, der zum Monopol führen kann.

Wo sie bestehen und entstehen, kann begreiflicherweise von Wettbewerb, von Marktwirtschaft keine Rede mehr sein, es sei denn, daß Freihandel und unbegrenzte Einfuhr ein anderes Bild geben. Hier ist *wirtschaftliche Macht*, hier sind marktbeherrschende Unternehmen vorhanden, denen der Kontrahent mangels ausreichender Konkurrenz hinsichtlich der Waren und Preise preisgegeben ist. Es versagt das Steuerungsmittel der Wettbewerbswirtschaft. Hier bleibt nur entweder die Überführung in Gemeineigentum, wie etwa bei den Grundstoffindustrien, oder die öffentliche Kontrolle auf gesetzlicher Grundlage. Das marktbeherrschende Unternehmen muß hinsichtlich Produktion, Absatz, Preisen zu dem Verhalten gezwungen werden, das es im Falle der bestehenden Konkurrenz beobachten müßte. Auch in dieser grundlegenden Frage scheint mir der deutsche *Entwurf* des Gesetzes gegen Wettbewerbsbeschränkungen mit seiner Kontrolle über marktbeherrschende Unternehmen *grundsätzlich richtig vorzugehen*. Diese Unternehmen sind verpflichtet, ihr Verhalten auf dem Markt so zu gestalten, daß eine mißbräuchliche Ausnutzung ihrer Marktstellung vermieden wird und die bestmögliche Versorgung des Marktes gewährleistet ist. Dabei sollen mehrere rechtlich selbständige Unternehmen für die Anwendung des Gesetzes als ein Unternehmen gelten, wenn zwischen ihnen tatsächliche oder rechtliche Beziehungen wirtschaftlicher, organisatorischer, finanzieller oder persönlicher Art bestehen, die zu einheitlicher wirtschaftlicher Leitung führen oder das eine Unternehmen in die Lage setzen, die Willensbildung und das Verhalten eines anderen Unternehmens maßgeblich zu beeinflussen. Für die Feststellung eines unzulässigen Geschäftsgebarens marktbeherrschender Unternehmen gilt das besondere Feststellungsverfahren, das jeder in die Wege leiten kann, der glaubhaft macht, in seiner wirtschaftlichen Bewegungsfreiheit behindert zu sein. Von großer Bedeutung ist, daß der Entwurf einer Forderung Rechnung trägt, die bereits 1920 in meiner Schrift: „*Kontrahierungszwang*", damals aus § 826 BGB abgeleitet worden ist. Marktbeherrschende Unternehmen, also solche Unternehmen, die — auch ohne wettbewerbsbeschränkende Maßnahmen — den Wettbewerb für eine bestimmte Ware oder Leistung ausschließen oder wesentlich beeinträchtigen oder auszuschließen oder wesentlich zu beeinträchtigen in der Lage sind, sind verpflichtet, ihre Lieferungen und Leistungen im Rahmen des allgemeinen Geschäftsverkehrs und ihres Leistungsvermögens zu den üblichen Bedingungen ohne ungerechtfertigte Benachteiligung an jeden zu bewirken, soweit nicht wichtige Gründe dies nicht zumutbar erscheinen lassen. In besonderen Fällen kann die Monopolkommission Ausnahmen von diesem Kontrahierungszwang zulassen, wenn das im gesamtwirtschaftlichen Interesse liegt.

Von größter Bedeutung ist natürlich die Zusammensetzung der Monopolkommission, die eine *unabhängige, nur dem Gesetz unterworfene Bundesbehörde* sein muß. Die Kommission darf nicht in die Hände einer routinierten Bürokratie geraten. Mit Recht verlangt der Entwurf, daß der Präsident und die Mitglieder im wirtschaftlichen Leben erfahren sein und die Gewähr dafür bieten müssen, daß sie die ihnen im Gesetz übertragenen Aufgaben gerecht und mit sozialem Verständnis wahrnehmen. Es muß sich um erstklassige, unbestechliche, hochbezahlte Sachkenner handeln, denen richterliche Unabhängigkeit zuzubilligen ist. Das Rechtsmittelverfahren an den Bundesgerichtshof ist von großer Bedeutung. Dies alles darf nicht mit den Grundsätzen der Zwangswirtschaft verwechselt werden. Es handelt sich nicht um viele Unternehmen, die Verhältnisse sind für Sachkenner nicht schwer zu übersehen, so daß hier wirklich mit einer Planwirtschaft der leichten Hand gearbeitet werden kann.

6. *Vertragsfreiheit*

Auch das Prinzip der Vertragsfreiheit, der sog. Privatautonomie ist ein unentbehrlicher Grundsatz des Wirtschaftsverfassungsrechts. Der Vertrag mit der grundsätzlichen Freiheit seiner inhaltlichen Gestaltung durch die Kontrahenten ist das rechtliche Mittel für den Güterumsatz und die Bedarfsbefriedigung. Die Vielgestaltigkeit des wirtschaftlichen Lebens kann nicht ohne Vertragsfreiheit gemeistert werden. Die Vertragsfreiheit gehört daher gleichfalls zur Wirtschaftsverfassung.

a) Daß die Vertragsfreiheit keine schrankenlose sein kann, ist selbstverständlich. Daher steht sie von jeher unter dem Vorbehalt des Gesetzes. Das gilt zunächst für die Sätze des *zwingenden* Rechts (ius cogens).

b) Wir müssen aber einen Schritt weitergehen. Auch *dispositive*, sog. nachgiebige, von den Parteien abdingbare *Rechtssätze* (ius dispositivum) haben eine bestimmte *Ordnungsfunktion*. Auch sie verlangen Respekt, allerdings nicht den gleichen wie das ius cogens. Die Parteien dürfen von nachgiebigen Rechtssätzen dann und insoweit abweichen, als dafür triftige sachliche Gründe vorliegen. Die *Abweichung* muß *reasonable* sein. Die rule of reason muß sie rechtfertigen. Das ist das neue große Prinzip, das die Rechtsprechung aufstellen sollte, insbesondere auch für die Geschäftsbedingungen, die vielfach dazu neigen, die vom Gesetz gewollte Ordnung der Rechtsbeziehungen in ihr Gegenteil zu verkehren. Die Änderung der nachgiebigen Bestimmungen muß nach Maßgabe von Treu und Glauben und der Gerechtigkeitsgedanken der durch den Vertrag ausgeschalteten oder modifizierten gesetzlichen Regeln die *Interessen beider Teile angemessen* berücksichtigen. Das ist eine Formel, die den Kern der Sache besser trifft als die unglückliche Regel des § 138 BGB.

c) Die Vertragsfreiheit findet darin ihre Grenze, daß sie sich nicht selbst aufheben darf. Diese für das *Toleranzprinzip* inzwischen gewonnene Erkenntnis muß auch hier nutzbar gemacht werden. Auch aus diesem Gesichtspunkt sind daher Preiskartelle grundsätzlich unzulässig und Knebelungsverträge können keine Anerkennung finden.

d) Die Vertragsfreiheit berechtigt nicht dazu, die anderen Grundprinzipien der Wirtschaftsverfassung, insbesondere die Wettbewerbsfreiheit, den Leistungswettbewerb oder das Prinzip der Gewährsleistung eines menschenwürdigen Daseins zu beseitigen oder einzuschränken.

Die *Vertragsfreiheit* steht in der *Rangordnung* der Grundprinzipien *hinter den bisher genannten Grundsätzen.*

e) Vertragsfreiheit heißt schließlich: wirkliche *Freiheit* beider Teile, nicht Zwang und Druck des Stärkeren gegen den Schwächeren, nicht Ausbeutung der wirtschaftlichen Überlegenheit. Sicherlich gehört in das wirtschaftliche Leben ein gesunder Egoismus, bei dem zunächst jeder seine eigenen Interessen nach besten Kräften wahrnehmen kann und in der Angebot und Nachfrage eine bedeutsame Rolle für die Vertragsbedingungen spielen. Aber die Grenze ist der Freiheitsgedanke selbst. Freiheit heißt nicht Ausbeutung sondern verständiger Interessenausgleich. Sicherlich ist die Grenze schwierig. Hinsichtlich des Preises verlangt die Freiheit beider Teile, daß der Preis nicht unangemessen ist[3].

7. *Vereinigungsfreiheit*

Dieser Grundsatz ist gleichfalls für die Wirtschaftsverfassung notwendig. Die Möglichkeiten des Zusammenschlusses in den Gesellschaftsformen des Handelsrechts zum Betreiben eines Unternehmens und im übrigen zur Wahrnehmung gemeinsamer Interessen dem Staat gegenüber und gegenüber anderen Wirtschaftsträgern sowie für Selbstverwaltungsaufgaben sind in einer entwickelten Wirtschaft unentbehrlich. Das gilt natürlich auch in sozialpolitischer Hinsicht; daher war es ein schwerer Fehler, nach 1945 in Deutschland ursprünglich die Arbeitgeberverbände nicht anerkennen zu wollen.

Aber auch für diese Freiheit gilt, daß sie nicht die anderen Prinzipien (Wettbewerbsfreiheit, Leistungswettbewerb, Vertragsfreiheit) beseitigen oder beschränken darf. Daraus folgt, daß das den Wettbewerb einschränkende Kartell sich nicht auf die Vereinigungsfreiheit berufen darf.

---

[3] Als Richtlinie kann der im Frankfurter Wirtschaftsrat einmal zum Entwurf des Preisgesetzes gestellte gemeinsame Antrag des Ausschusses für Wirtschaft und des Rechtsausschusses (Drucksachen 1949 Nr. 844) dienen: In der Regel ist unangemessen insbesondere ein Entgelt, das sinkende Kosten der Wiederbeschaffung oder -erzeugung nicht berücksichtigt. Bei gestiegenen Herstellungs- oder Anschaffungskosten ist unangemessen auch ein Entgelt, wenn die nach Hundertsätzen berechnete Gewinn- oder Handelsspanne nicht angemessen gesenkt ist. Unangemessen ist auch ein Entgelt, das einen vom Hersteller als allgemeinen bekanntgemachten Preis übersteigt oder bei dem die Kosten der Gütererzeugung oder -verteilung unter Vernachlässigung der in der gegenwärtigen Not besonders gebotenen Sparsamkeit unberechtigt hoch gehalten oder erhöht sind. In der gegenwärtigen Not, in der der lebenswichtige Bedarf möglichst billig gedeckt werden muß, ist ein Entgelt nicht schon deshalb angemessen, weil der in ihm enthaltene Gewinn unter früheren Verhältnissen üblich war.

8. Gewährleistung eines menschenwürdigen Daseins, frei von Furcht und Not

Die genannten 7 Grundprinzipien sind notwendiger Bestandteil des Wirtschaftsverfassungsrechts. Sie werden gekrönt, zusammengehalten, unter Umständen auch modifiziert und gerechtfertigt nicht durch sich selbst, sondern durch ihren hohen Zweck, den der 8. Grundsatz enthält. Ihr Zweck ist, soweit menschliche Einrichtungen das vermögen: das Wohl und Glück der Menschen auf dieser Erde. Ihr Zweck ist es, den Erfordernissen der Gerechtigkeit zu entsprechen und den Interessen *aller*, nicht aber nur einzelner Gruppen zu dienen. Mit diesen Grundsätzen will die Rechtsordnung das tun, was sie in dem geltenden Wirtschaftssystem der Marktordnung tun kann, um den Bedarf aller zu den volkswirtschaftlich denkbar günstigsten Bedingungen zu decken und es jedermann zu ermöglichen, — um mit dem großen Präsidenten Roosevelt zu sprechen — ein *menschenwürdiges Dasein, frei von Not und Furcht*, zu führen. Auch dieser Grundsatz trägt wirtschaftsverfassungsrechtlichen Charakter und bindet Staat, Organisationen und alle Rechtsgenossen.

Wird mit den dargelegten Prinzipien Ernst gemacht, wird erkannt, daß es sich um Grundsätze handelt, auf denen der wirtschaftliche Wiederaufbau Deutschlands, Europas und der Welt in gemeinsamen, sich ergänzenden Volkswirtschaften beruhen muß, so können auch die *Rechtsordnungen aller Völker* dazu beitragen, *die Kräfte des wirtschaftlichen, sozialen und kulturellen Fortschrittes zu mobilisieren.* Das ist nur möglich auf der Basis klarer Erkenntnis in die wirtschaftlichen und rechtlichen Grundelemente der Wirtschaftsordnung. Jede Wirtschaftsordnung darf nur ein Ziel kennen: der *eigenen Nation und allen Nationen bessere Daseinsbedingungen zu geben.*

RECHTSFORSCHUNG UND RECHTSLEHRE

METHODEN UND EINRICHTUNGEN DES RECHTS-UNTERRICHTS IN DEUTSCHLAND

Ihre Vorteile und Nachteile

Von Dr. Gerhard Erdsiek
Vizepräsident des Oberlandesgerichts in Celle

Literatur: L. Goldschmidt, Rechtsstudium und Prüfungsordnung (1887) — *Adickes,* Grundlinien einer durchgreifenden Justizreform (1906) — *Zitelmann,* Die Vorbildung der Juristen (1909) — *Kaufmann,* Die juristischen Fakultäten und das Rechtsstudium (1910) — *Gerland,* Die Reform des juristischen Studiums (1911) — *Krückmann,* Vorpraxis akademischer Rechtsprechung u. a. (1911) — *E. Jacobi,* Die Ausbildung der Juristen (1912) — *Wenger,* Das juristische Studium an den Universitäten (1912) — *M. E. Mayer,* Über die Reform des juristischen Studiums (1913) — *Rudotf Joerges,* Rechtsunterricht und Rechtsstudium (1916) — *Richard Schmidt,* Juristische Ausbildung: HdWb Rechtswiss III 404—420 — *Stoll,* Beziehungen der Rechtslehre zur Praxis: ArchZivPr 126 (1926) 174ff. — *Gerland,* Die Problematik der gegenwärtigen Reformlage im Rechtsstudium in den deutschen Hochschulen (1931) — *Gerhard Lassar,* Juristische Studienreform (1931) — *Fritz Stier-Somló,* Die neue juristische Studienreform (1931) — *Palandt* und *Richter,* Die Justizausbildungsordnung des Reichs (1934) — *Sattelmacher,* Die juristischen Staatsprüfungen (1936) — *Kisch,* Der deutsche Rechtslehrer (1939) — *Waentig,* Die amerikanischen Law Schools und die Reform des Rechtsunterrichts: Schmollers Jahrb. N. F. 26 (1939) 1439ff. — *Karl Jaspers,* Die Idee der Universität (1946) — *Siegfried Kuhn,* Der Jurist (1948) — *Fritz Pringsheim,* Über Rechtserziehung: Die Sammlung 1947, 345ff. — Sowie zahlreiche Aufsätze, insbes. in den Zeitschriften: DJZ 1925—1930, JW 1926 u. 1929, Dt. RichterZtg 1929—1930.

I. Die Grundsätze des Rechtsunterrichts und die Entwicklung des Rechtsunterrichts in Deutschland

Zu den grundlegenden Fragen, die jedem Volk und jedem Zeitalter aufgegeben sind, gehört *die Methode seines Rechtsunterrichts.* Der Praktiker des Rechts, der durch diesen Unterricht gegangen ist, soll neuen Gesetzen ihre Form geben, auf dem Stuhl des Richters Recht sprechen, im Amt des Staatsanwalts das Unrecht verfolgen, als Rechtsanwalt die Interessen der Rechtsuchenden vertreten oder in leitenden Stellungen der Verwaltung und der Wirtschaft die Geschicke des Gemeinwesens wie der Einzelnen beeinflussen. Jeder Mangel des Rechtsunterrichts muß sich unter diesen Umständen in weiten Bereichen und noch in kommenden Generationen auswirken, und es erklärt sich aus dieser Bedeutung des Rechtsunterrichts, wenn über seine Methode von jeher heiß gestritten worden ist.

Eine Erörterung des Gegenstandes muß davon ausgehen, daß es sich bei der Rechtslehre nicht um ein Handwerk oder eine Technik, sondern um eine *Wissenschaft* handelt. Der Wissenschaftscharakter des Rechts ist mitunter, vor allem unter der Herrschaft des Positivismus, bestritten worden. Aber der berühmte Ausspruch *Kirchmanns* „Ein Federstrich des Gesetzgebers — und ganze Bibliotheken werden Makulatur" bedarf heute keiner Widerlegung mehr. Die Rechtslehre ist eine Wissenschaft, weil das Recht eine geistige Erscheinung ist und weil der Rechtslehre die Aufgabe gestellt ist, diese Erscheinung als einen Teil unserer geistigen Welt zu begreifen und in diesem Teilbereich einen widerspruchslosen Ordnungszusammenhang zwischen seinen Einzelheiten herzustellen. Der Stoff, der sich dieser Wissenschaft darbietet, ist die Summe der Rechtsnormen. Dieser Stoff ist nicht tot. Von zwei Seiten her wird er in lebendiger Bewegung gehalten. Als *Norm* ist das Recht geltende Idee, Teil unserer Geistes- und Wertwelt. Jede Änderung unserer Wertvorstellungen beeinflußt notwendig Schöpfung und Auslegung der Rechtsnormen. Als *geltende Satzung* aber ist das Recht gleichzeitig wirkende Kraft, ein Teil unserer Seinswelt, der das soziale Geschehen unmittelbar mitgestaltet, während umgekehrt die Wesensänderung der gesellschaftlichen und wirtschaftlichen Ordnungen die Bedeutung der sie regelnden Rechtsnormen unablässig wandelt. Ein Rechtsunterricht, der sich darauf beschränkte, eine bloße Kenntnis des Geltenden zu vermitteln, müßte zu einer technischen Lehre herabsinken. Wissenschaftlich ist ein Rechtsunterricht erst dann, wenn in ihm das Recht als eine Erscheinung deutlich wird, die in ihrer Doppelnatur vom Geist ebenso bestimmt ist wie von der Wirklichkeit des Lebens. Er soll den Hörer einführen in die ideellen Zusammenhänge, in die das Recht gestellt ist. Gleichzeitig aber soll es ihn mit der Grundstruktur und der Eigengesetzlichkeit der realen Ordnung vertraut machen, zu deren Gestaltung und Deutung der Jurist berufen ist. Jede Methode des Rechtsunterrichts kann kritisch nur danach beurteilt werden, wieweit sie dieser Wechselbeziehung zwischen geistiger Lage, Rechtsnorm und realer Wirklichkeit gerecht wird. Aber über dieser Forderung an den Rechtsunterricht steht noch seine eigentliche und ernsteste Aufgabe: die Erziehung zu echter *Rechtsgesinnung*, die Heranbildung richterlicher Persönlichkeiten, für die das Recht kein toter Buchstabe ist, sondern die durchdrungen sind von

Sinn und Würde des Rechts, von seiner Verantwortung und von seiner Unabhängigkeit.

Wie in jeder Wissenschaft, so bietet sich auch für den Unterricht in der Rechtswissenschaft die *induktive* und die *deduktive* Methode. Welche von beiden ergriffen wird, wird im wesentlichen von dem Entwicklungsgang der einzelnen Rechtsordnung abhängen. Wo sich das Recht in der Spruchpraxis der Gerichte entwickelt, wo der Richter Träger der Rechtsfortbildung ist und die Rechtsgeschichte füglich an die Namen der großen Richter und nicht an die Namen der großen Rechtslehrer anknüpft, dort wird sich auch der Rechtsunterricht der induktiven Methode zuwenden, die von der Untersuchung des Einzelfalles ausgehend zu allgemeinen Grundsätzen aufsteigt. Der Rechtsunterricht in den angelsächsischen Ländern des case law mit seinem System bindender richterlicher Präzedentien wird denn auch durchaus von der „*case method*" beherrscht.

In Deutschland, wie übrigens in den anderen kontinentalen Ländern, ist die Entwicklung eine andere gewesen. Entscheidend wurde die *Rezeption des römischen Rechts*. In diesem unter so vielen Gesichtspunkten grundlegenden Ereignis liegen auch die Wurzeln eines deutschen Rechtsunterrichts, von dem als einer eigenständigen Institution unter der Herrschaft zersplitterter und von Laien geübter deutscher Landesrechte noch nicht gesprochen werden konnte. Wie dieses fremde Recht nun auf den Universitäten Italiens und Frankreichs und später in den ersten deutschen Rechtsfakultäten gelehrt und studiert wurde, das geschah allerdings zunächst und auf lange Zeit hinaus in Anlehnung an die induktive Methode im Studium von Einzelheiten und in der Exegese von Quellenstellen. Aber auf diese Weise konnte die Fülle des Stoffes auch in einem noch so langen Studium nicht bewältigt werden. Um auch nur den doctor utriusque juris zu bestehen, bedurfte es eines Studiums von mindestens zehn Jahren. Gerade diese geschichtliche Erfahrung scheint mir zu erweisen, daß die induktive Methode des Rechtsunterrichts dort versagen muß, wo es an der Voraussetzung einer gemeinschaftlichen Rechtskultur unter einheitlicher staatlicher Leitung fehlt. Zu den Anfängen einer wirklichen Rechtswissenschaft und eines zweckvollen Rechtsunterrichts kam es vielmehr erst, als unter dem Einfluß des *Humanismus* eine Systematisierung des Stoffes auf der Grundlage vor allem der Justinianischen Institutionen einsetzte.

Allerdings bedurfte es langer Zeiträume, um in gedanklicher Durchdringung die Erkenntnis der allgemeingültigen Prinzipien zu erarbeiten, auf denen jeder Rechtsunterricht seiner Idee nach aufzubauen hat. Die Frühzeit begnügte sich noch mit der Übermittlung des positiven Rechtsstoffes, der Lehre seiner begrifflichen Bewältigung und seiner systematischen Zusammenfassung. Aber zur Erfassung der geltenden

Rechtsnormen mußte ihre *kritische* Betrachtung treten. Dem Rechtsstudierenden war das Verständins dafür zu erschließen, daß das Recht das Produkt eines Entwicklungsganges ist, daß das Sein des Rechts erst aus seinem geschichtlichen Werden verstanden werden kann. Ebenso aber war dem Hörer nahezubringen, daß alles Recht bewußte Zweckschöpfung ist, daß daher jede Norm der Sinndeutung bedarf, der Untersuchung, ob sie das Lebensinteresse befriedigt, dem sie dienen soll, schließlich aber, ob sie vor dem Maßstab absoluter Gerechtigkeit, dem Maßstab des richtigen Rechts gerechtfertigt erscheint. In den Unterricht des positiven Rechts war daher Rechtsgeschichte, Rechtsvergleichung, Wirtschafts- und Gesellschaftswissenschaft einzubauen, aber auch Rechtsphilosophie, um die geistigen Kräfte zu bestimmen, die bei der Entstehung des Rechts wirksam sind.

In dogmatischer Methode fortschreitend hat sich so in den folgenden Jahrhunderten eine fruchtbare deutsche Rechtswissenschaft und ein hochstehender Rechtsunterricht entwickelt und lange Zeit einen Weltrang behauptet.

Einen gewissen Rückschlag brachte die isolierte Kodifikation des *Allgemeinen Landrechts*, das Preußen auf lange Zeit von der gemeinsamen deutschen Rechtsentwicklung abtrennte. Unter dem Einfluß dieses im Geiste der Aufklärung geschaffenen Gesetzbuchs begann sich in den von ihm beherrschten Gebieten eine Tendenz zu formalistischer und positivistischer Rechtsauslegung und zu einer Überschätzung der Allgewalt des Staates durchzusetzen, die auch das Niveau des rechtswissenschaftlichen Unterrichts herabdrückte. Gleichzeitig ging die Gestaltung der juristischen Ausbildung überwiegend auf staatliche Instanzen über. Dieser Vorgang bedarf hier darum der Erwähnung, weil seine Nachwirkungen noch in manchen Erscheinungen des heutigen Rechtsunterrichts und in bestimmten Gegensätzen im Rechtsunterricht der preußischen und der nichtpreußischen Gebiete spürbar sind. Zu einer gemeinsamen deutschen Rechtsentwicklung auch im Ausbildungswesen kam es erst im Zusammenhange mit der Schaffung des Bürgerlichen Gesetzbuchs. *Der Eisenacher Kongreß* der deutschen Rechtslehrer von 1896 gab damals den Anstoß zu einer Neuordnung des Lehrplans, der im Grundsätzlichen bis heute maßgebend geblieben ist.

II. Die gegenwärtige Gestalt des Rechtsunterrichts in Deutschland

Nach § 2 des Gerichtsverfassungsgesetzes von 1877 beträgt die Dauer des Studiums drei Jahre; zwischen dem ersten und dem zweiten Staatsexamen (Referendar bzw. Assessorexamen) muß ein Zeitraum von mindestens 3 Jahren liegen. Die Einzelheiten sind den Justizausbildungsordnungen der früheren deutschen Bundesstaaten, jetzt der deutschen Länder überlassen. Nur das Dezennium 1935—1945 stand unter der

Herrschaft der Reichsjustizausbildungsordnung, die nach dem Zusammenbruch wieder von den Einzelverordnungen der Länder abgelöst worden ist. Trotz dieser äußerlichen Zersplitterung ist der Studiengang an allen deutschen Universitäten praktisch im wesentlichen der gleiche gewesen. Andernfalls hätte sich das althergebrachte Prinzip der *Freizügigkeit* zwischen den deutschen Universitäten nicht durchführen lassen.

Die ersten beiden Studiensemester stehen allenthalben unter dem Gesichtspunkt *propädeutischer* Anleitung, und zwar in systematischer wie in genetischer Hinsicht: der werdende Jurist ist ebenso in die Struktur des geltenden Rechts wie in seinen Entstehungsgang einzuführen. Dem ersten der beiden Zwecke dient die etwa seit der Jahrhundertwende gelesene „Einführung in die Rechtswissenschaft". In ihr werden die Grundbegriffe der Rechtsordnung gelehrt, ihre Gliederung und der Zusammenhang zwischen ihren Teilen. Zur Einführung in das öffentliche Recht ist die Allgemeine Staatslehre bestimmt mit einer vergleichenden Darstellung der einzelnen Staats- und Verfassungstypen und ihrer rechtlichen, politischen und sozialen Würdigung. In die Privatrechtslehre führen vier Vorlesungen ein: die Vorlesungen über deutsche Rechtsgeschichte, deutsches Privatrecht, römische Rechtsgeschichte und römisches Privatrecht. Insbesondere hat sich das römische Recht, auch wenn es nicht mehr als Prüfungsfach und nur noch in den Grundzügen gelehrt wird, durch seine unvergängliche pädagogische und kulturelle Bedeutung niemals gänzlich aus dem Studienplan vordrängen lassen. Es bleibt unersetzbar ebenso als Mittel zur Bildung des juristischen Denkens wie als rechtliches Verständigungsmittel und Weltsprache aller Rechtsvölker. Zu diesen einleitenden Vorlesungen gesellt sich die oft allerdings erst an den Schluß gestellte Vorlesung über Rechtsphilosophie, in der mit größerer Tiefe und Gründlichkeit fortgeführt wird, was in der „Einführung in die Rechtswissenschaft" begonnen wurde.

Auf dieser Grundlage der Einführungen baut das Massiv der *systematischen* Vorlesungen auf, die das Kernstück des Rechtsstudiums ausmachen, gesondert wiederum in die beiden Hauptgruppen des privaten und des öffentlichen Rechts. Im Privatrecht sind es vor allem die fünf Vorlesungen, die den fünf Teilen des BGB entsprechen, dem Allgemeinen Teil, dem Schuld-, Sachen-, Familien- und Erbrecht einschließlich des Bauernrechts. Zu immer stärker steigender Bedeutung gelangt daneben die sechste Vorlesung über das Recht des kaufmännischen Verkehrs, also das Handelsrecht nebst Wechsel-, Scheck- und Versicherungsrecht. Im öffentlichen Recht im weiteren Sinn unterscheiden wir die beiden Vorlesungsgruppen über das Justizrecht einerseits, das öffentliche Recht im engeren Sinne andererseits. Zum Justizrecht gehört das Strafrecht mit seinen Nebengebieten, das Zivilprozeßrecht mit dem Recht des Konkurses und der Zwangsversteigerung, das Recht der freiwilligen

Gerichtsbarkeit und das Strafprozeßrecht mit dem Recht des Strafvollzuges. Das öffentliche Recht im engeren Sinne umfaßt das Staatsrecht, das Verwaltungsrecht einschl. des Kommunal- und des Steuerrechts, das Kirchenrecht als das Recht der kirchlichen Verbände und das Völkerrecht als das Recht der Staatengemeinschaften. Keinem dieser beiden Gruppen des öffentlichen und des Privatrechts ganz zugehörig wächst in neuerer Zeit das Zwischenreich des *Arbeits- und Wirtschaftsrechts*, ergänzt durch die Vorlesungen über Allgemeine Volkswirtschaftslehre, Volkswirtschaftspolitik und Finanzwissenschaft.

Eingedenk seiner Bestimmung, den Hörer nicht nur zu lehren, sondern ihn für seinen künftigen Juristenberuf zu erziehen, muß der Rechtsunterricht bereits in einem frühen Stadium darauf bedacht sein, den Studierenden methodisch an die *praktische* Anwendung des Rechts heranzuführen. Diesem Zweck dient *die Übung*, das Praktikum, nun schon seit mehr als einem Jahrhundert ein nicht mehr wegzudenkender Bestandteil des Studienplans. Geeignete Einzelfälle werden in häuslicher Arbeit oder in Klausur von den Hörern behandelt, um dann im akademischen Praktikum gemeinsam erörtert zu werden. Der Ausbildungswert des Praktikums ist schwer zu überschätzen. Hier lernt der Hörer, sich in der praktischen Anwendung des Rechts auf den gegebenen Fall von der Systematik der Vorlesung zu lösen, den Fall unter den möglichen rechtlichen Gesichtspunkten zu untersuchen, ihn sinngemäß einzuordnen und in der Lösung sein praktisches Judiz, das eigentliche Endziel aller juristischen Ausbildung, zu bewähren, kurzum, er lernt sich im Gebilde der Rechtspraxis erstmalig frei und selbständig zu bewegen. Der pädagogische Erfolg des Praktikums und seiner Methode hat mehr und mehr dazu geführt, auch die systematische Vorlesung durch eingestreute *konversatorische Erörterungen* aufzulockern und zu beleben. Im allgemeinen ist der Besuch von fünf Übungen vorgeschrieben; im bürgerlichen Recht, Handelsrecht, Prozeßrecht, Strafrecht und öffentlichen Recht. Von einer Mehrzahl der Studierenden wird der Besuch freiwillig noch auf weitere Übungen ausgedehnt. Nicht mit den Praktika zu verwechseln sind die außerhalb des vorgeschriebenen Studienplans stehenden *Seminare*, die in einem kleinen und ausgesuchten Kreise von Hörern unter Leitung des akademischen Lehrers der vertieften wissenschaftlichen Behandlung von Einzelfragen dienen. Der gesamte Studienplan mit Vorlesungen und Übungen erfordert zu seiner Bewältigung in jedem Semester zwischen 15 und 22 Wochenstunden, nicht eingerechnet die häusliche Arbeit und die philosophischen, geschichtlichen und sonstigen allgemeinbildenden Vorlesungen, deren Besuch auch bei dem Studierenden der Rechtswissenschaft, wenn auch in selbst zu bestimmendem Umfange vorausgesetzt wird.

Ein nicht wegzudenkender Bestandteil des Rechtsunterrichts ist schließlich *das rechtswissenschaftliche Lehrbuch*. In seiner in Deutschland wohl am ausgeprägtesten entwickelten Eigenart, gekennzeichnet durch systematische Verarbeitung des Stoffes, Herausstellung der Prinzipien, Begründung neuer Lehren und kritischer Auseinandersetzung mit Rechtslehre und Rechtssprechung bildet es den Gegenpol insbesondere zum angelsächsischen „textbock" älterer Form, das sich ohne eigene Stellungnahme auf Ordnung und Wiedergabe des case law beschränkt.

Nach der in ihrer Anlage noch zu erörternden Referendarprüfung, die das Universitätsstudium abschließt, tritt der Referendar in den *praktischen Vorbereitungsdienst,* dessen Ausgestaltung ebenfalls den Justizausbildungsordnungen der Länder überlassen ist und der daher im einzelnen manche Abweichungen zeigt. Hier kann nur auf die im wesentlichen übereinstimmenden Grundzüge eingegangen werden. An der im GVG vorgesehenen dreijährigen Dauer ist im allgemeinen festgehalten. Dieser Zeitraum ist in sechs, neuerdings sieben mehrmonatige *Ausbildungsabschnitte* gegliedert. Die erste Station ist überall ein ländliches oder kleinstädtisches *Amtsgericht,* das oft nur mit einem einzigen, jedenfalls nur mit wenigen Richtern besetzt ist. Hier, wo sich die Vielfalt der juristischen Praxis in der wechselvollen Arbeit eines einzigen Tages spiegelt, bietet sich dem Referendar von selbst eine Übersicht über die mannigfachen Seiten der richterlichen Tätigkeit. In naher Fühlung mit den Gerichtseingesessenen erlebt er die Entstehung der Rechtsverhältnisse in eigener Anschauung und übt sich im Verkehr mit dem Publikum, in der Vernehmung von Parteien und Zeugen und in der ersten Bearbeitung von Akten. Oft ist es gerade diese erste Station, die dem Referendar entscheidende menschliche und berufliche Eindrücke für sein späteres Juristenleben vermittelt.

So vorbereitet kommt er an das *Landgericht* einer größeren Stadt, um hier in Zivil- und Strafkammern in die feinere Technik des Verfahrens und in die planvolle Anfertigung eines Urteils eingeführt zu werden. Während der anschließenden Beschäftigung bei der *Staatsanwaltschaft* des Landgerichts wird er in der Vorbereitung und Anfertigung von Anklagen, ihrer Vertretung in der Hauptverhandlung und im Strafvollzug unterwiesen. Bei Bewährung kann er in diesem Ausbildungsstadium für Aufgaben von geringerer Bedeutung bereits als Richter kraft Auftrages oder als Amtsanwalt eingesetzt werden.

Von besonderer Bedeutung ist die jetzt folgende Beschäftigung bei einem *Rechtsanwalt und Notar.* Hat der Referendar die Rechtspraxis bisher ausschließlich von der Seite der staatlichen Autorität her kennengelernt, so erlebt er nunmehr ihre Auswirkung auf die Rechtsuchenden und ihre kritische Beurteilung durch die Parteien und lernt die ersten Anfänge der schwierigen und schöpferischen Kunst, die laienhafte Darstellung eines Lebensvorganges unter rechtlichen Gesichtspunkten zu erfassen und sie in eine für die Rechtsverfolgung geeignete Form zu bringen.

Die anschließende Überweisung in die *zweite Amtsgerichtsstation* bei einem großstädtischen Amtsgericht verlagert das Schwergewicht der Ausbildung auf die freiwillige Gerichtsbarkeit mit den wichtigen Gebieten des Grundbuch-, Register-, Vormundschafts-, Nachlaß- und Vollstreckungsrechts.

Schließlich erfolgt die letzte Feilung — mit Ausnahme einiger süddeutscher Länder — bei den Zivil- und Strafsenaten eines *Oberlandesgerichts*, wo die praktische Ausbildung auf die wissenschaftliche Höhe der Auseinandersetzung mit der höchstrichterlichen Rechtsprechung gehoben wird. Dieser althergebrachte Vorbereitungsgang wird neuerdings auf den letzten Stationen durch eine mehrmonatige Beschäftigung bei einer staatlichen oder kommunalen Behörde bzw. einem großen wirtschaftlichen Unternehmen unterbrochen. Die sonst rein justizmäßige Ausbildung erfährt hier die notwendige Ergänzung im öffentlich-rechtlichen Denken und im Bekanntwerden mit der Praxis öffentlicher Verwaltung. Daß die früher vorgeschriebene besondere Ausbildung zum höheren Verwaltungsdienst mit Regierungsreferendar und Regierungsassessor abgeschafft und ein gemeinsamer Vorbereitungsdienst für Justiz und höhere Verwaltung sichergestellt ist, kann im Interesse einer einheitlichen Rechtspraxis nur begrüßt werden.

Auch die sinnvollste Gliederung des praktischen Vorbereitungsdienstes wäre aber der Gefahr der Zersplitterung und der Routine ausgesetzt, wäre nicht für die fortlaufende geistige Durchdringung des praktischen Stoffes unter Anwendung der im akademischen Studium erarbeiteten Denkweise Vorsorge getroffen. Der ausbildende Praktiker ist in aller Regel zu überlastet, um dieser Aufgabe allein genügen zu können. Sie ist vielmehr in erster Linie den jetzt allerorts an den Land- und Oberlandesgerichten eingerichteten *Arbeitsgemeinschaften* der Referendare übertragen, in denen unter einem besonders ausgewählten Ausbildungsleiter die systematische Bewältigung des Stoffes überwacht und vertieft und die stete Fühlung zwischen Theorie und Praxis in Übungsarbeiten und Aussprachen aufrechterhalten wird.

Wie soll nun eine geordnete und befriedigende Aufnahme des Lehrstoffes wirksam *gesichert* werden? Während über die Gestaltung des akademischen Unterrichts und des Vorbereitungsdienstes im wesentlichen Übereinstimmung besteht, ist diese Kernfrage des ganzen Unterrichtssystems von jeher Gegenstand gegensätzlicher Erörterung. Einig ist man lediglich darüber, daß *unmittelbare* Zwang- und Aufsichtsmittel, wenigstens für den Universitätsunterricht ausscheiden. Die Ablehnung dieser Mittel ergibt sich aus der hergebrachten akademischen Lernfreiheit, und dieser wiederum ist unabdingbar, wenn man das charakterliche Ziel der akademischen Bildung, die Erziehung innerlich selbständiger Persönlichkeiten nicht aufgeben will. Im Vorbereitungsdienst der Justiz gibt die Dienstaufsicht zwar Mittel an die Hand, den Referendar zur Teilnahme am Dienst anzuhalten und ihn äußerstenfalls aus dem Vorbereitungsdienst zu entlassen, aber der notwendige Ausbildungsstand kann auch hier nur auf dem mittelbaren Wege geregelter *Prüfungen* gesichert werden. Gerade aber im Prüfungswesen hat sich eine einheitliche Gestaltung in den einzelnen deutschen Landesteilen bis heute nicht durchsetzen können. Ein Gegensatz besteht vor allem in der Durchführung der ersten juristischen Prüfung. Zwei Auffassungen stehen sich hier gegenüber: die der deutschen *Rechtsfakultäten* und die der Mehrzahl der deutschen *Landesregierungen.* Die Rechtsfakultäten sehen im Referendarexamen die *wissenschaftliche* Abschlußprüfung des akademischen Studiums. In dieser Prüfung habe der Studierende einen Anspruch darauf, von den Hochschullehrern geprüft zu werden, die den Unterricht geleitet hätten. Der Praktiker neige als Prüfer zum Abfragen positiver Einzelheiten. Die Betonung des Praktischen verleite ihn dazu, vom Prüfling Kenntnisse zu verlangen, die dieser erst im Vorbereitungsdienst erwerben solle, und gerade dieser Umstand habe die sehr unerwünschte Folge, die Studierenden privaten Repetitorien zuzuführen.

Die Mehrzahl der Landesjustizverwaltungen vertritt einen gegenteiligen Standpunkt. Sie weisen darauf hin, daß nur eine Minderheit der Studierenden eine wissenschaftliche Laufbahn einzuschlagen pflege. Für sie steht von alters her als wissenschaftliches Abschlußexamen die Doktorprüfung zur Verfügung, bei der nur Professoren mitwirkten. Die Mehrzahl erstrebe jedoch einen praktischen Beruf, insbesondere in einem verantwortlichen Staatsamt. Die Mitwirkung bewährter Prüfer aus Justiz, Verwaltung und Anwaltschaft sei daher unerläßlich. Nur sie seien in der Lage zu beurteilen, ob der Ausbildungsstand des Prüflings seine Übernahme in den Vorbereitungsdienst zulasse. Das erste juristische Examen sei weniger wissenschaftliche Abschlußprüfung als Eingangsprüfung für den praktischen Vorbereitungsdienst.

Der Gegensatz zwischen beiden Auffassungen hat sich bisher nicht überbrücken lassen. Der Standpunkt der Fakultäten hat sich im wesentlichen in Süddeutschland, der Standpunkt der Justizverwaltungen im wesentlichen in Preußen durchgesetzt, hier gefördert durch die im Eingange erwähnte Entwicklung eines verstärkten staatlichen Einflusses auch im juristischen Unterrichtswesen. Man spricht daher auch im allgemeinen von dem Gegensatz eines *norddeutschen* und eines *süddeutschen* Systems. Im Jahre 1929 ist nach Verhandlungen mit den deutschen Rechtsfakultäten eine grundlegende Vereinbarung aller deutschen Länderregierungen zustande gekommen. In ihr heißt es:

I. Die erste Prüfung soll feststellen, ob der Prüfling sich eine wissenschaftliche Betrachtungs- und Denkweise angeeignet hat *und* ob er das nötige Wissen und das erforderliche Verständnis besitzt, um in den künftigen Beruf mit Aussicht auf Erfolg eintreten zu können.

II. Die Prüfungskommission soll aus Theoretikern und Praktikern bestehen. Den Vorsitz führt ein Praktiker.

Auf den Grundgedanken dieser Vereinbarung haben die späteren Justizausbildungsordnungen aufgebaut. Die Justizausbildungsordnung vom 22. 7. 1934 (abgelöst durch die JAO. vom 4. 1. 1939) hatte das norddeutsche System auf das ganze Reich ausgedehnt. Seit ihrem Außerkrafttreten im Jahre 1945 sind die alten Gegensätze wieder aufgelebt. Aus dem buntscheckigen Bilde des gegenwärtigen Rechtszustandes können hier nur einige wesentliche Züge skizziert werden, wobei gewisse Verallgemeinerungen unvermeidlich sind. In den Ländern des *norddeutschen* Sytems liegen die Prüfungen bei den staatlichen Justizprüfungsämtern am Sitz der Oberlandesgerichte. Die Prüfungskommission setzt sich jeweils aus zwei Professoren und zwei Praktikern zusammen. Geprüft wird fortlaufend während des ganzen Jahres mit durchschnittlich 5 Kandidaten in jeder Prüfung. Die Prüfung besteht aus einer wissenschaftlichen Hausarbeit, für deren Anfertigung 3 bis 6 Wochen zur Verfügung stehen, mehreren Klausurarbeiten aus dem bürgerlichen Recht, dem Handels- und Strafrecht und einer fünfstündigen mündlichen Prüfung, die sich im wesentlichen auf das bürgerliche Recht, das Wirtschaftsrecht, das Strafrecht und das Staats- und Verwaltungsrecht sowie die Grundzüge des Prozeßrechts erstreckt. Die Beurteilung erfolgt unter Mitberücksichtigung der Ausbildungszeugnisse nach dem Gesamteindruck des Kandidaten in der Prüfung. Bei Nichtbestehen kann die Prüfung nach 6—12 Monaten wiederholt werden.

Die Unterschiede unter dem *süddeutschen* System sind beträchtlich. Hier liegt die Prüfung in der Hand der Fakultät. Den Vorsitz führt zwar ein Praktiker als Staatskommissar, aber nur die Professoren prüfen. Die Prüfungen finden nicht fortlaufend statt, sondern nur zweimal jährlich am Schluß des Semesters. In der Prüfung liegt das Schwergewicht auf den Klausurarbeiten, von denen bis zu 12 verlangt werden, während die Hausarbeit zurücktritt, teilweise auch ganz fehlt. In der Beurteilung gilt nicht die freie Gesamtbewertung, sondern es herrscht ein Punktsystem vor, bei dem jede Prüfungsleistung einzeln bewertet und das Gesamtergebnis errechnet wird.

In der zweiten juristischen Prüfung, dem *Assessorexamen*, treten die Gegensätze weniger stark hervor. In Norddeutschland erfolgt die Prüfung vor dem staatlichen Prüfungsamt, aber auch in den süddeutschen Ländern werden die Prüfungskommissionen vom Justizministerium bestellt. Die Prüfungsausschüsse bestehen allenthalben aus Praktikern, wobei ein Professor regelmäßig oder doch gelegentlich hinzugezogen wird. Die Prüfung besteht in Norddeutschland aus der praktischen Hausarbeit über einen Aktenfall, die sich aus einem Gutachten und einem Urteilsentwurf zusammensetzt, mehreren Klausurarbeiten über bürgerliches Recht, Handelsrecht, Strafrecht und öffentliches Recht und einer mündlichen Prüfung, die mit einem Aktenvortrag jedes Prüflings beginnt und sich auf die wichtigsten Gebiete des geltenden Rechts erstreckt. Der wichtigste Unterschied in den süddeutschen Ländern besteht darin, daß auch in dieser Prüfung die Aufsichtsarbeiten (mit einer Anzahl bis zu zehn Arbeiten) überwiegen, während die praktische Hausarbeit zurücktritt. Sie wird entweder schon während der Ausbildungszeit abgeliefert oder fehlt gänzlich. Für die Beurteilung gelten im wesentlichen die Grundsätze der ersten Prüfung. Ob die neue deutsche Bundesregierung eine Vereinheitlichung des juristischen Unterrichtswesens in Angriff nehmen wird, läßt sich noch nicht übersehen. Die gedrängte Übersicht über den geltenden Rechtszustand ist damit abgeschlossen.

III. Zur Neugestaltung des Rechtsunterrichts in Deutschland

Jede Methode des Rechtsunterrichts rechtfertigt sich durch ihr Ergebnis. Der Rang der deutschen Rechtswissenschaft und ihrer Vertreter ist noch heute oder heute wieder unbestritten. Aber die Aufgabe des Rechtsunterrichts liegt nicht oder doch nicht in erster Linie in der Erziehung zum Rechtsgelehrten, sondern zum *Praktiker* des Rechts, insbeondere zum *Richter*, auf dessen Gestalt sich jeder Rechtsunterricht ausrichten muß. Gegen ihn wird immer wieder und in Deutschland stärker als in anderen Ländern der Vorwurf der Enge und der Weltfremdheit erhoben. Untersucht man diesen Vorwurf, so wird man einmal zugeben müssen, daß beim deutschen Durchschnittsjuristen oft genug gediegenes Fachwissen einerseits, gediegene Allgemeinbildung andererseits unverbunden nebeneinanderstehen, daß seine Anwendung des Rechts handwerklich ist und nicht in seinen allgemeinen und letzten Grundüberzeugungen wurzelt. „Er hat die Teile in der Hand, fehlt leider nur das geistige Band". Mit dem Vorwurf der Weltfremdheit ist aber noch etwas anderes gemeint, nämlich daß ein solcher Jurist in seiner Rechtsanwendung das Leben verfehlt. Er verfehlt das Leben aber, weil sein *wirtschaftliches* Denken unzureichend ausgebildet ist und er sich in den *realen Ordnungen* nicht zurechtfindet, deren Regelung ihm anvertraut ist. So steht er ebenso abgetrennt von der Idee wie von der Wirklichkeit, von der Idee des Rechts wie von der Wirklichkeit der realen Lebensordnungen. Von dieser doppelten Feststellung wird jede Reform des Rechtsunterrichts auszugehen haben. Was sich in dieser Feststellung spiegelt, ist die Gefahr des Positivismus, eines Positivismus, der weltanschaulich überwunden in der Praxis immer noch ein zähes Leben fristet. Entsprechend seiner doppelten Quelle kann er im Rechtsunterricht auch nur von zwei Seiten überwunden werden, vom *Geistigen* her, indem die Lehre vom Recht betonter als Geisteswissenschaft vorgetragen und erfaßt wird, und vom *Realen* her in der stärkeren Behandlung und Ergreifung der zu ordnenden Substanz. Gegenüber der ersten Forderung, der stärkeren geistigen Grundlegung der Rechtslehre haben Rechtsgeschichte, Rechtsvergleichung und Rechtsphilosophie eine unabdingbare Aufgabe zu erfüllen. Ein Abbau in diesen Disziplinen müßte jede Studienreform von vornherein zum Scheitern verurteilen. Der rechtsgeschichtliche Unterricht wird dabei weniger eine Übermittlung rechtshistorischer Einzelheiten als eine *Ideengeschichte des Rechts* sein müssen. Soweit Einzelheiten erforderlich sind, gehören sie in den dogmatischen Unterricht, wo sie anschaulicher und ertragreicher bei der geschichtlichen Ableitung der einzelnen Rechtsinstitute gegeben werden können. Im rechtsvergleichenden Unterricht kann der werdende Jurist kritischen Abstand von der eigenen Rechtsordnung gewinnen, während ihm der rechtsphilosophische Unterricht Klarheit über Wesen und Begriff des Rechts, die Rangordnung seiner Werte und seine Einfügung in die großen geistigen Strömungen seiner Zeit vermitteln soll. In der sich immer mehr ausbreitenden Fülle und Vielfalt unseres Wissens haben wir die *Einheit* unserer Erkenntnis seit langem verloren. In unserer Arbeit zum Speziellen verurteilt, sind wir in steter Gefahr, das Allgemeine zu verfehlen. Ihr können wir nur begegnen, wenn wir auf dem begrenzten Gebiet, das wir uns zu erschließen vermögen, auf den Grund gelangen, auf dem sich das Allgemeine und Grundsätzliche auf allen Geistesgebieten wieder berührt. Auch im Rechtsunterricht gibt es keinen anderen Weg, wenn wir wieder den gebildeten Juristen erziehen wollen. Diese Forderung nach dem gebildeten Juristen ist kein geistiger Luxus. Wir bedürfen seiner nicht nur, weil wir nur durch ihn den Positivismus, den „Rechtsfeind Nr. 1" überwinden können. Wir bedürfen seiner auch unter *staatspolitischen* Gesichtspunkten. Nur der gebildete, der geistig geschulte Jurist ist innerlich wirklich unabhängig und imstande, sich auch gegenüber den Forderungen politischer Gewalten durchzusetzen. Unsere politische Entwicklung wäre anders verlaufen, wenn wir uns dieser staatspolitischen Bedeutung des Rechtsunterrichts stärker bewußt gewesen wären. Aber mit der geistigen Schulung des Juristen allein ist es nicht getan. Auch der gebildete, geistig feinsinnige Jurist muß versagen, wenn er der Welt der Realien mit blinden Augen gegenübersteht. Vor allem wird sein *wirtschaftliches Denken* in ganz anderer Weise als bisher zu schulen sein. Hier hat der Rechtsunterricht die Aufgabe, ihm die *Interdependenz zwischen Rechtsordnung und Wirtschaftsordnung* nahe zu bringen. Die systematischen Vorlesungen über Volkswirtschaftslehre und Volkswirtschaftspolitik können das für sich allein nicht leisten. Nationalökonomisches und juristisches Denken sind strukturell verschieden. Vielmehr muß die wirtschaftliche Funktion jeder Rechtsnorm, der Zusammenhang zwischen Bedeutung der Rechtsnorm und geltender Wirtschaftsordnung in der dogmatischen Vorlesung selbst gebracht werden. Was der Hörer hier lernen müßte, wäre etwa der Einfluß der Interessenten-Ideologien auf die praktische Rechtsgestaltung und Rechtsübung, die weitgehende Ausschaltung des staatlichen Rechts durch die Privatautonomie der Wirtschaft mit ihrer Einengung der Vertragsfreiheit durch Allgemeine Geschäftsbedingungen und Einheitsverträge und der Bedeutungswandel der Grundrechte je nach der Art der geltenden Wirtschaftsordnung.

Die hier gestellte Forderung, den Unterricht des Rechts auf der einen Seite stärker an seine geistigen Grundlagen, auf der anderen Seite stärker an die rechtstatsächlichen Grundlagen, also an die wichtigsten Strukturelemente der realen Lebensordnungen heranzuführen, wird dem Einwand begegnen, daß eine solche Forderung in unserer Zeit einer täglich sich vermehrenden Stoffmenge nur auf Kosten einer gründlichen Übermittlung des positiven Rechts erfüllbar sei. Tatsächlich steht hier der Rechtsunterricht an seinem Scheidewege, dem Scheidewege zwischen einem auf das *Punktuelle* und einem auf das *Grundsätzliche* ausgerichteten Rechtsunterricht, dem Wege zu möglichst lückenloser Kenntnis der *Einzelheiten* oder zu sinnvollem Verständnis eines *Gesamtzusammenhanges*. Die Entscheidung kann nur zugunsten des Grundsätzlichen fallen. Das falsche Unterrichtsideal des „vollständigen Kollegheftes" muß aufgegeben werden. Einzelkenntnisse können auch auf andere Weise, sei es im Selbststudium, sei es in Wiederholungskursen bzw. in einem Repititorium angeeignet werden. Die eigentliche und unverzichtbare Aufgabe des akademischen Rechtsunterrichts, die nur er zu leisten vermag, liegt in etwas anderem, in der Anleitung des werdenden Juristen, *methodisch und in Prinzipien zu denken*. Damit soll keiner juristischen Schöngeisterei im luftleeren Raum das Wort geredet werden. Auch zur geistigen Bewältigung des Rechts führt keine via regia. Eine klare Erfassung der Zusammenhänge wird niemand ohne einen gewaltigen Grundstock an Einzelkenntnis erreichen. Aber gerade darin wird dieser Grundstock nur in den *Hauptbezirken* der Grunddisziplinen erarbeitet werden können. Jede Zersplitterung, jede Überbewertung von Nebengebieten muß sich unheilvoll auswirken. Wem in grundsätzlicher Schulung der Bau der Rechtsordnung durchsichtig geworden ist, der wird sich — das lehrt hundertfältige Erfahrung — in jedes Sondergebiet des Rechts in kurzer Frist selbsttätig einarbeiten können, weil er die Denkmethoden beherrscht und diese Methoden allgemeingültig sind. Ferner muß die unnatürliche und fast luftdichte *Scheidewand zwischen privatem und öffentlichem Recht*, die der Einheitlichkeit unseres Rechtsdenkens so starken Abbruch getan hat, schon in den Vorlesungen mehr geöffnet werden. Sie stammt aus der auf das römische Privatrecht beschränkten Rezeption, ist in den angelsächsischen Ländern unbekannt und ist im wissenschaftlichen Neuland des Arbeitsrechts, Wirtschaftsrechts, Urheberrechts nahezu unverwendbar. Im übrigen kann die *Selbsttätigkeit* des Studierenden gerade in der männlichen Wissenschaft des Rechts, der eine rein rezeptive Methode niemals ganz entsprechend ist, gar nicht genug angeregt werden. Hier spielen die Übungen, die den dogmatischen Unterricht durch die „case method" ergänzen, eine wichtige Rolle. Dem Mangel an *Anschaulichkeit*, der dem Rechtsunterricht nach der Natur des Rechts notwendig anhaftet, muß eine ausgedehnte Verwendung faksimilierter Urkunden aus der Rechtspraxis abzuhelfen suchen. Das gilt vor allem für den prozessualen und wirtschaftsrechtlichen Unterricht. So vorbereitet wird der Studierende auch aus der amtsgerichtlichen Zwischenpraxis während des Studiums erst einen wirklichen Gewinn ziehen können. Der praktische Vorbereitungsdienst zwischen dem ersten und dem zweiten Examen muß sich ganz unter den Gesichtspunkt stellen, daß die juristische Ausbildung von der Immatrikulation bis zum großen Staatsexamen eine untrennbare *Einheit* bildet und die Beschäftigung des Referendars nicht der Entlastung des Ausbilders, sondern ausschließlich pädagogischen Zwecken zu dienen hat. Die eigentliche Sicherung einer auf *Verständnis* gerichteten Ausbildung wird aber entscheidend in einer entsprechenden Gestaltung der *Prüfungen* liegen müssen. Der Forderung der Rechtsfakultäten, das erste Examen als akademische Abschlußprüfung in ihre Hände zu legen, wird man nicht zustimmen können. Daß nur derjenige fähig sei, den Kandidaten zu prüfen, der ihn auch gelehrt habe, ist ein unbewiesenes Dogma. Es scheitert bereits an dem üblichen Wechsel der Universität, der Verschiedenheit der Lehrmeinungen und der mangelnden Sicherheit, daß der ausbildende Rechtslehrer auch der künftigen Prüfungskommission angehört. Darüber hinaus bestehen gegen eine ausschließlich von akademischen Lehrern durchgeführte Prüfung grundsätzliche Bedenken. Gewiß wird der Praktiker, der mit den vielfältigen Verzweigungen der wissenschaftlichen Entwicklung nicht mehr in ständiger Fühlung steht, als Prüfer die theoretische Schärfe und Tiefe des akademischen Fachvertreters nicht erreichen. Aber eine rein akademische Prüfung wird die Gefahr nie ganz bannen können, die im Eigenleben der Begriffe begründet liegt. Unmittelbar erfährt diese Gefahr nur der Praktiker. Nur er ist imstande, die tatsächliche Auswirkung der von der Wissenschaft geprägten Begriffe im Rechtsalltag zu beobachten, und er erlebt es, wie die Erfüllung der Norm durch die Unvollkommenheit des Begriffs täglich gefährdet wird. So habe ich in eigener Erfahrung als Prüfer das Zusammenwirken von Rechtslehrer und Praktiker im ersten Examen, wie es vor allem in Norddeutschland üblich ist, als besonders fruchtbar empfunden. Es wird schließlich nicht übersehen werden dürfen, daß eine allzu theoretische Ausgestaltung der ersten Prüfung den naturgegebenen Gegensatz zwischen akademischem Studium und praktischem Vorbereitungsdienst noch stärker betonen und dem erwünschten Bestreben entgegenwirken würde, den gesamten juristischen Ausbildungsgang unter einheitliche Gesichtspunkte zu stellen.

Für die Gestaltung der Prüfungen im einzelnen haben sich in Nord- und Süddeutschland verschiedene Formen entwickelt, die sich jeweils auf eine lange Tradition stützen. Zugunsten jeder dieser Formen wird sich manches sagen lassen, was den Rahmen dieses begrenzten Referats sprengen würde. Immerhin kann nicht dazu geraten werden, die schriftliche Prüfung auf *Aufsichtsarbeiten* zu beschränken, wie es in Süddeutschland teilweise geschieht. Die Klausurarbeit wird in einer irrealen, sich in der wirklichen Praxis nicht ereignenden Situation geschrieben. Sie liegt nicht jeder Natur, und mancher wird in ihr sein wirkliches Können nicht zu zeigen vermögen. Es ist eine Erfahrungstatsache, daß auch gut qualifizierte Prüflinge in den Aufsichtsarbeiten nicht unwesentlich unter ihrem sonstigen Leistungsniveau bleiben. Man sollte daher auf die *große häusliche Arbeit* nicht verzichten, die in aller Regel ein anschaulicheres und zuverlässigeres Bild von der wissenschaftlichen und juristischen Persönlichkeit des Kandidaten gibt. Unverzichtbar sollte vor allem die große *praktische Arbeit* im Assessorexamen sein. Sie ist und bleibt das Gesellenstück des werdenden Juristen, in der er beweisen soll, ob er fähig ist, auch einen verwickelten Stoff sinngemäß zu ordnen, geistig zu verarbeiten und mit gesundem Judiz zu beurteilen. Die „Relationstechnik" ist viel gescholten worden. Vor allem macht man sie für Formalismus und Buchstabengeist verantwortlich. Aber der Mißbrauch eines Werkzeugs sagt nichts gegen seine Unentbehrlichkeit. Man darf nur nie vergessen, daß auch die Relationstechnik nicht mehr als ein Werkzeug ist, um auf geprüftem Wege zum richtigen Urteil zu gelangen. In der Bewertung des Prüfungsergebnisses wird einer freien Beurteilung der Persönlichkeit des Prüflings nach seinem Gesamteindruck der Vorzug vor einem mathematischen Punktsystem zu geben sein.

Zum *Repetitorwesen* oder -unwesen nur ein kurzes Wort:

Der Umstand, daß es seit der Frühzeit eines Rechtsunterrichts erfolglos bekämpft worden ist, spricht dafür, daß es einem wirklichen Bedürfnis entspricht. Was der Studierende im Repetitorium sucht, ist zweierlei: freie Aussprache in einem juristischen Gremium, in dem er sich unbefangener äußern zu können glaubt als in Gegenwart seines akademischen Lehrers, zweitens aber eine Überprüfung und Festigung seiner Einzelkenntnisse. Je stärker nun entsprechend der hier gestellten Forderung die Prüfung als Verständnisprüfung angelegt wird, desto weniger wird das Repetitorium als ernsthafter Wettbewerber eines akademischen Unterrichts in Betracht kommen, der dieses Verständnis allein zu erschließen vermag. Dagegen aber, daß der im akademischen Studium geschulte Jurist den Gesamtstand seiner Einzelkenntnisse vor dem Examen in einem guten Repetitorium noch einmal überprüft und ergänzt, wird nichts Grundsätzliches einzuwenden sein. Universität und Repetitorium erfüllen Aufgaben, die sich nur wenig überschneiden.

Abschließend muß man sich darüber klar sein, daß aller Rechtsunterricht in seinem Wert letztlich nicht vom Stoff, seiner Auswahl und Ordnung, sondern vom persönlichen Rang der Hochschullehrer und Prüfer abhängt. Nur sie können in dem Studierenden den Funken wecken, ohne den noch niemand ein wahrer Jurist und ein wahrer Richter geworden ist. Auch für den Rechtsunterricht gilt das Wort: „Men, not measures"!

DIE RECHTSVERGLEICHUNG IM DIENSTE DER RECHTSVEREINHEITLICHUNG

Von Dr. KONRAD ZWEIGERT

ord. Professor an der Universität Tübingen
Referent am Kaiser-Wilhelm-Institut für ausländisches u. internationales Privatrecht

Aus der *Literatur* ist hier vor allem die neueste Dokumentation des Internationalen Instituts für die Vereinheitlichung des Privatrechts (Rom) zu nennen: L'unification du droit (1946), mit Aufsätzen von *Aeby, Bagge, David, Ekeberg, Gutteridge, Hamel, Meijers, Pilotti, Rabel* und *Yntema*, mit den Texten der vom Institut entworfenen Einheitsgesetze und Staatsverträge und der schon in Kraft befindlichen Konventionen, sowie einer Literaturübersicht (S. 725ff.), auf die hier vor allem verwiesen sei.

Von der neueren Literatur waren ferner dem Verfasser zugänglich: *Demogue*, L'unification internationale du droit privé (1927) — *Lambert*, Sources du droit comparé ou supranational: Recueil Gény (1934) III 471ff. — *Nolde*, La codification du droit international privé: Rec. des Cours 55 (1936 I) 301ff. — *Roscoe Pound*, What may we expect from comparative law: Am. Bar Ass. Journal 22 (1936) 56ff. — *Scherrer*, Zur Frage der internationalen Vereinheitlichung des Privatrechts (1939) — *Oppikofer*, Internationale Rechtsvereinheitlichung als Nachkriegsproblem: SchweizJurZtg 1945, 97ff. — *Schnitzer*, De la diversité et de l'unification du droit (1946).

I. Der grundsätzliche Aspekt

Wenn von deutscher Seite aus referierend zu diesem Kongreßthema Stellung genommen werden soll, so ist eine Bescheidung aus mehreren naheliegenden Gründen angebracht. Die *politische Isolierung*, in die unser Land durch die Verblendung weiter Volkskreise nach 1933 mehr und mehr und besonders gegen das Ende hin gedrängt worden ist, hat auch eine unbestreitbare rechtliche Isolierung zur Folge gehabt, entgegen allen Bemühungen der in Deutschland lebenden Rechtsvergleicher und Internationalisten, die ihre übernationale gelehrte und rechtspolitische Arbeit in wachsender Einsamkeit und ohne Hoffnung auf Echo verrichtet haben. Der *totale Zusammenbruch*, den diese Politik nach der Voraussage aller Einsichtigen erleiden mußte und im Jahre 1945 denn auch erlitt, hatte — neben allen zwangsläufigen Übeln — für den Gedanken einer übernationalen Rechtsschau und Rechtsgestaltung den Vorzug, daß mit der Besetzung des Landes durch vier große Nationen ein *auslandsrechtliches Anschauungsmaterial* von einmaliger Vielfalt und

Dichte im eigenen Land ausgebreitet wurde. Wiewohl auch hier nicht alles Gold war, was glänzte, und wiewohl dadurch bei manchen die Verengung des Denkens auf den Dunstkreis des heimischen Herdes noch verstärkt worden sein mag, im ganzen ist damit einer breiteren Schicht, als es sonst möglich ist, jene Befreiung von nationalrechtlichen Vorurteilen angeboten worden, die eine Vertiefung in das fremde Wesen, auf unserem Gebiet die Rechtsvergleichung, als vielleicht schönste Frucht zu bringen vermag. Daraus mag die Hoffnung resultieren, daß in Deutschland eine echte Bereitschaft zu der Demut zu erwarten ist, die nötig sein wird, wenn die neue im Gang befindliche Welle der rechtsvereinheitlichenden Bemühungen mehr zu Tage fördern soll als die bisherigen. Freilich muß die hier zu Wort kommende deutsche Stimme wegen der fehlenden Zulänglichkeit des hier Gebotenen mit der Begründung um Nachsicht bitten, daß die Abgeschnittenheit von der Wissenschaft des Auslandes noch immer nicht überwunden ist, und deshalb auch mußte der Verfasser sich am Eingang dieser Erörterung mit einem Sammelhinweis auf die Literatur begnügen, der er bei der Fassung des Referates verpflichtet war.

Wenn hier von Demut gesprochen wird, so ist es ja die Haltung, die gegenüber allen rechtsvereinheitlichenden Bemühungen von jeder Seite her allein Frucht tragen kann. Daß das Ergebnis der beiden Wellen eines rechtsvereinheitlichenden Enthusiasmus in den Jahren 1900—1914 und nach 1918 im ganzen enttäuschend war, ist unbestreitbar, ebenso wie die Nützlichkeit und Notwendigkeit rechtsvereinheitlichender Bemühungen trotz aller Rückschläge heute mit der wachsenden Verringerung der Handels- und Verkehrsschranken nicht mehr bestritten werden kann. Der Grund dieser weitverbreiteten Enttäuschung liegt wohl darin, daß man den zu beschreitenden Weg für weit kürzer und glatter hielt, als er nach der Lage der Dinge sein kann, und daß es deshalb nicht gelang, den Anfangsenthusiasmus zu der unverdrossenen Zähigkeit werden zu lassen, die hier allein Erfolg verspricht. Damit soll nicht behauptet werden, daß der Erfolg aller Rechtsvereinheitlichung ausschließlich von der Haltung der beteiligten Gremien und Staaten abhänge, daß die Rechtsvereinheitlichung ausschließlich ein *Haltungsproblem* sei. Sie ist vielmehr wie die meisten hiesigen Dinge, mit denen wir ringen, *sowohl* Haltungs- *als auch* Sachproblem. Und ihre *Sachproblematik* beginnt erst dann wirklich lastend zu werden, wenn die zu jedem Versuch der Vereinheitlichung zu leistende Vorarbeit, eben die Rechtsvergleichung, getan ist. *Gutteridge*[1] hat diese Schwierigkeiten der späteren eigentlich „aktiven" Stadien eindrucksvoll dargestellt und aus seiner großen Erfahrung heraus Mittel zu ihrer Überwindung vorgeschlagen. Auch hier sind der Wissenschaft große Aufgaben tatsächlicher

[1] Zuletzt in Comparative Law (1946) 145ff.

Bewältigung gestellt, obwohl ihre primäre Aufgabe in der rechtsvergleichenden Vorbereitung aller Vereinheitlichung besteht.

Daß hier eine grundsätzliche Besinnung auf das Verhältnis der Rechtsvergleichung zur Rechtsvereinheitlichung und darauf nötig ist, was die Rechtsvergleichung für die Rechtsvereinheitlichung leisten kann, bedarf keiner Begründung. Und wenn uns ein bescheidenes Maß politischer Ruhe geschenkt wird, ohne die rechtsvereinheitlichende Bemühungen nicht vorankommen, so werden Schritt für Schritt die Erfolge nicht ausbleiben, gerade weil jener übertriebene Eifer, der ein Hauptgrund früherer Resignationen war, heute nicht mehr zu erwarten ist, sondern ersetzt wird durch die Zähigkeit, mit der das „Bohren dicker Bretter" (*Max Weber*) betrieben wird. Dabei kommt uns selbst im schwersten Problem, nämlich der Verständigung zwischen dem kontinentalen und dem anglo-amerikanischen Rechtsdenken, ein Hoffnungsstrahl aus der Einsicht zu, welche die Rechtsquellenvergleichung oder formelle Rechtsvergleichung beschert hat: das kontinentale Recht bildet das Gesetz von seiner normativen Allmacht mehr und mehr um „zum bloßen Ausdruck einer umfassenden Überzeugung"[2] und entwickelt — vorerst im faktischen Bereich — ein freilich unstarres Präjudiziensystem, während das anglo-amerikanische Recht die Annäherung von der anderen Seite her vollzieht, indem das Präjudiziensystem sich fruchtbar auflockert und eine merkliche Neigung zum „statute", zum Gesetz erkennbar wird.

II. Verhältnis von Rechtsvergleichung und Rechtsvereinheitlichung

Betrachtet man das rein gedankliche Verhältnis zwischen Rechtsvergleichung und Rechtsvereinheitlichung, so erweist sich die Verschiedenheit dieser Gegenstände im Wesen, im Ziel und in der Frage, inwieweit Rechtsvergleichung und Rechtsvereinheitlichung aufeinander angewiesen sind.

1. So sehr man über die wissenschaftliche *Placierung* der Rechts*vergleichung* im Gebäude der Geisteswissenschaften (ist sie selbst eine Wissenschaft ?) oder im Kreise der Rechtswissenschaft selbst (ist sie eine Methode der Rechtswissenschaft ?) und über ihre Definition streiten kann, man wird sich darauf einigen können, daß ihr Wesen jedenfalls besteht im Inbezugsetzen verschiedener Rechtsordnungen in ihrem Geist und Stil oder spezieller im Inbezugsetzen kommensurabler Rechtsinstitute oder kommensurabler Problemlösungen in verschiedenen Rechtsordnungen. Dann erweist sich die Rechtsvergleichung zunächst als eine Methode rechtswissenschaftlicher Arbeit, die durch die Vergleichung und mit ihr durch die Gewinnung eines höheren Sichtpunktes, als es derjenige der einzelnen Rechtsordnung sein kann, sehr vieles zu

[2] *Ernst Rabel* in: 25 Jahre Kaiser-Wilhelm-Gesellschaft zur Förderung der Wissenschaften (1937) III 93.

leisten vermag, was als Ziel oder als Nutzen der Rechtsvergleichung in dem Bogen zwischen dem Gewinn der reinen Meditation bis zur praktischen Verwertung für ein besseres Verständnis der eigenen Rechtsordnung oder für eine übernationale Rechtsvereinheitlichung eingefangen zu werden pflegt. Erweist sich so die Rechtsvergleichung als eine Methode mit einer virtuellen Vielfalt der Ziele, so ist die Rechts*vereinheitlichung* primär ein rechtspolitischs Ziel oder Programm, mit einer Vielfalt der Methoden, ein Programm nämlich, das eben darauf ausgeht, die Verschiedenheiten der nationalen Rechtsordnungen durch eine Einigung auf übernationale Grundsätze im Rahmen des Wünschbaren und des Möglichen zu applanieren oder zu beseitigen und das sich dazu eines mehrstufigen Verfahrens bedient, in dem die Rechtsvergleichung nur eine Vorstufe oder eine erste Stufe repräsentiert.

2. Daraus ergibt sich weiter: Die Rechts*vergleichung* ist in ihrem *Wesen* primär zweckfrei insofern, als sie sich in einer Vergleichung und einer Wertung dieser Vergleichung, mithin in der Meditation und in der Konstatierung einer wissenschaftlichen Wahrheit genügen kann; Wahrheitserforschung ist aber mehr und anderes als Zweck. Die Rechts*vereinheitlichung* hingegen als rechtspolitisches Programm ist primär zweckbetont, indem sie in ihrem programmatischen Charakter eine neue Wirklichkeit anstrebt, die nicht ist, aber werden soll.

3. Was somit das *Aufeinanderverwiesensein* von Rechtsvergleichung und Rechtsvereinheitlichung anbetrifft, so wäre die Rechtsvergleichung als Methode auch in einer Welt legitim, die von Rechtsvereinheitlichung nichts wissen wollte. So wenig die möglichen Zwecke, auf die hin Rechtsvergleichung betrieben werden kann, zu ihrem Begriff gehören, so vielfältig ist ihr möglicher Nutzen, auch außerhalb aller rechtsvereinheitlichenden Bestrebungen (z. B. Reinigung der Begriffe, Befreiung von Vorurteilen, Beflügelung der Phantasie des nationalen Gesetzgebers, Fruchtbarmachung für die Auslegung nationaler Normen, Verlebendigung des Rechtsunterrichtes, im Kollisionsrecht die Vorbereitung einer internationalen Begriffsbildung u. a.). Die Rechtsvergleichung ist also auch ohne Rechtsvereinheitlichung lebensfähig. Umgekehrt kann die Rechtsvereinheitlichung auf rechtsvergleichende Vorarbeiten nicht verzichten. Die Erfahrung lehrt, daß die Vereinheitlichung eines Teilrechtsgebietes — nur solche Vereinheitlichungen können ja ernsthaft angestrebt werden (s. unten IV) — nicht in der Gestalt eines apriorisch geschaffenen Idealgesetzes Wirklichkeit wird, sondern nur dadurch, daß das jeweils Gleiche in den beteiligten Rechtsordnungen in das vereinheitlichte Normenwerk übernommen wird, während das Verschiedene dadurch gleichgemacht wird, daß man die beste Variation oder ein aus der Vergleichung geschöpftes Neues, das besser und praktikabler ist als alle existenten Lösungen, in das vereinheitlichende Statut aufnimmt. Die Ermittlung der Gleichheiten und Verschiedenheiten, der

Konsonanzen und Dissonanzen zwischen den Rechtsordnungen der Welt und die Wertung, welche Lösung die existent oder idealtypisch beste ist, kann aber ohne intensive rechtsvergleichende Vorarbeiten nicht geleistet werden.

III. Was kann die Rechtsvergleichung für die Rechtsvereinheitlichung leisten?

Daß als Vorstufe oder als erstes Stadium jeder rechtsvereinheitlichenden Arbeit eine Vergleichung der Normen im weitesten Sinne unentbehrlich ist, deren Vereinheitlichung konkret angestrebt wird, darf heute als sicher und ausgemacht gelten.

Rechtsvergleichende Forschungen sind aber nicht nur dann von Wert, wenn sie mit dem ausgesprochenen Ziel der Vereinheitlichung eines konkreten materiellen Rechtsausschnittes betrieben werden, sondern auch — wenn auch vielleicht in geringerem Grade — dann, wenn sie eine rein dogmatische Rechtsvergleichung in dem zweckfreien Sinn repräsentieren, von dem oben die Rede war. Denn die Reinigung der Rechtsbegriffe und die Befreiung von nationalen Tendenzen einer Überbewertung der eigenen Rechtsordnung, die als gleichsam transzendierender Nutzen jeder auch rein meditativ und zweckfrei betriebenen Rechtsvergleichung zwangsläufig an den Tag treten, sind unentbehrliche Vorbedingungen aller Schritte, die mit erklärter Absicht auf eine Rechtsvereinheitlichung zugehen. Als ein Beispiel solcher nicht „im Dienst der Rechtsvereinheitlichung" betriebenen, aber doch der Rechtsvereinheitlichung dienenden Rechtsvergleichung unter vielen sei auf die Artikel des großen deutschen Sammelwerks „Rechtsvergleichendes Handwörterbuch für das Zivil- und Handelsrecht"[3], dessen Abschluß und Neuauflage in Vorbereitung ist, hingewiesen.

1. Der Nutzen rechtsvergleichender Vorarbeiten für eine dann folgende Vereinheitlichung ist historisch vor allem an den Beispielen *interner Rechtsvereinheitlichungen* in Mehrrechtsstaaten schon so oft dargetan worden, daß hier der allgemeine Hinweis auf diese gesicherte Erfahrung genügen kann (z. B. Frankreich in der Zeit der coutumiären Rechtszersplitterung, die Schweiz vor den Zivilrechtskodifikationen, Deutschland im 19. Jh., Polen und Tschechoslowakei nach dem ersten Weltkrieg u. a.). Interne Vereinheitlichungen sind freilich als Modelle internationaler Vereinheitlichungen nicht schlechthin verwendbar, weil manche der Hindernisse hier fehlen, die sich bei internationalen Vereinheitlichungsbemühungen als besonders schwer überwindlich gezeigt haben: der Stolz und die Eigenheit des Rechtsstils ist im Gliedstaat stets geringer als im souveränen Nationalstaat, die Hindernisse der Sprachverschiedenheit und der Unterschiedlichkeit in der historischen Quelle

[3] Es ist erschienen bis zum Stichwort „Vermächtnis". Abschluß und Neuauflage sind unter der Leitung von *Hans Dölle* in Angriff genommen.

der zu vereinheitlichenden Teilrechtsordnungen fehlen oft, wenn auch nicht immer. Und diese größere „Leichtigkeit“ der internen Rechtsvereinheitlichung gilt auch für die Vorstufe der rechtsvergleichenden Vorarbeiten, weil die interne Rechtsvergleichung kaum je so starke Dissonanzen im Konstruktiven und im Rechtsstil schlechthin antrifft, wie sie etwa von rechtsvereinheitlichenden Bemühungen überwunden werden müssen, die ein so breites Feld wie das des kontinentalen Rechts auf der einen und des anglo-amerikanischen Rechts auf der anderen Seite — wenn auch nur in Teilen — zum Gegenstand haben. Die oft verborgenen und schwer wägbaren Unifikationsenergien sind jedenfalls in der Regel auf dem internen Gebiet ungleich stärker als auf dem internationalen und werden es auch in einer Welt bleiben, in der frei übernommene Souveränitätsverzichte nicht mehr den Grad von Unwahrscheinlichkeit haben wie bisher.

2. Sind interne Vereinheitlichungen oft die Frucht rechtsvergleichender Vorarbeiten gewesen, die nicht mit dem ausgesprochenen Vorsatz der Vereinheitlichung geleistet worden waren, so gibt es noch eine weitere Methode einer gleichsam stillen Vorbereitung internationaler Rechtsvereinheitlichung, die bisher nur vereinzelt geübt worden ist, aber richtig verstanden die nationalen Rechtsordnungen diesem hohen Ziel näher bringen muß, nämlich die *Interpretation nationaler Normen von einer vergleichenden Schau her*. Diesen Gedanken, der zuerst von *Saleilles* und *Lambert* ausgesprochen worden ist, hat der Verfasser dieses Referates jüngst einer erneuten Prüfung unterzogen[4]. Wieviel wäre doch schon für den Gedanken der Rechtsvereinheitlichung gewonnen, wenn die Gerichte aller Länder Unklarheiten und Lücken der eigenen Rechtsordnung unter Verwertung des Erfahrungsschatzes behöben und füllten, den die internationale Forschung als das Ergebnis kritischer Rechtsvergleichung zur Verfügung hält! Praktikabel wird diese über alles Bisherige ausgeweitete rechtsvergleichende Interpretationsmethode freilich erst dann, wenn die Systeme und Kommentare der nationalen Rechtsordnungen die Ergebnisse der kritischen Rechtsvergleichung an den Ort des Zweifels oder der Lücke eingearbeitet haben — eine Arbeit, auf die alle die Dogmatiker des Rechts ihr Augenmerk richten sollten, die zugleich Rechtsvergleichung betreiben. Das Verfahren wird, wenn einmal in der Praxis geübt, dazu führen, daß jeweils die von der Rechtsvergleichung als optimal erkannte Lösung der großen Rechtsordnungen der Welt ihren Einzug in andere Rechtsordnungen hält, in denen zu dieser konkreten Frage Mehrdeutiges oder Nichts bestimmt ist. Dies werden häufig gerade relativ neue, moderne Fragen sein, zu denen eine ausdrückliche Norm (oder ein Case) fehlt und zu denen sich so eine gemeinsame Praxis und damit eine gemeinsame Rechtsüberzeugung der

[4] *Zweigert*, Rechtsvergleichung als universale Interpretationsmethode RabelsZ 15 (1949) 5ff.

führenden Rechtsordnungen der Welt entwickeln kann. Wegen der dogmatischen Gründe, die für diese Methode sprechen, und wegen ihrer Grenzen muß auf den oben zitierten Aufsatz und die in ihm verwertete Literatur verwiesen werden.

3. Trotz dieser Vorzüge einer zweckfrei betriebenen dogmatischen Rechtsvergleichung und einer rechtsvergleichenden Interpretation nationaler Normen als „stiller" Vorbereitungsfaktoren einer Rechtsvereinheitlichung wird das Schwergewicht und die Hauptaufgabe in solchen vergleichenden Untersuchungen liegen, die mit dem ausgesprochenen Zweck unternommen werden, die *Rechtsvereinheitlichung vorzubereiten*, also selbst die Vorstufe eines konkreten vereinheitlichenden Prozesses auf einem Teilgebiet zu repräsentieren. Solche Untersuchungen, von denen wir etwa in *Davids* Rapport sur l'Arbitrage (1932) und in *Rabels* Warenkauf (1936) vollendete Muster besitzen, haben zwar mit Untersuchungen einer reinen Rechtsvergleichung manches gemein, unterscheiden sich von ihnen aber in der angewandten Methode dadurch, daß ihr Blick nicht nur auf den Bestand des rechtlich Seienden, sondern unverwandt auf das Sollen der angestrebten Vereinheitlichung gerichtet ist. Sie stimmen darin zwar mit Untersuchungen der reinen Rechtsvergleichung überein, daß sie die Ähnlichkeit und Unterschiede der Regelung nicht nur in einem Normenkatalog gegenüberstellen, sondern ihre tatsächliche Lebendigkeit oder Überlebtheit an der Rechtssprechung und am Klauselrecht[5] überprüfen; auch darin, daß sie Gründe und Gewicht der Unterschiede im politischen, sozialen, wirtschaftlichen und volkspsychologischen Bereich offenlegen. Sie werden auch um der Eindringlichkeit willen dem Teil, in dem die eigentlich vergleichende Arbeit geleistet wird, Länderberichte voranstellen, in denen der Stand des konkreten Problems in den verschiedenen Rechtsordnungen zunächst ohne Wertung referiert wird. All dies entspricht dem Stand der Anforderungen an die rechtsvergleichende Arbeit, der heute auch außerhalb aller spezifisch für die Rechtsvereinheitlichung betriebenen Untersuchungen vorausgesetzt wird. Demgegenüber liegt das Mehr der im Dienst der Vereinheitlichung betriebenen Rechtsvergleichung darin, daß hier die Konstatierung der Unterschiede zurücktritt gegenüber dem Ziel ihrer Überwindung. Der rechtsvergleichende Bericht hat daher zugleich die Aufgabe eines Plaidoyers für die konkret angestrebte Vereinheitlichung, und der Rechtsvergleicher wird hier die Haltung des guten Advokaten einnehmen, der es versteht, bei vollendeter Redlichkeit und

[5] Daß im Recht der allgemeinen Geschäftsbedingungen ein in seiner stillwirkenden Kraft äußerst wirksamer Faktor der Rechtsvereinheitlichung außerhalb gesetzter Rechtsnormen liegt, ist ein sehr bemerkenswerter Umstand, dem die im Dienst der Rechtsvereinheitlichung tätige Rechtsvergleichung Rechnung tragen muß. Vgl. *Giannini*, Nouv. Rev. de droit internat. privé 1 (1934) 23f.; *Lambert* a. a. O.; *Demogue* a. a. O.

Lauterkeit gegenüber der Sache die Akzente vornehmlich auf das zu setzen, was für die Vereinheitlichung spricht, ohne freilich bestehende Unterschiede zu bagatellisieren.

So ist es z. B. vorbildlich, wenn *Rabel* im Warenkauf (S. 87) klarmacht, daß die Abneigung des anglo-amerikanischen Rechtes gegen eine Bindung an die Offerte — eine Abneigung, die dort in der Lehre von der consideration wurzelt — deshalb rechtspolitisch wenig begründet ist, weil der Kaufmann, der nicht zu seiner Offerte steht, auch dort rechtstatsächlich als unfair handelnd empfunden wird, der Schritt von da zur rechtlichen Sanktion dieser allgemeinen opinio also nicht groß wäre.

Mit einem Wort von *Gutteridge*[6]: „The laws must be examined in the light of their political, social and economic purpose, and regard must be paid to their dynamic rather than to their static or doctrinal aspects". Eine wichtige Aufgabe dieser im Dienst der Vereinheitlichung betriebenen Rechtsvergleichung besteht ferner darin, den rechtlichen Grundbegriffen eine aus der vergleichenden Schau gewonnene übernationale Weite der Fassung zu verleihen, um zu verhindern, daß die Norm nach ihrer Vereinheitlichung in der Interpretation durch die jeweils nationale Wissenschaft und Judikatur wiederum Eigenwege geht und so die erreichte Vereinheitlichung zu einem bloßen Schein wird. Diese Gefahr ist nicht durch die Aufnahme einer „Clause d'interpretation uniforme", sondern allein durch die Gediegenheit der auf das Ganze gerichteten rechtsvergleichenden Vorarbeit zu bannen.

4. Die Leistung dieser Vorarbeiten überschreitet heute mehr und mehr die Kraft des einzelnen Forschers und wird deshalb als Gemeinschaftsarbeit vollbracht werden müssen. Geeignet sind dafür vor allem die wissenschaftlichen Institute, deren Spezialaufgabe in der Rechtsvergleichung besteht. Von ihnen waren vor dem 2. Weltkrieg fast ausschließlich das Römische Institut für die Vereinheitlichung des Privatrechts, das American Law Institute und das deutsche Kaiser Wilhelm-Institut für ausländisches und internationales Privatrecht an solchen rechtsvergleichenden Vorarbeiten für die Vereinheitlichung beteiligt. Eine Beteiligung aller zuständigen Institute an diesen Vorarbeiten wird in der Zukunft wichtig sein, schon um die internationalen Standesorganisationen und Interessengemeinschaften, von denen häufig der Antrieb zu den konkreten Vereinheitlichungsbemühungen ausging, von diesen Vorarbeiten zu entlasten, für welche sie überdies nicht stets kompetent waren. Die Lenkung dieser Vorarbeiten und die Verteilung der Aufgaben an die einzelnen Institute sollte der im Rahmen der UNESCO entstehenden Internationalen Vereinigung für Rechtsvergleichung[7] übertragen werden. Dabei erscheint es für die Zukunft fruchtbar, wenn zwischen den Instituten ein regelmäßiger Austausch von Mitarbeitern

[6] a. a. O. 174.

[7] Vl. *Dölle*, RabelsZ 15 (1949) 186.

stattfindet, damit bei der Diskussion, die auch in den Instituten der Formulierung vorausgehen sollte, Partner zugegen sind, für welche die beteiligten ausländischen Rechtsordnungen das Heimatrecht darstellen. Die bei aller Rechtsvergleichung nie überwindliche Gefahr, daß ausländisches Recht mißverstanden wird, würde so am ehesten ausgeräumt werden können.

Was das deutsche *Kaiser Wilhelm-Institut für ausländisches und internationales Privatrecht* anbetrifft[8], so ist es seit kurzem wieder im Stand, seine Mitwirkung an solchen Vorarbeiten fortzusetzen. Das Institut ist im Jahre 1944 von Berlin nach Tübingen übergesiedelt und hat so seine Bibliothek fast unversehrt durch den Krieg gebracht. Unter der Leitung von *Hans Dölle* sind an ihm heute wieder sieben wissenschaftliche Referenten und einige Assistenten tätig. Die Bibliothek wird bald ihre Lücken gefüllt haben, die durch das Abgeschnittensein vom Ausland gerissen worden sind.

IV. Der Ruf zur Beschränkung

Wie die rechtsvereinheitlichende Bewegung als solche, so unterliegt auch die in ihrem Dienst tätige Rechtsvergleichung dem Gebot der Beschränkung. Die Erfahrung lehrt, daß ein zu weites Stecken des Zieles es schon im Ansatz verhindert, auch nur das auf diesem Gebiet Realisierbare zu verwirklichen. Diesem für alle Rechtsvereinheitlichung geltenden Ruf zur Beschränkung unterliegt die Frage nach der *räumlichen Ausdehnung* der Vereinheitlichungsbestrebungen; die Frage, *welche Rechtsordnungen* der Welt zunächst an ihr beteiligt sein sollen; die Frage, auf *welche Sachgebiete* sie sich zu erstrecken hat. Und zu prüfen wäre schließlich — was als mehr technisches Problem hier offen bleiben muß — ob die Vereinheitlichung in diesen Grenzen in dem Sinne *partiell* zu sein hat, daß die als Ergebnis der Vereinheitlichung entworfenen Einheitsnormen sich nur auf internationale Tatbestände zu erstrecken haben, während reine Inlandstatbestände von ihr weiterhin unberührt bleiben[9], oder in dem Sinne *total*, daß in den beteiligten Ländern das vereinheitlichte Recht schlechthin — also auch in Tatbeständen ohne Auslandsberührung — zu gelten habe. Diese Schicksalsfragen aller Vereinheitlichungsbestrebungen strahlen auch auf die in ihrem Dienst tätige Rechtsvergleichung aus; denn der Gegenstand und Umfang der rechtsvergleichenden Vorarbeiten werden durch Gegenstand und Umfang der erstrebten Vereinheitlichung bestimmt. Zu diesen Fragen sei hier nur das folgende angedeutet:

1. Die Bemühung um Rechtsvereinheitlichung hat Aussicht auf Erfolg nur dort, wo *Rechtsordnungen* etwa gleicher politischer, ethischer, kultureller, sozialer und wirtschaftlicher Grundstimmung in ihren Kreis gezogen werden. Fehlt diese Voraussetzung, so sind nicht nur die recht-

[8] Vgl. *Dölle*, RabelsZ 15 (1949) 2ff.

[9] Zu den Bedenken gegen in diesem Sinne partielle Vereinheitlichungen vgl. *Gutteridge* a. a. O. 158f.

lichen Dissonanzen im Grundsätzlichen zu scharf, sondern es fehlt auch weithin das wirtschaftliche oder rechtliche Interesse, das als Motor aller Rechtsvereinheitlichung unentbehrlich, ja vielleicht sogar für den Erfolg wichtiger ist als die Überbrückung systematischer Dissonanzen. So sind die so weit vorangetriebenen Vereinheitlichungsbemühungen um das französisch-italienische Obligationsrecht vornehmlich an der politischen Kluft gescheitert, die mit dem Aufkommen des Faschismus gerissen wurde. Die schwerwiegende ideologische Trennung der heutigen Welt in die Hemisphäre der westlichen Demokratien und die Länder der vom russischen Kommunismus bestimmten östliche Seite muß vom Westen her m. E. einstweilen zu der Folgerung führen, daß die Einbeziehung Rußlands und seiner Satellitenstaaten in die im Westen neu entstehenden Vereinheitlichungsbestrebungen auszuscheiden hat[10]. Deutschland, das heute wie in einem Spektrum die große Weltpolitik im kleinen auf eigenem Boden gesammelt sieht, weiß aus diesem für seine innere Einheitlichkeit schmerzlichen Anschauungsunterricht, daß eine Harmonisierung der rechtlichen Grundkonzeption zwischen West und Ost derzeit ein Ding der Unmöglichkeit ist.

Für die positive Seite dieser These wird vor allem die weithin gelungene Rechtsvereinheitlichung der nordischen Länder als Beispiel und Beleg genannt. Immerhin darf dies Vorbild als Muster einer internationalen Vereinheitlichung nicht überbewertet werden, weil eine so weitgehende Übereinstimmung des gesamten Lebensbildes bei wirklich internationalen Rechtsvereinheitlichungsbemühungen nie anzutreffen ist. Es handelt sich, wie *Gutteridge*[11] treffend sagt, bei den nordischen Ländern nur formell um eine internationale, materiell aber um eine interne Rechtsvereinheitlichung. Dies erweist sich u. a. daran, daß hier auch Materien der Vereinheitlichung zugänglich waren, die auf dem Gebiet der wirklich extern-internationalen Vereinheitlichung aus dem Kreise der Bemühungen auszuscheiden haben, wie das Familien- und Erbrecht.

Auf der anderen Seite darf die Rechtsvergleichung, auch soweit sie erklärt im Dienste der Rechtsvereinheitlichung tätig wird, ihre Arbeiten nicht auf solche Rechtsordnungen beschränken, die aus demselben historischen Quellgrund schöpfen. Die Unterschiede in der Grundsystematik zwischen den Rechten des europäischen Kontinents und Latein-Amerikas auf der einen Seite, des britischen Empire und der Vereinigten Staaten auf der anderen Seite dürfen die Bemühungen um Vereinheitlichung nicht schrecken. Die Rechtsvergleichung hat gerade hier ihre Fruchtbarkeit gezeigt, indem sie die hinter der historischen Zufälligkeit der konstruktiven Unterschiede stehenden Gemeinsamkeiten im letzten Grund der Gerechtigkeitsvorstellung und in den letzten Spitzen der Problemlösungen nachgewiesen hat. Die Schwierigkeiten,

[10] Etwas optimistischer offenbar *Oppikofer* a. a. O. 100.

[11] a. a. O. 152.

die hier dennoch bestehen, sind zwar nicht zu bagatellisieren, aber sie erscheinen auch nicht unüberwindlich.

2. Selbst in diesen Grenzen wird sich eine *weitere Beschränkung* als fruchtbar erweisen. Da der rechtsvereinheitlichende Prozeß in seinen späteren „aktiven" Stadien, d. h. nach Abschluß der rechtsvergleichenden Vorarbeiten, seine größten Schwierigkeiten zeigt, schlägt *Gutteridge*[12] mit gutem Grund vor, „to confine the process of unification, in the first instance, to the laws of the countries most deeply concerned, and, if agreement is reached, to invite the other countries to come into line". Dieser Weg einer *progressiven* Vereinheitlichung hat sein Spiegelbild auch in den rechtsvergleichenden Vorarbeiten für eine Vereinheitlichung. Die von der Rechtsvergleichung seit langem vorgelegte Erkenntnis, daß die Welt in wenige beherrschende Rechtskreise aufgeteilt ist, läßt es legitim erscheinen, auch die im Dienst der Vereinheitlichung stehenden rechtsvergleichenden Vorarbeiten zu beschränken auf den romanischen Rechtskreis (Frankreich mit seiner Rechtsgruppe, Spanien, Portugal, Lateinamerika), den anglo-amerikanischen Rechtskreis (England, USA), den deutschen Rechtskreis (Deutschland, Österreich, Schweiz) und die nordischen Rechte. Dabei können bei der vergleichenden Vorarbeit im Rahmen dieser Rechtskreise kleinere Tochterrechte vielfach unberücksichtigt bleiben, weil sie hinter ihrer Mutterrechtsordnung an Originalität und Gewicht der Lösungen zurückstehen und deshalb ihr Beitritt zu den Unifikationsabkommen zu erwarten ist, wenn das Land ihres Mutterrechtes beitritt.

3. Die Notwendigkeit einer Beschränkung der für die Vereinheitlichung vorzusehenden Materien ist heute unbestritten, die Idee eines unbegrenzten Weltrechts eine Utopie, die um der kulturellen und damit auch rechtlichen Vielfalt des Menschenbildes willen nicht einmal zu den Wünschbarkeiten zählt. Man ist sich weithin einig, daß Materien mit vorwiegend heimatlichem Akzent aus der Vereinheitlichungsbewegung auszuscheiden haben, daß anderseits ihrem Inhalt nach *weltläufige Materien* des Rechts vor allen anderen in die Vereinheitlichungsbestrebungen aufzunehmen sind[13]. Lassen wir hier die Gebiete des öffentlichen Rechts beiseite, auf denen sich vor allem das öffentlich- und privatrechtliche Elemente vereinende Sozial- und Arbeitsrecht einer — wenn auch sehr begrenzten — Vereinheitlichung schon zugänglich gezeigt hat, so scheiden auf dem Gebiet des Privatrechts das Familien- und Erbrecht wegen seiner traditionell tief verwurzelten nationalen Färbung,

[12] a. a. O. 183.

[13] Die Ansicht *Schnitzers* a. a. O. 45ff., junge Rechtsgebiete eigneten sich für die Rechtsvereinheitlichung mehr als „matières de tradition", trifft nicht das Wesentliche und ist auch kaum richtig, da aktuellste Rechtsprobleme, brennende Tagesfragen, z. B. auf dem Gebiet des Sozialrechts, der Vereinheitlichung erfahrungsgemäß starken Widerstand leisten. Am besten eignen sich zur Vereinheitlichung weltläufige Rechtsgebiete mit der Tradition einer

das Grundstücksrecht wegen der welteinheitlichen Geltung des kollisionsrechtlichen Grundsatzes der lex rei sitae aus dem Kreise der Betrachtung aus. Andererseits bieten von den weltläufigen Materien die des *Verkehrsrechts* im weitesten Sinne die besten Aussichten für eine Rechtsvereinheitlichung und haben diese Eignung durch gelungene Teilvereinheitlichungen schon erwiesen. Zum Verkehrsrecht in diesem weiten Sinne zählen vor allem das Transportrecht zu Lande, zur See und zur Luft, das Recht der Handelsgeschäfte, das Recht des Warenkaufs, das Urheber- und Erfinderrecht, der gewerbliche Rechtsschutz, das Recht der internationalen Anleihen und evtl. weitere Teile des Obligationenrechts. Was das im Rahmen des Erreichbaren zunächst vereinheitlichte Wechsel- und Scheckrecht anbetrifft, so werden die im Dienst weiterer Vereinheitlichung zu leistenden Arbeiten der Rechtsvergleichung zunächst vor allem auf die Konstatierung und Beseitigung der innerhalb der Konventionsstaaten noch bestehenden oder neu aufreißenden Divergenzen zu richten sein, sie mögen die Vorbehaltsgebiete betreffen oder durch eigenwillige Interpretationen veranlaßt sein, während die Einbeziehung der anglo-amerikanischen Länder zunächst hier ein Fernziel wird bleiben müssen. Im Prozeßrecht wird weiterhin das Schiedsgerichtswesen und die Vollstreckung von Unterhaltsurteilen im Vordergrund weiterer Vereinheitlichungsbemühungen stehen. Die Versuche, das internationale Privatrecht wenigstens in seinen praktisch folgenschwersten Diskrepanzen zu uniformieren, haben wohl am ärgsten enttäuscht. Der Grund liegt nicht nur in dem viel beklagten Zerfall in Länder mit Staatsangehörigkeits- und Domizilprinzip, sondern auch daran, daß dies Gebiet trotz seiner langen Geschichte, mit seiner Fülle ungelöster und intrikater Grundlagenprobleme noch jugendlich und damit der Vereinheitlichung schwerer zugänglich ist, als man glaubte[14]. So wird der kürzeste Weg nicht, wie man zeitweise annahm, über die Vereinheitlichung des internationalen Privatrechts, sondern über die Vereinheitlichung *materieller Rechtsgebiete* gehen, die, wenn sie gelingt, ja auch ungleich mehr leistet als ein einheitliches Kollisionsrecht; das Kollisionsrecht mag einstweilen den stilleren Methoden der Annäherung überlassen bleiben, von denen schon die Rede war. Was die erneut vorzunehmende Abstufung der Dringlichkeit zwischen all diesen Materien auch ergeben mag, die rechtsvergleichende Forschung wird, soweit sie der Rechtsvereinheitlichung dient, die Beschränkung auf diese Materien mitzuvollziehen und sich utopischer Unternehmungen zu enthalten haben.

---

schon weit vorangetriebenen internat. Übereinstimmung über die Grundsätze. Die Erfolge der Vereinheitlichung auf dem jungen Gebiet des Luftrechts sprechen nicht gegen diese These, weil hier das Interesse an der Vereinheitlichung aus naheliegenden Gründen von exzeptioneller Kraft ist und so alle Schwierigkeiten überwindet.

[14] Vgl. oben Anm. 13.

DER GEGENWÄRTIGE STAND DER RECHTSVEREINHEITLICHUNG IN DEUTSCHLAND*

Von Dr. Dr. Wilhelm Weber
Landgerichtsdirektor in Düsseldorf

Neuere *Literatur: Ipsen*, Rechtsetzung in Deutschland: Gesetz und Recht 1947, 129ff. — *E. Wolff*, Probleme des interlokalen Privatrechts in Deutschland: Festschr. für Leo Raape (1948) 182 — *Dernedde*, Die Notwendigkeit einer einheitlichen Gesetzgebung: ZJBl 1948, 105ff. — *R. Lange*, Rechtseinheit: Der Morgen, 25. 9. 1947 — Art. Rechtseinheit: Die Gegenwart, 1. 5. 1949 S. 3 — *Heimerich*, Die Gefährdung der deutschen Rechtseinheit: DRZ 1949, 279 — *Mehnert* und *Schulte*, Deutschland Jahrbuch 1949 — *Rasche*, Justus Möser über Rechtssicherheit: DtVerw 1949, 178 — *Wengler*, Die Nichtanwendung nat.-soz. Rechts im Lichte der Rechtsvergleichung und der allg. Rechtslehre: JR 1949, 67 — *Wirths*, Wiederaufbau nur auf einheitlicher Rechtsbasis: Westdt. Rundschau, 31. 5. 1949 — *E. Wolff*, Die Gefährdung der deutschen Rechtseinheit: NJW 1949, 281.

I. Geschichte der Vereinheitlichung des Rechts in Deutschland bis 1945

Innerhalb eines Staates oder zwischen mehreren Staaten kann sich eine Rechtseinheit nur dann entwickeln, wenn die *politische Situation* in diesen Staaten eine solche Rechtsvereinheitlichung fördert. Die politische Lage des deutschen Volkes bzw. der deutschen Staaten ist bis Anfang des 19. Jahrhunderts jedoch einer Entwicklung zur Rechtseinheit nicht günstig gewesen.

1. Die deutschen Kaiser des *Mittelalters* haben es nicht vermocht, gegen den Willen der Stammesfürsten, der Kirchenfürsten und der Städte auf die Dauer ein festes politisches Gefüge zu errichten und damit ein einheitliches Recht für alles, was zum deutschen Volk gehört, zu ermöglichen. Die selbständigen staatlichen Körperschaften in Deutschland, deren es z. Z. der Reformation an die 300 gab, entwickelten je nach den obwaltenden Bedürfnissen ihre eigenen Gesetze und ihre eigene Gerichtsbarkeit; von Reichs wegen gab es nur einige wenige Gesetze verfassungsrechtlicher und strafrechtlicher Natur, deren Beachtung jedoch von dem guten Willen der Landesfürsten und anderer staatlicher Körperschaften abhing. Gegen Ende des 18. Jahrhunderts gingen die

* Nach dem Stand bei Abschluß des Referates am 30.3.1949; während der Drucklegung in den Hauptpunkten durchgeführt bis zum Stand vom 31.3.1950.

einzelnen immer stärker werdenden deutschen Länder unter dem Einfluß der Aufklärung dazu über, sich gut durchgearbeitete Kodifikationen zu geben, so *Preußen* im Allgemeinen Landrecht von 1794 und *Österreich* in dem heute noch geltenden Allg. Bürgl. Gesetzbuch. Nachdem das nur noch dem Namen nach bestehende alte deutsche Reich 1806 aufgelöst worden war und sich 1815 der *Deutsche Bund,* bestehend aus 35 monarchischen Staaten und 4 Städten, begründet hatte, machte sich, unterstützt durch die Wissenschaft (*Thibaut* 1814), aus der Wirtschaft und dem Handel heraus immer stärker das Verlangen nach einer Rechtseinheit innerhalb des Deutschen Bundes bemerkbar. Die ersten Früchte dieses Bestrebens waren, auf Anregung des 1833 entstandenen Zollvereins hin und noch vor Gründung des *Norddeutschen Bundes* (1867) und des *Kaiserreiches* (1871), die Allgemeine deutsche Wechselordnung (1848) und das Allgemeine deutsche Handelsgesetzbuch (1861). Durch Art. 2 der Norddeutschen Bundesverfassung und der späteren Reichsverfassung wurde dem Bund bzw. dem Reich das Recht zur Gesetzgebung mit dem Vorrang vor der Gesetzgebung der selbständig bleibenden deutschen Länder übertragen. In der Zeit darauf erging auf allen wesentlichen Gebieten des Staats-, Zivil-, Straf- und Verwaltungsrechts eine große Anzahl von Reichsgesetzen, so daß man schon vor dem ersten Weltkrieg von einer weitgehenden Rechtseinheit im Deutschen Reich sprechen konnte.

2. Der Ausgang des ersten Weltkrieges und die Verfassung der 1919 in Weimar gegründeten Deutschen Republik brachten keine wesentlichen Änderungen in der Rechtseinheit; die vor 1914 zutage getretenen Bestrebungen zur Rechtsvereinheitlichung wirkten sich auch in der *Weimarer Republik* weiter aus.

3. Der *Nationalsozialismus* trieb dann, entsprechend seiner Vereinheitlichungstendenz auf allen Gebieten, auch die Rechtseinheit bis an die Grenze des überhaupt Möglichen. Durch das Gesetz über den Neuaufbau des Reiches vom 30. 1. 1934 verloren die einzelnen deutschen Staaten innerhalb des Deutschen Reiches ihre staatliche Selbständigkeit und damit auch das Recht, im Rahmen der bis dahin noch bestehenden Kompetenzen selbständig und ohne Aufsicht durch die Reichsbehörden Gesetze zu erlassen. Alles vorhandene Gesetz wurde Reichsrecht; von früher her bestehende gesetzliche und verwaltungsrechtliche Verschiedenheiten wurden beseitigt, soweit sie nicht wegen der besonderen Beschaffenheit der örtlichen Bezirke notwendig blieben. Der Krieg beschleunigte die Rechtsvereinheitlichung. So hatte Deutschland gegen Ende des zweiten Weltkrieges äußerlich einen Stand in der Rechtseinheit erreicht, der praktisch nicht mehr zu überbieten war. Ob eine derart starke Vereinheitlichungstendenz in der Gesetzgebung dem deutschen Volk in allem dienlich war, kann hier unerörtert bleiben.

II. Rechtszersplitterung als Folge der territorialen Aufgliederung Deutschlands

Der Einmarsch der Alliierten Streitkräfte in Deutschland und die darauf folgende *Kapitulation* haben auf das Rechtswesen in Deutschland in einer Weise eingewirkt, die weit über das hinausging, was für den äußersten Fall zu erwarten war, und die in einen Zustand überleitete, wie er in der neueren Rechtsgeschichte ohne Beispiel dasteht. Diese Folgen der Kapitulation sind insbesondere durch eine weitgreifende *rückläufige Tendenz in der Rechtsvereinheitlichung* gekennzeichnet. Diese läßt sich nur durch eine Schilderung der daraufhin *entstandenen tiefgehenden Rechtszersplitterung* darstellen. Man wird nicht ohne weiteres sagen können, daß diese Entwicklung von den Alliierten unmittelbar beabsichtigt war; sie ist vielmehr die mittelbare Folge der politischen Maßnahmen gewesen, die teils von den Besatzungsmächten gemeinsam, teils von den einzelnen Besatzungsmächten allein ergriffen wurden. Entsprechend dem Jalta-Abkommen vom 11. 2. 1945 war der gemeinsame Wille der Alliierten Mächte darauf gerichtet, die in Deutschland vorhandene Ansammlung kriegerischer Energie zu zerstören und ihr Wiederaufleben unmöglich zu machen. Zur Erreichung dieses Zieles erschien in der Folge die territoriale Auflösung des Deutschen Reiches in eine Reihe von Ländern und die Unterstellung dieser Länder unter die einzelnen besetzenden Mächte als zweckmäßig. Deutschland wurde, nach faktischer Abtrennung seines gesamten Landes östlich der Oder und Neiße mit drei seiner fruchtbarsten Provinzen: Ostpreußen, Pommern und Schlesien mit insgesamt 7,2 Millionen Einwohnern, sowohl territorial als auch verwaltungsmäßig in *17 völlig selbständige Länder* aufgespalten, die auf *vier Zonen* verteilt waren und zwar:

amerikanische Zone mit den Ländern Bayern, Württemberg-Baden, Hessen, Bremen;

britische Zone mit den Ländern Nordrhein-Westfalen, Niedersachsen, Schleswig-Holstein, Hamburg;

französische Zone mit den Ländern Rheinland-Pfalz, Baden, Württemberg-Hohenzollern;

sowjetische Zone mit den Ländern Mecklenburg, Brandenburg, Sachsen-Anhalt, Land Sachsen, Thüringen; dazu kam noch Berlin.

Diese Aufgliederung des Deutschen Reiches in einzelne Zonen und Länder brachte naturgemäß staatsrechtlich insoweit eine Aufsplitterung des Verfassungsrechtes mit sich, als jedes Land dazu überging, sich ein von den andern Ländern abweichendes neues Staats- und Verwaltungsrecht zu geben. Diese Rechtszersplitterung dehnte sich dann auf eine Reihe von Rechtsgebieten aus, die an sich von dem gemeinsamen Willen der Besatzungsmächte zur politischen Umgestaltung Deutschlands nicht berührt waren. Es war natürlich, daß jede der Besatzungsmächte innerhalb der von ihr besetzten Zone in Erfüllung ihrer Verwaltungsaufgaben ihre eigenen Auffassungen von Recht, Gesetzgebung und Verwaltung vertrat und auch zur Durchführung brachte, sowie die den deutschen Stellen überlassene Gesetzgebung und Verwaltung entsprechend beeinflußte. Dabei wirkte auch eine Reihe außenpolitischer und innenpolitischer Erwägungen entscheidend mit. Infolgedessen regelten in jeder Zone und in jedem Land entweder die jeweilige Besatzungsmacht oder die beauftragten deutschen Behörden die durch die Schaffung der Zonen, der Länder und anderer territorialer Einheiten und Verwaltungen notwendig gewordenen Gesetze in Abweichung von den Gesetzen der anderen Zonen, Länder und sonstigen territorialen Einheiten oder Selbstverwaltungskörper; sie hoben bestehende Gesetze unabhängig voneinander auf, soweit nicht in bestimmten, weiter unten noch aufgeführten Fällen alle Besatzungsmächte oder mehrere von ihnen gemeinsam gesetzliche Maßnahmen trafen.

Es hat wohl nicht in der Absicht der Besatzungsmächte gelegen, das gesamte deutsche Recht aufzuheben oder abzuändern. Dies ergibt sich schon mittelbar aus den Kontrollratsgesetzen (KRGes.) Nr. 1 und Nr. 4, nach denen nur Gesetze mit nationalsozialistischer Tendenz aufgehoben waren.[1] Das gleiche kommt in der Kontrollratsproklamation Nr. 3 vom 20. 10. 1945, in der Proklamation 2 des Obersten Befehlshabers der amer. Zone vom 19. 9. 1945, Art. II, III, im brit. MilRegGes. 1 Art. II, in den KRGes. Nr. 3, 11, 12—15, 17, 26—28, 30, 37, 38 sowie in VO Nr. 46 der brit. MilReg. Art. IV b zum Ausdruck, wo es z. B. heißt, daß die Erhebung der Provinzen zu Ländern nicht die Gültigkeit von Gesetzen, Verordnungen, Vorschriften, Anordnungen und anderen Bestimmungen berührt, die in den Provinzen in Kraft sind und die nicht im Gegensatz zur Verordnung Nr. 46 stehen. Dies bedeutet also, daß das frühere Reichsrecht noch in Kraft ist, soweit es nicht durch Gesetze usw. der Besatzungsmächte oder durch die von den Besatzungsmächten delegierte Gesetzgebung deutscher Stellen außer Kraft gesetzt ist (vgl. dazu auch den Erlaß der brit. MilReg. vom 28. 12. 1946). Diese *Weitergeltung des früheren Reichsrechts* entspricht auch verfassungsrechtlich der sowohl von den Besatzungsmächten (Potsdamer Abkommen vom 2. 8. 1945; Moskauer Außenministerkonferenz Frühjahr 1947, Rede von Byrnes in Stuttgart am 6. 9. 1946; Stellungnahme des Supreme Court der USA im Urteil vom 9. 6. 1947) als auch von den deutschen Behörden sowie in der Literatur[2] vertretenen Auffassung, daß trotz der Aufteilung in Länder das *deutsche Staatsgebilde* als solches *noch besteht.* Dies ist für die Rechtseinheit insofern von Bedeutung, als damit

[1] *Nehlert,* Die Beschränkung der deutschen Gerichtsbarkeit und die Gesetzgebung der Besatzungsmächte (1948).

[2] *Stödter,* Deutschlands Rechtslage (1948) 98ff. und die dort angeführten Autoren. Ferner *Friedemann,* The Allied Military Gouvernment of Germany

für die Erhaltung der Rechtskontinuität auch der staatsrechtliche Unterbau weiterbestehen geblieben und die grundsätzlichen Möglichkeiten vorhanden sind, daß die deutschen Länder außer kraft der Delegation durch die Besatzungsmächte im einzelnen, auch weiterhin Gesetze erlassen können. Von dieser Auffassung, nämlich der Erhaltung eines deutschen Staates, geht auch das Grundgesetz vom 23. 5. 1949 aus, das in seiner Präambel den Willen des deutschen Volkes zum Ausdruck bringt, „seine nationale und staatliche Einheit zu wahren".

III. Entstehen neuer Rechtskreise

1. Nun wird mit dieser Feststellung des Fortbestehens des deutschen Staates und eines Fortbestehens des früheren Reichsrechts die Tatsache nicht aus der Welt geschafft, daß infolge der durch die Kapitulation geschaffenen Lage ein tiefgehender Riß in die Rechtseinheit eingedrungen ist. Das wird auch dadurch offenbar, daß in Deutschland anstelle der beiden noch aktiven Rechtskreise, die das staatliche Leben in Deutschland kurz vor der Kapitulation bestimmten, das Reichsrecht und das Völkerrecht, nunmehr 11 Rechtskreise das Leben eines jeden Deutschen in jedem deutschen Lande beeinflussen und zwar:

1. das allgemeine Völkerrecht einschl. Land- und Seekriegsrecht, als Besatzungsrecht (2—5);

2. das von der MilReg. Deutschland — Kontrollgebiet des Obersten Befehlshabers der alliierten Streitkräfte (SHAEF) — bis Juli 1945 gesetzte Recht, (von der sowjet. Militäradministration (SMA) in den ab Juli 1945 von ihnen besetzten Gebieten außer Kraft gesetzt (s. unten)[3];

3. das von allen alliierten Besatzungsmächten gemeinsam im Kontrollrat für ganz Deutschland gesetzte Recht;

4. das von den brit. und amer. Oberbefehlshabern für die Bizone (brit. und amer. Zone) gesetzte Recht;

5. das von jeder der westlichen Militärregierungen und der SMA im Rahmen ihrer Zuständigkeit jeweils für jede der vier Zonen gesetzte Recht.

Dazu kommen gleichzeitig neben dem bisherigen Reichsrecht die durch die Aufspaltung in Länder und deren Zusammenfassung zu Zonen sowie durch den Zusammenschluß der brit. und amer. Zone zur Bizone

(1947) 64; *Fawcett:* BritYearB 1946, 378; *Jennings:* BritYearB 1946, 120; *Sauser-Hall:* Schweiz. Jahrbuch 1946 25f.; anderer Ansicht: *Kelsen*, The Legal Status of Germany according to the Declaration of Berlin: Amer. Journal 39 (1945) 518; *Schick*, The Nurenberg Tribunal and the International Law of the Future: Amer. Journal 41 (1947) 778; *Freemann*, War-Crimes by Enemy Nationals Administering Justice in Occupied Territory: Amer. Journal 41 (1947) 579; *Cuny*, La Capitulation sans Conditions de l'Allemagne et ses Précédants Historiques (Thèse Paris 1946/47) 40f. Vgl. ferner zu dieser Frage: *Kaufmann*, Deutschlands Rechtslage unter der Besatzung (1948); *v. Dassel*, Die Frage nach dem deutschen Staat von heute (1948).

[3] *Mehnert* und *Schulte*, Deutschland-Jahrbuch 1949 S. 84.

bzw. zum Vereinigten Wirtschaftsgebiet neu entstandenen deutschen Rechtskreise, also:

6. das bisherige deutsche Reichsrecht;

7. das Recht der Länder, das diese auf Grund der Ermächtigung durch die Besatzungsmächte neu entwickeln;

8. das Landesrecht, das den Ländern, soweit sie sich mit den historisch entwickelten Grenzen (z. B. Bayern) decken, auf Grund früherer Verfassung vorbehalten war;

9. das von den Zonen als Zentralinstanzen gesetzte Recht, soweit ihnen Gesetzgebungsbefugnis übertragen war;

10. das von der Bizone bzw. der Verwaltung des Vereinigten Wirtschaftsgebietes kraft der ihnen übertragenen Gesetzgebungsbefugnis gesetzte Recht;

11. das neue Bundesrecht.

Infolge des Art. 70ff. Grundgesetz (GG) werden sich in Zukunft die Rechtskreise, soweit sie nicht dem Besatzungsrecht entspringen, verringern lassen. Immerhin werden die durch die Rechtskreise 6—10 erlassenen Gesetze, wenn sie auch nunmehr zu Bundesrecht bzw. Landesrecht erklärt werden, weiter gelten. Die durch solche Gesetze hervorgerufene Rechtszersplitterung bleibt also solange bestehen, bis sie durch Aufhebung dieser Gesetze oder durch Angleichung der in Frage kommenden Gesetze beseitigt ist.

2. Aus diesem *Nebeneinanderbestehen* vieler Rechtskreise, die zum Teil örtlich begrenzt sind (die Rechtskreise 5 und 9 bestehen eigentlich vierfach, die Rechtskreise 7 und 8 bei 17 Ländern auch 17 fach), ergeben sich naturgemäß Kollisionen[4], für die ein besonderes *Kollisionsrecht* notwendig wäre. Ein solches ist aber noch in keiner Weise gesetzt worden. Die Versuche, die Normen des internationalen Rechts auf das Recht zwischen den Zonen und Ländern entsprechend anzuwenden[5], haben noch nicht zu dem gewünschten Erfolg geführt (Urteil des LArbG Hamburg vom 22. 3. 1947: MDR 1947, 97). Hier und da entwickeln sich rechtliche Auffassungen, die man, soweit sie die Zonen angehn, als *interzonales* Recht bezeichnen kann, soweit es außerdem die Länder untereinander (also auch innerhalb einer Zone) betrifft, dem *interlokalen*[6] zurechnen mag (das Reichsgericht spricht von *zwischengebietlichem Recht:* RGZ 64/175ff.); aber gerade das interlokale (zwischengebietliche) Recht der Länder schwebt noch in der Luft[7].

---

[4] Beispiele bei *Dölle*, Betrachtungen zum ausländischen internationalen und interzonalen Privatrecht im besetzten Deutschland: Festschr. für Leo Raape (1948) 174.

[5] *Dölle* a. a. O. 178.

[6] *E. Wolff*, Probleme des interlokalen Privatrechts in Deutschland: Festschr. für Leo Raape (1948) 189.

[7] Richtunggebende Vorschläge bei *E. Wolff* a. a. O. 181ff.

IV. Wirtschaftliche und sonstige Folgen der Rechtszersplitterung

1. Dieser derzeitige negative Stand der Rechtseinheit wirkt sich stark *hemmend* auf das *wirtschaftliche* und *persönliche Leben* in Deutschland aus[8]. Ein Kaufmann z. B. muß seine Dispositionen auf einer ihm bekannten und mühelos feststellbaren Rechtsgrundlage treffen können. Da sich sein Geschäftsbereich von früher her vielfach über ganz Deutschland erstreckt, muß er nunmehr, wenn er sicher gehen will, überall außerhalb seines eigenen eng begrenzten Landes langwierige rechtliche Erkundigungen einziehen[9]. Bei der engen wirtschaftlichen Verflechtung innerhalb des ganzen deutschen Gebietes und der Wechselwirkung der über ganz Deutschland zerstreuten Industrien würde aber anderseits für ihn ein Verzicht auf den wirtschaftlichen Verkehr mit allen Stellen außerhalb seines Landes untragbar sein. Im *Handelsrecht* macht sich die in einzelnen Ländern verschiedenartige Regelung der Konzessionen und Normativbestimmungen für die Handelsgesellschaften hemmend auf den Verkehr mit ihnen und auf die Errichtung von neuen Filialen in einem anderen deutschen Land bemerkbar. Besonders in der sowjet. Zone besteht die Gefahr, daß die *eherechtlichen*, *güterrechtlichen* und *erbrechtlichen* Bestimmungen einer tiefgehenden Änderung unterzogen werden. Dies wird zur Folge haben, daß neben dem starken Rückgang der wirtschaftlichen Beziehungen zwischen den Westzonen und der Ostzone auch die millionenfachen persönlichen und familiären Bindungen zwischen diesen Zonen beeinträchtigt und die Klüfte zwischen diesen Zonen vertieft werden.

Im September 1947 gab es z. B. bereits 12 Gesetze und Verordnungen über die staatlichen Organe für das Flüchtlingswesen, 12 Ausführungsverordnungen und 12 weitere Gesetze über Flüchtlingsbetreuung; dazu kam eine fast ebenso große Zahl an Ergänzungsbestimmungen[10]. Seitdem sind die Vorschriften über das Flüchtlingswesen um ein Vielfaches angewachsen.

Die Zerstörung der Rechtseinheit hat auch eine Zersetzung des *nationalen* Zusammengehörigkeitsgefühls zur Folge; die Menschen werden sich fremd, weil sie sich in verschieden geregelten Ordnungskreisen aufhalten müssen. Diese sondern sie von den anderen Deutschen ab, die ihr Leben nach anderen Ordnungskreisen richten. Weil sich der

[8] Der Morgen, 29. 2. 1948, D. Zeit 1948 Nr. 17; Dpd., 10. 3. 1947; Neue Zeitung, 20. 6. 1948; Neue Zeit, 1. 11. 1947; ebenda 5. 12. 1947 und 10. 12. 1947; DRZ 1947, 356; *Dernedde*, Rechtseinheit in Gefahr: Die Welt, 29. 3. 1949; *Keßler*, Rechtszersplitterung: Die Zeit, 12. 2. 1948; „Rechtseinheit“: Gegenwart, 1.5.1949 S. 3; *Mehnert* und *Schulte*, Deutschland-Jahrbuch 1949 mit verschiedenen Gegenüberstellungen in den Zonen und Ländern S. 17ff., 23ff., 40ff., 46ff., 72ff., 84ff.

[9] Gutachten „Die Bedeutung der Rechtseinheit auf dem Gebiet des Privatrechts“, Beilage zum ZJBl 1949, Heft 5.

[10] DRZ 1947, 356.

Mangel an Zusammengehörigkeitsgefühl auch über die deutsche Nation hinaus auswirken muß, haben die Besatzungsmächte verschiedentlich ausdrücklich die nationale Zusammengehörigkeit gefordert und den Fortbestand eines deutschen Staates bejaht (siehe oben), wenn auch, anders als im Rahmen der bisherigen Staatsform, auf förderativer Grundlage.

2. Zwar ist die Rechtszersplitterung auf den *einzelnen Rechtsgebieten verschieden groß*. Verhältnismäßig am wenigsten ist in den drei Westzonen das private Recht betroffen[11], da dieses naturgemäß bei der politischen Umformung die geringsten Angriffspunkte bietet. Erheblich mehr wurde, und zwar nicht nur vom Kontrollrat und den MilReg. der drei Westzonen gemeinsam, sondern auch von den deutschen Ländern das Strafrecht in jeweils verschiedener Weise abgeändert. Das Land Thüringen hat sogar am 1. 11. 1945 ein neues Strafgesetz verkündet. Mehr als das materielle Zivilrecht sind betroffen das Zivilprozeßrecht, das Strafprozeßrecht, die Gerichtsverfassung und sonstige Gesetze zur Rechtspflege, sowie vor allem das Verwaltungsrecht insgesamt und auf einzelnen Gebieten. Dabei sei gar nicht erst auf solche Materien hingewiesen, bei denen sich Verschiedenheiten naturnotwendig aus der wirtschaftlichen Gesamtlage (wie bei den einzelnen Steuergesetzen der Länder und der Höhe der Steuerquoten) oder aus den besonderen örtlichen Verhältnissen ergeben, etwa innerhalb einer Gemeindeverwaltung, oder wo schon aus dem Wesen des Sachgebietes mit Unterschieden als selbstverständlich gerecht werden muß.

V. Unübersichtlichkeit der Gesetzgebungen

1. Die Rechtszersplitterung hat aber auch eine verhängnisvolle *Unsicherheit* in den *juristischen Fachkreisen* hervorgerufen. Es gibt in Deutschland nur wenige Personen, vielleicht überhaupt niemanden, der die gesamte Rechtsentwicklung seit der Kapitulation und den gegenwärtigen Stand aller Rechtsregelungen in den deutschen Ländern übersehen kann. Eine große Anzahl der mit Gesetzeskraft ausgestatteten Anordnungen der Besatzungsbehörden werden überhaupt nicht veröffentlicht, sondern gehen nur bestimmten unmittelbar daran interessierten Zentralstellen zu. Im übrigen veröffentlichten und veröffentlichen die Besatzungsbehörden ihre Proklamationen, Gesetze, Verordnungen, Befehle, Anordnungen, Bekanntmachungen, Anweisungen, Direktiven, Instruktionen (vgl. hinsichtlich der Anordnungen des Kontrollrats die Direktive 51 des Kontrollrats) in insgesamt 7 Amtsblättern (die SMA in dem von den deutschen Behörden herausgegebenen Zentralverordnungsblatt); einzelne Militärregierungen in verschiedenen Ländern bringen auch noch ein gesondertes Verordnungsblatt heraus. Während

---

[11] *E. Wolff*, Festschr. für Leo Raape (1948) 190.

nun von deutscher Seite aus nur in der brit. und sowjet. Zone die ganze Zone betreffende Gesetz- und Verordnungsblätter bzw. das Zentralverordnungsblatt herausgegeben werden, erscheinen in jedem Land ein oder mehrere Gesetzes- oder Verordnungsblätter, die teils das gesamte staatliche Leben angehen, teils aber nur bestimmte Gebiete des staatlichen Lebens, so die Finanzen, die Ernährung, den Verkehr. So erscheinen z B. in Nordrhein-Westfalen:

Gesetz- und Verordnungsblatt für das Land Nordrhein-Westfalen; Ministerialblatt für das Land Nordrhein-Westfalen; Justizministerialblatt für das Land Nordrhein-Westfalen; Amtliches Mitteilungsblatt für das Land Nordrhein-Westfalen; Steuer- und Zollblatt.

Weiterhin gaben bis zur Errichtung des Zentraljustizamtes am 1. 10. 1946 in der brit. Zone alle acht Oberlandesgerichte jeweils ein besonderes Justizblatt heraus mit Abänderungen bestehender Gesetze und neuen Verordnungen mit Gesetzeskraft. Hinzu kamen seit Errichtung der Verwaltung des Vereinigten Wirtschaftsgebietes (amerikanische und britische Zone) deren Gesetz- und Verordnungsblätter und zwar:

Gesetzblatt der Verwaltung des Vereinigten Wirtschaftsgebietes; Mitteilungsblatt der Verwaltung für Wirtschaft des Vereinigten Wirtschaftsgebietes Teil I und Teil II; Öffentlicher Anzeiger für das Vereinigte Wirtschaftsgebiet; Amtliches Mitteilungsblatt für Finanzen des Vereinigten Wirtschaftsgebietes; Verkehrsblatt des Vereinigten Wirtschaftsgebietes; Amtsblatt für Ernährung, Landwirtschaft und Forsten des Vereinigten Wirtschaftsgebietes; Personalblatt, Amtliches Mitteilungsblatt des Personalamtes des Vereinigten Wirtschaftsgebietes. Diese Gesetz- und Verordnungsblätter des Ver. Wirtschaftsgebietes sind nunmehr abgelöst worden durch die entsprechenden Gesetz- und Verordnungsblätter des Bundes, z.T. allerdings in einem Gesetzblatt vereinigt, so z. B. als „Gemeinsames Ministerialblatt" einer Reihe von Bundesministerien.

Man greift nicht zu hoch, wenn man annimmt, daß auf diese Weise in Deutschland weit über 50 Gesetz- und Verordnungsblätter erscheinen, gegenüber einigen wenigen im Reich im Jahre 1945 bzw. 1939.

2. Bei rechtlichen Auseinandersetzungen zwischen Bewohnern der einzelnen Zonen und Länder *wissen* einmal die Betroffenen selbst vielfach nichts von den gesetzlichen Änderungen in den anderen Ländern, die sie selbst oder ihr Besitztum in dem anderen Land angehen, oder sie kennen sie nicht in ihren Einzelheiten. Kommen dann die Verhältnisse der Betroffenen in einem Rechtsstreit zur Sprache, dann sind weiterhin die einschlägigen gesetzlichen Bestimmungen des anderen Landes auch nicht dem *Richter* bekannt, weil er keine Gelegenheit gehabt hat, sich mit allen Gesetzen, Verordnungen usw. vertraut zu machen, die zur Regelung eines bestimmten Rechtsverhältnisses in den einzelnen Ländern in voneinander abweichender Weise erlassen worden sind, oder es sind in den anderen Ländern ganz neuartige Regelungen getroffen worden, mit denen der Richter von seinen Rechtskreisen aus nicht rechnen

konnte. So hat z. B. der Richter in den Westzonen nur unklare Vorstellungen von dem Umfang und den rechtlichen Wirkungen der Enteignungen in der sowjet. Zone. Es kann aber für die Entscheidung eines Rechtsstreits von großer Wichtigkeit sein zu wissen, ob einer mit der sowjet. Zone wirtschaftlich verbundenen Partei noch die Erfüllung eines Vertrages zugemutet werden kann, falls sie dort Vermögen besessen oder infolge Enteignung verloren hat.

Noch schwieriger ist schließlich die Lage für den *Rechtsberater* einer Partei, der sich dieser gegenüber schadensersatzpflichtig macht, weil er die gesetzlichen Bestimmungen in den anderen Ländern nicht kennt, wenn er z. B. weder wissen noch erfahren kann, ob und wann die in der 2. Kriegsmaßnahmen VO vom 27. 9. 1944 ausgesprochene Hemmung von Verjährungsfristen nunmehr in einem anderen Land abgelaufen ist, ob er Berufung oder Revision einzulegen hat, wie hoch die Berufungsgrenzen sind — in der amer. Zone (Ges. z. Änderung des Rechtsmittelgesetzes) und in der franz. Zone 300 Mark, in der brit. Zone (VO über das Berufungsverfahren in bürgerlichen Rechtsstreitigkeiten v. 9. 6. 1947) 100 M. — und dgl. mehr. Bestehen doch im Ablauf der Verjährungsvorschriften selbst in den drei westlichen Zonen erhebliche Unterschiede (siehe unten)!

Es ist bisher noch nicht möglich gewesen, das ungeheure Material an abgeänderten und neuen Rechtsvorschriften der Fachwelt in einigermaßen geschlossener Form zugänglich zu machen. Zwar haben verschiedene Verleger den Versuch unternommen, über die erschienenen gesetzlichen Bestimmungen fortlaufende Sammlungen, meist in Loseblatt-Form herauszugeben. Alle diese Sammlungen sind jedoch unvollständig. Auch an der größten von diesen Sammlungen, die viele tausend Einzelblätter umfaßt, ist zu bemängeln, daß sie nicht nur nicht das gesamte Gesetzgebungsmaterial bringt, sondern auch unübersichtlich ist; insbesondere die Unterschiede im Wortlaut der verschiedenen gesetzlichen Regelungen derselben Materie treten nicht hervor. Dies gilt vor allem für das seit der Kapitulation neu gesetzte Verwaltungsrecht in seinen vielen Verästelungen, zumal zahllose Verwaltungsvorschriften erst die rechtlichen Vorgänge auslösen oder möglich machen oder ihnen eine bestimmte Gestalt geben. Nicht mehr die Kunst der Rechts*anwendung* ist die Aufgabe des Juristen, sondern die Kunst, das Recht *aufzufinden.*

Über den Umfang der neu erlassenen und geänderten Gesetze allein in der amer. Zone vermag die Gesetzesliste, Teil A Amerikanische Zone (Biederstein-Verlag 1949) zu unterrichten, die nur eine Aufzählung der neuen Gesetze und Abänderungen alter Gesetze (ohne Berücksichtigung vieler spezieller Verwaltungsvorschriften) ohne jeglichen Gesetzestext darstellt und dazu 179 gedruckte Quartseiten benötigt.

VI. Beispiele aus der Gesetzgebung der Besatzungsmächte

Nach diesen allgemeinen Hinweisen soll an einigen *konkreten Beispielen* aus der Gesetzgebung die gegenwärtige Situation der Rechtszersplitterung aufgezeigt werden.

1. Noch die günstigsten Bedingungen für die Erhaltung einer Rechtseinheit bot an sich die *Gesetzgebung des Kontrollrats* mit Wirkung für alle Besatzungszonen[12]. Die bedeutendsten von ihm erlassenen Gesetze sind das Ges. Nr. 1 (Aufhebung von nationalsozialistischen Gesetzen), Ges. Nr. 4 (Umgestaltung des deutschen Gerichtswesens unter Abschaffung des für die Rechtseinheit besonders wichtigen Reichsgerichts), Ges. Nr. 10 (Verbrechen gegen die Menschlichkeit), Ges. Nr. 11 (Aufhebung einzelner Bestimmungen des deutschen Strafrechts), Ges. Nr. 16 (Ehegesetz), Ges. Nr. 18 (Wohnungsgesetz), Ges. Nr. 21 (Arbeitsgerichtsgesetz), Ges. Nr. 22 (Betriebsrätegesetz). Diese Gesetzgebung des Kontrollrats hat seit seiner letzten Sitzung vom 20. 3. 1948 ihr vorläufiges Ende gefunden. Die für alle nachgeordneten Gesetzgebungsorgane richtungsgebende Kontrollratsdirektive (KRDir.) Nr. 38 vom 12. 10. 1946 über Verhaftung und Bestrafung von Kriegsverbrechern, Nationalsozialisten usw. ist jedoch von den einzelnen Zonen nicht einheitlich gehandhabt worden; die Länder der amer. Zone hatten bereits auf Grund der KRDir. Nr. 24 vom 12. 1. 1946 das Ges. zur Befreiung vom Nationalsozialismus und Militarismus vom 5. 3. 1946 erlassen und glichen sich der KRDir. Nr. 38 nicht mehr an. Die MilReg. der brit. Zone ging selbständig vor und ermächtigte mit der VO Nr. 110 vom 1. 10. 1947 die deutschen Stellen zum Erlaß von Entnazifizierungsgesetzen. In der sowjet. Zone begann am 16. 8. 1947 eine umfassende Reform der Entnazifizierung mit weitgehender Amnestie; am 26. 2. 1948 wurde durch Befehl Nr. 35 das gesamte Entnazifizierungsverfahren für abgeschlossen erklärt. Nur in der franz. Zone wurde auf Grund der VO Nr. 79 der

[12] Fortlaufende Übersichten über die Gesetzgebung des Kontrollrats bringen: SJZ 1946, 18, 46, 76, 102, 131, 164, 253;
1947, 54, 226, 350, 452, 690;
DRZ 1946, 18, 53, 78, 106, 181;
1947, 53, 123, 184, 256, 335;
1948, 52, 168;
NJ 1947, 18, 197.

Ferner ist die Gesetzgebung der Besatzungsmächte nach Rechtsgebieten bis Anfang des Jahres 1946 behandelt und zwar auf dem Gebiet

der Gerichtsverfassung in	SJZ 1946, 19,
des Strafrechts	SJZ 1946, 20,
des Strafprozesses	SJZ 1946, 20,
des bürgerlichen Rechts	SJZ 1946, 21,
des Zivilprozesses	SJZ 1946, 21,
des Handelsrechtes	SJZ 1946, 22,
des Wirtschaftsrechts	SJZ 1946, 22,
der Währung	SJZ 1946, 22.

franz. MilReg. vom 18. 2. 1947 die KRDir. Nr. 38 fast völlig zur Anwendung gebracht[13]. Auch die KRDir. Nr. 24 wurde nicht einheitlich durchgeführt. Wegen dieser uneinheitlichen gesetzlichen Handhabung kam es im Hinblick auf das gesamte Entnazifizierungsverfahren zu erheblichen Unstimmigkeiten.

KRGes. Nr. 36 vom 10. 10. 1946 schrieb die Wiedereinführung der *Verwaltungsgerichtsbarkeit* vor, die durch die deutschen Verordnungen vom 28. 8. 1939 (RGBl. I, 1535) und vom 6. 11. 1939 (RGBl. 2168) praktisch beseitigt worden war. Die einzelnen MilReg. erließen daraufhin entsprechende Gesetze. Die franz. MilReg. ordnete mit Verfügung Nr. 76 vom 23. 7. 1946 den Zustand an, wie er vor dem 30. 1. 1935 bestanden hatte, allerdings mit Verschiedenheiten zwischen den einzelnen Ländern dieser Zone; die brit. MilReg. regelte die Verwaltungsgerichtsbarkeit durch Verordnungen Nr. 141 und Nr. 165 neu, während die amer. MilReg. die Regelung der Verwaltungsgerichtsbarkeit den Ländern überließ, die sie dann gleichlautend ordneten. Diese uneinheitliche Gesetzgebung in der Verwaltungsgerichtsbarkeit zwischen den Zonen brachte erhebliche Abweichungen, z. T. in grundsätzlichen Fragen, so hinsichtlich der Anfechtungssachen, der Zahl der erkennenden Richter, des Kompetenzkonfliktes, des privilegierten Gerichtsstandes der Minister, der Berufungs- und Beschwerdefristen, des Vorbescheides, des Abschlusses von Vergleichen, der Entscheidung über Verfassungsstreitigkeiten, der Passivlegitimation. Auch in der sowjet. Zone wurde die Verwaltungsgerichtsbarkeit neu geregelt, jedoch den dortigen politischen Verhältnissen angepaßt. So ist in dieser Zone die Anrufung des Verwaltungsgerichts gegen den Staat in großem Umfang von dem Willen politischer Instanzen abhängig. In Sachsen entscheidet gemäß Verordnung vom 14. 3. 1946 die Landesregierung unter Ausschluß des Rechtsweges über die Ansprüche geschädigter Personen[14].

KRGes. Nr. 45 vom 20. 2. 1945 ordnete die Aufhebung der Erbhofgesetzgebung und die Schaffung eines neuen Landwirtschaftsrechts an. Die brit. MilReg. führte, anders als die amer. und franz. MilReg., über die gemäß Art. II KRGes. 45 vorgeschriebene Wiedereinführung des alten Liegenschaftserbrechts hinaus ein neues Erbhofrecht ein (Höfeordnung vom 24. 4. 1947, Anlage B zur MilReg. VO Nr. 84)[15].

2. Bis zum Juni 1945 brachte weiterhin einheitliches Recht für das gesamte von den Westmächten besetzte Gebiet die *Gesetzgebung der MilReg. Deutschland-Kontrollgebiet des Obersten Befehlshabers* (SHAEF = Supreme Headquarters Allied Expeditionary Force). Von dieser Gesetzgebung der westlichen Militärregierungen, die auf bestimmten Gebieten

[13] *Mehnert* und *Schulte* a. a. O. 106.

[14] *Mehnert* und *Schulte* a. a. O. 93.

[15] *Mehnert* und *Schulte* a. a. O. 89; *Baur*, Landwirtschaftsrecht in den drei Westzonen: DRZ 1949, 129.

zur Wiederherstellung normaler Zustände einheitliche Regelung brachte, hat sich aber die SMA ausgeschlossen, und sie hat bei ihrem Einzug in solche Gebiete, in denen die Gesetze des SHAEF bereits Wirksamkeit erlangt hatten, diese aufgehoben. Damit blieben zwar die entsprechenden Rechtsgebiete in der sowjet. Zone nicht ungeregelt; doch sie wurden danach in einem ganz anderen Sinn geordnet als in den westlichen Zonen. Die Folge davon war, daß sich auf vielen Gebieten des öffentlichen und privaten Lebens grundsätzliche Unterschiede zwischen den westlichen Zonen und der östlichen Zone mit den Nachteilen der Rechtszersplitterung und Rechtsunsicherheit ergaben, wie sie bereits oben dargelegt wurden.

Gesetze, die von den westlichen MilReg.en gemeinsam erlassen oder miteinander abgestimmt wurden[16], sind z. B. MilRegGes. Nr. 1 betr. Aufhebung des nationalsozialistischen Rechts; MilRegGes. Nr. 6: Befreiung von Vorschriften des deutschen Rechts durch Anordnungen der Militärregierung; MilRegGes. Nr. 51 betr. Währung; MilRegGes. Nr. 52 betreffend Sperre und Beaufsichtigung von Vermögen; MilRegGes. Nr. 53 betr. Devisenbewirtschaftung; Nr. 60 über Bank Deutscher Länder; MilRegGes. Nr. 61, 62, 63, 64, 65 zur Neuordnung des Geldwesens in Deutschland; Nr. 75 über Kohlenbergbau und Eisen- u. Stahlindustrie. In letzter Zeit haben die drei westlichen Besatzungsmächte wieder gemeinsam Gesetze erlassen oder aber aufeinander abgestimmt, so Ges. Nr. 20 vom 2. 6. 1949 (Wahl von gewissen Angehörigen des öffentlichen Dienstes zum ersten Bundestag), Abänderung vom

[16] SJZ1 948, 489. Es folgen *Übersichten* über die Gesetzgebung der Militärregierungen der westlichen Zonen:

1. *amer. Zone:*
   SJZ 1946, 50, 131, 164, 253; 1947, 227, 350, 453;
   1948, 109, 165, 713.
   DRZ 1946, 84; 1947, 155, 185, 258, 369;
   1948, 90, 171, 246, 491. 1949, 14, 107, 229.
2. *brit. Zone:*
   DRZ 1946, 83, 147, 188; 1947, 54, 125, 188, 223, 297;
   1948, 92, 389. 1949, 13, 109, 134, 244.
3. *franz. Zone:*
   SJZ 1946, 47, 79, 132, 164;
   1947, 454.
   DRZ 1946, 107, 147;
   1947, 22, 54, 92, 125, 185, 192, 220, 257, 301, 335, 367, 370;
   1948, 54, 388, 476;
   1949, 35, 85, 179.
   Öffentliches Recht: DRZ 1948, 94, 173, 242, 386;
   1949, 37, 325.
4. für alle *drei Zonen* gemeinsam:
   SJZ 1949, 371;
   DRZ 1949, 276, 515.

10. 6. 1949 zu MilRegGes. 16 (Tätigkeit deutscher Versicherungsgesellschaften im Ausland); Ges. Nr. 67 (Austattung der Gebietskörperschaft Groß Berlins mit Geld).

3. Aber auch die früher gemeinsam erlassenen Gesetze sind in den *einzelnen westlichen Zonen* nicht überall in gleicher Weise durchgeführt worden.

a) Bestimmte z. B. das MilRegGes. Nr. 2 Art. VIII, daß bei der Berechnung von *Verjährungs- und Ausschlußfristen* die Zeit, während der die Geltendmachung des den Fristablauf ausschließenden oder die Frist wahrenden Rechtsbehelfes infolge der zeitweiligen Schließung der deutschen Gerichte unmöglich war, nicht berücksichtigt werden sollte, so war es doch nicht möglich, für die Folge die für das Wirtschaftsleben so wichtige Frage des Ablaufs der Verjährungsfristen einheitlich zu regeln. Während von 1945—1948 die einzelnen Zonen unter Billigung der zuständigen Militärregierungen eigene Wege gingen, scheiterte die Ende 1948 und Anfang 1949 von allen deutschen Ländern einheitlich beabsichtigte Regelung der Verjährung daran, daß die amer. Regierung für die amer. Zone die Anpassung der Verjährungsregelung der Länder der amer. Zone an die der Länder der anderen Zonen nicht genehmigte, weil sie glaubte, daß nach den in der brit. Zone geltenden Verjährungsschlußvorschriften vom 13. 1. 1949 die Gläubiger der Rechtsvorteile beraubt würden, die ihnen die früheren Gesetze eingeräumt hätten[17].

b) Erhebliche Abweichungen finden sich zwischen der amer. MilRegVO Nr. 23 „*Habeas corpus*" vom 7. 1. 1948 und der brit. MilRegVO Nr. 68 Art. VIII, die die Anträge von Personen regeln, die behaupten, zu Unrecht in amtlichem oder privatem Gewahrsam gehalten zu werden[18].

c) Während ursprünglich die VO Nr. 2 der MilReg. Deutschland — Kontrollgebiet des Obersten Befehlshabers betreffend *Gerichte der MilReg.* in den drei Westzonen in ihrer ursprünglichen Fassung in Geltung blieb, ist sie später von den einzelnen MilReg. geändert oder außer Kraft gesetzt worden, und zwar in der amer. Zone durch Änderungs-VO vom 30. 1. 1946, in der brit. Zone durch VO Nr. 27 vom 30. 3. 1946 geändert und durch VO Nr. 68 außer Kraft gesetzt, in der franz. Zone durch die VO Nr. 40 vom 6. 5. 1946, Nr. 41 vom 14. 5. 1946, VO Nr. 100, Nr. 173 und Nr. 176 geändert[19].

d) Auch die Regelung der *Rückerstattung* des von den Nationalsozialisten unrechtmäßig abgenommenen Gutes an die davon Betroffenen, die zum großen Teil noch im Ausland leben, ist bedauerlicherweise

---

17 SJZ 1949, 365.
18 SJZ 1948, 109.
19 DRZ 1947, 185.

nicht einheitlich erfolgt[20]. Während in der amer. Zone bereits im Jahre 1947 das MilRegGes Nr. 59 erlassen wurde, regelte die franz. MilReg. die Rückerstattung in anderer Weise durch die VOen Nr. 120, Nr. 156, Nr. 164 und Nr. 186 und ordnete die brit. MilReg. durch AllgVfg. 10 vom 20. 10. 1947 nur eine Anzeigepflicht an[21]; erst im Jahre 1949 hat die brit. MilReg. ein endgültiges Gesetz über Rückerstattung erlassen, das ebenso wie in der amer. Zone die Nr. 59 trägt, jedoch, wenn auch in ähnlicher Weise aufgebaut, in vielen Punkten von dem Rückerstattungsges. Nr. 59 der amer. MilReg. abweicht. Gerade dadurch, daß ein Gesetz in zwei Zonen äußerlich gleichlautend ergeht, in Wirklichkeit aber in erheblichen Punkten verschieden gefaßt ist, wird die Rechtsverwirrung besonders verhängnisvoll.

e) Die *Deutsche Gemeindeordnung* vom 30. 1. 1935 wurde in der brit. Zone durch die VO Nr. 21 mit Wirkung vom 1. 4. 1946 durch eine neue Gemeindeordnung ersetzt. In den Ländern der amer. Zone wurde die Deutsche Gemeindeordnung Ende 1945 bzw. Anfang 1946 teils geändert, teils aufgehoben. Es bestehen nunmehr in der amer. und brit. Zone zusammen vier Fassungen der Gemeindeordnung gegenüber der letzten für das ganze Reich einheitlichen Rechtsordnung. Im Bereich der franz. Zone gelten selbst innerhalb der einzelnen Länder verschiedene Gemeindeordnungen. So besteht in Rheinland/Hessen-Nassau die Deutsche Gemeindeordnung vom 30. 1. 1935 weiter, in der Pfalz dagegen das frühere bayrische Gemeinderecht, während Baden sich unter dem 25. 3. 1947 eine neue Gemeindeordnung gegeben hat. In der sowjet. Zone wurde für alle Länder eine „demokratische Gemeindeverfassung" in Kraft gesetzt.

f) Zu den MilRegGes. Nr. 52 betr. *Vermögensbeschlagnahme* und Nr. 53 betr. *Devisenbewirtschaftung* sowie den entsprechenden Befehlen der SMA sind von den einzelnen MilReg. voneinander abweichend und für die Betroffenen sehr einschneidende Änderungen und Ausführungsbestimmungen ergangen.

g) Uneinheitlich ist auch die Regelung des *Polizeiwesens*[22] und des *Arbeitsrechts*[23].

---

[20] *Ernst Wolff* in Festschr. für Leo Raape 1949, 190; *Baerns*, Wiedergutmachung, Sonderveröffentlichung des Zentraljustizamtes f. d. brit. Zone Nr. 2, 69ff. insbes. 73; *Roemer*, Juristentagung Godesberg (1947) 146; *Jacoby*, MDR 1949, 19.

[21] DRZ 1947, 409.

[22] *Pioch*, Organisation und Zuständigkeit der Polizei in den verschiedenen Besatzungszonen: 1949, 225ff., 257ff.

[23] *Recht der Arbeit* 1949, 97; *Müller*, Wesen und Entwicklungstendenzen des modernen Arbeitsrechts: Arb. u. Soz. 1948, 44; Recht der Arbeit 1949, 186; *Mayr*, Der heutige Stand des Arbeitsrechts: Mitt. Württbg.-Bad. Arb. Min. 1947, 158; *Fitting*, Die geltenden Bestimmungen des Arbeitsrechts, 1948, 93; *Schaum*, Die arbeitsrechtliche Entwicklung in der Ostzone bis

h) Von sehr weittragender Wirkung ist die vom franz. Militärbefehlshaber erlassene VO Nr. 102 über die *Neuorganisation der Amtsbereiche der Amtsgerichte* und die *Ausdehnung der Zuständigkeit der Schöffen* vom 8. 7. 1947, die sich stark von der Regelung der Gerichtsverfassung in den beiden anderen westlichen Zonen abhebt. Danach können Schöffen als *Hilfsrichter* bestellt werden, die in dem ihnen gesetzten Rahmen die gleichen Machtbefugnisse wie Berufsrichter haben. Auch Länder der amer. Zone sind dazu übergegangen, Nichtberufsrichtern in kleinem Rahmen richterliche Befugnisse zu übertragen, während die brit. Zone es in dieser Hinsicht bei der überkommenen Gerichtsverfassung belassen hat.

Die Verwendung von Laien als Richter in der franz. Zone wird durch den in der sowjet. Zone beschrittenen Weg weit überboten. Hier werden politisch besonders zuverlässige Leute in kurzfristigen Lehrgängen (z. Z. ein Jahr) zu Richtern und Staatsanwälten ausgebildet und den nach sechsjähriger Ausbildung und nach einer längeren Probezeit ausgewählten Berufsrichtern in jeder Hinsicht, insbesondere auch in ihrer Zuständigkeit, völlig gleichgestellt. Diese Volksrichter sollen im Laufe der Zeit die Berufsrichter ablösen. Diese Regelung macht die Verwendung der in der einen Zone ausgebildeten Richter in anderen Zonen praktisch unmöglich.

i) Da die franz. MilReg. die *Straßenverkehrsordnung* vom 13. 11. 1937 geändert hat (Jour Off. S. 927), unterliegt ein die franz. Zone und die anderen Zonen durchfahrendes Kraftfahrzeug verschiedenen Bestimmungen, die für wirtschaftlich und geographisch zusammenhängende Gebiete verkehrshindernd sind.

4. Wenn nun auch in der *sowjet. Zone* die SMA als Gesetzgeber weniger in Erscheinung tritt[24], so ist sie doch stärker als die westlichen

---

zum Jahresende 1947: Recht der Arbeit 1949, 185; *Schnorr*, Arbeitsrechtliche Rundschau i. d. franz. Zone (Berichtszeit v. 1. 1.—31. 2. 1949): Recht der Arbeit 1949, 182; *Scheerer*, *Hessel*, *Schäffer*, Arbeitsrechtliche Rundschau d. franz. Zone (Berichtszeit v. 1. 1.—31. 3. 1949): Recht der Arbeit 1949, 180; *Heinrichs*, Die arbeitsrechtliche Gesetzgebung in Württemberg-Baden i. Jahre 1947: Mitl. Württbg.-Baden, Arb. Min. 1948, 16, 29; *Fechner*, Das Arbeitsrecht in Württemberg-Hohenzollern: Arb. Bl. br. Zone 1948, 455; *Molitor*, Das Arbeitsrecht in Rheinland-Pfalz: Arb. Bl. br. Zone 1948, 457; *Manderscheid*, Die arbeitsrechtliche Entwicklung im Saarland (Berichtszeit v. 31. 7. 1945—31. 12. 1948: Recht der Arbeit 1949, 185.

Übersicht über das neue Buchschrifttum zum Arbeitsrecht und zur Sozialpolitik seit 1945: Recht der Arbeit 1948, 69.

[24] *Übersichten* über die Gesetzgebung der SMA: SJZ 1946, 158;
1947, 46, 104;
DRZ 1948, 52;
NJ 1947, 20, 44.

MilReg. an der Gesetzgebung der Zentralverwaltungen und der Länder in der Ostzone beteiligt, da deren Gesetzgebungsakte von der SMA veranlaßt und gelenkt werden[25]. Sieht man von einigen größeren Gesetzen, die politisch nicht so stark berührt werden, z. B. das Bürgerliche Gesetzbuch — die Bildung von nichtrechtsfähigen Vereinen und die Neueintragung von Vereinen in das Vereinsregister sind in der sowjet. Zone verboten bzw. werden nicht zugelassen — oder die Gesetze über Urheberrecht ab, so sind die überkommenden Gesetze erheblichen Änderungen unterworfen, soweit sie überhaupt noch als bestehend gelten; dies wird z. B. hinsichtlich der von 1933—1945 erlassenen Gesetze, auch wenn sie eine nationalsozialistische Note nicht aufweisen, nicht angenommen (einschränkend Sachsen in VO vom 6. 2. 1946, Thüringen in VO vom 20. 8. 1945, Mark Brandenburg in VO vom 11. 10. 1945). Während in den westlichen Zonen die Länder für ihren Bereich als Rechtsnachfolger des Reiches behandelt werden, lehnt z. B. das Land Sachsen jede Anerkennung von Verpflichtungen des Reiches aus der Zeit vor dem 8. 5. 1945 ab, nimmt aber das über diesen Zeitpunkt hinaus verbliebene Vermögen des Reiches für sich in Anspruch.

Nach den Verfassungen der westlichen Zonen geht die Regierungsgewalt von dem Volk aus, während sie in den Ländern der sowjet. Zone von Landespräsidenten ausgeführt wird, denen die Parlamente nur als „beratende Versammlungen" beigegeben sind.

Besonders auffallende Unterschiede gegenüber den westlichen Zonen ergeben sich in der Regelung der *Bodenreform*, die in der Ostzone die entschädigungslose Enteignung von landwirtschaftlichem Grundbesitz in einer Reihe von Fällen vorsieht, in der Regelung des *Banken-* und *Versicherungswesens*[26] und in der Überführung des *sequestrierten Vermögens* (insbesondere gewerblicher Betriebe) in die öffentliche Hand.

Das *Beamtentum* ist in der sowjet. Zone allgemein abgeschafft, während in der amer. Zone das Deutsche Beamtengesetz auf Grund von Anordnungen der MilReg. von den Ländern neu gefaßt[27], von einzelnen Ländern aber bereits wieder abgeändert wurde; damit ist die Rechtseinheit im Beamtenrecht ebenfalls aufgehoben[28].

Dadurch, daß die Gesetzgebung in den Zentralverwaltungen (d. s. die deutschen Selbstverwaltungskörper für die ganze sowjet. Zone) und in den Ländern der sowjet. Zone von der sowjet. Besatzungsmacht

[25] SJZ 1946, 156.

[26] Näheres s. SJZ 1946, 161.

[27] In *Hessen* durch das Ges. über die Rechtsstellung der Beamten und Angestellten im öffentlichen Dienst.

[28] *v. Galen*, Haben die Verordnungen Nr. 141 und 165 der brit. Militärregierung eine Wirkung auf das bisher in der brit. Zone gültige Beamtenrecht?: DtVerw 1949, 150; Vgl. ferner: Ges. Nr. 15 der beiden angelsächsischen MilReg.en betr. Verwaltungsangehörige der Verwaltung des Vereinigten Wirtschaftsgebietes v. 15. 3. 1949.

einheitlich gesteuert bzw. diktiert wird, ist allerdings innerhalb der sowjet. Zone eine erheblich stärkere Rechtseinheit gewährleistet als in den westlichen Zonen; dafür aber ist die Rechtszersplitterung durch das Auseinandergehen der Gesetzgebung in der sowjet. Zone und der Gesetzgebung in den westlichen Zonen um so größer.

VII. Unsicherheit in der Rechtsprechung

Der uneinheitlichen Rechtsgestaltung in den westlichen Zonen lief und läuft teilweise auch noch eine, wenn auch in ihrem Ausmaß nicht so verhängnisvolle *Uneinheitlichkeit in der Rechtsprechung* parallel. Die uneinheitliche Rechtsprechung war durch *zwei Umstände* bedingt: einmal durch die *Verschiedenheit der Gesetze*, die naturgemäß eine verschiedene Auslegung solcher Rechtsfragen zur Folge hatte, die früher bei einer rechtseinheitlichen Gesetzgebung auch einheitlich gelöst wurden, und weiterhin durch das *Fehlen eines Obersten Gerichtshofes*. Die Folge war, daß die Oberlandesgerichte in den westlichen Zonen in ihren rechtlichen Auffassungen vielfach voneinander abwichen, was naturgemäß zu einer unerfreulichen *Rechtsunsicherheit* führte. Für die brit. Zone ist dem abgeholfen worden durch die Errichtung des Obersten Gerichtshofes für die brit. Zone in Köln (siehe unten). In zwei besonders hervorgetretenen Fällen haben die MilReg.en selbst eingegriffen und, wenn auch zum Teil aus anderen Motiven, so doch immerhin mit Erfolg einem Umsichgreifen der Rechtsunsicherheit in der Rechtsprechung bei bestimmten Fragen Einhalt geboten. Vor der Währungsreform vom 20. 6. 1948 war nämlich vielfach streitig geworden und gerichtlich unterschiedlich entschieden worden, ob auf Reichsmark lautende Verpflichtungen auch mit Reichsmark erfüllt werden könnten, obwohl diese ihren Wert stark eingebüßt hatte. Es haben die amer. MilReg. am 1. 7. 1947 durch Änderung des MilRegGes. Nr. 51 und in ihrem Gefolge auch die brit. MilReg. durch MilRegVO Nr. 92 diesem Streit ein Ende gemacht, in dem sie den Grundsatz „*Mark = Mark*“ festlegten und Erfüllung einer unter stabilen Geldverhältnissen in Reichsmark eingegangenen Verpflichtung mit entwerteter Reichsmark vorschrieben. Weiterhin war nach Einführung der Währungsgesetze im Juni 1948 streitig geworden, ob *Handelsgesellschaften*, die vor dem Währungsstichtag vom 20. 6. 1948 auf alter Reichsmarkbasis gegründet worden waren, nach diesem Stichtag noch mit Reichsmark in das Handelsregister eingetragen werden könnten, obwohl die Reichsmark durch die Deutsche Mark ersetzt worden war. Die franz. MilReg. hat durch VO Nr. 184 innerhalb der franz. Zone die Eintragung in das Handelsregister mit Reichsmark zugelassen und damit diese Streitfrage erledigt; den gleichen Standpunkt haben dann einheitlich auch die Gerichte in den beiden anderen Westzonen eingenommen.

VIII. Unterschiedliche Gesetzgebungsbefugnisse der Zonen und Länder

Durch die Aufteilung eines einheitlichen Reiches in 17 Länder ergaben sich auch in der *Gesetzgebung der einzelnen Länder* selbst tiefgreifende Unterschiede. Diese waren bedingt durch die Weisungen der jeweiligen Besatzungsmächte, durch die in jedem einzelnen Land die neugesetzte Verfassung, soweit sie zustande gekommen war, von den Verfassungen der anderen Länder abwich, durch die verschieden starken und buntgefärbten parteipolitischen Einflüsse, die ein freiwilliges Zusammengehen der Länder in Fragen der Rechtseinheit sehr schwierig machten[29], durch das Bestreben einzelner Länder nach Eigenständigkeit, durch die in den einzelnen Ländern voneinander abweichenden wirtschaftlichen Notwendigkeiten und schließlich dadurch, daß keine übergeordnete Stelle vorhanden war, die eine Gleichförmigkeit bzw. Gleichheit in der Gesetzgebung herbeiführte.

1. Für die *amer. Zone* hatte die MilReg. durch Proklamation Nr. 2 vom 19. 9. 1945 Art. II angeordnet, daß die überkommenen Gesetze weiter Gültigkeit haben sollten, soweit sie nicht aufgehoben seien. Auch hat sie durch diese Proklamation den Ministerpräsidenten und später durch Proklamation Nr. 4 vom 1. 3. 1947 den Landtagen ein Gesetzgebungsrecht übertragen, soweit sie sich ihre Zuständigkeit nicht vorbehielt[30]. Im letzteren Fall blieb den Ministerpräsidenten das ihnen

---

[29] Gutachten: Die Bedeutung der Rechtseinheit im Privatrecht ZJBl 1949, Heft 5.

[30] *Übersichten* über die *gemeinsame Gesetzgebung* der Länder der amer. Zone:

SJZ 1946, 17, 44, 74, 101, 130, 158, 192, 242;
1947, 44, 101, 223, 283, 404, 450, 575, 636, 687;
1948, 51, 219, 277, 344, 487, 631, 710, 796;
1949, 74, 144, 229, 293, 365, 438, 511, 539, 583, 727.
DRZ 1946, 117;
1947, 155, 285;
1948, 22, 90, 171, 229, 247, 296, 431;
1949, 12, 107, 229, 367.
NJ 1947, 45.

Much, Die Entwicklung des öffentlichen Rechts in der amer. Zone im Jahre 1948: DtVerw 1949, 180.

Übersichten über die *Gesetzgebung der einzelnen Länder* der amer. Zone:

1. *Bayern*
SJZ 1946, 15, 73, 99, 130, 157, 191, 242;
1947, 42, 220, 349, 402, 447, 571, 637;
1948, 49, 217, 342, 561, 629, 709;
1949, 72, 227, 508, 726.
DRZ 1946, 86, 152;
1947, 1, 259;
1948, 91, 172, 246, 298;
1949, 13, 107, 368, 539.
Öffentliches Recht: DRZ 1948, 296.

bereits früher verliehene Verordnungsrecht auf verschiedenen Gesetzgebungsgebieten (siehe unten) vorbehalten; sie werden dabei als zonale Organe über der Länderebene tätig. Die Ländergesetze sind vor ihrer Ausführung der amer. MilReg. vorzulegen (Anordnung AC 010.6 vom 1. 3. 1947). Eine Abgrenzung ihrer eigenen Zuständigkeit hat die amer. MilReg. durch die Direktive vom 30. 9. 1946[31] vorgenommen. Danach sind die Länder in allen Fragen zuständig, von gewissen Ausnahmen abgesehen; zu diesen gehören die grundsätzlichen Entscheidungen des englisch-amer. Zweizonen-Ausschusses und Gesetze und Entscheidungen der amer. MilReg. in Sachen der Verwirklichung grundlegender Ziele der Besatzungspolitik. Sie schaltete dabei unter Umständen den Länderrat (siehe unten) und die Länderkabinette ein.

2. In der *brit. Zone*[32] hat die MilReg. die Gesetzgebung ursprünglich in weitem Maße selbst besorgt. Nach und nach delegierte sie deutschen

---

2. *Württemberg-Baden*

SJZ 1946, 15, 74, 100, 130, 157, 242;
1947, 42, 222, 349, 403, 571. 637;
1948, 50, 104, 218, 343, 563, 630, 709, 792;
1949, 72, 228, 365, 509, 727;
DRZ 1947, 23, 52, 256, 369, 397;
1948, 91, 172, 246, 298;
1949, 13, 73, 228, 368, 539.
Öffentliches Recht: DRZ 1948, 296;
Arbeitsrechtliche Gesetzgebung im Jahre 1947: Mittl. Württbg.-Bad. Arb. Min. 1948, 16, 29; s. auch RdA 1949, 185.

3. *Hessen*

SJZ 1946, 16, 74, 100, 130, 158, 192, 242;
1947, 43, 222, 449, 572, 639;
1948, 51, 104, 218, 564, 631, 709, 794;
1949, 229, 727.
DRZ 1946, 120, 185 (Staats- und Verwaltungsrecht);
1947, 4 (Verfassungsrecht), 52, 396;
1948, 91, 172, 246, 298;
1949, 13, 107, 229, 368, 539;
Öffentliches Recht: DRZ 1948, 296;
Die Entwicklung des öffentlichen Rechts in Hessen im Jahre 1948; DtVerw 1949, 21, 240.

[31] *Elmenau* DRZ 1947, 151.

[32] Übersichten über die Gesetzgebung *Deutscher Stellen* für die ganze *brit. Zone:*

SJZ 1946, 76, 182, 132, 243;
1947, 228, 350, 691;
1948, 633;
1949, 368.
DRZ 1946, 21, 83, 120, 147;
1947, 124, 225, 298, 367;
1948, 20, 92, 131, 202, 244, 299, 389, 429, 474;

Stellen ein beschränktes Verordnungsrecht; so übertrug sie den Erlaß von Justizgesetzen im Rahmen der Zuständigkeit des früheren Reichsjustizministeriums den acht Oberlandesgerichtspräsidenten der Zone. Die vor dem 8. 5. 1945 erlassenen Gesetze behielten auch weiterhin Gültigkeit, soweit sie nicht ausgesprochen nationalsozialistische Tendenzen verfolgten oder durch die Besatzungsmächte aufgehoben waren. Bei der Gesetzgebung und Verwaltung bediente sich die brit. MilReg. zonaler Zentralstellen, die ein mehr oder weniger ausgedehntes Verordnungsrecht haben bzw. hatten, so u. a. des Zentralamtes für Wirtschaft, des Zentralamtes für Ernährung und Landwirtschaft, des Zentralrechtsausschusses, später des Zentraljustizamtes (errichtet 1. 10. 1946)[33], des zentralen Rechnungshofes. In der Verleihung eines Verfassungsrechtes an die Länder der Zone ging die MilReg. sehr vorsichtig vor[34]; durch VO Nr. 81, in Kraft am 1. 3. 1947, erhielten die Länder Gesetzgebungsbefugnisse mit bestimmten Einschränkungeu[35]; die Gesetzgebung der Länder ist an die Genehmigung der MilReg. gebunden. Noch in keinem Lande der brit. Zone sind die Verfassungen zum Abschluß gekommen, offensichtlich deshalb nicht, weil die brit. MilReg. vorerst das Grundgesetz und die Verfassungsarbeiten der Bundesrepublik Deutschland abwarten wollte[36].

3. In der *franz. Zone* wurden durch die VO Nr. 65, 66 und 67 vom 8. 10. 1946 die Bildung von beratenden Versammlungen angeordnet, die durch Volksabstimmungen und Landtagswahlen am 18. 5. 1947 zustande kamen. Bis dahin ergingen neben den zahlreichen Verordnungen

---

1949, 14, 100, 134, 156, 253, 414, 520;
1950, 132.
NJ 1947, 68.
Verfassung und Verwaltung: SJZ 1948, 565;
1949, 156.

Kern, Verwaltungsrecht in der britischen Zone: DRZ 1948, 299, 474; 1950, 60, 82.

Erdsiek, Das neue Zivilprozeßrecht der brit. Zone: DRZ 1948, 131; Strafrecht und Strafrechtspflege: SJZ 1948, 568;
Gerichtsverfassung und Zivilprozeß: SJZ 1948, 567.

Übersicht über die Gesetzgebung in *einzelnen Ländern* der *brit. Zone:*

1. *Nordrhein-Westfalen:* SJZ 1948, 636;
2. *Schleswig-Holstein:* SJZ 1948, 637; DRZ 1949, 302;
3. *Niedersachsen:* Entwicklung des öffentlichen Rechts in Niedersachsen im Jahre 1948: DtVerw 1949, 151;
4. *Hamburg:* SJZ 1948, 638; DRZ 1949, 369 (Verfassungsentwicklung).

[33] Über den Aufgabenkreis des *Zentraljustizamtes* s. eingehender DRZ 1946, 21ff., 121.

[34] DRZ 1948, 202; 1949, 156.

[35] Näheres s. DRZ 1948, 202.

[36] DRZ 1949, 156. Inzwischen teilweise überholt.

und Verfügungen des Commandant en Chef, vorbereitet durch das Comité Juridique, auf regelmäßigen Zusammenkünften der Chefs der Justizverwaltungen in den Ländern der franz. Zone sogenannte Rechtsanordnungen. Durch Erklärung des Oberbefehlshabers in der franz. Zone vom 4. 12. 1946 sind provisorische Regierungen gebildet worden, die Vorschriften mit Gesetzeskraft erlassen konnten[37]. Die Verfassungen der

[37] *Übersichten* über die *teils gemeinsame, teils einzelne Gesetzgebung* der *Länder* in der *franz. Zone.*

SJZ 1949, 75, 146.
DRZ 1946, 20, 144;
1947, 22, 158, 256;
1948, 16, 55, 133, 210, 301, 388, 476;
1949, 37, 58, 84, 179, 299, 302, 325, 447;
1950, 60.
NJ 1947, 110.
Öffentliches Recht: DRZ 1948, 18, 95, 173, 242, 387;
1949, 58, 84, 325, 365, 494;
1950, 81, 107, 132;

Politische Säuberung: SJZ 1947, 457;
Zivilrecht: SJZ 1949, 146;
Arbeits- u. Sozialrecht: SJZ 1949.148;
Arbeitsrechtliche Rundschau i. d. franz. Zone v. 1. 1.—31. 3. 49: RdA 1949, 180;
Strafrecht: SJZ 1949, 147.

Übersicht über die Rechtsentwicklung in *einzelnen Ländern* der *franz. Zone:*

1. *Hessen-Pfalz:* DRZ 1946, 21;

Rheinland-Hessen-Nassau DRZ 1946, 20;

Rheinland-Pfalz ab 30. 8. 1946: DRZ 1947, 56, 159, 245 (Verfassung).
Schätzel: Rhein-Pfalz. Verw.Bl. 147 Nr. 6.
Schesmer, Die Entwicklung d. öffentl. Rechts im Lande Rheinland-Pfalz v. 1. 1.—30. 9. 1948: DtVerw 1949, 97, 127;
Molitor, Das Arbeitsrecht in Rheinland-Pfalz: Arb. Bl. f. d. brit. Zone 1948, 457, siehe auch Recht der Arbeit 1949, 185.

2. *Württemberg-Hohenzollern:*

DRZ 1946, 54, 110, 160;
Kutscher, Die Entwicklung des öffentlichen Rechts in Württemberg-Hohenzollern im Jahre 1948: DtVerw 1949, 265;
Fechner, Das Arbeitsrecht in Württemberg-Hohenzollern: Arb.Bl. f. d. brit. Zone 1948, 455; s. auch RdA 1949, 185;

3. *Baden:*

DRZ 1946, 19, 112;
1947, 158.

Außerdem:

Die Rechtsentwicklung im Kreise *Lindau*, DRZ. 1948, 243.
Saargebiet: DRZ 1946, 55, 188;
1947, 160, 257;
Manderscheid, Die arbeitsrechtliche Entwicklung im Saarland (31. 7. 1945—31. 12. 1948): RdA 1949, 183.

Länder wurden durch VO Nr. 95 und Verfügung Nr. 218 der MilReg. bestätigt. Neben der Vorbehaltsgesetzgebung der MilReg., die katalogmäßig festliegt, besteht für die Länder ein Gesetzgebungsrecht teils mit vorheriger Vorlage bei der MilReg., teils mit nachträglicher Genehmigung durch die MilReg.

4. Die politische Struktur der *sowjet. Zone* und der politisch stark ausgerichtete Einfluß der SMA geben der Gesetzgebung und Verwaltung dieser Zone ein besonderes Gepräge, das von den Verwaltungsformen in den westlichen Zonen so erheblich abweicht, daß sich Parallelen kaum ziehen lassen[38].

---

[38] *Übersichten* über die *gemeinsame Gesetzgebung deutscher Stellen* in der *sowjet. Zone:*
DRZ 1946, 121, 182; 1947, 155, 226;
1948, 134, 208, 302;
NJ 1947, 44, 198; 1948, 116;
Verfassung und Verwaltung: SJZ 1948, 347;
Rechtspflege: SJZ 1948, 417;
Arbeits- u. Sozialrecht, Gesundheitswesen: SJZ 1948, 419;
DRZ 1948, 304;
Schaum, Die arbeitsrechtliche Entwicklung in der Ostzone bis zum Jahresende 1947 ;RdA 1949, 185;
Schnorr, Arbeitsrechtliche Rundschau in der Sowjet. Zone (1. 1.—31. 3. 1949): Recht der Arbeit 1949, 182;
Straf- und Strafprozeßrecht: SJZ 1948, 418;
Weiß, Einheitliches Strafverfahrensrecht f. d. sowjet. Besatzungszone: NJ 1948, 215;
Nathan, Einheitliche Anwendung der ZPO: NJ 1948, 212;
Die Gesetzgebung in der sowjetischen Besatzungszone;
Wirtschaftsrecht: SJZ 1948, 349;
Wirtschaftsrechtliche Landesgesetzgebung: SJZ 1948, 415.

Übersicht über die Gesetzgebung in *einzelnen Ländern* der *sowjet. Zone:*

1. *Mecklenburg:*
DRZ 1948, 218;
1949, 36 (Widemann);
NJ 1947, 24;
2. *Mark Brandenburg:*
DRZ 1947, 336;
1948, 134;
1949, 157;
NJ 1947, 23;
3. *Sachsen-Anhalt:*
DRZ 1946, 26, 122;
1947, 212, 299;
1947, 212, 299;
1948, 134;
NJ 1947, 22;
4. *Land Sachsen:*
DRZ 1948, 168, 392;
NJ 1947, 23.
5. *Thüringen:*
DRZ 1946, 56, 123;
1947, 260, 301;
1948, 480;
1947, 20; NJ
6. *Außerdem Groß-Berlin:*
DRZ 1946, 123;
1947, 221;
1948, 89, 205;
SJZ 1946, 246.

Ferner: Neue Zivilrechtliche Gesetze der Zonen mit Ausnahme der brit. Zone: ZJBl 1948, 10.

Es würde hier zu weit führen, selbst die gröbsten Unterschiede der Gesetzgebung der Länder, sei es innerhalb einer Zone, sei es von Zone zu Zone, aufzuzählen; dies erscheint heute technisch bereits unmöglich.

IX. Möglichkeiten und Einrichtungen zur Eindämmung weiterer Rechtszersplitterungen

Die Besatzungsbehörden mußten einsehen, daß die Rechtszersplitterung in den deutschen Ländern zu großen Unzuträglichkeiten führte, die sich auch außerhalb der deutschen Länder bemerkbar machte. Mit Unterstützung der Besatzungsmächte sind die Länder bestrebt gewesen, die Möglichkeiten zu setzen, um einer völligen Rechtszersplitterung, besonders bei der Schaffung neuer Gesetze, vorzubeugen. Es seien hier die hauptsächlichsten Einrichtungen aufgeführt, die teils unmittelbar zu dem Zweck geschaffen wurden, eine Rechtseinheit, soweit dies möglich war, zu erhalten, teils aber, aus anderen Ursachen entstanden, dazu benutzt werden konnten, einer allzu starken Rechtszersplitterung entgegenzuwirken.

1. Am 6. 11. 1945 schlossen sich, unter Billigung der *amer. MilReg.*, die drei Ministerpräsidenten der drei Länder der amer. Zone zu einem ständigen Rat, dem „*Länderrat des amer. Besatzungsgebietes*" (Süddeutscher Länderrat) zusammen[39]. Gemäß § 2 I des Statuts dieses Länderrats war es seine Aufgabe, im Rahmen der politischen Richtlinien der Besatzungsmacht die über das Gebiet eines Landes hinausreichenden Fragen gemeinsam zu lösen, Schwierigkeiten im Verkehr der Länder zu beseitigen und die wünschenswerte Angleichung der Entwicklung auf den Gebieten des politischen, sozialen, wirtschaftlichen und kulturellen Lebens sicherzustellen. Nach Errichtung der Länderparlamente wurde in das Statut des Länderrats am 6. 3. 1947 als § 15a aufgenommen: „Um die notwendige Angleichung der Gesetzgebung zu fördern, wird der Parlamentarische Rat .... gebildet .... Er nimmt Stellung zu allen Entwürfen von Gesetzen und Rechtsverordnungen, die dem Länderrat vorgelegt werden". Die im Rechtsausschuß des Länderrats vorbereiteten Gesetze wurden dann in den einzelnen Ländern verkündet. Nachdem die Länderparlamente in Tätigkeit getreten waren, wurde beim Länderrat zwischen solchen Gesetzen unterschieden, bei denen der Länderrat aus der Notwendigkeit der Rechtseinheit heraus die Frage prüfte, ob ein Gesetz zoneneinheitlich ergehen mußte oder ob lediglich Rechtsangleichung in den einzelnen Ländern erforderlich war. Im ersteren Fall wird nach Genehmigung durch die MilReg. das Gesetz von den Ministerpräsidenten der einzelnen Länder verkündet. Wurde bei einem Gesetz nur Rechtsangleichung für erforderlich gehalten, so wurde der einheitliche Entwurf den einzelnen Landtagen zur Weiter-

[39] DRZ 1916, 113.

behandlung zugeleitet. Auf diese Weise sind bis zum 15. 5. 1949 71 Gesetze einheitlich für alle drei Länder der amer. Zone ergangen, so u. a. das Gesetz zur Befreiung von Nationalsozialismus und Militarismus, das Rechtsmittelgesetz, das Vertragshilfsgesetz. Unter Wahrung der Rechtsangleichung ergingen in den Ländern 35 Gesetze, darunter das Arbeitsgerichtsgesetz und das Gesetz über die Verwaltungsgerichtsbarkeit (inzwischen aber bereits von einzelnen Ländern durchlöchert). In der letzten Zeit hat jedoch die amer. MilReg. die Zoneneinheitlichkeit für eine Reihe von Gesetzesvorschlägen verneint, weil sie eine Zoneneinheitlichkeit nicht für erforderlich hielt oder der Bundesgesetzgebung nicht vorweg greifen wollte[40]; sie hat sogar bei zoneneinheitlichen Gesetzen die Zoneneinheitlichkeit nachträglich aufgehoben (so am 8. 12. 1948 beim Vertragshilfegesetz[41]).

Der Länderrat der amer. Zone hat nach Errichtung des Länderrats des Vereinigten Wirtschaftsgebietes nach und nach seine Tätigkeit als beendet angesehen.

2. In der *brit. Zone* war die Lage für die Verhütung einer allzu großen Rechtszersplitterung insofern etwas günstiger, als die brit. MilReg. ursprünglich die gesetzlichen Regelungen für die *gesamte* Zone in größerem Umfang selbst in Angriff nahm und durch die (bereits oben) erwähnten *Zonenämter* den Verwaltungsablauf von zentraler Stelle aus regulieren konnte. Zwar wurden nach und nach, insbesondere bei Schaffung der Zweizonenämter (siehe unten), die zonalen Zentralstellen aufgelöst, allerdings mit Ausnahme z. B. des Zentraljustizamtes, das noch weiter im Rahmen seiner Justizgesetzgebung rechtsverbindliche Vorschriften erlassen konnte. Außerdem war (nach anfänglicher Uneinheitlichkeit der Verordnungen der Oberlandesgerichtspräsidenten — Dpd — Brief vom 10. 3. 1948 —) bis zur Errichtung des Zentraljustizamtes gemäß Anweisung Nr. 4 an die Oberlandesgerichtspräsidenten vom 5. 12. 1945 ein *juristischer Zentralausschuß* der Oberlandesgerichtspräsidenten mit einem ständigen Unterausschuß eingesetzt worden, der für die Einheitlichkeit der Justizgebung innerhalb der Zone Sorge tragen sollte (Just.Bl. Köln 1946, 12). Im übrigen bestand für die Länder der brit. Zone, die gemäß MilRegVO Nr. 57 vom 1. 12. 1946 ein auf bestimmten Gebieten festgelegtes Gesetzgebungsrecht haben, keine einheitliche Koordinierung der von den Parlamenten beschlossenen Gesetze und von den einzelnen Regierungen erlassenen Verordnungen, es sei denn, daß die brit. MilReg. die Genehmigung des Gesetzes eines Landes von der Angleichung an das Gesetz eines anderen Landes abhängig machte.

---

[40] SJZ 1949, 74. 144, 229.

[41] Bekanntmachung d. Bayr. Min.-Präsidenten v. 28. 2. 1949. Auf dem Gebiet des Arbeitsrechtes ist seit Ende Sept. 1948 eine zoneneinheitliche Gesetzgebung deutscher Stellen nicht mehr erfolgt (RdA 1949, 97).

3. In der *franz. Zone* fehlte bis 1947 jede zonale Rechtseinrichtung, deren Zuständigkeit über dem Bereich eines einzelnen Staates hinaus ging. Lediglich von Zeit zu Zeit hielt die MilReg. Besprechungen mit den Regierungschefs und den Ressortministern ab. Erst mit Erlaß des Zonenbefehlshabers vom 16. 4. 1948 wurde ein ständiges *Ländersekretariat* geschaffen. Seitdem versammelten sich die Wirtschaftsminister, Finanzminister, Minister für Landwirtschaft und Versorgung und Minister für Transport und Postwesen zur Abstimmung von Gesetzesvorlagen und der Verwaltungspraxis[42].

4. Die *sowjet. Militär-Administration* war auf eine einheitliche Ausgestaltung des Gesetzes- und Rechtswesens in der sowjet. Zone bedacht. Während anfänglich die Länder der sowjet. Zone unabhängig voneinander gesetzgeberisch arbeiteten, setzten sich nach und nach die unter Aufsicht der sowjet. Behörden stehenden deutschen Zentralverwaltungen für die gesamte Zone über das bloße Informations- und Empfehlungsrecht hinaus immer mehr durch; Ende 1946 hatten sie im Ergebnis ein umfassendes Gesetzgebungsrecht erreicht[43]. Durch SMA-Befehl vom 4. 6. 1947 wurde als übergeordnete Behörde für die wirtschaftlichen Zentralverwaltungen die „ständige Wirtschaftskommission" bestimmt. Diese Einrichtung lief der Zweizonenverwaltung in der Bizone parallel. Durch Befehl Nr. 32 vom 12. 2. 1948 erhielt die nunmehr „*Deutsche Wirtschaftskommission*" benannte Zentralstelle unbeschränktes Rechtsetzungs-, Anweisungs- und Aufsichtsrecht über die Länder und wirtschaftlichen Organisationen. Die nichtwirtschaftlichen Zentralverwaltungen blieben unabhängig voneinander bestehen; die „Deutsche Justizverwaltung" früher „Zentraljustizverwaltung" (nicht zu verwechseln mit dem „Zentraljustizamt" der brit. Zone) erhielt Verordnungsrecht für alle Länder der sowjet. Zone[44].

5. Es hat auch *von Zone zu Zone* nicht an Versuchen gefehlt, zu einer gemeinsamen Gesetzgebung zu kommen. Zeugnis davon legen ab die Tagungen in Godesberg, die Vierzonentagung in Wiesbaden im Jahre 1946, die Zusammenarbeit von Vertretern des Zentraljustizamtes der brit. Zone mit dem Rechtsausschuß des Länderrats der amer. Zone[45] und schließlich durch das von der Vollversammlung des Wirtschaftsrates (siehe unten) am 17. 6. 1948 beschlossene *Justizkollegium*, das am

---

[42] *Mehnert* und *Schulte* a. a. O. 42; vgl. ferner: SJZ 1947, 455; DRZ 1948,: 384.

[43] Anordnungen der Deutschen Zentralverwaltungen NJ 1949, 44.

[44] *Mehnert* und *Schulte* a. a. O. 43f.; vgl. weiterhin: *Weiß*, Einheitliches Strafverfahrensrecht in der Sowjetischen Zone NJ 1948, 215; *Nathan*, Einheitliche Anwendung der ZPO: JN 1948, 212; *Abendroth*, Die Justiz in den Länderverfassungen der sowjetischen und amerikanischen Besatzungszone: NJ 1948, 112.

[45] SJZ 1948, 5.

13. 8. 1948 erstmalig in Frankfurt zusammen trat[46]. Dem Justizkollegium war ein *juristischer Beirat* vorangegangen, der eine Verbindungsstelle der Länder der amer. Besatzungszone und des Zentraljustizamtes bei der Verwaltung des Vereinigten Wirtschaftsgebietes darstellte, um die Gesetzgebung des Wirtschaftsrates mit dem allgemeinen Recht in Einklang zu bringen. Dieses, den juristischen Beirat ablösende Justizkollegium ist eine Zusammenkunft aller Justizminister oder deren Vertreter der 11 Länder der westlichen Zonen, also auch der franz. Zone. Seine Aufgabe besteht darin, mit den Stellen der bizonalen Verwaltung (des Wirtschaftsrats des Vereinigten Wirtschaftsgebietes) auf dem Gebiet der Gesetzgebung beratend und gutachtend zusammen zu wirken und auf dem Gebiet der Rechtsangleichung zusammen zu arbeiten. Das Justizkollegium sollte auch die Aufgaben des Rechts ausschusses beim Süddeutschen Länderrat übernehmen.

Noch eine andere Organisation wurde für die Verhütung weiterer Rechtszersplitterung tätig. Um ein stärkeres Absinken der deutschen Wirtschaftskurve zu vermeiden und um „die schleichende wirtschaftliche Paralyse nicht anwachsen zu lassen", leiteten die amer. und die brit. MilReg. im Jahre 1946 (Abkommen der anglo-amer. Militärregierungen vom 2. 12. 1946[47]) einen Zusammenschluß der Länder der amer. Zone und der Zonenverwaltung in der brit. Zone auf fünf Einzelgebieten (Wirtschaft, Finanzen, Ernährung und Landwirtschaft, Verkehr, Post- und Fernmeldewesen) in die Wege zu sog. Zweizonenämtern[48], nach deren Konstituierung die entsprechenden Zonenämter in der brit. Zone aufgelöst wurden. Auf Einladung zum Beitritt verhielt sich die SMA ablehnend, während die franz. MilReg. einen Gegenvorschlag machte, der aber von den anglo-amer. MilReg. nicht weiter verfolgt wurde[49]. Diese Zweizonenämter wurden dann später in die Organisationsformen der Verwaltung des *Vereinigten Wirtschaftsgebietes* überführt (Abkommen der anglo-amer. Militärgouverneure vom 29. 5. 1947[50], die auch der franz. Zone offen stehen sollte. Als weiteres sechstes Amt kam am 8. 9. 1948 hinzu das „Amt für Arbeit" sowie am 3. 11. 1948 der Rechnungshof für das Vereinigte Wirtschaftsgebiet. Die Verwaltung des Vereinigten Wirtschaftsgebietes gliederte sich in einen Wirtschaftsrat, einen Länderrat und einen Verwaltungsrat; ihr war gemäß Proklamation Nr. 5 der amer. MilReg. das Gesetzgebungsrecht übertragen worden[51]. Dem Verwaltungsrat wurde ein Rechtsamt

[46] *Trinkler*, Das Justizkollegium in Frankfurt: NJW 1948, 619.

[47] Die neue Zeitung v. 7. 5. 1949, 12.

[48] *v. Elmenau:* DRZ 1947, 50, 58ff., 154; 1948, 294; s. auch SJZ 1947, 350f. Über die Gesetzgebung in der Doppelzone s. DRZ 1948, 294, 428, 473.

[49] Dasselbe DRZ 1947, 50.

[50] Die Neue Zeitung v. 7. 5. 1949, 2.

[51] *Hoepfner*, Die rechtliche Struktur der Bizonalen Wirtschaftsverwaltung: MDR 1949, 197ff. Über die Gesetzgebung des Wirtschaftsrates des Ver-

angegliedert, dessen Aufgabe es war, die rechtsförmliche Richtigkeit von Entwürfen zu Gesetzen und Verordnungen herzustellen sowie die Verbindung mit den Justizbehörden der Länder im Vereinigten Wirtschaftsgebiet und zum Justizkollegium aufrecht zu erhalten. Vom Wirtschaftsrat des Vereinigten Wirtschaftsgebietes sind bis zum Zusammentritt des Bundestages 167 Gesetze verabschiedet worden, von denen 112 von den MilReg. genehmigt und 20 abgelehnt wurden; der Rest stand noch offen oder ist durch andere Gesetze ersetzt worden[52]. Zur Schaffung eines gemeinsamen Justizamtes für die beiden Zonen ist es jedoch nicht gekommen.

Den wirtschaftlichen Anschluß an das Vereinigte Wirtschaftsgebiet wollte die MilReg. der franz. Zone erst dann vornehmen, wenn eine einheitliche Regierung der 11 Länder gebildet ist. Diese Voraussetzung ist nunmehr durch das Grundgesetz und die Organe der Bundesrepublik Deutschland (siehe unten) gegeben.

Weiterhin dienen der Rechtseinheit zum mindesten innerhalb der brit. Zone der „*Oberste Gerichtshof für die brit. Zone*" (MilRegVO Nr. 98 und DVO des Zentraljustizamtes vom 10. 11. 1947), der aber auch über die brit. Zone hinaus rechtsvereinheitlichende Bedeutung besitzt; ferner das durch Proklamation der amer. MilReg. Nr. 8 am 9. 2. 1948 und brit. MilRegVO Nr. 127 in Köln errichtete „*Deutsche Obergericht*" für die amer. und brit. Zone gemeinsam, das aber bisher eine nur geringe Tätigkeit entfaltet hat und wohl ebenso wie der Oberste Gerichtshof für die brit. Zone durch die Bundesgerichte abgelöst werden dürfte.

X. Das Grundgesetz als Grundlage einer zukünftigen Rechsvereinheitlichung

Diese zuvor geschilderten Zustände bestanden tatsächlich z. Z. des ursprünglichen Abschlusses dieses Referates im September 1949. Jedoch ist durch das von der brit. MilReg. genehmigte und am 23. 5. 1949 verkündete Grundgesetz der Bundesrepublik Deutschland[53] (GG) eine Wendung in dem Prozeß der Rechtszerplitterung eingetreten, und zwar in zweifacher Hinsicht; einmal dahin, daß in Zukunft auf bestimmten Gebieten die Gesetzgebung für die Länder und Zonen einheitlich ergeht

---

einigten Wirtschaftsgebietes und über die überzonale deutsche Gesetzgebung vgl. die fortlaufenden Berichte in SJZ 1948, 108, 278, 487, 712; 1949, 14, 145, 440; DRZ 1948, 473; 1949, 82, 228, 276, 324, 365, 445. *Ferner: Erdsiek*, Die Rechtsentwicklung im Vereinigten Wirtschaftsgebiet — Besatzungsrecht — Stand 5. 3. 1949: DRZ 1949, 133.

[52] Übersichten über die vom Wirtschaftsrat verabschiedeten, aber von den Besatzungsbehörden nicht mehr genehmigten Gesetze: NJW 1948, 377, 660, 745.

[53] Eine Übersicht über das Schrifttum zur Entstehung des GG s. DtVerw 1949, 335.

(— die sowjet. Zone ist, da die SMA das GG nicht genehmigt hat, noch nicht angeschlossen —), und darin, daß die bisherige Rechtszersplitterung gemildert werden wird[54].

Gemäß Art. 70 GG liegt zwar der Schwerpunkt der Gesetzgebung bei den Ländern. Jedoch hat der Bund als das die Länder zusammenfassende staatliche Gebilde eine Vorranggesetzgebung. Diese äußerst sich in einer *ausschließlichen* Gesetzgebungsbefugnis des Bundes auf bestimmten Gebieten und einer *konkurrierenden* Gesetzgebung auf allen übrigen Gebieten. Die konkurrierende Gesetzgebung bleibt in erster Linie den einzelnen Ländern vorbehalten, doch ist der Bund berechtigt, für die Materien der konkurrierenden Gesetzgebung selbst eine Regelung zu treffen, wenn eine Angelegenheit durch die Gesetzgebung einzelner Länder nicht wirksam geregelt werden kann, wenn die Regelung einer Angelegenheit durch ein Landesgesetz die Interessen anderer Länder oder der Gesamtheit beeinträchtigen könnte oder „die Wahrung der Rechtseinheit oder der Wirtschaftseinheit, insbesondere die Einheitlichkeit der Lebensverhältnisse über das Gebiet eines Landes hinaus sie erfordert" (Art. 72 GG). Diese nunmehrige Regelung der Gesetzgebung war teilweise noch zwei Monate vor Erlaß des GG sehr in Frage gestellt. Für den Parlamentarischen Rat, der sich aus den Vertretern der deutschen Parteien zusammensetzte und das GG entwarf und beschließen sollte, waren der Vorrang der Bundesgesetzgebung vor der Landesgesetzgebung und damit die Wahrung der Rechtseinheit eine Selbstverständlichkeit sowie mit der von ihm selbst gewünschten und von den Besatzungsmächten verlangten förderativen Verfassung durchaus vereinbar; er hatte die Vorentwürfe zum Grundgesetz dementsprechend gefaßt. In einem *Memorandum vom 2. 3. 1949* bezeichneten jedoch die Militärgouverneure der drei westlichen Zonen die Vorranggesetzgebung des Bundes als mit dem förderativen System unvereinbar. Von allen an dieser Frage interessierten deutschen Stellen wurde auf die auch für die Besatzungsmächte spürbaren Folgen hingewiesen[55], die dadurch entstehen müßten, wenn den Ländern die Gesetzgebung ausschließlich verblieb und nach der in dem Memorandum vom

[54] Übersichten über die Rechtsentwicklung in der Bundesrepublik Deutschland DRZ 1949, 323, 363.

[55] Außer vom Parlamentarischen Rat selbst in den *Stellungnahmen* der Dekane der westdeutschen *Rechtswissenschaftlichen Fakultäten* vom 4. 12. 1949 (ZJBl 1949, 68; BB 1949, 169; JR 1949, 98; Nds Rpfl 1949, 49; DtVerw. 1949, 179; SJZ 1949, 291, DJZ 1949, 252); des Vorstandes des deutschen *Richterbundes* (SJZ 1949, 293, DRZ 1949, 251), der Vereinigung der *Rechtsanwaltskammern* der brit. Zone (ZJBl 1949, 68), der *Berliner Richter*, *Staatsanwälte* und *Rechtsanwälte* (JR 1949, 97), der *Rechtspflegerverbände* der brit. Zone (ZJBl 1949, 68); vgl. ferner *E. Wolff*, Die Gefährdung der deutschen Rechtseinheit: NJW 1949, 281; *Kiesselbach* im Nordwestd. Rundfunk am 26. 3. 1949 (ZJBl 1949, 70); *Dernedde:* Die Welt v. 29. 3. 1949.

2. 3. 1949 niedergelegten Auffassung der westlichen Besatzungsmächte der Bund gesetzgeberisch nur dann eingreifen sollte, wenn es einen einzelnen Land unmöglich sei, wirksame Gesetze zu erlassen oder wenn seine Gesetzgebung für ein anderes Land schädlich sei. Der Parlamentarische Rat hat es jedoch möglich gemacht, sowohl die Vorschläge der Militärgouverneure in die letzte Fassung des GG hineinzuarbeiten als auch die Rechtseinheit zu sichern, die Militärgouverneure haben dann am 12. 5. 1949 durch die Bestätigung des GG an sich ein gedeihliches Zusammenarbeiten von Bund und Ländern gefestigt[56]. Allerdings haben sie zu Art. 72 Ziff. 3 GG den einschränkenden Vorbehalt gemacht, ein Bedürfnis nach einer einheitlichen gesetzlichen Regelung durch den Bund sei nur dann anzunehmen, wenn die wirtschaftlichen Interessen des Bundes zu fördern sind oder eine angemessene Gleichheit wirtschaftlicher Möglichkeiten für alle sicherzustellen ist[57].

Der Bund hat gemäß Art. 73 GG die ausschließliche Zuständigkeit über

1. die auswärtigen Angelegenheiten;
2. die Staatsangehörigkeit im Bunde;
3. die Freizügigkeit, das Paßwesen, die Ein- und Auswanderung und die Auslieferung;
4. das Währungs-, Geld- und Münzwesen, Maße und Gewichte sowie die Zeitbestimmung;
5. die Einheit des Zoll- und Handelsgebietes, die Handels- und Schiffahrtsverträge, die Freizügigkeit des Warenverkehrs und den Waren- und Zahlungsverkehr mit dem Auslande einschließlich des Zoll- und Grenzschutzes;
6. die Bundeseisenbahnen und den Luftverkehr;
7. das Post- und Fernmeldewesen;
8. die Rechtsverhältnisse der im Dienste des Bundes und der bundesunmittelbaren Körperschaften des öffentlichen Rechtes stehenden Personen;
9. den gewerblichen Rechtsschutz, das Urheberrecht und das Verlagsrecht;
10. die Zusammenarbeit des Bundes und der Länder in der Kriminalpolizei und in Angelegenheiten des Verfassungsschutzes, die Einrichtung eines Bundeskriminalpolizeiamtes sowie die internationale Verbrechensbekämpfung;
11. die Statistik für Bundeszwecke.

Im übrigen verbleibt bei den weitaus meisten Materien die Gesetzgebung den Ländern (Art. 74 GG), soweit sie der Bund nicht aus Gründen des Art. 72 II GG (siehe oben) an sich zieht. Bei Vorliegen der Voraus-

[56] *Dernedde*, Der Bund und die Länder DtVerw 1949, 315ff.; *derselbe:* ZJBl 1949, 101ff.; *Bader*, Rechtspflege und Verfassung (zur Denkschrift des Zentraljustizamtes f. d. brit. Zone) DRZ 1949, 1ff.

[57] Vgl. hierzu und über die Folgen, die durch diese Einschränkung in der Genehmigung der drei Militärgouverneure entstehen können: *Heimerich*, Deutsche Wirtschaftseinheit und konkurrierende Gesetzgebung: BB 1949, 297.

setzungen des Art. 2 GG hat der Bund auch das Recht, Rahmenvorschriften zu erlassen (Art. 75 GG). Im übrigen besteht in Angelegenheiten der ausschließlichen Gesetzgebung des Bundes die Möglichkeit, auf die Belange der Länder Rücksicht zu nehmen. Einmal kann der Bund die Länder ermächtigen, auch auf solchen Gebieten die Gesetzgebung auszuüben, die an sich zur ausschließlichen Gesetzgebung des Bundes gehören. Außerdem kann der Bund Gesetze im Interesse einzelner Länder erlassen oder auch die Verhältnisse der einzelnen Länder gesetzlich verschieden regeln.

Der Bundestag kann die Bundesregierung, die Bundesminister und die Landesregierungen ermächtigen, Rechtsverordnungen zu erlassen; Inhalt, Zweck und Ausmaß der Ermächtigungen werden von dem Bundestag bestimmt (Art. 80 GG)[58]. Die staatliche Verwaltung ist Sache der Länder. Der Bundesregierung steht die Aufsicht über die Ausführung der Bundesgesetze durch die Länder zu, mag diese Ausführung selbst Gesetzgebung der Länder, Rechtsprechung oder Verwaltungstätigkeit sein[59]. Vom Bund selbst wird die Verwaltung ausgeübt, und zwar auf dem Gebiet der Bundesfinanzen, der Bundeseisenbahnen, der Bundespost, der Reichswasserstraßen, der Binnenschifffahrt und des auswärtigen Dienstes.

Der Rechtseinheit dienen auch die Bestimmungen der Art. 124, 125 und 127 GG. Alles früher gesetzte Recht, das zur ausschließlichen Zuständigkeit des Bundes gehört, wird innerhalb seines Geltungsbereiches Bundesrecht (Art. 124). Weiterhin wird solches Recht, das Gegenstände der konkurrierenden Gesetzgebung betrifft, innerhalb seines Geltungsbereiches Bundesrecht, einmal, soweit es in einer oder mehreren Besatzungszonen einheitlich gilt, und zweitens, soweit es sich um Recht handelt, durch das nach dem 8. Mai 1945 früheres Reichsrecht abgeändert worden ist. Damit ist der Bund in der Lage, das bereits von den Ländern gesetzte Recht auf einen einheitlichen Nenner zu bringen. Der Bund kann ferner solche Gesetze, die von der Verwaltung des Vereinigten Wirtschaftsgebietes für die brit. und amer. Zone erlassen sind, in allen anderen Ländern der Westzone sowie für Berlin einführen.

Auch durch das *Besatzungsstatut* der Besatzungsmächte vom 6./8. 4. 1949 ist die Möglichkeit gegeben, die bisherige Rechtszersplitterung dadurch zum Teil zu beseitigen, daß die Besatzungsmächte unter gewissen Voraussetzungen und von bestimmten Gebieten abgesehen auf Wunsch des Bundes Besatzungsrecht aufheben; allerdings behalten sich die Besatzungsmächte das Recht vor, darüber zu wachen, daß die Gesetze, die von der Bundesrepublik erlassen werden, auch dem GG, insbesondere also auch Art. 72 GG, entsprechen[60].

[58] S. auch SJZ 1949, 805.
[59] *Wessel*, Die Verwaltung: DtVerw 1949, 327.
[60] *Henle*, Besatzungsstatut und deutsche Gesetzgebung: SJZ 1949, 575.

Um aber auch die Einheitlichkeit der Rechtsprechung zu wahren und damit die Rechtseinheit praktisch zu sichern, sind vier *Bundesgerichte* vorgesehen: für die Gebiete der ordentlichen, der Verwaltungs-, der Finanz- und der Arbeits- und Sozialgerichtsbarkeit (Art. 96 GG). Diese Regelung ist umstritten gewesen; insbesondere wurde geltend gemacht, daß die Unabhängigkeit der Richter an den drei letzteren Gerichten nicht gewahrt sei, da die jeweiligen Fachminister Einfluß auf die Richterauswahl und damit auf eine in ihrem Sinn günstige Rechtsprechung besäßen[61]. Immerhin ist zur Wahrung der Einheitlichkeit der Rechtsprechung dieser Bundesgerichte und damit auch der ihnen nachgeordneten entsprechenden Landesgerichte das *Oberste Bundesgericht* vorgesehen (Art. 95 II GG).

Unabhängig von diesem Obersten Bundesgericht wird ein *Bundesverfassungsgericht* eingesetzt, das bei Meinungsverschiedenheiten über das Bundesrecht und das Landesrecht als solche, über das Verhältnis von Bundesrecht zu Landesrecht, vom Bund zu den Ländern und in sonstigen bestimmten Fällen tätig werden soll (Art. 93 GG).

Wie sich die im GG zum Ausdruck kommenden Sicherungen für die Rechtseinheit innerhalb der drei westlichen Zonen auswirken werden, bleibt abzuwarten; die Grundvoraussetzungen für eine Eindämmung der Rechtszersplitterung und eine zukünftige Rechtsvereinheitlichung sind ebenfalls vorhanden.

In der sowjet. Besatzungszone wurde die *Deutsche Demokratische Republik* (Verfassung der Deutschen Demokratischen Republik in Kraft am 7. 10. 1949) errichtet. Damit wird zwar innerhalb der sowjet. Besatzungszone die Rechtsvereinheitlichung noch stärker gefördert; demgegenüber ist z. Zt. die Aussicht auf eine Rechtsvereinheitlichung im Gesamtbereich des Deutschen Volkes geringer geworden.

XI. Entwicklung seit Inkrafttreten des Grundgesetzes

Die Gesetzgebung des Bundestages läuft nur langsam an. Einmal müssen die Gesetzesvorschläge ausgearbeitet werden; alsdann haben sich die Ausschüsse des Bundestages mit ihnen zu befassen. Werden die Gesetzesvorlagen vom Bundestag angenommen und nicht noch einmal an die Ausschüsse zurückverwiesen, dann muß der Bundesrat zu ihnen Stellung nehmen. Darauf müssen sie der Hohen Alliierten Kommission vorgelegt werden. Infolgedessen ist in dem ersten halben Jahr (bis 31. 3. 1950) seit dem Tätigwerden des Bundestages (September 1949) nur eine geringe Anzahl von Gesetzen gültig und wirksam geworden[62].

---

[61] *Strauß*, JNW 1949, 257.

[62] Vgl. die Übersichten in DRZ 1949, 323, 363, 410, 444, 468, 518, 567; 1950, 37, 58, 106, 130; in SJZ 1949, 801; in NJW 1949, 939; 1950, 20, 61, 99, 137, 175, 215.

Diese sind

Gesetz vom 29. 12. 1949 zur Erhebung einer Abgabe „Notopfer Berlin" im Gebiet der Bundesrepublik Deutschland (BGBl 1949, 35);

Gesetz vom 31. 12. 1949 über die Gewährung von Straffreiheit (BGBl 1949, 37), das allerdings Gesetze von Ländern, die bis dahin eine weitergehende Straffreiheit gewährt haben, unberührt läßt;

Gesetz vom 21. 1. 1950 zur Erstreckung und zur Verlängerung der Geltungsdauer des Bewirtschaftungsnotgesetzes, des Gesetzes zur Deckung der Kosten für den Umsatzernährungswirtschaftlicher Waren und des Preisgesetzes (BGBl 1950, 7);

Gesetz vom 31. 1. 1950 betr. das Abkommen über wirtschaftliche Zusammenarbeit zwischen den Vereinigten Staaten von Amerika und der Bundesrepublik Deutschland vom 15. 12. 1949 (BGBl 1950, 9);

Gesetz vom 15. 1. 1950 über die Verkündung von Rechtsverordnungen (BGBl 1950, 23);

Gesetz vom 9. 2. 1950 zur Erhebung von Abschlagszahlungen auf die Einkommensteuer und Körperschaftssteuer 1950 (BGBl 1950, 29);

Gesetz vom 17. 2. 1950 zur Verlängerung des Gesetzes über die Festsetzung und Verrechnung von Ausgleichs- und Unterschiedsbeträgen für Einfuhrgüter der Land- und Ernährungswirtschaft (BGBl 1950, 33);

Gesetz vom 17. 2. 1950 zur Änderung des Gesetzes zur Aufhebung des Lohnstopps (BGBl 1950, 33);

Gesetz vom 7. 3. 1950 zur Förderung der Wirtschaft von Groß-Berlin (West) (BGBl 1950, 41);

Gesetz vom 4. 3. 1950 über die Erteilung einer Kreditermächtigung (BGBl 1950, 42);

Gesetz vom 21. 3. 1950 zur Regelung von Kriegsfolgelasten im 2. Rechnungshalbjahr 1949 (BGBl 1950, 43), das eine gerechte Verteilung der Kriegslasten unter den einzelnen Ländern vorsieht;

Notgesetz vom 16. 3. 1950 für die deutsche Hochseefischerei (BGBl 1950, 44);

Gesetz vom 23. 3. 1950 über den Lohnsteuer-Jahresausgleich für das Kalenderjahr 1949 (BGBl 1950, 45);

Gesetz vom 23. 3. 1950 zur Durchführung der Einkommensteuer- und Körperschaftssteuerveranlagungen für die Veranlagungszeiträume vom 21. 6. 1948 bis 31. 12. 1948 (II. Halbjahr 1948);

Bekanntmachung vom 16. 1. 1950 betr. Bundeswappen und Bundesadler.

Die Hauptarbeit der Rechtsvereinheitlichung ist jedoch in den Verordnungen des Bundeskanzlers und der einzelnen Ministerien niedergelegt. Von diesen seien erwähnt:

Eine ganze Reihe von Verordnungen über die Erstreckung von Gesetzen der Verwaltung des Vereinigten Wirtschaftsgebietes der verschiedensten Gebiete auf weitere Länder der Bundesrepublik, insbesondere auf die Länder Baden, Rheinland-Pfalz, Württemberg-Hohenzollern (also die Länder des französischen Besatzungsgebietes) und den bayrischen Kreis Lindau, so die VOen vom 22. 10. 1949 betr. gewerblichen Rechtsschutz (BGBl 1949, 29); drei VOen vom 13. 12. 1949 betr. Erwerbs- und Wirtschaftsgenossenschaften, DM-Bilanzgesetz, genossenschaftliche Vereinigungen (BGBl 1950, 1 u. 2); zwei VOen vom 3. 1. 1950 betr. Güterfernverkehr und Energienotgesetz; vier VOen vom 24. 1. 1950 betr. Wirtschaftsstrafgesetz, Sicherheitsleistungen und Gewährleistungen im Ausfuhrgeschäft, Güterfernverkehr und Teesteuergesetz (BGBl 1950, 24, 25); VO vom 7. 2. 1950 betr. Teesteuergesetz (BGBl 1950, 34); zwei VOen vom 21. 2. 1950 betr. Landwirtschaftsrecht und Rentenbankgesetzgebung (BGBl 1950, 37); VO vom 13. 12. 1949 über die Bundesschuldenverwaltung (BGBl 1950, 1); VO vom 29. 11. 1949 über die Umsiedlung von Heimatvertriebenen (BGBl 1950, 4), die eine gerechte Verteilung der Heimatvertriebenen auf alle Länder bezweckt; VO vom 20. 1. 1950 über die Errichtung einer Zweigstelle des Deutschen Patentamtes in Groß-Berlin (BGBl 1950, 6); VO vom 6. 2. 1950 über die Kontrolle von Einfuhren, die mit Marshallplanmitteln finanziert werden (BGBl 1950, 27); VO vom 17. 2. 1950 über Maßnahmen gegen dienstlich ungeeignete Beamte und Angestellte (BGBl 1950, 34) nebst DfVO vom 23. 2. 1950, BGBl 1950, 38).

Einige Gesetze der Alliierten Hohen Kommission (AHK) sind ebenfalls geeignet, der Vereinheitlichung der alliierten gesetzlichen Bestimmungen in den Ländern der Westzonen und der Anpassung an die Vorschriften des Besatzungsstatuts zu dienen[63].

Gesetz 2 der AHK (ABl 4) gibt einheitliche Begriffsbestimmungen über Besatzungsbehörden, Besatzungsstreitkräfte, Alliierte Streitkräfte und Bundesgebiet.

Gesetz 3 der AHK (ABl 5) stellt fest, wie sich die nach dem Besatzungsstatut Ziff. 7 vorgesehenen Aufhebungen von Gesetzen auswirken.

Gesetz 4 der AHK (ABl 6) ordnet den Wegfall der durch die Militärbefehlshaber erlassenen Bestimmungen an, die den bestimmten Stellen nichtparlamentarischer Art, z. B. den Ministerpräsidenten, dem Zentral-Justizamt, dem Länderrat der US-Zone, dem Wirtschaftsrat, Gesetzgebungsbefugnis gaben. Auf diese Weise ist auch von Seiten der Besatzungsbehörden eine weitere Rechtszersplitterung durch eine verschiedenartige Gesetzgebung solcher nichtparlamentarischer Stellen unterbunden.

Gesetz 5 der AHK (ABl 7) regelt die Presse, den Rundfunk, die Berichterstattung und die Unterhaltungsstellen einheitlich.

Gesetz 7 der AHK (ABl 11) faßt die Verbote der Zonenbefehlshaber betr. das Tragen von Uniformen und Abzeichen einheitlich zusammen.

Gesetz 10 der AHK (ABl 30) ermächtigt unter bestimmten Voraussetzungen zur Ausweisung eines jeden Deutschen.

Gesetz 12 der AHK (ABl 36) trifft allgemeingültige Regelungen über die Nichtigkeit nationalsozialistischer Rechtsvorschriften betr. Staatsangehörigkeit.

Gesetz 13 der AHK (ABl 54) grenzt die Gerichtsbarkeit der deutschen und Besatzungsgerichte voneinander ab und regelt die alliierten Kontrollrechte gegenüber der deutschen Justiz. Auf den „nichtvorbehaltenen" Gebieten besitzen die deutschen Stellen die volle richterliche Gewalt. Außer Kraft gesetzt werden damit das KRGes 4; die US- und brit. MilRegVO 2; brit. MilRegVO 20, 29, 104, 174; franz. MilRegVO 173.

Gesetz 14 der AHK (ABl 59) trifft Bestimmungen über strafbare Handlungen gegen die Interessen der Besatzungsmächte und setzt die brit. u. USMilRegVO 1 und die franz. MilRegVO 176 außer Kraft.

[63] Vgl. die Übersichten in SJZ 1949, 882; 1950, 71, 229; DRZ 1949, 468' 517; 1950, 34, 58.

Gesetz 16 der AHK (ABl 72) betr. die Ausschaltung des Militarismus und des Nationalsozialismus sowie Polizeirecht hebt die KRGes 2,8 und 34, KRBef 4 und Gesetze 7 u. 153 der SHAEF auf.

Gesetz A-1 der AHK (ABl 103) ordnet die Unwirksamkeit des KRG 22 (Betriebsrätegesetz) für das Land Rheinland-Pfalz und des KRG 35 (Ausgleichs- und Schiedsverfahren in Arbeitsstreitigkeiten) für das Land Baden an.

Eine große Anzahl der vielen, dem Bundestag noch vorliegenden Gesetzesvorlagen ist unmittelbar auf eine Rechtsvereinheitlichung für alle Länder der Westzonen gerichtet; hingewiesen sei insbesondere auf den Entwurf eines Gesetzes zur Wiederherstellung der Rechtseinheit der Gerichtsverfassung, der bürgerlichen Rechtspflege, des Strafverfahrens- und des Kostenrechts.

METHODEN UND GRENZEN DER RECHTSVEREINHEITLICHUNG

Von Dr. Eduard Wahl
ord. Professor an der Universität Heidelberg

Literatur: Festgabe für Edouard Lambert: Introduction à l'étude du droit comparé (1938), vornehmlich Bd. II 687ff. unter dem Untertitel: L'unification des droits mit Beiträgen von *Rabel, Mueller-Erzbach, Bouteron, Solnar, Gutteridge, Sarfatti, de Hostie, Balogh, Donnedieu de Vabres, Marty, Mott, Ionando, La Meire, Starke, Cosentini, Janne, Tanaka, David.* — *Rabel,* Das Recht des Warenkaufs (1936) 36ff. — *Schnitzer,* Vergleichende Rechtslehre (1945), bes. 49ff.

Der Raum, den die Rechtsvereinheitlichung im modernen Leben der Völker einnimmt, ist größer, als die bisher unter diesem Stichwort — man denke an das römische Institut für Privatrechtsvereinheitlichung — zusammengefaßten Bemühungen erkennen lassen; denn alle Konventionen zwischen Staaten, erst recht die mit dem französischen Ausdruck Unions bezeichneten multilateralen Abkommen, laufen darauf hinaus, gewisse Rechtsfragen einer einheitlichen Beurteilung durch die Vertragspartner zu unterwerfen. Insofern sind auch sie Teile einer Rechtsvereinheitlichung, die oft über den speziellen Inhalt der Verträge hinaus zu einer Auseinandersetzung zwischen Grundauffassungen der beteiligten Rechtsordnungen führt; ist doch bei der Anwendung dieser Abkommen, besonders durch nationale und internationale Gerichte, die Frage zu prüfen, wie die im Vertragstext verwendeten Rechtsbegriffe, die in den beteiligten Ländern häufig eine verschiedene Bedeutung haben, auszulegen sind, damit eine einheitliche Vertragsnorm gewonnen wird. Diese Fragen sollen im letzten Abschnitt im Zusammenhang mit dem Qualifikationsproblem kurz angedeutet werden.

Mit Rücksicht auf den beschränkten Raum werden im übrigen nur über die eigentliche Rechtsvereinheitlichung, das ist diejenige Tätigkeit der nationalen und internationalen Rechtssetzungsorgane, die sich die Beseitigung der Rechtsverschiedenheit im nationalen und internationalen Raum zum Ziele setzt, einige Thesen aufgestellt und kurz begründet.

I.

1. Die Gebiete des *öffentlichen* Rechts kommen für eine Rechtsvereinheitlichung nicht in Frage. Es hat sich zwar herausgestellt, daß den Frieden der Welt nichts so sehr gefährdet wie ein allzu krasser Unterschied in den herrschenden Ideen der einzelnen Länder über Staatsverfassung und Staatsverwaltung[1]. Es hat sich ferner gezeigt, daß die Unterschiede auf weiten Gebieten des öffentlichen Rechts noch viel zu wenig systematisch erfaßt und deswegen im Bewußtsein der modernen Menschheit kaum lebendig sind. Deshalb haben im letzten Krieg die Besatzungsmächte in den besetzten Ländern, zuletzt in Deutschland, oft gar nicht erkannt, wie ihre Verwaltungsmaßnahmen, die ihnen aus ihrer Heimat geläufig waren, in die überkommenen Rechtsvorstellungen der besetzten Gebiete eingegriffen haben: man denke nur an das Fehlen des Beamtenbegriffes in den Vereinigten Staaten und die schmerzhaften Auswirkungen dieser amerikan. Besonderheit im deutschen Besatzungsrecht.

2. Weiterhin hat die erste internationale *Strafprozeßpraxis* in den Nürnberger Verfahren gezeigt, wie bedeutungsvoll nicht nur die prozessualen, sondern auch die materiellrechtlichen Abweichungen des anglo-amerikanischen Rechts gegenüber den kontinentalen Lösungen in den wichtigsten Fragen des allgemeinen Strafrechts (Teilnahme, Schuld, Irrtum) sind und welche Gefahren daraus für das Ansehen der internationalen Strafjustiz erwachsen. Aber so wertvoll auch die Ansätze der UN sind, wenigstens einige Grundprinzipien des öffentlichen Rechts — man denke an die Menschenrechte — festzulegen und den Kreis der sogenannten Weltrechtsdelikte um einzelne Fälle zu erweitern, so bleibt doch die historisch erprobte Erfahrung wahr, daß jede Rechtsvereinheitlichung, sogar wenn Bundesstaaten entstehen, sich vom Gebiet des öffentlichen Rechts und vielfach auch des Strafrechts[2] nach Möglichkeit zurückhält. In der Tat sind die nationalen Empfindlichkeiten auf dem Gebiet des öffentlichen Rechts besonders entwickelt, da alles öffentliche Recht gar leicht im Bereiche führt, auf deren Erhaltung jedes Land mit Rücksicht auf seine nationale Selbständigkeit erpicht ist.

3. Andererseits steht dieser Grundsatz dem nicht im Wege, daß auf weiten Gebieten des zwischenstaatlichen Verkehrs auch das öffentliche Recht mehr und mehr in die Bemühungen einbezogen wird, bestehende Rechtsungleichheiten auszuschalten, zunächst durch bloße Staatsverträge zwischen einzelnen Staaten (Auslieferungsrecht, Rechtshilfe,

---

[1] Vgl. *Leibholz*, Ideologie und Macht in den zwischenstaatlichen Beziehungen des 20. Jahrhunderts (1949).

[2] Vgl. den zurückhaltenden Bericht *Donnedieu de Vabres*' in der Lambert-Festschrift II 797ff.: „Sur quelques formes actuelles de la collaboration internationale en Droit pénal“.

Doppelbesteuerung usw.)[3], jetzt auch durch die Handelscharta der UN, die eine gewisse gemeinsame Ausrichtung der nationalen Verhaltungsweisen auf dem Gebiet des Außenhandels und damit letztlich eine Vereinheitlichung des Wirtschaftsrechts in diesem beschränkten Rahmen anstrebt. *Walter Rathenau* hat schon darauf hingewiesen, daß die Konkurrenz zwischen den Volkswirtschaften der einzelnen Staaten als Hauptquelle kriegerischer Konflikte zu betrachten sei, und wenn es hier wirklich gelänge, dem Gedanken zum Durchbruch zu verhelfen, daß der Welthandel sich mehr in einer Société internationale des Individus im Sinne *Josefus Jittas* als in einer Gemeinschaft von konkurrierenden Staats- und Volkswirtschaften vollzöge, so wäre wahrlich die Welt einen großen Schritt weitergekommen. Die unterschiedliche Intensität der Vereinheitlichungstendenzen, die damit bei den innerstaatlichen Lebensbeziehungen einerseits und den zwischen-staatlichen andererseits gegeben ist, liegt in der Natur der Sache und ist von höchster Bedeutung auch in den privatrechtlichen Fragen. Andererseits ist das Wirtschaftsrecht des Außenhandels wegen seines engen Zusammenhangs mit der Wirtschaftspolitik — die Disziplin des IPR hat nicht umsonst den Terminus der wirtschaftspolitischen Gesetze geprägt — nicht eigentlich das Feld für die wissenschaftliche Rechtsvergleichung, sondern für die Wirtschaftspolitiker und Wirtschaftsrechtler, die ihr Ziel durch eine Angleichung der Rechtsgrundsätze für den Außenhandel erreichen müssen.

II.

Das eigentliche Gebiet für die Rechtsvereinheitlichung ist das *Privatrecht.* Hier gibt es drei von einander abzuscheidende Bereiche.

1. Im *Bodenrecht* wird das durch die kollisionsrechtliche lex rei sitae seit jeher in seinem Bestande geschützte nationale Rechtsgut sich kaum im Namen der Rechtsvereinheitlichung zurückdrängen lassen. Hierzu ist auch das Bedürfnis nicht besonders groß, weil jeder weiß, wenn er Grundstücke oder Grundstücksrechte im Ausland erwirbt, daß er dann an das Boden- und Grundstücksrecht des Landes gebunden ist, in dem er die Liegenschaft oder das Immobiliarrecht erwirbt.

2. Auch das *Familien- und Erbrecht* scheidet, soweit das materielle Recht in Frage kommt — anders das Kollisionsrecht, vgl. unten — für eine Vereinheitlichung m. E. zunächst aus. Gewiß sind die Konflikte der Gesetzgebung auf diesem Gebiet besonders fühlbar für jeden, der eine sogenannte internationale Ehe schließt oder an einem internationalen Erbfall beteiligt ist, aber das Wort *Meilis*, daß auf diesen Gebieten die Glocken der Heimat läuten, ist noch immer richtig und läßt diese Materie mehr oder weniger als ungeeignet für die Rechtsvereinheitlichung erscheinen. Das moderne Eherecht, besonders der Ehe-

[3] Darüber am umfassendsten *Neumeyer,* Internat. Verwaltungsrecht (1910ff.).

schließung und der Ehescheidung, ist beinahe der empfindlichste Teil der Rechtsordnung, indem Ehe und Familie derartig im Brennpunkt der weltanschaulichen und politischen Auseinandersetzungen stehen, daß in manchen Ländern fast jeder Regierungswechsel zu einer Änderung der einschlägigen Rechtssätze führt. Ferner gehören gewisse Sätze des Familienrechts, etwa der Art. 341 des franz. Code Civil: la recherche de la paternité est interdite, derartig zum Timbre der nationalen Überlieferung, daß hier kaum damit gerechnet werden kann, daß die Staaten sich zu einer Rechtsvereinheitlichung entschließen können. Nicht umsonst spielt der Ordre Public gerade in einschlägigen Konfliktsfällen eine große Rolle. Auch im Erbrecht sind die Grundlagen — man denke nur an die Beschränkung des gesetzlichen Erbrechts der Familie in den skandinavischen Ländern — zum Teil derart ins Wanken gekommen, daß eine Vereinheitlichung heute kaum erreicht werden könnte.

3. Es bleibt das große Gebiet des internationalen *Verkehrsrechts*, wobei unter dieser Bezeichnung nicht nur das Verkehrsrecht im engeren Sinne betr. den Transport von Personen und Sachen, sondern auch das Verkehrsrecht im weiteren Sinne, d. h. der Güteraustausch und die Geschäfte des damit verbundenen Zahlungsverkehrs (einschl. Wechsel- und Scheckrecht) zu verstehen sind, also das Recht des Warenkaufs, aber m. E. auch das Recht der Übereignung der verkauften Ware.

a) Was das Verkehrsrecht im *engeren Sinne* betrifft, so ist auf dem Gebiet des Eisenbahnverkehrs bereits eine Vereinheitlichung erfolgt, ebenso auf dem Gebiet des Postrechts durch die Union postale universelle. Das römische Institut für Privatrechtsvereinheitlichung hat im verwandten Sinne die Vereinheitlichung der Gastwirtshaftung angestrebt. Auch das Kraftfahrzeug-, Luft- und Schiffahrtsrecht wären lohnende Gebiete für die Vereinheitlichung.

b) Zu allen Zeiten hat der *Güter- und Geldverkehr*, dessen Rechtsprobleme zudem den Vorzug haben, mindestens in den Grundlagen alle sozialen und politischen Wandlungen zu überleben, am ehesten die lokalen und nationalen Fesseln gesprengt und dadurch zur Entwicklung praktikabler Rechtsformen gedrängt. Als im Jahre 1870 die Deutsche Reichsverfassung geschaffen wurde, bekam das Reich auf privatrechtlichem Gebiet zuerst die Kompetenz der Gesetzgebung für Handels- und Obligationenrecht. In Skandinavien gilt ein einheitliches Kaufgesetz seit 40 Jahren, und in den Vereinigten Staaten ist das bedeutendste und beinahe das einzige Einheitsgesetz privatrechtlichen Inhalts der Uniform Sales Act. So ist es kein Zufall, daß das vorgenannte römische Institut unter den Einzelgebieten des Privatrechts zuerst eine Vereinheitlichung des Kaufrechts vorzubereiten versucht hat, nachdem die Vereinheitlichung des Wechsel- und Scheckrechts schon weitgehend gelungen war. Es handelt sich hier übrigens auch um das einzige Gebiet, auf dem private Wirtschaftsorganisationen und die internationalen

Rechtsvereinigungen wenigstens durch die Ausarbeitung von Musterformularen besonders für den Überseeverkehr zu einer Vereinheitlichung des Klauselrechts drängten, bevor die Regierungen von sich aus dieses Gebiet in Angriff genommen haben[4]. In diesen Zusammenhang gehören auch die Bemühungen des römischen Instituts, die Schiedsklauseln und darüber hinaus das gesamte Schiedsgerichtswesen auf eine einheitliche Grundlage zu stellen[5].

III.

Was die *Methoden* der Rechtsvereinheitlichung anlangt, so bieten sich drei verschiedene Wege dar.

1. Die Vereinheitlichung des *materiellen Rechts* selbst. Das ist die Methode der großen nationalen Kodifikationen, die auf übernationaler Ebene nachgeahmt werden können. Aber hier ist äußerste Vorsicht am Platze. Wenn auch der Amerikaner *Reves* die Tendenz festgestellt hat, daß die Friedensräume immer größeren Umfang annehmen und heute allmählich die ganze Welt zu einem solchen Friedensraum zusammenwachsen könnte, so muß doch gerade der Soziologe und Jusist auf die Gefahr hinweisen, die durch eine allzu straffe Zentralisierung und Uniformierung für die Entwicklung der Völker und Menschen heraufbeschworen werden könnte. Jeder Zentralismus bedarf förderalistischer Gegenströmungen, wenn er nicht zur Abtötung individueller Lebensformen und damit des Lebens selbst führen soll. Je größer und damit „abstrakter" der Raum wird, der sich einer gemeinsamen Friedensorganisation unterwirft, um so notwendiger ist der Schutz des Eigenlebens der Teilgebiete, und zu dessen wichtigsten Manifestationen gehört nun einmal das Recht als das große Reservoir, in dem sich die nationale Geschichte als Ergebuis von Anlagen und Schicksalen eines Volkes niedergeschlagen hat. Auf keinem Gebiet muß deshalb so große Zurückhaltung geübt werden wie hier, da jedes Zuviel den Gedanken des Zusammenschlusses und der Vereinheitlichung selbst schädigt, ja tödlich treffen könnte. Wenn man an weltumfassende Vereinheitlichungen denkt, muß der alte Satz der Förderalisten aus den inneren Auseinandersetzungen aller Bundesstaaten gelten: dem Ganzen so viel wie nötig und so wenig wie möglich. Gewiß weisen die Soziologen darauf hin, daß der eigentliche Nationalgedanke heute durch den Kampf der übernationalen Ideologien abgelöst zu werden beginne, aber es ist ebenso sicher, daß im zweiten Weltkrieg und in den Jahren danach die nationalen Leidenschaften in einer früher kaum jemals hervorgetretenen Stärke das politische Geschehen beherrschten, und wenn auch die an Psychosen grenzenden Erscheinungen teilweise im Abklingen sind, so muß doch noch weise Selbstbeschränkung geübt werden.

---

[4] *Rabel* in Lambert-Festschrift a. a. O. 688ff.

[5] *René David* in Lambert-Festschrift a. a. O. 884ff.

2. Weit weniger anspruchsvoll ist die zweite Methode, die Rechtsgleichheit durch *Vereinheitlichung der Kollisionsnormen* zu erreichen. Sie erfaßt also nur die international gelagerten Fälle, und zwar auch nicht unmittelbar durch die Uniformierung der Sachnormen, sondern nur dadurch, daß jeder nationale Richter die gleichen Kollisionsregeln befolgt und deshalb bei fehlerloser Anwendung der Konvention und des ausländischen Rechts, das ihm diese als maßgebend bezeichnet, zum gleichen Ergebnis kommen muß, wie jeder andere Richter im Konventionsgebiet. Diese Methode, die in den bekannten Haager Abkommen besonders auf dem Gebiet des Eherechts zu großen Erfolgen geführt hatte, hat in der Gegenwart eine rückläufige Tendenz zu verzeichnen. Das zeigt sich nicht nur darin, daß die Abkommen teilweise von wichtigen Staaten gekündigt worden sind, weil sie eine Festlegung ihrer Gerichte auf die Anerkennung fremder Eherechtssätze von ihrem eigenen eherechtlichen Standpunkt aus für unerträglich hielten, sondern auch darin, daß in den Nürnberger Strafprozessen die Gerichte die Frage nach dem örtlich anwendbaren Recht überhaupt nicht gestellt, sondern alles nach den anerkannten Rechtsprinzipien der zivilisierten Nationen entschieden haben, übrigens nicht ohne gerade dadurch die bittere Kritik *Donnedieu de Vabres'* herauszufordern. Die von *Bartin* in seinem berühmten Aufsatz[6] beklagte impossibilité de supprimer définitivement les conflits de lois, die er mit der Unlösbarkeit der Qualifikationsfrage begründet hat, hat dabei keine praktische Bedeutung erlangt, vielmehr hat die robustere Art des Zupackens, die die Gegenwart kennzeichnet, hier m. E. den Ausschlag gegeben. Trotzdem könnte ich mir denken, daß auf gewissen Einzelgebieten, etwa auf dem Gebiet der Internationalen Freiwilligen Gerichtsbarkeit in Personen-, Familien- und Nachlaßsachen die Vereinheitlichung der Kollisionsnormen noch heute eine große Rolle zu spielen vermöchte.

3. Am angemessensten ist die im Zuge der Arbeiten des römischen Instituts von *Rabel* vorgeschlagene Beschränkung der Rechtsvereinheitlichung auf die sog. *internationalen Verhältnisse*. Dadurch wird die Kollisionsfrage ausgeschaltet, die gerade bei internationalen Verkehrsgeschäften etwas Gewaltsames hat, insofern sie darauf hinausläuft, mit Hilfe einer unsicheren Lokalisierung das als international empfundene Geschäft rechtlich zu einem nationalen zu machen, d. h. in eine oder sogar mehrere nationale Rechtsordnungen zu pressen; der Richter wird nicht gezwungen, ein ausländisches Recht anzuwenden, wozu ihm die Ausbildung und die technischen Möglichkeiten fehlen, sondern er wendet die in seinem Gesetzblatt erschienene Einheitsnorm und die in seiner nationalen Literatur dazu gegebenen Erläuterungen an; die Inlandsverhältnisse werden in ihrer nationalen Eigenart geschont, und doch

---

[6] Clunet 1897, 225ff.

ähnlich wie bei dem römischen Jus gentium, das sich als Vehikel der allgemeinen Rechtsfortbildung bewährt hat, den internationalen, wesensmäßig rationaleren Lösungen die Chance eingeräumt, die nationalen Rechte zu beeinflussen. Die Abgrenzung der nationalen von den internationalen Verhältnissen macht dabei gewisse Schwierigkeiten, aber sie dürften nicht mehr ins Gewicht fallen als die nationalen Vorbehalte, die bei dem umfassenderen Programm der Rechtsvereinheitlichung unvermeidlich und auch im Wechsel- und Scheckrecht aufgetreten sind, oder die Qualifikations- und sonstigen Rechtsanwendungsschwierigkeiten, die für das Kollisionsrecht charakteristisch sind.

IV.

Vom historisch-politischen Standpunkt aus ist noch eine wichtige Unterscheidung zu machen. Den regionalen Vereinheitlichungen, die entweder auf einer echten Übereinstimmung der Interessen der beteiligten Staaten beruhen (Hauptbeispiel die skandinavischen Länder) oder auf dem hegemonialen Übergewicht eines Landes, das der Vereinheitlichungsbewegung der beherrschten Gebiete eher den Charakter einer Zwangsrezeption verleiht, stehen die *universalen Vereinheitlichungen* gegenüber, die nur auf echter vertraglicher Vereinbarung beruhen können und deshalb auch größere Dauerhaftigkeit als die erzwungenen besitzen. Die Rechtsvereinheitlichungen im Wege der Zwangsrezeption überleben meist nicht die politische Konstellation, die sie ermöglicht hat, und widersprechen den freiheitlichen Grundsätzen, die der Arbeit der UNESCO zu Grunde liegen müssen.

V.

Hier aber erhebt sich als das schwierigste materielle Problem die *Überwindung der tiefen Kluft* zwischen dem kontinentalen, auf das römische Recht zurückgehenden Civil Law und dem anglo-amerikanischen Common Law. In der langen Geschichte der Vereinheitlichungsbestrebungen ist es bisher kaum ein einziges Mal gelungen, eine wirklich weltumfassende Einigung herbeizuführen: Selbst im Weltpostverein hat sich England seine frachtrechtliche Auffassung vorbehalten, daß das Postgut schon nach Einlieferung bei der Post und nicht erst nach der Aushändigung an den Empfänger nicht mehr zurückgerufen werden kann. Und doch hat sich der pan-amerikanische Kongreß in Lima noch im Jahre 1938 dahin ausgesprochen, daß die Vereinheitlichung des Zivil- und Handelsrechts von Nord- und Süd-Amerika zu fördern sei. Vielleicht kann im amerikanischen Bereich mit größerem Erfolg an dieser Aufgabe gearbeitet werden, als er den bisherigen Bemühungen auf europäischem Boden beschieden war.

Wenn es wirklich gelingen sollte, den Gegensatz zwischen Civil Law und Common Law auf einem bestimmten Gebiet zu überwinden, dürfte die neue Vertragsnorm, die das Einheitsrecht festlegt, nicht in dem Sinne ausgelegt werden, in dem die anglo-amerikanische Praxis das Verhältnis des geschriebenen Rechts des Statutes zu dem ungeschriebenen Gewohnheitsrecht in ihren bekannten Auslegungsregeln zu fassen pflegt. Würde man nämlich der anglo-amerikanischen Praxis ihre gewohnten Auslegungsmethoden freigeben, so müßte sich alsbald das Bild ergeben, daß in den englischen Ländern das Einheitsrecht von Entscheidungen fremder Provenienz überwuchert würde, während die Gebiete des Civil Law mit ihrer Übung, ein Gesetz aus sich heraus und im Falle der Unklarheit des Textes im Sinne der Gesetzgeber auszulegen, zu einer solchen Gefährdung des einheitlichen Gehalts garnicht imstande wären. Vielmehr müßten auch in den anglo-amerikanischen Gebieten die auch dort für völkerrechtliche Verträge entwickelten Auslegungsgrundsätze zum Zuge kommen, die dem Common Law keinen rechtlich gesicherten Einfluß einräumen.

Was dagegen die Lösungen des angelsächsischen Rechts selbst angeht, so haben die Arbeiten bei der Vereinheitlichung des Kaufrechts gezeigt, daß im angelsächsischen Rechtsdenken trotz mancher archaischen Einkleidung sehr viel wertvolles Rechtsgut enthalten ist, dessen praktische Erprobung zur Übernahme in den Einheitsentwurf zu führen vermag.

Wie die Vereinheitlichung im einzelnen durchzuführen ist, kann im Rahmen dieser kurzen, auf das allgemeinste beschränkten Betrachtung nicht näher ausgeführt werden. Die Wissenschaft hat vor allem durch tiefes Eindringen in die ausländischen Rechte die nötigen Vorarbeiten zu leisten, wobei erfahrungsgemäß die Aufgliederung des Rechtsstoffs nach Lebenssachverhalten, also nach Fällen, über alle Systemunterschiede hinweg, noch am ehesten Verständigungsmöglichkeiten aufzeigt.

VI.

Mit diesen Erörterungen komme ich zum letzten Punkt. Eine universale Rechtsvereinheitlichung erfordert die Ergänzung durch einen *internationalen Gerichtshof*, der die einheitliche Rechtsanwendung als höchste Instanz über den nationalen Gerichten überwacht. Das war schon innerhalb der Einzelstaaten die Rolle der höchsten Gerichte, die gleichzeitig mit dem Erlaß der Einheitsgesetzbücher eingerichtet worden sind. Ich glaube, daß die Entwicklung der internationalen Organisation unserer Welt soweit gediehen ist, daß eine solche Einrichtung ins Auge gefaßt werden könnte, und gerade dadurch kann die Bewegung zur Rechtsvereinheitlichung neue Auftriebe erfahren.

An dieser Stelle sei es gestattet, in wenigen Worten auf den Streit um das Qualifikationsproblem einzugehen, der jetzt in Deutschland durch die Behauptung *Zweigerts*[7], es gäbe eine dritte Schule des internationalen Privatrechts, die sich im wesentlichen an *Rabels* Qualifikationstheorie ausrichtet, und durch die kritische Erwiderung *Hans Lewalds*[8] neu entbrannt ist. In der Tat ist das Qualifikationsproblem historisch mit der Auslegung internationaler Abkommen besonders eng verknüpft. *Bartin*, der französische Entdecker des Qualifikationsproblems, ging davon aus, daß die nationalen Gerichte trotz einer Vereinheitlichungskonvention einfach an ihren alten Begriffen bei der Auslegung festhielten. Auch *Rabel*[9] kommt offensichtlich von der Auslegung internationaler Abkommen her, aber nicht durch nationale Gerichte, sondern durch die internationalen Schiedsgerichte und die Haager Cour, die aus den Rechtsbegriffen des Versailler Vertrages eine einheitliche Vertragsnorm zu entwickeln hatten. Aus meinen eigenen Erfahrungen als Berater der Verteidigung bei den Nürnberger Militärgerichten sind mir auch diese Zusammenhänge erst klar geworden. So entstand offenbar *Rabels* Auffassung über das Qualifikationsproblem, daß jede Norm einen Sachverhalt zu erfassen suche, der nur mit dem Rechtsbegriff näher bezeichnet werde, daher seine weitere Lehre, daß eine Norm, die im internationalen Bereich wirken wolle, sich nicht mit den Begriffen irgendeiner nationalen Rechtsordnung decken könne und daß bei Bildung der Kollisionsnorm eine Auseinandersetzung mit den fremdrechtlichen Systemen und zwar mit allen vorzunehmen sei. Nun ist freilich die Auslegung eines internationalen Abkommens etwas anderes als die Auslegung einer einseitig erlassenen Kollisionsnorm eines Landes. Aber es ist ein bestechender Gedanke, der, wenn auch unausgesprochen, doch wohl bei der Lehre *Rabels* mitschwingt, daß auch dann der Richter sich vorstellen müsse, seine Kollisionsnorm sei mit dem entsprechenden Ausland vereinbart und er hätte nun aus dieser Kollisionsnorm angesichts der besonderen Art des kollidierenden Auslandsrechtes etwas Vernünftiges und Brauchbares herauszuholen. Dieser Umweg über den Vertragsgedanken ist zunächst fremdartig, kann aber, wenn man sich in diese Vorstellung hineingelebt hat, die Erinnerung daran wecken, ohne daß der Referent die verschiedenen Größenverhältnisse übersieht, daß Rousseau durch die Hilfsvorstellung des Vertrages einst unser ganzes öffentliches Leben auf eine andere Grundlage gestellt hat, weil er es mit einer anderen Gesinnung erfüllte. So wird durch *Rabels* Lehre das ausländische Recht näher an den Richter herangerückt; denn er muß zu einem Ergebnis kommen, und selbst in den Fällen der ausdrücklichen Gesetzeskollisionen im Sinne *Franz Kahns* verliert die Aporie viel von ihrer Schärfe angesichts der im Vertragsrecht anerkannten Ergänzungsmöglichkeiten unklarer und lückenhafter

[7] In Festschrift für Raape (1948) 35ff.
[8] In NJW 1949, 644ff.
[9] Vgl. seinen Aufsatz in RabelsZ 1 (1927) 1ff.

Verträge, wenn auch die Endlösung, übrigens nicht anders als bei allen anderen Qualifikationslehren, letztlich nur unter Einbeziehung selbständiger Wertungen, nämlich aus der Vorstellung eines „richtigen" oder wenigstens richtigeren Systems gewonnen werden kann. Ich hoffe, dies bald näher ausführen zu können.

Aber wie dem auch sei, für die Auslegung der internationalen Abkommen ist es sicher richtig und auch von *Lewald* in seinen Arbeiten über die Haager Abkommen vertreten worden, daß die Rechtsvergleichung hier eine bedeutende Rolle zu spielen habe, und gerade deshalb erscheint mir eine national gemischte Richterbank zur Wahrung des Sinnes der Einheitsnorm ganz unersetzlich.

FSC
www.fsc.org
MIX
Papier | Fördert
gute Waldnutzung
FSC® C083411

Kolibri 360 GmbH
Ferdinand-Jühlke-Straße 7
99095 Erfurt, Deutschland
produktsicherheit@kolibri360.de